国家治理丛书

新轴心时代与 И.Т. 弗罗洛夫
——И.Т. 弗罗洛夫新人道主义研究

安启念 著

商务印书馆
The Commercial Press

图书在版编目（CIP）数据

新轴心时代与 И.Т. 弗罗洛夫：И.Т. 弗罗洛夫新人道主义研究 / 安启念著. — 北京：商务印书馆，2023
（国家治理丛书）
ISBN 978-7-100-21896-2

Ⅰ.①新… Ⅱ.①安… Ⅲ.①弗罗洛夫—人道主义—思想评论 Ⅳ.① B512.59 ② B82-061

中国版本图书馆 CIP 数据核字（2022）第 238301 号

权利保留，侵权必究。

国家治理丛书
新轴心时代与И.Т.弗罗洛夫
——И.Т.弗罗洛夫新人道主义研究
安启念 著

商 务 印 书 馆 出 版
（北京王府井大街36号 邮政编码 100710）
商 务 印 书 馆 发 行
三河市尚艺印装有限公司印刷
ISBN 978 - 7 - 100 - 21896 - 2

2023 年 7 月第 1 版　　　　开本 710×1000　1/16
2023 年 7 月第 1 次印刷　　印张 28 3/4
定价：158.00 元

国家治理丛书编委会

主编

陆　丹　三亚学院校长 教授
丁　波　研究出版社副总经理兼副总编辑
何包钢　澳大利亚迪肯大学国际与政治学院讲座教授 澳大利亚社会科
　　　　学院院士

编委（按姓氏笔画排序）

丁学良　香港科技大学社会科学部终身教授
王　东　北京大学哲学系教授
王绍光　香港中文大学政治与公共行政系讲座教授
王春光　中国社会科学院社会学研究所研究员
王海明　三亚学院国家治理研究院特聘教授
王曙光　北京大学经济学院副院长 教授
丰子义　北京大学讲席教授
韦　森　复旦大学经济学院教授
甘绍平　中国社会科学院哲学研究所研究员
田海平　北京师范大学哲学学院教授
朱沁夫　三亚学院副校长 教授
任　平　苏州大学校卓越教授

仰海峰	北京大学哲学系教授
刘　继	国浩律师（北京）事务所主任 合伙人
刘建军	中国人民大学马克思主义学院教授 教育部长江学者特聘教授
刘剑文	北京大学法学院教授
刘晓鹰	三亚学院副校长 教授
刘敬鲁	中国人民大学哲学院教授
江　畅	湖北大学高等人文研究院院长 教育部长江学者特聘教授
安启念	中国人民大学哲学院教授
孙　英	中央民族大学马克思主义学院院长 北京高校特级教授
孙正聿	吉林大学哲学系终身教授
李　伟	宁夏大学民族伦理文化研究院院长 教授 原副校长
李　强	北京大学政府管理学院教授 校务委员会副主任
李　强	商务印书馆编辑
李炜光	天津财经大学财政学科首席教授
李德顺	中国政法大学终身教授 人文学院名誉院长
张　帆	北京大学历史学系主任 教授
张　光	三亚学院财经学院院长 教授
吴　思	三亚学院国家治理研究院研究员 原《炎黄春秋》杂志总编辑
陈家琪	同济大学政治哲学与法哲学研究所所长 教授
杨　河	北京大学社会科学学部主任
罗德明	美国加州大学政治学系教授
周文彰	国家行政学院教授 原副院长
周建波	北京大学经济学院教授
郑也夫	北京大学社会学系教授
郎友兴	浙江大学公共管理学院政治学系主任 教授
赵汀阳	中国社会科学院学部委员 哲学研究所研究员
赵树凯	国务院发展研究中心研究员

赵家祥　北京大学哲学系教授
赵康太　三亚学院学术委员会副主任 教授 原海南省社会科学界
　　　　联合会主席
赵敦华　北京大学讲席教授
郝立新　中国人民大学校长助理 马克思主义学院院长 教授
胡　军　北京大学哲学系教授
柳学智　人力资源和社会保障部中国人事科学研究院副院长 教授
钟国兴　中共中央党校教授《学习时报》总编辑
姚先国　浙江大学公共管理学院文科资深教授
姚新中　中国人民大学哲学院院长 教育部长江学者讲座教授
顾　昕　北京大学政府管理学院教授
顾　肃　南京大学哲学与法学教授
钱明星　北京大学法学院教授
高全喜　上海交通大学凯原法学院讲席教授
高奇琦　华东政法大学政治学研究院院长 教授
郭　湛　中国人民大学荣誉一级教授
唐代兴　四川师范大学伦理学研究所特聘教授
谈火生　清华大学政治学系副主任 清华大学治理技术研究中心主任
萧功秦　上海师范大学人文学院历史学系教授
韩庆祥　中共中央党校副教育长兼科研部主任
焦国成　中国人民大学哲学院教授
蔡　拓　中国政法大学全球化与全球问题研究所所长 教授
熊　伟　武汉大学财税法研究中心主任 教授
樊和平　东南大学资深教授 教育部长江学者特聘教授
戴木才　清华大学马克思主义学院长聘教授

作者简介

安启念,中国人民大学哲学院教授。现任中国马克思主义哲学发展史学会常务理事,中国现代外国哲学研究会俄罗斯专业委员会名誉会长,俄罗斯《哲学问题》、《自由思想》、《全球性问题研究》等杂志外籍编委。

内容提要

И. Т. 弗罗洛夫是20世纪后半叶苏联最重要的哲学家。他的主要哲学思想是新人道主义。新人道主义立足于对20世纪60年代后日益引起人们关注的全球性问题的研究，是马克思主义与俄罗斯传统文化相结合的产物。И. Т. 弗罗洛夫在苏联，在全世界，率先把全球性问题的出现与人类文明向共产主义的过渡联系起来，站在历史的高度对全球性问题做出回应。本书对弗罗洛夫的生平、思想历程，对他的新人道主义的内涵、由来、理论得失、社会影响，以及它在俄罗斯哲学发展历史中的地位，做了全面深入的分析与评价。

目　录

绪论　新轴心时代 1
 一、轴心时代 1
 二、新轴心时代 8

第一章　哲学家伊万·季莫费耶维奇·弗罗洛夫 30
 一、从哲学家到苏共中央政治局委员：弗罗洛夫的生平与事业 31
 二、从生物学哲学研究到对人的综合研究：弗罗洛夫的思想历程 50

第二章　弗罗洛夫新人道主义的理论内涵 69
 一、新人道主义"新"在何处 69
 二、新人道主义概念的内涵 75
 三、新旧人道主义的异同 93

第三章　弗罗洛夫新人道主义的历史背景 106
 一、苏联东欧社会主义国家人道主义呼声高涨 106
 二、20世纪的新科学技术革命 118
 三、全球性问题的兴起 130

四、西方马克思主义运动 139

第四章　弗罗洛夫新人道主义的思想渊源 155
　　一、回到马克思 156
　　二、俄罗斯哲学传统的延续 175
　　三、马克思哲学思想与俄罗斯哲学在新时代的结合 192

第五章　弗罗洛夫新人道主义的社会影响 217
　　一、弗罗洛夫与苏联哲学的人道主义化 217
　　二、弗罗洛夫新人道主义与苏联社会的人道主义思潮 236
　　三、弗罗洛夫新人道主义与戈尔巴乔夫改革（一）............. 261
　　四、弗罗洛夫新人道主义与戈尔巴乔夫改革（二）............. 273

第六章　抽象人道主义？现实人道主义？ 293
　　一、弗罗洛夫的新人道主义与马克思恩格斯的共产主义理论 293
　　二、抽象人道主义 303
　　三、现实的人道主义？ 325

第七章　俄国哲学史上的弗罗洛夫 342
　　一、弗罗洛夫——苏联时期俄罗斯哲学传统的主要代表 342
　　二、苏联解体后的俄罗斯哲学与弗罗洛夫 359

附　录 379

绪论　新轴心时代

伊万·季莫费耶维奇·弗罗洛夫（Иван Тимофеевич Фролов，1929—1999）是20世纪下半叶俄罗斯最重要的哲学家，70年代以后苏联哲学界众望所归的领袖人物。他不仅是思想家，把全球性问题引入苏联哲学，开创了苏联对人的综合研究，提出独特的新人道主义思想，而且积极投身社会实践，以自己的思想极大地影响了苏联社会的发展进程。1999年，弗罗洛夫在中国杭州意外离世。20多年来俄罗斯和整个世界发生了巨大变化，但是环顾当今世界，他的思想仍然不失其重要价值，值得认真研究。

任何哲学家都是自己时代的产物。要理解弗罗洛夫及其哲学思想，主要是他的新人道主义，首先必须深刻理解他所处的也是我们今天仍然生活于其中的时代。这一时代，从整个人类历史的高度看，可以称作新轴心时代。新轴心时代是理解弗罗洛夫及其新人道主义的前提和关键。

一、轴心时代

新轴心时代是相对于轴心时代而言的。

1949年，德国存在主义哲学家雅斯贝尔斯在《历史的起源与目标》一书中提出，公元前800至公元前200年之间，尤其是公元前600至公元前300年间，中国、印度、巴勒斯坦、希腊四个地区的古老文明都出现了文化突进，在宗教、哲学、文学、自然科学诸方面涌现出一大批重要成果，产生了伟大的精神导师。中国有孔子、老子及先秦诸子,产生了儒家、道家和诸子百家的学说;印度有《奥义书》(*Upanisad*)以及释迦牟尼的思想和佛教经典,对各种哲学问题做了深刻探讨;巴勒斯坦地区的以色列先知们创造了犹太教的《圣经》,即后来基督教《圣经》中的旧约;希腊则有荷马及其伟大作品《荷马史诗》,巴门尼德、赫拉克利特、苏格拉底、柏拉图、亚里士多德和他们的哲学,历史学家修昔底德及其著作、伟大的悲剧作品、阿基米德为代表的自然科学家。这些文化巨人及其成果井喷式地集中涌现,至今都是难以逾越的高峰。这一时期提出的思想原则塑造了具有不同特点的文化传统。似乎在此之前四个地区的文化发展都是在为这些成就的产生做准备,这些成就的产生则深刻影响甚至决定了此后这些地区以及周边地区文化和社会的发展。其中包含的基本范畴为其后一千多年的人类生活奠定了基础,成为各自地域人类文明的精神支柱。这是人类文明发展中的一次重要历史转折,雅斯贝尔斯把这一历史时期称作轴心时代。

在谈论轴心时代时,人们往往为它灿烂的文化成果所折服和吸引,但是研究轴心时代不能局限于这些成果本身。轴心时代之所以成为文明发展的"轴心",固然与这一时期产生的文化成果达到了极高水平有关,但更重要的是这些成果具有各自的特点并对人类文明在后来两千多年的发展产生了重大影响,而它们的特点和历史影响,与它们的产生背景密切相关。轴心时代产生文化突进的四个地区,本来就是人类古代文明的重要发源地(中国、印度、希腊)或者在地理上处于各种文化的交汇之处(巴勒斯坦地区),显而易见,所在地区经济和文化高水平成果的积累是轴心时代文化突进的必要前提。但是对于理解轴心时代文化突进的出现和文化成果的内容、特点以及它们对此后人类文明发展产生的影响而言,最值得关注的不是这些成果本身以及它们的文化前提,而是它们得以产生的历史背景。它们都是特定的社会需要的产物，是一定的社会生活的反映，这是理解轴心时代的关键。

公元前11世纪，周王朝在中国诞生。中央政权建立了70多个诸侯国，诸侯服从王室领导，各自管理自己的国家。大约300年后，即公元前8世纪，王室衰微，周王朝借以维系社会统一秩序的制度日益崩塌，所谓"礼崩乐坏"。中国历史进入春秋战国时代，直至公元前3世纪周朝灭亡。在这个时期，诸侯国之间，乃至同一个诸侯国内部不同等级的个人之间，为了各自的利益相互争夺，社会失序，战乱不断。这不是不同国家之间的冲突，而是同一国家内部人们相互之间的利益争夺，因此之故人们常说"春秋无义战"。

内部的争斗使统一的国家四分五裂，广大民众的生活痛苦不堪，重新建立统一的行为规则调节人与人的关系，恢复社会的稳定与秩序，成为社会的普遍需要。孔子的思想就是这一需要的集中反映。他的学说博大精深，主要思想是主张"内圣外王"。内圣是指个人的人格和道德修养，即所谓"修身"，培养人的独立精神、自强不息、仁爱自律；外王是指"齐家、治国、平天下"，使人们各安其位，国家井然有序。内圣是基础，外王是目的。孔子向人们提出一个要求，即"克己复礼"，目的是恢复周朝规章制度的权威，要求每个人都克制自己，自觉遵循这些制度，重建人与人之间有等级但大家各安其位的秩序，维护社会和谐稳定。这是一种道德学说，它不关心彼岸世界是否存在，把人的注意力集中在人们在现实生活中的人际关系上；它要求人为了整体的利益约束自己，提倡中庸之道，不鼓励斗争、征服和开拓进取；它信奉天人合一，主张人要服从天命，反对人改造和征服自然。老子注重研究并描述事物的联系变化，但与孔子一样重视以道德调节人际关系。当时也有其他思想家提出了与孔子不同的理论，然而从总体上看，聚焦建立和维护不平等但有秩序的人际关系，强调个人服从整体，建立人与人、人与自然的和谐，是轴心时代中国文化的特点。这一特点是当时社会需要的产物。①

公元前 16 世纪以后,印度被来自西方的一个又一个民族征服,内部分化为四大种姓以及种姓以外的贱民,再加上种姓内部的阶层,整个社会分为几百个不可改变的等级。大多数人被固定在社会下层,一生生活在苦难之中,生活成为无边的苦海。外族的侵略和内部的战乱更加重了印度人民的苦难。苦难中的广大民众迫切需要心灵抚慰,需要找到一条脱离苦海的道路。印度古老的婆罗门教和哲学经典《奥义书》提出了轮回业报的思想,声称转世者的转世形态取决于他前世的所作所为,只有前世积德行善才能获得福报,在来世脱离苦海。释迦牟尼创立佛教,继承并进一步发扬上述思想,提出人世充满苦难,人需要认识到"四大皆空",方能得到涅槃,脱离苦海。佛教让饱受生活苦难的人在离世和来世中看到了希望。这成为产生于轴心时代的佛教的基本思想,在后来的印度教中也可以见到。种姓制度则在印度至今没有完全消失。

以色列是以犹太人为主体的国家,位于巴勒斯坦地区,历史上曾是欧、亚、非三大洲文化交流和贸易往来的必经之处。犹太人的先民不断遭到巴比伦人、波斯人、马其顿人和埃及人的打击与蹂躏,饱受苦难。犹太人迫切需要精神抚慰与精神指引。寻找保持社会团结并使犹太民族得到拯救的途径,成为犹太人的集体需要。他们建立了犹太教,信奉唯一的神耶和华。到公元前 5 世纪,犹太先知们基本完成了犹太教《圣经》,即基督教《圣经》旧约的写作修订。在犹太教《圣经》中,先知们提出一个完整的世界观,描述了犹太人与上帝的联系:上帝创造了世界,人是上帝的创造物,带有上帝的精神气息,享有自由,生而平等;犹太人是上帝选定要加以拯救并赋予重任的民族;上

---

① 关于中国和中国文化,可参见黑格尔《历史哲学》、《哲学史讲演录》的相关内容。他从西方中心论出发,认为中国文化属于东方文化,是人类的幼年时期,中国历几千年而很少变化,没有历史。

帝和以色列人建立约定，为人的行为制定规范，破坏规定必遭上帝惩罚，"摩西十诫"对人与神、人与人的关系从十个方面做了规定，并借助神的力量使这些规定获得神圣性、绝对性；人带有原罪，只有遵从上帝的教诲自我克制才能得到拯救。先知们谴责了社会不公，对穷人表示同情。犹太教《圣经》吸收了欧、亚、非三大洲众多文明的成果，展现出人的生活的多个侧面。它反映了犹太人现实生活中的苦难，满足了苦难中的犹太人和社会下层获得拯救的需要；它一方面强调人有原罪，必须克制自己以听从神的教诲，另一方面赋予人以神性，肯定了人的自由、平等和"契约"的重要；它指出了一条在现实生活中靠自己的努力获得幸福的道路。

轴心时代的希腊文明是奴隶主文明。这些奴隶主人格独立，相互平等，充满自信，积极向上。他们无须从事物质生产，热衷于政治活动、竞技体育和对未知世界的探索；人的身体和精神得到赞扬，人对现世幸福的追求被充分肯定。这些拥有大量闲暇时间的奴隶主创造了灿烂的文学、艺术、自然科学和哲学，创造了民主政治和奥林匹克运动。希腊的文学、历史学，生动反映了希腊人开放、自信、积极进取、遵从理性、追求现世幸福的精神风貌。即使是他们创造的神话，诸神也都有血有肉、有爱有恨，一如现实生活中的人类。希腊人的生活需要在更高的层次上被加以概括和总结，为他们的实践活动提供理论支持与指引。希腊哲学就是希腊人这种精神需要的反映。古希腊哲学的出现意味着天人不分的神话时代结束，人类开始了自觉的精神生活。早期的希腊哲学，泰勒斯等爱奥尼亚学派哲学家，本着科学理性精神，面向自然，提出了各种完整的世界观，体现了希腊人对自然奥秘的探索精神；苏格拉底、柏拉图等人把人们的注意力从自然哲学领域引向人的现实生活，他们关注伦理学问题，对正义、勇敢、诚实、智慧、国家等问题做了深入思考，以理性的形式解释了世界与人生。

所有轴心时代的思想家，他们的思想，他们的思想所代表的轴心时代的文化，标志着人类开始对自身进行反思，学会自我克制，自觉规划自己的社会生活和个人生活，自觉地探索外部世界。概括地说，轴心时代是人类文明发展历程的一次重要转折，是人类告别动物阶段向前迈出的重要一步，是人类的精神觉醒。

由上所述可以看出，轴心时代四个地区的文化繁荣，固然各有自己的文化渊源，但从根本上说，是这些地区社会发展需要的产物，文化的基本内容、基本特点是对现实生活的需要和特点做出的反应。社会需要和社会生活的特点，是打开轴心时代秘密的钥匙。

雅斯贝尔斯认为，上述四个地区轴心时代产生的文化成果塑造了不同的文化传统，不同地域轴心时代形成的理论成为各自地域人类文明的精神支柱，其中的许多基本范畴为其后一千多年的人类生活奠定了基础，赋予了这些地区社会发展和社会生活不同的特点。

雅斯贝尔斯是正确的。

中国文化聚焦人际关系，强调集体的重要性，要求所有的人，尽管地位不同，都克制自己，维护有等级的社会和谐。这一特点有力地保证了中国的社会稳定。历史学家汤因比说：中国人"几千年来，比世界任何民族都成功地把几亿民众，从政治文化上团结起来。他们显示出这种在政治、文化上统一的本领，具有无与伦比的成功经验。这样的统一正是今天世界的绝对要求"[1]。但是，过于重视人际关系，使得中国人虽然一向自强不息却缺少对外开拓的精神，奉行实用理性，缺少对个人的尊重，缺少探索自然的理论兴趣。中国在自然科学、工业文明以及现代化发展道路上落后，与此密切相关。

至于印度，我们可以看看马克思的一段论述。他说："印度本来就逃不掉被征服的命运，……我们通常所说的它的历史，不过是一个接

---

[1] 〔英〕A. J. 汤因比、〔日〕池田大作：《展望二十一世纪——汤因比与池田大作对话录》，北京：国际文化出版公司，1985 年，第 294 页。

着一个的入侵者的历史,他们就在这个一无抵抗、二无变化的社会的消极基础上建立了他们的帝国。"① 在宣传轮回业报注重来世的佛教和印度教文化培育下,印度人很难在现世生活中面对苦难进行抗争、斗争。印度不仅沦为英国的殖民地,而且在争取民族独立的斗争中都赞美与践行不抵抗精神。

犹太人先知的著作没有赋予犹太人抵抗外族侵略的物质力量,但是使他们相信自己是上帝的选民,一定会得到上帝的眷顾和拯救。这从精神上给了他们信心、凝聚力与希望。犹太人失去家园在全球流浪两千年,正是犹太教让他们保持了文化上、民族上的独立性,并在第二次世界大战后重建家园。犹太人内部至今保持着惊人的凝聚力。

由于波斯人、马其顿人和罗马人的入侵,轴心时代的希腊奴隶主国家不复存在,但是轴心时代的希腊文化并没有消失,我们将会看到,它与巴勒斯坦地区犹太人创造的文化一起,对整个西方世界的历史发展产生了决定性的影响,直至今天。

轴心时代形成的四种文化的生命力在于,它们从四个不同的角度对人类社会生活中遇到的问题做了回答。

只要有人就有社会,人就只能在社会中生存,但是人与人的体力、智力、意志力互不相同,他们在社会分工中必然占有不同的位置,而与此相伴的往往是种种社会不公,例如经济上的贫富、剥削,政治上的等级、压迫。社会矛盾、社会冲突难以避免。为了共同的利益,为了不致在无节制的斗争中失去已有的成果,人们需要在一定历史时期内承认这种社会不公的必然性、合理性,接受它们。任何社会都会有这样的要求。正是在这里,中国文化强调的"克己复礼"、"中庸之道",显示出了自己永恒的价值。同样的道理,任何社会都不可能完

---

① 马克思:《不列颠在印度统治的未来》,《马克思恩格斯选集》第 1 卷,北京:人民出版社,1995 年,第 767 页。

全消灭人的不幸，总有一些人要生活在苦难之中。印度文化，尤其是佛教，犹如一种心理学理论，能给痛苦中的印度人带来心灵抚慰与希望。这就是它两千多年绵延不绝的原因。至于犹太人的先知们以及希腊的奴隶主们创造的文化，我们会看到，它们极大地影响了历史的发展，人类历史也在事实上造就了它们的辉煌。因为任何时候人类都必须从事物质生产，改造自然界，为此又必须认识自然，掌握自然规律。从事认识自然改造自然的活动和在社会中生活，合乎规律地引导人们如古希腊人那样"仰望星空并思考心中的道德律"。

轴心时代四种文化的共同点是，它们都十分重视人与人的关系以及个人修养、个人的精神生活，尽管各自对人际关系和个人精神生活的理解不同。人与人的关系是社会生活中最重要的存在，喜怒哀乐等等各种精神感受是个人生活最直接最深刻最生动的内容。这些关系又建立在人与自然的关系之上。对人际关系和个人精神生活的重视、思考与不同理解，以及对自然界和人与自然关系的关注，使得轴心时代形成的文化具有了不同特点和大尺度的历史价值，从而每一种文化都影响了一大批相邻或相关的国家，使这些国家两千多年的历史具有了共同的特点。也正因为如此，雅斯贝尔斯才提出轴心时代概念并得到学术界的普遍认可。

二、新轴心时代

文化是社会发展的产物，然而一旦产生，必然反过来对社会发展产生重大影响。

作为东方国家的中国和印度，或者把人的注意力集中在人际关系上，崇尚和谐、中庸，个人服从集体；或者主要关注人的内心世界，注重因果报应，劝人向善，寄希望于来世。在这样的文化哺育下成长起来的中国人、印度人，缺少独立性和开拓进取精神，这两个创造了

绪论　新轴心时代

辉煌古代文明的国家因此而缺少活力、进取心和对外征服的欲望，在此后近两千年中进步缓慢，社会表现得超级"稳定"。

在犹太教文化和希腊文化影响下成长起来的欧洲人，在人类历史上展现出另外一番景象。

公元前1世纪，罗马人攻占耶路撒冷，犹太人开始流亡世界各地。公元1世纪，在犹太教基础上建立的基督教在亡国的犹太人中流行，而且因为能给苦难中的人们带来抚慰并指出在现世生活中得到拯救的途径而在罗马帝国的底层社会广泛传播，不久又被帝国的上层作为维护统治的工具接受，于公元392年成为横跨欧、亚、非三大洲的罗马帝国的国教。

在中世纪，当中国和印度停滞不前的时候，欧洲出现了重大变化。公元7世纪，伊斯兰教在阿拉伯半岛兴起。希腊的哲学以及希腊和埃及、印度等地的科学，来自中国的火药、造纸术、印刷术，在伊斯兰教与流行于欧洲的基督教的长期冲突中，传入欧洲。14世纪，在意大利沿海城市，由商人、手工业者组成的市民阶层力量壮大。与自给自足的农民不同，市民以追求金钱和物质享受为明确目的。手工业者的手段是生产技艺，商人的手段是贸易，在当时，很大程度上是依托地中海的海上贸易。他们是自由的、独立的人，借助科学、技术和市场，追求金钱和物质欲望的满足。日益兴起的市场经济培养了他们的契约精神和相应的自由、平等、民主、法制观念。他们的要求与欧洲中世纪的封建统治，与主宰全部社会生活、凌驾于人之上压制人的世俗欲望的天主教相冲突，但是他们在希腊哲学中，在希腊、埃及等地的科学、哲学、文学、艺术中，找到了自己需要的东西，即对人的独立性、主体性、物质欲望的正当性以及科学理性的巨大力量的肯定。于是，大量古希腊、罗马甚至古代埃及的著作被翻译出版，大批评击禁欲主义，歌颂人、人的力量和人体之美、人对现世幸福的追求的文学作品，以及同样体现人文精神的绘画、音乐、建筑作品，涌现出来，意大利兴起了文艺复兴运动。文艺复兴运动很快在欧洲各国出现，天主教会也不断受到冲击。在漫长的中世纪，天主教会政治立场保守反动，但是借助科学理性研究基督教教义，使科学理性得以保存。16世纪初出现的宗教改革，揭露和批判了天主教会的腐败，产生了基督教新教。新教高度肯定人的现实生活，为人的逐利行为辩护，以上帝的名义肯定了人们勤劳致富。《圣经》对人的自由、平等和契约精神的承认与尊重，也为市民阶层发展市场经济提供了帮助。

对物质欲望的正当性以及追逐物质利益的经济活动的肯定甚至颂扬，给予市民阶层追求金钱和享受以源源不竭的动力；对科学理性和科学技术的崇尚，给工业的发展，从而给广大市民满足自己对金钱和享受的需要，提供了保证。这两者的结合极大地促进了自然科学和市场经济的发展，催生了工业化。政治生活也发生相应变化，产生了资产阶级和资产阶级的民主法制。欧洲由此开始了现代化历程。从文化发展历史的角度看，欧洲的现代化运动是公元前8—2世纪产生的希腊文化和以基督教为代表的巴勒斯坦地区文化优秀成果的结合，是这些成果的产物。轴心时代形成的许多思想、观念，在现代化运动中充分展示了它们巨大的历史价值。

欧洲国家的现代化运动取得了巨大成功。在欧洲先进国家，资产阶级迅速崛起，工业革命不断加速，政治民主逐步完善。现代化显著地改善了这些国家人民的生活，也极大地增强了这些国家的实力。资本的扩张本性推动它们不断向落后国家和落后地区推销产品、寻找资源，到处发动侵略战争。它们这样做也把欧洲人的思想观念、生产方式、政治制度推向整个世界，迫使各国人民走上现代化之路。马克思对此做过很好的说明："资产阶级，由于一切生产工具的迅速改进，由于交通的极其便利，把一切民族甚至最野蛮的民族都卷到文明中来了。它的商品的低廉价格，是它用来摧毁一切万里长城、征服野蛮人最顽强的仇外心理的重炮。它迫使一切民族——如果它们不想灭亡的话——采用资产阶级的生活方式;它迫使它们在自己那里推行所谓的文明,即变成资产者。一句话,它按照自己的面貌为自己创造出一个世界。"[1] 整个世界都或迟或早地被卷入欧洲人掀起的现代化浪潮之中,东方大国印度和中国也先后于18世纪和19世纪在帝国主义侵略的压力之下以不同方式开始了自己充满苦难的现代化历程。第二次世界大战结束后,现代化进程在全世界愈演愈烈。印度在1947年独立后建立了资本主义制度,追求资本主义现代化。1949年以后中国逐步建立了社会主义制度,也把国家的现代化作为自己的奋斗目标。一大批落后国家摆脱了帝国主义的殖民统治,先后走上现代化道路。在中国,1978年实行改革开放后,现代化步伐越走越快。到今天,发展科学技术,发展物质生产力,发展市场经济,建立并逐步完善符合自己国情的民主制度,已经成为中国举国上下的共识。现代化潮流席卷全球,成为文明的代名词,如马克思所说,"一切民族甚至最野蛮的民族都卷到文明中来了"。

中国、印度、巴勒斯坦地区和希腊,在轴心时代产生了特点不同的四种文化,这些文化影响了相关国家和地区此后两千多年的发展道路。由于中国和印度以及其他落后国家先后走上现代化之路,致力于在发展科学技术的基础上实现生产的工业化、经济的市场化、政治的民主化,我们似乎可以说,生活实践已经证明,轴心时代发源于巴勒斯坦地区的文化和希腊的文化,也即西方文化,通过它所培育的现代化运动,在与中国和印度的东方文化的竞争中取得胜利。有人甚至提出,西方的价值观与政治制度,是全人类的最后选择,历史终结了。

然而实际情况远远不是这样。

在中国和印度以及受它们影响的国家,轴心时代文化成果的影响并没有消失。如前面所说,人类固然需要个性独立和自由,需要科学

---

[1] 《共产党宣言》,北京:人民出版社,1997年,第31—32页。

理性，但是为了不致因内部的差别、分歧与矛盾斗争造成社会瓦解，必须努力维护各种力量的和谐共存，以调节人际关系为宗旨的孔子思想依然表现出巨大的现实意义。日本、韩国、中国台湾地区、中国香港以及新加坡的现代化历史和现实充分证明了这一点。尤其是中国，直到今天中国共产党都十分强调以孔子思想为代表的中国传统文化的现实意义。佛教仍然是具有世界影响力的宗教，它的基本精神，生命轮回因果报应，在印度教中表现出来，至今被大多数印度人信奉。

更重要的是，资本主义现代化给人类带来了越来越严重的负面后果。开始于欧洲国家的现代化运动以资本主义的兴起为标志。趋利避害，是一切动物的，甚至一切生命的本能，人也一样。人是能制造工具的动物，技术的进步提升了人改造自然的能力，但是在以工业文明为代表的现代化运动兴起之后，在资本主义制度下，人类开始自觉地发展科学技术，自觉地把追求物质财富作为全部社会生活的中心，把动物趋利避害的本能发挥到极致。资本主义是一切服从资本需要的制度，而资本的本性是无限的自我增值。在资本主义制度下，每个人的贪欲都被充分调动起来，整个社会被组织成一架庞大的服务于资本增值需要的机器。在资本主义社会，人们确立了"知识就是力量"的信念，科学作为人类认识自然认识社会的特殊领域从技术中独立出来。科学技术的发展不断增加人改造自然的能力，是物质生产力发展的前提与保证，意味着物质财富的增加。它不断满足人们的需要，又不断诱发与刺激人们产生新的更多的需要，其中很多是不合理的奢侈需要。资本借助科学技术的力量无限自我增值，急剧膨胀，迄今为止给人类带来令人惊诧的物质繁荣，现代化运动取得巨大成就。但是，它同时也造成了惊人的前所未有的负面后果。

其中最突出的，是地球不堪重负，人类的物质生产不可持续，甚至地球不再适合人类居住。在现代化运动兴起以前和现代化运动的早期阶段，科学技术的相对落后制约了人改造自然的能力，物质生产和

绪论　新轴心时代

人类生活对地球的破坏没有引起人们的注意，似乎地球有无限大。随着科学技术的发展，人改造自然的能力迅速增加，地球日益"变小"，不堪重负。1968年成立的"罗马俱乐部"最早就此向全人类发出警告。1972年"罗马俱乐部"发表报告《增长的极限》，指出，由于物质生产的急剧发展，自然资源消耗速度不断加快，地球上许多重要资源日趋枯竭。报告还列出了主要自然资源可供人类使用的年限。报告的问世振聋发聩，使很多人猛然惊醒，第一次意识到地球是有限的，相对于不断膨胀的人类改造自然的能力，地球在变小。人类自己的行为正在破坏自己赖以生存的大地母亲，现有的生产方式生活方式不可持续，人类急需改弦更张，确立新的发展思路。学者们提出全球性问题概念[1]，除自然资源以外，生态、环境、气候、粮食、人口、核武器等大规模杀伤性武器的使用，甚至可以迅速传染扩散的瘟疫等影响整个世界需要人类共同努力才能解决的问题，进入人们的视线，并且越来越受到重视。

但是时至今日，在《增长的极限》发表近半个世纪以后，20世纪70年代进入人们视野的各种全球性问题，罗马俱乐部提出的资源、环境等问题，弗罗洛夫强调的基因工程对人类的潜在威胁以及道德问题，等等，一个都没有解决，反而更加严重。拥有核武器的国家数量在增加，防止核扩散仍是当今世界的焦点问题之一。自然资源不断减少，人们对自然资源的寻找与争夺日益超出人类所居住的陆地的界限，深入大海，远到南极、北极甚至月球。例如，中国对南海的主权历史上从未受到质疑，20世纪70年代中国南海发现丰富的油气资源，随之出现主权纠纷，到今天南海成为全球的冲突热点之一。北极资源的争夺也已拉开序幕。当年许多人对弗罗洛夫就基因工程包含潜在危险的

---

[1] 据俄罗斯学者 В.Л.伊诺泽姆采夫考证，世界上第一次使用"全球性问题"概念的，是弗罗洛夫。

13

警示不以为然，现在转基因食品安全、基因疗法甚至基因武器的潜在危险，已经引起热烈讨论与深切忧虑。

各种全球性问题中，最令人不安的是气候问题，主要是全球变暖问题。迄今为止，工业生产每天都在消耗大量化石能源，同时向大气层排放大量温室气体，导致地球表面温度上升。气温上升又会引起永久冻土带几千万甚至上亿年冰封在冻土中的甲烷气体不断释放出来，增强温室效应，进一步加速气温上升。气候变暖现象在20世纪七八十年代开始引起人们关注，几十年后成为对人类生存的严重威胁。2019年，北极地区气温达到32℃，印度超过50℃，巴黎也达到40℃。与此相应的是冰川消失，海平面上升，地球上一些低洼地区面临被淹没的危险。一些学者认为，到2050年，纽约和迈阿密等一大批大都市，以及菲律宾整个国家，将沉入海底。各种极端天气以及相应的自然灾害越来越频繁。工业和人类其他活动产生的二氧化碳有三分之一会被海洋吸收，导致海洋酸化，自工业革命以来海水的酸度已经增加了30%。地球正在变暖，其后果之严重令人恐惧，构成对人类生存的大家可以切实感受到的威胁。气候问题引起全人类的深刻忧虑。控制气候变暖迫在眉睫，其紧迫性超过其他问题。

此外，工业生产和人类其他活动，借助科学技术的力量，对地球自然系统造成日益严重的破坏，生态环境迅速恶化。大量有毒物质的排放污染空气、土壤、江河、湖泊与海洋。仅北京一地，每年制造的塑料垃圾就有14万吨，上海则每年制造19万吨。大部分塑料在自然界的降解需要几百年甚至更长的时间。海洋中的塑料垃圾造成大量海洋生物死亡，并且通过食物链在人体内以微塑料的形式富集，危害人的健康。环境恶化造成大量动植物物种从地球上消失。过去一百年，平均的消失速度达到每天100多个物种。据研究，畸形儿和癌症患者，尤其是肺癌患者，数量激增。工业化国家成年男子体内的精子数迅速减少，现在我国每七对育龄夫妇就有一对有生育困难。

地球正在变得不再适合人类居住，这已经是得到公认的现实危机。究其原因，正是工业化、现代化运动借助科学技术革命的力量推动工业生产急剧发展所致。工业生产规模的膨胀导致大气、水以及土壤发生日益严重的污染，造成气候异常，反过来，这些变化又对人自身的生存构成直接威胁。

以上问题是资本无限增值、扩张造成的，然而社会主义制度并没有为我们提供解决这些问题的现成方案。社会主义以全体人民的幸福而不是资本增值和满足资本家的利益为宗旨，但是，第一，解决使人类文明陷入困境的上述问题直接涉及资本家以及资本主义、帝国主义国家的利益，社会主义国家不可能自己单独解决。第二，更值得注意的是，加速发展生产力，提高广大人民群众的物质文化生活水平，是社会主义国家最基本的任务；按照科学社会主义理论，共产主义理想的实现不取决于人们的愿望，也不取决于阶级斗争，从根本上说，它建立在物质生产力的发展之上。而我们知道，生产力的无限发展，是产生威胁整个人类生存的全球性问题的基本原因。社会主义国家同样需要转变发展方式，寻找解决这些问题的方法。

文艺复兴以后逐步兴起的以资本主义工业化为主要形式的现代化运动，不仅造成并日益加剧了人与自然的对立，导致生产不可持续，地球正在变得不适合人类居住，此外它还造成了人与人之间前所未有的对立和冲突。

资本主义文明，从总体上看，在历史上经历了两次重大危机。第一次在19世纪。文艺复兴以后逐渐兴起的资产阶级大力发展科学技术，借助科学技术的力量不断发展生产力。18世纪英国爆发了工业革命，其成果迅速向全世界，首先是向欧洲扩散。资本主义制度在许多国家借着工业化的力量快速发展。机器的使用给了资本家降低成本更加残酷地剥削工人和相互之间展开竞争的有力手段。广大工人群众陷入绝对贫困，生活在水深火热之中，被迫奋起反抗，阶级斗争如火如茶；资本家不择手段地追求个人利益最大化，相互之间的无序竞争导致一次又一次的经济危机，生产力遭到大规模的破坏。这种情况催生了各种各样以批判否定资本主义为宗旨的理论，其中最有代表性的是马克思主义。马克思、恩格斯于1848年发表的《共产党宣言》，宣告资本主义的丧钟已经敲响，号召"全世界无产者，联合起来"，启发了各国的工人群众，无产阶级革命运动风起云涌，资本主义陷入危机。

迫于工人阶级的压力，同时出于资产阶级自身的需要，19世纪末，主要资本主义国家工人阶级的生存状况得到改善，阶级矛盾暂时缓和。但此时自由资产阶级发展为垄断资产阶级，资本主义制度进入帝国主义阶段。对外侵略扩张，争夺殖民地，是帝国主义国家的本质特征和生命所系，由此导致20世纪发生两次世界大战。世界大战造成物质生产力的巨大破坏，造成超过两亿的人口伤亡。第二次世界大战后世界上出现一大批社会主义国家，殖民地国家的民族解放运动风起云涌。两次世界大战表明，资本主义世界陷入了比19世纪更深刻更严重的危机。

第二次世界大战后，由于联合国、世界银行、关税与贸易总协定（1995年更名为世界贸易组织）的问世，资本主义世界的竞争有了大家认可的游戏规则，相互之间的矛盾得到控制甚至缓和，其经济与社会发展达到前所未有的高度。资本主义制度似乎由此进入新的繁荣。然而实际上，正是在这种表面繁荣的背后，资本主义制度一步步陷入第三次危机，真正致命的危机。

这一危机与全球化的兴起联系在一起。我们今天所说的全球化，出现在第二次世界大战以后，是新科学技术革命的产物。在科学技术革命性发展的推动下，人类利用和改造自然的能力急剧膨胀。生产力发展日新月异；通讯、交通、运输越来越便捷，地球进一步变小，变成"地球村"；人与人交往日益频繁，距离拉近。早在1848年问世的《共产党宣言》中，马克思恩格斯就指出，为了获取更多的利润，资本家在全世界奔走,一切不愿意灭亡的民族都被卷到资本主义体系中来了。第二次世界大战以后的上述变化,促进了资金、资源、人才在全球的流动,一大批跨国公司涌现出来。一个由美国为首的资本主义国家主导的全球经济体系逐步形成,各个国家按照国际分工在全球经济体系中占据属于自己的位置。全球在政治、经济上的联系也日益密切,表现出全球化的趋势。在国际分工中,美国为首的发达资本主义国家居于全球经济体系的顶端,依靠资金、技术方面的优势剥削众多发展中国家,中国等发展中国家则只能充当世界工厂,或者世界的自然资源供应地。前者是"劳心者",后者是"劳力者";前者剥削后者,占有世界经济体系生产的大部分利润。与经济上的不平等相联系的,是政治上的压迫和不公正。这种不公正不平等的关系成为世界动荡、冲突的深刻根源。

全球化运动中蕴含的真正危险来自美国。

第二次世界大战后,英法德日意等老牌帝国主义国家无可奈何花落去,美国依靠强大的科学技术力量和经济、军事实力,成为唯一的帝国主义国家。它是全球化的积极推动者,也是全球化的最大受益者,全球经济体系中的最大剥削者。1991年苏联解体,美国的野心进一步膨胀。为了维护自己的既有地位,进而称霸全球,在阿富汗、南联盟、伊拉克、利比亚、叙利亚,发动了一场又一场的战争。它还四处制造颜色革命,打着民主的旗号颠覆一个又一个的合法政府。出于帝国主义的本性,一切对它构成威胁的国家,不论是对手还是盟友,都要遭到它的打击甚至摧毁。20世纪80年代,日本在经济实力上仅次于美国,美国一纸"广场协议"剪了日本的羊毛,并使它失去与美国争雄的能力。"二战"以后苏联发展迅速,政治上成为世界社会主义阵营的首领,科学技术、经济、军事上直追美国,20世纪70年代在全球与美国争霸。美国先是进行意识形态渗透,接着发动军事围堵、金融战争,最终导致苏联解体。进入21世纪,中国在改革开放中崛起,经济总量超过日本逼近美国，意识形态上坚持社会主义，被美国视为自己的对手。美国立即发动贸易战、金融战，扶持中国国内的分裂主义势力，同时在国际上拉帮结派，对中国以武力相威胁，展开围追堵截。为了一己私利，美国抛弃理应承担的国际责任，提出"美国优先"，退出一个又一个国际条约，蓄意破坏联合国教科文组织、世界卫生组织、世界贸易组织。特别令人气愤的是不顾气候变暖对全人类构成的威胁，退出历经千辛万苦签订的以控制气候变暖为目的的"巴黎气候协定"。为了称霸全球，美国倾全力发展军事力量，在全世界挑起新一轮的军备竞赛。

列宁曾说，帝国主义就意味着战争。今天的美国，不论从哪个角度看，都是真正的战争策源地。

科学技术的发展造成全球化运动。无限增值是资本的本性。在资本的驱动下，遵循利用科学技术追求利益最大化的思路，在全球化过程中占据了有利地位的美国，野心膨胀，妄想称霸全球。这种野心决定了它与世界上大多数国家的对立，决定了它必然不择手段地压制、打击不符合其利益需要的国家，直至发动战争。除此而外，一些国家由于民族、宗教、文化、历史的原因长期存在矛盾，全球化使得它们之间的接触日益频繁，同时经济利益、文化观念和意识形态方面的冲突也越来越难以避免。第二次世界大战以后战争阴霾始终没有散尽，局部战争从来没有停止。在全球化席卷整个世界的背景下，更大更可怕的战争正在酝酿之中。与此同时，科学技术的发展使得大规模杀伤性武器花样翻新，威力急剧增加，不仅核武器的扩散未能制止，生物武器、基因武器等等杀伤力更大的武器也正在美国紧张研发。矛盾的深刻、尖锐和武器杀伤能力的增加，两种趋势共同作用，使人类处于有史以来前所未有的危险之中。沿着资本主义工业化现代化的道路继续前行，日益加剧的全球性利益冲突必将导致全球性的大规模战争，其结果则确定无疑，它将是全人类的毁灭。

人类迫切需要寻找新的价值目标与发展思路了。

以资本主义工业化为主要形式的现代化在人与人相互关系方面所造成的严重后果，不仅仅表现在全球性冲突和大规模战争的危险上，在某一个国家内部人与人的关系上也有表现，而且同样令人吃惊。

作为建立在生产资料私有制基础上的资本主义社会，从它诞生那一天起就伴随着社会的两极分化以及资产阶级和工人阶级的阶级对立、阶级斗争。在资本主义早期，科学技术的作用还不是很明显，很多人都能清楚地认识到，财富是工人的劳动创造的，资产阶级对工人的剥削受到道德谴责。但是，随着科学技术的发展以及科学技术在生产中的作用越来越重要，社会两极分化与对立的情况发生了很大变化。

首先是社会两极的差距越来越大，令人瞠目结舌。根据美银美林1917年以来美国家庭财富分配图表，近三十年来，占人口90%的美国底层家庭拥有的总体财富在全国所占比例直线下滑，从36%降至23%，而占人口0.1%的最富有家庭财富占比自20世纪70年代起一直增加，已经升至22%。即占总人口0.1%的最富有家庭拥有的财富已经和占人口90%的家庭不相上下。2011年美国爆发了"占领华尔街运动"，即所谓"99%反对1%"，是上述严重两极分化的直接结果。美国总统奥巴马也意识到他执政期间美国社会两极分化严重。他在2014年8月接受英国《经济学人》杂志专访时说：如果你回顾过去四年或五年，那些没有权利抱怨的是处于上层的那些人。经济形势的两极分化是我就职以来的一个关注焦点。那些上层人士获得了越来越大的GDP比重，提高了生产率和公司赢利，但中产阶层和工薪阶层却被卡住了，他们的工资和收入停滞不前。①

贫富如此悬殊，似乎十分荒谬。但是在今天，如此悬殊的贫富差别又很难从道德的角度加以评判、谴责，它有自己的合理性，而且贫

---

① http://www.chinanews.com/gj/2014/12-12/6870422.shtml.

富之间的差距还会进一步拉大。

随着人类对世界认识的深入，科学技术本身越来越复杂，科学技术在生产中的作用越来越重要，以致生产成为科学技术的运用，而科学技术成为少数精英人物的"游戏"。不要说普通民众，科学技术工作者也很少有人能够站到科技创新的前沿。除此而外，生产的科学技术含量不断提高，自动化程度日新月异，工人在生产中的作用逐渐边缘化。这些情况带来一系列重要变化。

早在1857年，马克思就对刚刚萌芽的生产自动化予以高度关注并敏锐地发现了一系列意义重大的变化。他指出：

> 随着大工业的发展，现实财富的创造较少地取决于劳动时间和已耗费的劳动量，较多地取决于在劳动时间内所运用的作用物的力量，而这种作用物自身——它们的巨大效率——又和生产它们所花费的直接劳动时间不成比例，而是取决于科学的一般水平和技术进步，或者说取决于这种科学在生产上的应用。……例如，农业将不过成为一种物质变换的科学的应用，这种物质变换能加以最有利的调节以造福于整个社会体。[①]

马克思看到，这将带来一系列重大变化：其一是工人在生产中的地位发生改变。工人不再是劳动生产的主体，机器取代了他的位置。马克思说：

> 机器无论在哪一个方面都不表现为单个工人的劳动资料。机器的特征决不是像［单个工人的］劳动资料那样，在工人的活动作用于［劳动］对象方面起中介作用；相反地，工人的活动表

---

① 《马克思恩格斯文集》第8卷，北京：人民出版社，2009年，第195—196页。

现为：它只是在机器的运转，机器作用于原材料方面起中介作用——看管机器，防止它发生故障，这和对待工具的情形不一样。工人把工具当做器官，通过自己的技能和活动赋予它以灵魂，因此，掌握工具的能力取决于工人的技艺。相反，机器则代替工人而具有技能和力量，它本身就是能工巧匠，它通过在自身中发生作用的力学规律而具有自己的灵魂，它为了自身不断运转而消费煤炭、机油等等（辅助材料），就像工人消费食物一样。只限于一种单纯的抽象活动的工人活动，从一切方面来说都是由机器的运转来决定和调节的，而不是相反。科学通过机器的构造驱使那些没有生命的机器肢体有目的地作为自动机来运转，这种科学并不存在于工人的意识中，而是作为异己的力量，作为机器本身的力量，通过机器对工人发生作用。[1]

马克思还说："从机器体系随着社会知识的积累、整个生产力的积累而发展来说，代表一般社会劳动的不是劳动，而是资本。社会的生产力是用固定资本来衡量的，它以物的形式存在于固定资本中。"[2] 工人不再是社会生产力的代表，这一代表是机器。机器在生产，工人只是机器的监督者——"工人不再是生产过程的主要作用者，而是站在生产过程的旁边。"[3]

其二，工人不仅不再是生产过程的主要作用者，而且也不再是社会结合与社会交往的主体。马克思指出：

> 现实财富倒不如说是表现在——这一点也由大工业所揭明——已耗费的劳动时间和劳动产品之间惊人的不成比例上，同

---

[1] 《马克思恩格斯文集》第8卷，第185页。
[2] 同上书，第187页。
[3] 同上书，第197页。

样也表现在被贬低为单纯抽象物的劳动和由这种劳动看管的生产过程的威力之间在质上的不成比例上。劳动表现为不再像以前那样被包括在生产过程中，相反地，表现为人以生产过程的监督者和调节者的身份同生产过程本身发生关系。（关于机器体系所说的这些情况，同样适用于人们活动的结合和人们交往的发展。）[1]

这就是说，人们的活动的结合方式，结合形成的相互关系，人们的交往方式，以及人们之间结合方式、相互关系和交往方式的发展，都取决于科学技术所决定的生产方式。它们是一个不以工人意志为转移的客观过程，工人只能作为旁观者而不是参与者、决定者而站在这个过程之外。也就是说，不仅生产过程，而且工人的社会结合与交往也成为科学技术的体现，物化了。

其三，劳动价值论和剥削理论受到冲击。一旦生产成为科学的运用，工人不再是生产的主角，此前充分展示出真理性的劳动价值理论和剥削理论很难再对现实做出合理的解释。在前面所引的论述中马克思已经指出，机器体系的出现使得现实财富的创造较少地取决于劳动时间和已耗费的劳动量，较多地取决于机器的力量，而机器的巨大效率又和制造它们所花费的劳动时间不成比例，而是取决于科学的进步与运用。针对这一变化，他又说：

在这个转变中，表现为生产和财富的宏大基石的，既不是人本身完成的直接劳动，也不是人从事劳动的时间，而是对人本身的一般生产力的占有，是人对自然界的了解和通过人作为社会体的存在来对自然界的统治，总之，是社会个人的发展。**现今财富的基础是盗窃他人的劳动时间**，这同新发展起来的由大工业本身

---

[1] 《马克思恩格斯文集》第8卷，第196页。

创造的基础相比，显得太可怜了。一旦直接形式的劳动不再是财富的巨大源泉，劳动时间也就不再是，而且必然不再是财富的尺度，因而交换价值也不再是使用价值的尺度。……于是，以交换价值为基础的生产便会崩溃，直接的物质生产过程本身也就摆脱了贫困和对立的形式。①

马克思在这里讲得很清楚：由于劳动活动和劳动时间不再是财富的基石，以交换价值为基础的社会会崩溃，社会也不必再用劳动时间计量产品的价值；剥削，即"盗窃他人的劳动时间"，尽管依然存在，但是已经"显得太可怜了"，不能有效地说明财富的来源。

一个多世纪以来，科学技术长足进步，特别是由于人工智能的出现，生产自动化的程度与1857年不可同日而语，马克思所描绘的现象有了极大的发展与放大。在生产中，越来越多的工人被机器人取代。我们今天在发达国家看到的，就是这样的景象。无产阶级逐渐消失，社会革命丧失了道德依据。以往我们可以谴责社会两极分化是剥削，是不道德的，当科学技术充当了生产的主角以后，这种谴责需要重新审视了。

这真是一个荒谬的世界。一方面贫富差别达到惊人的程度，另一方面这种差别的出现又非常合理：每个人都在努力借助科学技术的力量使自己的利益最大化，是资产阶级主导的工业化、现代化最基本的游戏规则。资本家和知识分子手握生产和管理方面的科学技术，而且是新科学技术的创造者，握有生产活动的真正主体——自动化机器体系，他们占有绝大多数社会财富，完全合理合法。反观工人，昔日的劳动主体今天几乎只充当生产过程的监督者。由于高度自动化的生产有惊人的效率，大多数工人连充当生产过程监督者的机会都没有。他

---

① 《马克思恩格斯文集》第8卷，第196—197页。

们会逐渐被完全排除在生产过程之外，他们享有的生活资料只是来自资本家和"知本家"即掌握科学技术的知识分子的施舍。这种情况不是出自理论推论，而是客观现实。法兰克福学派的第三代领导人，德国哲学家霍耐特，近年来提出工人群众要为承认而斗争，就是当代资本主义社会生活现实的反映。在美国、法国经常可以见到的有色族群、无业青年滋事寻衅、打砸抢烧，就是对荒谬但合理合法的社会不公的抗议。

从技术的层面看，这样的社会有一定的合理性，但是它造成越来越严重的社会分化与对立，因而又是不可能稳定持久的，而且换个角度看也是不道德不合理的。在这个问题上，沿着既有的现代化方向找不到出路。

以上所说还不是现代化发展到今天带来的最不可思议的人际关系变化。

进入 21 世纪，人工智能和生物技术发展迅速，取得重大成果。这些成果正在给人带来以往人们难以想象的改变。

自动机器体系的出现，生产的自动化，只是把从事体力劳动的工人排挤出生产的直接过程，至多充当机器的看管者；人工智能的出现与发展，取代的是人的大脑，是人的脑力劳动。今天的人工智能，在记忆、学习、分析甚至创新方面，功能已经超过人的大脑。2016 年，智能机器人"Master"横扫世界围棋高手，2017 年又以压倒优势战胜世界围棋第一人中国棋手柯洁，全球一片哗然。人工智能解决复杂问题的能力让人类相形见绌。人工智能和大数据及计算技术的结合，大有使某些科学家，包括社会科学家，也丧失用武之地的趋势。它不仅使生产自动化有了质的飞跃，把越来越多的工人，也包括驾驶员、排字工人、银行职员、仓库管理员等，排挤出生产过程之外；许多脑力劳动者，如律师、医生、教师，各种类型的管理人员，等等，也遇到人工智能的挑战，甚至会逐步被它取代。据研究，很快将有数十种职业因人工智能的运用而消失。人工智能对人类工作岗位的挑战与潜在威胁在全球引起的反应，有时可以用恐惧二字形容。社会生活中的大多数人正在被边缘化，失去发挥作用显示自己价值的舞台。基于这种情况，以色列历史学家尤瓦尔·赫拉利在其《未来简史》一书中指出，随着科学技术的迅速发展，人类将分化为少数或极少数掌握人工智能和其他高科技因而无所不能的"神人"构成的阶级，与占人口大多数，没有能力掌握科学技术因而被各种人工智能产品排挤出工作岗位无业可就的"闲人"阶级。[1]

社会两极分化，产生对立的阶级和贫富差别，自古已然，不足为奇。但是，未来可能出现的神人阶级与闲人阶级的差别与以往的阶级分化有质的不同。在过去，奴隶、农民、工人，虽然是弱势群体，处在社会下层，可他们是物质生产和社会生活不可或缺的角色，有自己不可取代的社会位置与积极作用。未来的闲人阶级则不同。闲人实际上是无用之人，即使他们想把自己的劳动力作为商品卖掉，都找不到购买者。他们在体力、智力上与人工智能及其控制的机器相比，微不足道，而人工智能和人工智能控制的机器、机器体系，是由少数手握科学技术神一样无所不能的人创造与控制的。在这样的社会里，工业文明和现代化运动所弘扬的每个人都借助科学技术的力量追求自己利益最大化的价值目标、行为准则，所造成的社会对立与冲突的性质和激烈程度，将远远超出有史以来的经济剥削政治压迫，它们会带来什么样的后果，无法想象。

进入21世纪，生物技术，主要是基因工程，正在给人类带来另一种令人瞠目结舌的变化。

自人类诞生的那天起，便有生物技术存在，医学更是把人的身体作为认识与改造的对象、客体。生物技术和医学的发展及其取得的辉

---

[1] 见〔以色列〕尤瓦尔·赫拉利：《未来简史》，北京：中信出版社，2017年。

煌成就，一向被现代化运动引以为豪。生物的特性是由它的基因决定的，基因的改变会引起生物特性的改变，甚至变成新的物种。基因工程，即按照人的意愿改变生物的基因，使它出现人所需要的性状，是20世纪最伟大的自然科学成就之一。人的许多疾病，人的衰老，是由人的基因以及在某种人所不知的力量或因素的作用下基因发生变化造成的。基因工程技术的出现，使人有可能通过改变生物的基因，包括人的基因，扮演上帝的角色——创造出当初创世时上帝都没有创造出的生命，包括人，新的人。

这种技术的出现，会使那些有能力享受其服务的人，还有他们的后代，身体健康、容貌美丽、头脑聪明、意志坚定，总之，具有理想的外表、特性和能力。不仅如此，基因工程技术会使这些人战胜死亡，做到长生不老。一些科学家预言，长生不老的理想在几十年之内就会变成现实。

一旦出现这种情况，意味着出现了一种新的人种。人与人的差别不再仅仅是物质财富占有方式、占有数量以及社会地位的区别，而且是两个不同的生物种类的区别。在这种情况下，人与人不可能和平相处，如果人们还在努力借助科学技术的力量追求个人利益的最大化，无疑将造成难以想象的灾难。

通过以上分析我们看到，无论是人与自然的关系，还是人与人的关系，在今天都出现了重大危机，都不可持续了。

人们常常把学会制造工具作为人类诞生的标志。这一观点当然是有道理的。但是学会制造工具这并没改变人像动物一样对物质利益、物质享受的无限追求，只是增加了人追求物质利益的能力；也没有改变因这一追求导致的人与人像动物一样的利益冲突以及这一冲突带来的战争与社会无序，只是提供了更加有效的战争手段和杀人工具。正因为这样，许多学者认为，人类诞生的真正标志是道德律令的问世。例如"不许杀人"的戒律维护了最起码的社会秩序，"己所不欲，勿施于人"这一"道德金律",进一步为社会秩序和稳定奠定了基础。轴心时代的文化成果,就是为了纠正人与人像动物一样为物质利益争斗带来的社会失范、精神痛苦和心灵空虚。它们一方面通过肯定科学理性和人的现世生活的价值,为人类改造自然获取物质生活资料的活动提供理论支持;另一方面通过各种宗教或者中国儒学这样的世俗理论,对人的行为加以道德规范,以维护社会稳定。轴心时代的文化成果通过这两个方面的积极作用,使人类实现了文化自觉,明确了新的发展方向、新的发展道路。人类文明由此实现了重大的历史性转折,进入新的阶段。

但是,即使在轴心时代以后,人类仍然像动物一样受趋利避害本能的驱使,仍然常常因利益冲突而陷入相互杀戮的战争之中。只是随着科学技术的发展,人类征服自然获取物质利益的能力不断增强,相互杀戮的战争能力也不断发展。我们在前面分析的当前人与自然、人与人关系方面出现的问题,是整个人类的生存危机,是人类追求物质利益、物质享受这一动物本能与科学技术革命焕发出来的巨大力量相结合的产物。它的深层原因在人类的价值目标。轴心时代为人类社会建立了最基本的道德规范,为维持人类社会提供了最起码的保证,对人的动物欲望提供了某种约束,是人类文明的转向。但是就人类追求的价值目标来看,人还是动物。所谓"人为财死,鸟为食亡",就是说人还是和动物一样把追求物质财富、物质享受作为根本目标。轴心时代没有改变这一目标,只是为追求这一目标的手段提供了必要的制约,建立了起码的行为规范,这些规范为人类两千多年的文明奠定了基础。全球性问题和人类生存危机的出现,说明原有规范已经不能继续为人类文明提供精神基础和社会保障。现在需要的是从根本上改变由人的动物性决定的价值目标,改变轴心时代文化成果为人类文明确立的发展方向与道路。这是人类不得不做出的改变,没有这一改变,人类无法继续生存。这是一场规模巨大意义深远的变化,是人类生活

新轴心时代与 И.Т.弗罗洛夫

新的价值目标与新的基本行为规范的建立,是人类文明的新的历史性转折。概括地讲,人类文明需要建立新的轴心,开启了新的轴心时代。

20世纪伟大的历史学家汤因比这样说:"既然化身于人性中的邪恶的贪欲已经用充足的技术力量将自己武装起来,这一高潮也许就是人类邪恶而愚蠢地将生物圈加以摧毁,从而将生命全部消灭。……我们不能预见未来,但可以预言,我们正在接近一个道德上的分叉点,它与2000万或2500万年前人类和类人猿道路上的生物学分叉一样具有决定性的意义。"① 实际上这是他从历史学家的角度对新轴心时代已经到来的说明。只是在他看来,当前面临的这次转折,关乎人类存亡,比轴心时代的转折,意义更重要。

人们可以从各个角度描绘当今人类文明所处的困境,但是只有把它作为自轴心时代以来人类文明面临的又一次重大转折来看,才能真正领会它的意义。

实际上,人类当前面临的文明转折,新轴心时代,其意义远远超过了轴心时代。轴心时代涉及的是如何安顿人的灵魂,如何保持社会稳定和谐,怎样认识和改造世界,使人成为主体,增加物质文化财富,享受生命;当前人类面临的文明转折,新轴心时代的任务,涉及的是整个人类的存亡。如汤因比所说,其意义只有2000万或2500万年以前人类和类人猿进化道路上的生物学分叉,人类的诞生,才能相比。其意义之重大,令人震惊。

轴心时代历时将近6个世纪。新轴心时代将要为人类确立新的价值目标与发展方向发展道路,也将是一个漫长的过程。这将是人类紧张的文化探索、文化创新的时期,是新的文化突进时期,人类需要为此付出巨大的努力。

---

① 〔英〕阿诺德·汤因比:《人类与大地母亲》,上海:上海人民出版社,1992年,第31页。

研究弗罗洛夫及其主要理论成果新人道主义，意义就在于此。

全球性问题不是弗罗洛夫发现的，也不是只有弗罗洛夫研究全球性问题。但是，环顾20世纪下半叶的人类思想界，弗罗洛夫不仅敏锐地抓住全球性问题，倾全力研究思考，而且是唯一具有宏大气魄和历史眼光站在人类文明转折的高度研究全球性问题的人，是唯一在数十年的时间里就人类文明的命运向全人类不知疲倦地发出警告的人。弗罗洛夫没有使用过新轴心时代这个概念，然而就他的思想而言，他所描绘的正是人类历史的新轴心时代，他的思想是对人类文明新的发展道路、发展目标的探索，是新轴心时代文化创造的宝贵尝试。

弗罗洛夫的学术活动展开于20世纪后半叶，今天，全球性问题比他在世时更为严重：气候变暖的趋势难以遏制，美国称霸全球的野心造成了新的全球性冲突，开启了新的军备竞赛，核扩散没有停止，基于基因工程的生物武器研究一直在进行。2020年，新冠病毒在全球肆虐，令全人类措手不及，恐慌情绪四处蔓延，越来越多的人对人类未来感到忧虑。2023年3月，美国Open Ai公司发布了聊天机器人程序Chat GTP 4，中国百度公司发布了知识增强型大语言模型"文心一言"。两种人工智能系统智力超过大多数人类，而且可以主动深度学习，迅速更新迭代，不仅可能取代绝大多数人的工作，引领世界科技创新潮流的埃隆·马斯克惊呼，Chat GTP 4的问世标志着硅基生命（机器人）元年开始，它很有可能取代地球上的碳基生命，人工智能的发展偏离了人类需求，成为可能剥夺人类生存权利的科技产品。对科学研究加以管控已经十分紧迫。弗罗洛夫并没有真正解决他给自己提出的任务，他的新人道主义也肯定有可以商榷批评之处，但是面对人类文明今天遇到的日益严重的威胁，我们不能忘记弗罗洛夫。我们可以不同意他的具体观点，但他无论如何都是一个值得我们重视并认真研究的思想家。

第一章　哲学家伊万·季莫费耶维奇·弗罗洛夫

作为哲学家，弗罗洛夫的经历十分独特。他是卓有成就的哲学家，著作等身，提出了一系列至今不失其重要理论价值的思想。他同时又是杰出的社会活动家，组织了大量的学术活动，20世纪70年代以后成为苏联哲学界无可争议的领袖，改变了苏联哲学的命运。他还曾经担任苏共中央政治局委员，登上了苏联这一超级大国的权力顶峰。这样的哲学家，在人类哲学史上绝无仅有。

弗罗洛夫去世以后，戈尔巴乔夫给予他这样的评价："这是一个大写的人，真正的人，庄重正派的人，有教养的人，有原则的、勇敢的、坦率的、真诚的人。"[1] 著名哲学家斯焦宾院士说："弗罗洛夫是天生的领袖，因思维的宏大气魄和善于把局部问题纳入整个人类大背景中而与众不同。他的学术创造生涯的阶段，在很大程度上决定了20世纪下半叶我国哲学发展的阶段。"[2] 如果我们对全部苏联哲学做一个总体概括，那就可以看得很清楚：在苏联哲学史上，有两个哲学家最值得认真研究，一个是米丁，另一个就是弗罗洛夫。米丁建构了辩证唯物主义历史唯物主义体系，让哲学臣服于政治，象征着苏联哲学的形成，弗罗洛夫则在伊里因科夫等先行者工作的基础上，以自己的研究成果和学术组织活动，赋予苏联哲学新的灵魂，实现了它的人道主义化，导致了苏联哲学的终结。弗罗洛夫的重要地位还不止于此。他的思想

---

[1] Академик Иван Тимофеевич Фролов / Ответственный редактор академик В. С. Степин. М.: Наука, 2001. С. 336.（《伊万·季莫费耶维奇·弗罗洛夫院士》，责任编辑 В. С. 斯焦宾院士，莫斯科：科学出版社，2001年，第336页。）

[2] 同上书，第105页。

反映了他的时代,又远远走在了自己时代的前面。他留下的哲学遗产值得我们反复品味、认真思索,相信我们会从中获得许多宝贵的启迪。

下面首先对他的一生作个简要介绍。

一、从哲学家到苏共中央政治局委员:弗罗洛夫的生平与事业

伊万·季莫费耶维奇·弗罗洛夫(Иван Тимофеевич Фролов),1929年9月1日出生于俄罗斯利佩茨克州多布罗夫斯基区多布罗耶村一个农民家庭。父亲是一位能干的木匠,各种手艺无所不通。1930年全家迁居莫斯科,父亲在那里当建筑工人。母亲笃信东正教,喜欢读书,大部分时间操持家务(家里有4个孩子)。卫国战争开始,因在莫斯科生活过于艰难,母亲携弗罗洛夫及其他子女返回故乡。1942年,弗罗洛夫13岁,作为家中唯一的男孩,为了养家,开始工作。他干各种农活,此外还放牧、伐木、编筐、为村里人修鞋,自己到市场把做好的东西卖掉。1943年回到莫斯科,进入一所学校读六年级。在学校,弗罗洛夫刻苦努力,大量课余时间在图书馆度过,阅读艺术、科学,甚至哲学方面的书籍。他还积极参加社会活动,被选为学校团组织的书记。

1948年,弗罗洛夫中学毕业,获银质奖章,进入莫斯科大学学习。报考专业时曾在生物系和哲学系之间长时间犹豫,最后选择了哲学系。因对生物学兴趣浓厚,弗罗洛夫大学期间在生物学课程学习和研究上投入很大精力,被人称为事实上接受了哲学和生物学两个专业的教育。

当时的莫斯科大学哲学系是教条主义的天下,空气中充满战斗气氛。在1947年的"哲学讨论会"上,苏共中央书记 A. A. 日丹诺夫代表党中央对哲学界提出严厉批评,责备哲学家们处处向唯心主义和形

新轴心时代与 И.Т.弗罗洛夫

而上学让步,毫无斗争精神。他说:"难道现在我国的哲学战线像一条真正的战线吗?它也许更像一潭死水或者是一个离开战场很远的安静的宿营地。战火尚未烧到面前来,大部分尚未与敌人接触,侦察工作没有进行,武器生锈了,个别战士盲目作战,指挥官或者沉醉于以往的胜利,或者争论着现在是否有能力进攻,需不需要外国的帮助,或者争论意识可以落后于现实生活多少,才不会显得过于落后。"[①]他号召哲学家在哲学和各个自然科学领域向资产阶级思想展开进攻。几乎在弗罗洛夫进入大学校门同时,1948年8月,全苏列宁农业科学院召开会议。李森科手持斯大林亲自修改的发言稿,在会上对遗传学孟德尔—摩尔根学派的观点和持这一观点的苏联遗传学家,发动猛烈批判。会后,这一派的遗传学家被迫改行,实验室被关闭,课程被取消。李森科所称赞的米丘林学派成为唯一科学的、被允许在苏联存在的遗传学派别,米丘林的遗传学理论也相应地成为唯一得到官方认可与支持的科学遗传学,其代表性人物李森科自己则成为苏联遗传学领域的绝对权威。哲学系1948年的新生,入学后立即有人向他们讲授全苏列宁农业科学院8月会议的"历史性意义"。哲学系相关的专门课程由李森科本人及其哲学顾问讲授,生物学的主讲教师是李森科的追随者。

在这样的氛围中,青年弗罗洛夫保持了冷静的头脑和思想独立性。一年级时他曾被选为哲学系共青团委员会成员,在政治上受到重视,但他很快从社会工作中解脱出来,把全部精力集中在学习上。大学毕业后过了7年,他才加入苏联共产党。除了哲学系的课程外,他还听生物系的课,大量阅读课外读物。哲学领域主要是阅读马克思的著作和恩格斯关于自然科学哲学的著作。弗罗洛夫对马克思,尤其是他的早期著作,作了深入思考,产生浓厚兴趣,并把其中的思想和斯大林《联共(布)党史简明教程》第四章第二节阐述的"辩证唯物主

---

① 〔苏联〕А.А.日丹诺夫:《苏联哲学问题》,太岳新华书店,1949年,第31页。

义和历史唯物主义"作对比,从苏联哲学回到马克思。马克思早期哲学思想影响了他的一生。他还阅读西方马克思主义,深受埃里希·弗洛姆等人的影响,称弗洛姆是对他影响最大的哲学家之一。1990年接受《莫斯科共青团员报》采访时,他说:"和我与之斗争的米丁院士一类'伪马克思主义者'相比,我和弗洛姆有更多的共同之处。我总是说:'我和米丁在同一个党里,有什么意思?他以马克思和列宁的名字发誓的那些东西,对我有什么用?我和埃里希·弗洛姆,和尤尔根·哈贝马斯,更为接近。作为坚定的马克思主义者,我在他们身上得到的东西,比在那些除了《联共(布)党史简明教程》第4章以外什么都不知道的教条主义者身上得到的多得多。"① 他在研究生期间研读了新马克思主义者 Д. 卢卡奇等人的著作,深受影响。1987年9月,在准备戈尔巴乔夫在纪念十月革命70周年大会上的发言时,弗罗洛夫致信戈尔巴乔夫:"您知道,承认社会主义社会存在异化在我国是被作为修正主义来看的。Р. 伽罗迪、Д. 卢卡奇、К. 柯西克等人因此受到批判。关于十月革命70周年的报告使用了黑格尔的(得到马克思支持的)异化概念(有的地方是更缓和的说法——异己性)。"② 弗罗洛夫还大量阅读生物学特别是遗传学方面的著作。他不顾禁令,阅读 Г. 孟德尔、Т. 摩尔根、А. 魏斯曼、К. 林奈、Ж. 拉马克,尤其喜欢达尔文和 Э. 海克尔的著作。

1953年7月,弗罗洛夫通过了关于生物学哲学问题的毕业论文,本科毕业③,同时被辩证唯物主义历史唯物主义教研室推荐留在哲学系做研究生,攻读副博士学位。他是唯一不是苏共党员而被推荐读研究生的学生。推荐中该教研室主任 З. 别列茨基起了关键作用,他称弗罗洛夫是一名才华出众的学生。1953年,弗罗洛夫曾作为本科生在生物

---

① 见 *Колсаков С.Н.* Иван Тимофеевич Фролов. М.: Наука, 2006. С. 22-23.(С. Н. 科尔萨科夫:《伊万·季莫费耶维奇·弗罗洛夫》,莫斯科:科学出版社,2006年,第22—23页)

② 同上书,第23页。

③ 戈尔巴乔夫及夫人 М. Т. 赖莎于1955年分别毕业于莫斯科大学法律系和哲学系。

系讲授生物学哲学问题方面的专门课程，介绍生物学哲学问题的历史与现状、马克思与达尔文的思想关系、实践对生物学理论的检验等等。

研究生学习期间，弗罗洛夫继续阅读西方马克思主义、哲学史、自然科学哲学问题等方面的著作，参与翻译卢卡奇的《理性的毁灭》（未获出版）。这时他感兴趣的是生命世界的因果性和合理性问题以及决定论和目的论问题。这些问题在当时非常敏感，涉及苏联哲学界热炒的唯物主义和唯心主义、辩证法和形而上学的斗争。通常认为，因果论是由唯物主义发展的，而目的论则更多地倾向唯心主义。同时，对因果性的唯物主义理解主要是机械唯物主义的，唯心主义却发展了对合理性的辩证认识。苏联遗传学领域曾经存在两大派别，孟德尔—摩尔根学派和米丘林学派。前者强调存在于生殖细胞细胞核上的遗传基因在生物遗传中起决定作用，后者认为起决定作用的是气候、土壤等生物的外部环境。它们的分歧，被认为是资产阶级的、美国的、唯心主义的理论与无产阶级的、社会主义苏联的、唯物主义的理论的对立。1948年8月会议后成为苏联生物学权威的李森科，信奉拉马克的决定论，认为环境和遗传特性变异之间是单义的、严格的因果决定关系，称这是真正的唯物主义。弗罗洛夫入学时，莫斯科大学生物系挂着一条醒目的标语——"科学是偶然性的敌人。"哲学系有一些教师专门为李森科的学说作哲学辩护。弗罗洛夫的副博士学位论文以《决定论和目的论（关于有机体合理性的哲学解释）》为题，批评了简单排斥偶然性和合理性的做法，是对这些哲学教师的公开挑战。1956年弗罗洛夫研究生毕业，学位论文被导师 Г. В. 普拉托诺夫否定。读罢弗罗洛夫的论文，普拉托诺夫拒绝做他的导师，作为论文评阅人，他认为文章不合格。毕业期限已到，论文答辩无法举行。1956—1958年弗罗洛夫任《哲学问题》杂志编辑部自然科学哲学部顾问。1958年11月在科学院哲学研究所通过弗罗洛夫副博士学位论文答辩，1959年初弗罗洛夫被授予副博士学位，担任《哲学问题》编辑部责任秘书。

1960年弗罗洛夫加入苏联共产党。1958年，在副博士论文的基础上，弗罗洛夫的第一部专著《论生命世界的因果性与合理性（哲学概要）》在民主德国出版。1961年该书在苏联面世，在来自检查制度和出版社编辑的压力之下，弗罗洛夫对书稿作了压缩和修改。

弗罗洛夫的加入为《哲学问题》杂志注入活力，带来新的气象。杂志团结了一批自然科学家，举办了一系列自然科学哲学问题研讨会。李森科在生物学领域的一统天下被打破，学术气氛日渐浓烈。虽然工作出色而且担任杂志责任秘书已有三年，但因党龄太短，弗罗洛夫未能担任杂志副主编。1962年弗罗洛夫赴捷克的布拉格就任《和平与社会主义问题》杂志哲学部顾问编辑，1963年任杂志代理责任秘书。杂志主编为著名学者、进步政治活动家 A. M. 鲁缅采夫。1965年弗罗洛夫在苏联科学院哲学研究所通过博士学位论文答辩，论文题目为《生物学研究的方法论问题》，1966年3月获博士学位。

1965年弗罗洛夫被召回莫斯科，帮助 H. H. 谢苗诺夫院士修改题为《科学不容忍主观主义》的论文。文章在《科学与生活》杂志1965年第4期发表。文章发表后，苏共中央政治局做出决议，终结了李森科派人物在生物学领域的垄断地位。文章的发表成为苏联科学发展中的重大事件。文章是弗罗洛夫从研究生时期便开始的与李森科伪科学、伪辩证法斗争的继续，这一斗争为他赢得了自然科学家的尊重与信任。同样在1965年，鲁缅采夫回国就任《真理报》主编，邀请弗罗洛夫到该报工作，担任《真理报》科学和教育部主任。尚未到任，经 П. H. 费多谢耶夫和 A. M. 鲁缅采夫推荐，弗罗洛夫被负责监管宣传、科学、教育、文化等部门的苏共中央书记 П. H. 杰米切夫召到身边，担任助手。弗罗洛夫尽一切可能帮助那些具有创造性的人，特别是受到不公正待遇或生活遇到困难的人，例如帮助后来一度成为持不同政见者的 A. A. 季诺维也夫避免来自克格勃的指控，帮助他获得住房。

到1967年，弗罗洛夫明显地感觉到意识形态严冬到来，又无可奈何。杰米切夫在苏共中央政治局会议上因自己关于意识形态问题的发言而受到批评。弗罗洛夫对自己作为杰米切夫助手的工作感到失望，拒绝了在苏共中央其他部门和《真理报》工作的建议，决定回到《哲学问题》杂志。

1968年6月，在杰米切夫的帮助下，弗罗洛夫取代 М. Б. 米丁就任《哲学问题》主编。改组后的杂志编辑委员会成员有 А. А. 季诺维也夫、Б. А. 格鲁申、В. А. 列克托尔斯基、Ю. С. 梅列先科、Л. Н. 米特罗相、В. И. 申卡鲁克、В. Ж. 凯列、Ю. А. 扎莫什金、П. В. 柯普宁、Б. М. 凯德洛夫。Э. В. 伊里因科夫也被弗罗洛夫提名，因党中央有人坚决反对，未能入选。编委会成员富有创新精神，多数人日后遭到批判。落选的伊里因科夫被公认为才华横溢的学者，斯大林去世后最早提出突出人的主观能动性的对哲学对象的认识论解读，因正统派指责他离经叛道，长期遭受打击、压制，1979年自杀身亡。1968年弗罗洛夫出版《遗传学与辩证法》一书，对苏联遗传学领域围绕达尔文主义和遗传学研究方法论问题长达几十年的斗争作了总结。该书为他赢得巨大荣誉。

在弗罗洛夫主持下，《哲学问题》面貌一新。他把对话、争论作为哲学研究的新规范，在编辑部组织了大量的"圆桌会议"，讨论各种热点问题。《哲学问题》引入的新问题有：科学家的伦理责任、科学技术进步的人道主义尺度、恢复哲学家与自然科学家的友好合作、在科学技术革命条件下科学与艺术的相互作用、当代全球性问题、人类文明的未来、生态与人口问题，以及作为上述问题的综合——人的问题。1972年罗马俱乐部公布其第一个报告《增长的极限》，仅仅过了不到半年，弗罗洛夫在《哲学问题》编辑部组织数十位哲学家、文学家、历史学家、生物学家、地质学家、医学家……，就全球性问题和报告中的观点进行讨论。此后该刊不断组织相关的圆桌会议和学术讨论会，成为苏联全球性问题和整个哲学研究的引领者。科学技术革命、全球性问题、人和人道主义，逐步成为苏联哲学关注的焦点。1969年

2月28日，苏联科学院主席团就《哲学问题》编辑方针作出决议，规定该刊应就辩证法、认识论、逻辑学、科学方法论及其他紧迫的理论问题组织讨论，实现哲学家与自然科学家的联盟，发展国际学术联系。杂志的实际工作不仅超出了这一范围，而且表现出日益明显的人道主义倾向。这一时期的《哲学问题》获得巨大的社会影响力。全国有15000人从事哲学工作，《哲学问题》的发行量达到40000份。

弗罗洛夫和《哲学问题》的学术倾向引起正统派人士的不满。1972年7月在纪念《哲学问题》创刊25周年的活动中，有人指责编辑部背离马克思主义正统，有抽象人道主义倾向。1971年哲学研究所所长柯普宁去世，弗罗洛夫成为哲学界呼声最高的继任人选，因遭到一些人反对，未能就任，所长一职则空缺两年。1973年苏联科学院主席团提名弗罗洛夫继任，在莫斯科市委主管意识形态的书记运作之下，所长一职最终由保守派哲学家 Б.С.乌克兰因采夫担任。1972年，弗罗洛夫成为科学院通讯院士候选人，由于米丁等人坚决反对，最终落选。《哲学问题》的办刊方针不断受到保守派的批判，压力越来越大。1970年，杂志编委 В.Ж.凯列受到批判；1974年，支持弗罗洛夫方针的编委 М.К.马马尔达什维利、Б.А.格鲁申、Ю.А.扎莫什金被逐出编委会，代替他们的是弗罗洛夫的积极反对者 М.Т.约夫丘克、Г.Е.格列泽尔曼、Б.С.乌克兰因采夫。弗罗洛夫萌生去意。

1974年以后，弗罗洛夫已经无法按自己的意愿以《哲学问题》为平台推动对科学技术进步和全球性问题的研究。乌克兰因采夫要求取消供人们充分发表不同意见的栏目"争议与讨论"。弗罗洛夫精神上非常痛苦：每次党的代表大会都谈论要创造性地发展理论，谈论要有新思想，但是人们却像害怕火一样害怕新思想。他在自己的一个笔记中写道："争论、争吵是哲学思想的常态，让我们感到痛苦的是其他的东西。'揭露'、贴标签。好像一切问题都有最终的真理。杂志想要提升一步讨论新的问题,但是……失望、郁闷。"① 他开始谈论辞职问题。没有人提出要解除弗罗洛夫的主编职务,1976年12月他被选为苏联科学院通讯院士。

1977年2月,弗罗洛夫辞去《哲学问题》主编职务,再次来到布拉格,就任《和平与社会主义问题》杂志的责任秘书和编委会成员。此举被人们解读为对苏共中央当时毫无出路的意识形态方针的抗议。

1979年9月1日弗罗洛夫年满50周岁,决定回故乡看看。在多布罗耶村,他吃惊地看到,村民的生活与1943年他离开时没有什么区别,虽然30多年过去了,虽然党和政府一再宣传社会主义建设取得巨大成就。他带着沉重的心情返回布拉格。在一次国际会议上,他向一些从国内来的会议参加者讲了自己的感受,并说了一些有关列宁和国际共产主义运动的不合时宜的话。有人打小报告,向苏共中央告发。1979年底,弗罗洛夫被紧急召回国内。这件事给他很大刺激。"我觉得一切都毫无希望。这是在勃列日涅夫去世以前。我的处境比现在(指1993年,苏联解体以后。——作者)艰难得多。那时我因小报告被赶出布拉格。处境很艰难。当时我觉得,在我有生之年不会有什么改变。一切都将是现在这个样子。这让我产生了这样的想法:见鬼,够了,不可能再这样活下去了。因此我私下里准备接受死亡。我不能再活下去了。"② 在接下来的几年,弗罗洛夫在从事正常的学术研究的同时,对生命、死亡、永生等问题作了深入思考,冲破重重阻力发表论文,出版专著。这是一个与俄罗斯传统哲学有密切联系而与马克思主义似乎风马牛不相及的领域,弗罗洛夫的著作引起人们高度关注。

回到莫斯科后,弗罗洛夫在苏联科学院几个部门任职,最主要的工作是担任1980年2月组建的隶属于苏联科学院主席团(1992年起

---

① 见 *Колсаков С.Н.* Иван Тимофеевич Фролов. С. 170(С. Н. 科尔萨科夫:《伊万·季莫费耶维奇·弗罗洛夫》,第170页)。

② 引自1993年弗罗洛夫在莫斯科与日本《朝日新闻》记者谈话的俄文录音整理稿。

隶属于俄罗斯科学院哲学、社会学、心理学、法学部)的"'科学和技术的哲学、社会问题'综合研究科学委员会"主席。他担任这一职务直到去世。在这个职务上,他延续《哲学问题》的思路,不断举行圆桌会议,以促进哲学家、自然科学家以及社会科学、人文科学领域其他代表性人物进行创造性的合作。合作的中心议题是探讨因科学技术革命不断加速而引起的全球性的综合性问题的解决方法,也可以说是科学技术的革命性发展对人的影响问题。这是一个学术性的组织,弗罗洛夫以其深厚的学术素养、敏锐深刻的眼光和出众的组织能力,把它作为展现自己才能、影响和推动苏联哲学发展的广阔舞台。围绕上述中心议题的各种形式的会议接连不断,会议规模巨大,动辄400人、500人、800人参加。由弗罗洛夫领导的科学委员会1987年组织的国际会议,有来自苏联国内和其他38个国家的1200名学者出席。哲学界乃至全社会对科学技术革命、全球性问题、人的问题的关注迅速升温。弗罗洛夫本人的著作大量问世,影响力日益增加。

1985年3月,戈尔巴乔夫就任苏共中央总书记。1985年第8期《哲学问题》发表了弗罗洛夫的文章《决定性转折的时刻》,强调依靠科学技术进步提高劳动生产率的重要性。文章得到苏共中央的高度评价。

1986年2月,戈尔巴乔夫建议弗罗洛夫担任苏共中央机关刊物《共产党人》的主编,弗罗洛夫表示同意。以此为起点,弗罗洛夫步入政治,而且步步高升,很快达到人生巅峰。弗罗洛夫主持的《共产党人》延续了《哲学问题》的风格,创造条件鼓励人们就热点问题展开讨论。他开辟了"一切在于人,一切为了人"、"争论与讨论"等栏目。他加强与各加盟共和国党委以及州党委的联系,共同讨论问题,在《共产党人》这个党中央的机关刊物上发表非党群众的文章。杂志还深入到一些企业组织辩论。所有这些争论、讨论,中心问题是社会主义的人道主义面貌和人的优先地位。

1986年3月，弗罗洛夫在苏共27大上被选为中央委员。不少人曾经劝告戈尔巴乔夫不要把如此重要的党的职务交给一个"缺少党性"的人，戈尔巴乔夫未予采纳。

1987年弗罗洛夫被选为科学院院士，担任苏联哲学学会（1992年起为俄罗斯哲学学会）会长，直到1999年去世。这一年3月，戈尔巴乔夫委托弗罗洛夫为自己准备在纪念十月革命70周年大会上的报告的基本构想。3月中旬，弗罗洛夫提出的构想得到戈尔巴乔夫赞赏。弗罗洛夫被任命为戈尔巴乔夫的助手，并受命以戈尔巴乔夫助手的身份继续报告的撰写工作。报告体现了弗罗洛夫的人道主义思想，对十月革命以后，特别是斯大林去世以后的苏联历史予以重新评价，提出实现社会生活民主化、公开性、多元化的方针。报告成为苏共选择新发展道路的标志。从1987年起直到1991年苏共终止活动，弗罗洛夫先是作为戈尔巴乔夫助手，然后作为政治局委员，一直出席苏共中央政治局会议。

1988年2月，弗罗洛夫致信戈尔巴乔夫，建议苏共调整宗教政策，恢复与东正教的关系。苏共中央政治局接受了他的建议，作出有关决定。弗罗洛夫积极筹备总书记戈尔巴乔夫与俄罗斯东正教圣教公会成员会面。这一年4月，会见在克里姆林宫举行，实现了国家权力与东正教教会的和解。会见后立即有800多座教堂交还教会。他积极推动为包括布哈林在内的许多历史人物平反，促进赫鲁晓夫回忆录的出版。1988年11月，弗罗洛夫在苏共中央全会上被确定为苏共中央意识形态委员会成员。

1989年10月，经过戈尔巴乔夫再三请求，弗罗洛夫同意就任苏联共产党机关报《真理报》主编，同时继续兼任戈尔巴乔夫的助手。为了支持弗罗洛夫开展工作，戈尔巴乔夫曾专门造访《真理报》编辑部，发表讲话。他希望弗罗洛夫牢牢掌握《真理报》这一最重要的宣传阵地，并通过它捍卫改革路线。

为巩固弗罗洛夫在党内的地位，1989年12月中央全会选举他为苏共中央书记。弗罗洛夫推动对《真理报》本身的改革，遇到重重阻力。《真理报》是思想斗争的"风口浪尖"，反对改革的保守派和主张抛弃社会主义选择的民主派都对弗罗洛夫施加压力，展开批评。

1990年7月召开的苏共28大选举弗罗洛夫为苏共中央政治局委员。选举中央委员时，戈尔巴乔夫的支持者每人都得到1000多张反对票，弗罗洛夫本人有1045票反对。28大召开之前，在一次政治局会议上，经戈尔巴乔夫提名，弗罗洛夫被确定为党的副总书记人选。28大期间，戈尔巴乔夫经过与各共和国以及州的党组织领导磋商，副总书记人选改为来自乌克兰的伊万什科。

1991年弗罗洛夫对国内政局感到不安。6月26日，在回答意大利记者的提问：是不是存在克格勃、国防部、内务部以强力对抗民主改革的危险时，弗罗洛夫说："我认为这样的危险是存在的，对这种危险认识不足简直是愚蠢。在我看来，国内有相当多的反革命力量，他们想要开倒车，回到改革以前的状况。当然，经历了选举的失败，极端力量可能诉诸暴力行动，……"①"8·19"事件爆发时，弗罗洛夫在德国杜塞尔多夫治疗糖尿病并发症。戈尔巴乔夫放弃了党的总书记职务，弗罗洛夫把这一行为称作"对党的致命一击"，并预言：离开党的支持，戈尔巴乔夫当苏联总统不会超过两三个月。

"8·19"事件之后，随着苏联共产党终止活动，弗罗洛夫的政治生涯戛然而止。在从1986年年初起从政的5年半时间里，弗罗洛夫极大地影响了戈尔巴乔夫和戈尔巴乔夫改革。这一时期他做的最重要的工作有两项，其一是为苏联共产党和戈尔巴乔夫起草文件。其中最重要的文件有：1987年戈尔巴乔夫在纪念十月革命70周年大会上的讲

---

① 见 *Колсаков С.Н.* Иван Тимофеевич Фролов. С. 360（С. Н. 科尔萨科夫：《伊万·季莫费耶维奇·弗罗洛夫》，第360页）。

话；1988年戈尔巴乔夫在苏联共产党第19次全国代表会议上的报告；1989年5月戈尔巴乔夫在苏联第一届人民代表大会上的报告；1989年11月戈尔巴乔夫在《真理报》上的文章《社会主义理念与革命性改革》；苏共28大新党纲草案。这些文件和文章是戈尔巴乔夫改革进程中思想理论发展的一个个里程碑，成为苏共在一系列重大问题上新理念的集中阐述，在每个阶段都发挥了指导作用。它们是弗罗洛夫哲学思想的生动体现，也证明了戈尔巴乔夫对弗罗洛夫的充分信任。其二是在《共产党人》和《真理报》主编岗位上不遗余力宣传改革，与形形色色反对改革的思想和力量展开斗争。

在从政期间弗罗洛夫没有完全放弃学术研究。他作为学者突然登上政坛，然后以令人目眩的速度上升，在4年的时间里由普通党员升为中央委员、苏共中央书记、苏共中央政治局委员。伴随着政治地位的提升，弗罗洛夫的思想一时成为显学，受到八方称赞，被广泛接受与宣传，他在学术界的地位如日中天。这些年他有大量著作问世，参加国内外各种学术会议，举办了众多规模巨大的活动，组建了一些新的学术机构。其中值得特别指出的有：

第一，1989年主持编写了新的哲学教材《哲学导论》。从20世纪30年代起，辩证唯物主义历史唯物主义便是苏联哲学的标准版本，是官方哲学的理论经典，一切哲学教材都以它为基本内容，地位不可撼动，内容不容置疑。许多哲学家遭到批判，原因就是他们触动了这一体系的权威。弗罗洛夫主编的《哲学导论》是专门为高等学校编写的哲学教科书，分上下两卷。上卷讲哲学的形成与发展，包括古代东方哲学、古希腊哲学、中世纪哲学等等，以及马克思主义哲学；下卷讲哲学的理论和方法论，考察哲学的主要问题、概念、原理，涉及存在、物质、辩证法、自然界、社会、进步等概念，还特别列出专章论述人、实践、科学、文化、个性、未来等重要问题。《哲学导论》坚持马克思主义，但核心思想是弗罗洛夫理解的马克思主义人道主义，远远超出传统马克思主义哲学的界限。它的问世打开了思想闸门,紧随其后大量各具特色的哲学教材如雨后春笋般涌现,其中没有一本专门讲辩证唯物主义历史唯物主义。

第二,创办了苏联科学院"人研究所"和杂志《人》。1989年1月,苏联科学院主席团通过弗罗洛夫的提议,决定成立"全苏关于人的科学跨学科中心",建立"人研究所",出版杂志《人》。中心由弗罗洛夫负责,他还是《人》杂志的主编。1991年3月"人研究所"正式成立,弗罗洛夫任所长。1999年弗罗洛夫去世,2004年俄罗斯科学院决定撤销"人研究所",在它的基础上组建一个研究部,并入哲学研究所。《人》杂志至今仍在出版。弗罗洛夫本人对"人研究所"和《人》杂志极为重视,把它们的创建视为自己一生最重要的成就。

苏联解体后,弗罗洛夫回归学术,主要精力用于人学研究,反思改革也是他一再讨论的题目。他主持"人研究所"和《人》杂志的工作,出席国内外各种学术会议,就与人学有关的众多问题以及戈尔巴乔夫改革发表讲话,出版了大量著作,获得许多新的荣誉。值得注意的是,直到去世,弗罗洛夫一再声明自己是坚定的马克思主义者。他批评一切背弃马克思主义的人,包括戈尔巴乔夫。他说:

……到最后,戈尔巴乔夫的观点发生了显著的改变。但是,我认为这不仅是在发生了政变、暴乱以后。在此之前他的观点就很明显地改变了。和我有了分歧。他的观点离我而去。他离开了我,采取了另外的观点。我觉得他已经对使用"共产主义"、"社会主义"这些词感到难为情,虽然"关于列宁的话"他说得还和过去一样。

我们的区别在于:我,如有些人所说,是"教条主义者",比较教条、保守,等等。要是有人喜欢这样认为,那就请便吧。可戈尔巴乔夫,是那样的灵活、善变。雅科夫列夫比戈尔巴乔夫还要灵活、善变。总的说来，雅科夫列夫咒骂一切：自己的过去、党、历史。他不仅抛弃了斯大林主义，而且抛弃了马克思主义。事实上在雅科夫列夫和其他人的影响下，戈尔巴乔夫身上也发生了这样的变化。但实际上区别并不在这里。

……

政治家选用了一个研究思想、科学的人，他自己不会为思想而赴汤蹈火。他只不过或者改变这些观点，或者更换它们。那么多的人就是这样做的。他们曾经是共产党人，马克思主义者，可现在——时过境迁了。戈尔巴乔夫是个极端的例子，看得很清楚。他占据了国家的最高位置，其他人是小人物，在研究所工作，在科学院等地方工作。您知道他昨天是怎样大喊大叫鼓动所有人的。可是今天他放弃了。戈尔巴乔夫身上发生的就是类似情况。我们的区别就在这里。我现在没有和戈尔巴乔夫在一起，秘密就在这里。因为他作为政治家，改变了自己的观点。他没有去赴汤蹈火。

他应该怎么做？叶利钦禁止共产党活动，戈尔巴乔夫应该说："我不同意，我抗议。"这意味着赴汤蹈火。要是这样做了，他现在就是一个伟大的政治人物。因为党会获得重生，在戈尔巴乔夫的旗帜下获得重生。这个党会很快成为人数最多的党，而戈尔巴乔夫会是一面旗帜。还不仅仅是旗帜，这会成为他的政治支柱。这是他的错误，要受惩罚的。[①]

长期的紧张工作损害了弗罗洛夫的健康。他患有糖尿病，1990年11月起病情加重，到1991年8月为止，9个月中四次住院治疗，每

---

① 《回首改革——И. Т. 弗罗洛夫与日本〈朝日新闻〉记者的谈话》，见本书附录，第432—434页。

次两到三周。1991年7月苏联医生会诊后决定尽快切除他的病足。民主德国杜塞尔多夫的专家有办法避免截肢，8月7日弗罗洛夫飞往杜塞尔多夫，8月15日手术。他在病床上听到了"8·19"政变的消息。1995年8月病情再次恶化，9月弗罗洛夫在杜塞尔多夫做了病足的部分切除手术。1993年弗罗洛夫曾应邀在北京大学作学术交流。1999年11月，弗罗洛夫携夫人 Г. 别尔金娜应邀访问上海社会科学院，举办系列讲座。11月18日，活动结束后前往杭州，在杭州火车站站前广场，把提包放进后备箱后，刚刚在接站汽车的后排座位落座，身体向后一仰，猝然去世。

弗罗洛夫的书桌上至今摆放着关于中国的资料，还有1993年访问北京大学时带回的纪念品。为再次访问中国做案头准备，是这位哲学家在书桌前所做的最后一件工作。

从2001年起，俄罗斯科学院哲学研究所举行纪念弗罗洛夫的系列学术报告会，每年一次，时间在11月，哲学界的重要人物悉数参加。

弗罗洛夫一生发表著作400多种，专著20多本，在国内外获得的奖项、荣誉以及担任的学术职务，难以准确计数。

弗罗洛夫一生在斗争旋涡中度过。最初和李森科及其哲学代理人斗争，然后和米丁代表的所谓正统马克思主义哲学家斗争，步入政坛后则是与利加乔夫等反对改革的人以及在改革中崛起的叶利钦等民主派斗争。最终他与戈尔巴乔夫及苏联共产党一道，被自己一手培养的民主派打败。米丁等保守派被他打败了，那些打败他的人自己也未能在历史潮流中屹立不倒。今天的俄罗斯哲学界，没有一个人为米丁及其哲学思想公开辩护。相反，今天俄罗斯哲学界的重要人物中，不少人曾经深受弗罗洛夫思想的影响，许多人得到过他的提携帮助，俄罗斯至今有人纪念他，没有放弃他的思想。苏联解体的原因与教训，相关论著在俄罗斯屡见不鲜，但它们的作者主要是政界、史学界的人物，哲学家以及整个俄罗斯学术界，迄今没有对戈尔巴乔夫改革和苏联解体作过严肃认真的讨论与总结。一度作为戈尔巴乔夫改革指导思想的弗罗洛夫的哲学理论，被搁置一旁，很少有人问津。值得一提的是，弗罗洛夫的思想至今没有受到批判，虽然戈尔巴乔夫备受指责。这种沉默耐人寻味。评价弗罗洛夫的思想是一件相当复杂的事情。强大国家苏联的解体伤害了俄罗斯人的民族自豪感，弗罗洛夫及其哲学很难说完全没有责任，但是弗罗洛夫大声疾呼号召哲学家们去研究的人的问题、全球性问题，至今一个都没有解决，而且显得更加紧迫。研究弗罗洛夫的哲学思想，以及苏联兴亡、戈尔巴乔夫改革，是有待俄罗斯学术界完成的任务。弗罗洛夫本人以及他积极投身其中的改革，没有得到学术界的认真研究，重要原因之一是俄罗斯人特殊的民族性格——要么彻底接受，要么完全抛弃。苏联的马克思主义哲学，苏联改革，作为历史的一页，被一些人简单地翻过去了。然而问题并非如此简单，我相信弗罗洛夫还会回来，本书将在后面部分对此有所说明。

俄罗斯哲学界现有的对弗罗洛夫的公开评价，基本上是正面的。2001年莫斯科出版了一本专门纪念弗罗洛夫的文集，《伊万·季莫费耶维奇·弗罗洛夫院士》，是对弗罗洛夫评价的集大成。戈尔巴乔夫以及俄罗斯哲学界的重要人物悉数登场，赞扬声一片。戈尔巴乔夫除了赞扬弗罗洛夫是"大写的人，真正的人，庄重正派的人，有教养的人，有原则的、勇敢的、坦率的、真诚的人"以外，指出："弗罗洛夫院士远远没有把自己作为一位学者、一个公民的潜力全部发挥出来。但是他在科学领域，不止是科学领域，是在全部生活中，已经完成的工作，毫无疑问是值得尊敬与认可的。"①

苏联和俄罗斯哲学界的泰斗级人物 Т. И. 奥伊泽尔曼的纪念文章，标题是"勇敢的探索者，勇敢的人"。他列举的事例中有发生在1977

---

① Академик Иван Тимофеевич Фролов. С. 336.（《伊万·季莫费耶维奇·弗罗洛夫院士》，第336页。）

年的一件事。20世纪70年代正是斯大林去世后苏联意识形态领域控制最严格的时候。当时在布拉格担任《和平与社会主义问题》杂志责任秘书的弗罗洛夫,邀请奥伊泽尔曼参加由他组织的学术会议。会后闲谈中,奥伊泽尔曼对弗罗洛夫讲:1976年他曾在一个学术研讨会上作了题为《马克思主义与现代社会民主党人的思想》的报告,解释为什么发达资本主义国家的社会民主党在无产阶级中的影响比共产党大得多。他提出,列宁以及考茨基曾经说,工人运动本身只能自发地产生工联主义意识,也即在资本主义框架中争取改善生活条件、工作条件。这种情况决定了现代社会民主党人的思想和行动。他的结论是,在发达资本主义国家,马克思主义任何时候都不会成为占统治地位的思想。他的发言引起了一些参会者的批判,奥伊泽尔曼自己也对自己的结论感到震惊。出于害怕,他没有敢公开发表报告。没有想到,弗罗洛夫听后表示,这是一个非常合适的争论题目,争论应该由《和平与社会主义问题》组织,保证有欧洲国家的共产党代表参加。《和平与社会主义问题》编辑部果然在1978年举办了这样的论坛,奥伊泽尔曼应邀作了报告。报告引起激烈争论,1979年《和平与社会主义问题》竟然公开发表了他的报告。奥伊泽尔曼还举了另外一个例子:1981年,一些哲学家在一起吃饭,有人表示支持苏联出兵阿富汗,输出革命。没想到弗罗洛夫立即公开发表意见,言辞激烈,坚决反对这一不负责任的军事冒险。没有一个人敢开口说话,虽然大家在心里都赞同他的观点并为他的真诚和勇气所折服。[①]

B.C.斯焦宾院士曾长期担任俄罗斯科学院哲学研究所所长(1988—2006),到2019年去世前一直是俄罗斯哲学学会会长。我们在前面已经提到,他这样评价弗罗洛夫:"他是天生的领袖,因思维的

[①] 见 Академик Иван Тимофеевич Фролов. C. 332-333(《伊万·季莫费耶维奇·弗罗洛夫院士》,第332—333页)。

新轴心时代与 И.Т.弗罗洛夫

宏大气魄和善于把局部问题纳入整个人类大背景中而与众不同。他的学术创造生涯的阶段，在很大程度上决定了 20 世纪下半叶我国哲学发展的阶段。……我们不能忘记，今天已经成为学术争论中心议题的问题，都是弗罗洛夫在那些年提出来的。全球性问题、科学技术进步人道化的必要性、对现代科学活动实行伦理调控的极端重要性、必须用综合的跨学科的方法从事研究，等等问题，都最早出现在弗罗洛夫的著作中。"[①]

以上评论从不同的角度对弗洛罗夫的一生作了高度肯定。

迄今为止，人们对弗罗洛夫的评价都小心回避他在戈尔巴乔夫改革中的作用问题。实际上，积极投身戈尔巴乔夫改革是他人生最重要的一笔，而且他的确在改革中发挥了极为重要的作用。这是不容否认的客观事实，必须认真面对。从总体上看，对他的公开批判尚未见到，但是对他的正面评价也日渐稀少，他极力呼吁并身体力行研究的那些问题，淡出今天俄罗斯哲学家的视野。弗罗洛夫被搁置一旁，个中原因令人产生种种猜测。

纵观弗罗洛夫的一生，他一方面是伟大的哲学家，另一方面是杰出的社会活动家。这一结论无可争议。作为哲学家，他是 20 世纪后半叶苏联哲学最重要的代表性人物。他的主要成就是：在全球性问题、科学技术哲学、人的问题的研究中提出了许多深刻的、具有前瞻性的思想，创建了新人道主义理论；紧紧抓住第二次世界大战后兴起的科学技术革命带来的影响，特别是对人类生存构成威胁的全球性问题，以自己的学术眼光、学术成果引领了苏联哲学的发展，成为哲学界公认的领袖，带领苏联哲学家在科学技术哲学、全球性问题研究等方面取得一系列重要成果，走在世界的前列。他极大地促进了苏联哲学的

---

① Академик Иван Тимофеевич Фролов. С.104-106.（《伊万·季莫费耶维奇·弗罗洛夫院士》，第 104—106 页。）

人道主义化，促进了苏联对人的问题的研究。他的著作和他所代表的苏联哲学的人道主义化努力，有力地冲击了长期作为官方意识形态的苏联哲学，赋予了苏联哲学新的面貌。作为社会活动家，他在从事学术研究的同时组织了大量的学术活动，宣传自己的思想，得到国内外哲学家以及广大民众和戈尔巴乔夫等政治人物的认同，一度步入政坛，在苏联的政治生活中发挥了重大作用，以自己的思想改变了苏联的历史。无论在学术领域，还是在社会生活中，他都取得了巨大成就。尤其是在社会活动中，他一度就任苏共中央政治局委员，达到政治权力的巅峰，而且把自己的哲学思想变为国家生活的实践。像他这样以自己的思想直接改变现实生活的哲学家，历史上实属罕见。

不论作为哲学家还是作为社会活动家，弗罗洛夫都表现出坚定的理想信念和勇敢顽强的斗争精神。他的一生是战斗的一生。我们都说，哲学是时代精神的精华。从这个角度看，哲学斗争是时代进步的必经途径，进步哲学家则是变化了的时代精神的体现者。这是正确理解弗罗洛夫所必不可少的总体性的社会历史背景。弗罗洛夫登上学术舞台是在20世纪50年代，这时新科技革命正在迅猛发展，其巨大影响已经露出端倪，人类历史进入新的时代。愿意的跟着走，不愿意的拖着走。一切国家都必须以自己的方式对时代的变化作出回应，顺应历史潮流。从1953年斯大林去世到1991年苏联解体，斯大林模式的社会主义在时代变化的压力下不断受到冲击，日益陷入困境，矛盾重重，直至终结。最终而言，这一切都是时代变化的结果。苏联解体不是必然的，但是社会必须改革、曾经辉煌的斯大林模式必须退出舞台，是历史的必然趋势。弗罗洛夫的哲学思想，他经历的种种斗争，从总体上看，只是苏联社会顺应时代潮流自我更新艰难前行的具体体现。他最早意识到时代精神的变化，竭力推动苏联哲学作出相应改变。弗罗洛夫在1999年就去世了，但他的思想属于21世纪。从弗罗洛夫身上我们可以看到时代的深刻变化，可以获得许多宝贵的思想财富以及经验教训和启示。作为一位哲学家，弗罗洛夫的历史价值就在于此。

二、从生物学哲学研究到对人的综合研究：弗罗洛夫的思想历程

生物学研究在弗罗洛夫的思想发展中起了极为重要的作用，它不仅是其哲学思想发展的逻辑起点，而且贯穿他哲学思想发展的全部过程。尽管如此，他的哲学思想在不同时期有不同的侧重点和特征，发展历程可以大体上分为三个阶段：生物学哲学问题研究、全球性问题研究、对人的综合研究。

弗罗洛夫最初是作为生物学哲学问题的研究者登上学术舞台的。自19世纪初法国生物学家 Ж. 拉马克（1744—1829）提出基于"用进废退、获得性遗传"的生物进化论以后，生物的遗传、进化成为生物学领域最引人关注的热点问题。1859年达尔文出版《物种起源》一书，宣传"物竞天择，适者生存"，不同物种之间存在遗传学上的联系，引起生物学界乃至整个社会激烈争议。在20世纪上半叶的苏联，存在两种遗传学理论。其一是以美国生物学家 T. 摩尔根（1866—1945）命名的摩尔根遗传学。摩尔根在19世纪奥地利生物学家 Г. 孟德尔提出的遗传因子理论和"孟德尔定律"的基础上，20世纪初通过对果蝇的研究，于1926年创立了基因学说，提出基因控制生物特性的遗传与变异。由于当时科学水平的局限，摩尔根指出遗传基因存在于生物体生殖细胞的染色体上，但是未能揭示基因的分子结构。摩尔根的思想被生物学家普遍接受，为现代遗传学的发展打下基础，他的拥护者被称为"摩尔根学派"。1933年摩尔根获诺贝尔生理学—医学奖。苏联早期生物学界孟德尔学派人数众多，学术成果丰硕。

除了孟德尔遗传学以外，在卫国战争以前的苏联生物学界，И. 米丘林的遗传学说也有很大影响。米丘林（1855—1935）是俄国及苏联

时期著名的园艺学家，毕生致力于通过外界环境的作用定向培育新品种的研究，取得很大成绩。他的遗传学说特别强调外部环境的作用，认为生物体与其生活条件是统一的，生物体的遗传特性是其祖先所同化的全部生活条件的总和；生活条件的改变所引起的变异具有定向性，在环境变化后获得的性状能够遗传。米丘林主张通过人的力量创造一定的外界条件来控制生物的生长发育，培育新品种。米丘林重视外界条件在生物遗传进化中的作用，但对生物本身的遗传物质在生物性状遗传变异中的决定作用认识不足，他的理论和摩尔根的遗传学差别巨大，相互对立。从20世纪30年代起，米丘林遗传学因Т. Д. 李森科（1898—1976）的积极推动在苏联迅速崛起。1929年，李森科的父亲偶然发现在雪地里过冬的小麦种子，来年春天播种可以提早成熟。李森科在此基础上建立了一种称为"春化处理"的育种法，即在种植前使种子湿润和冷冻，以加速其播种后生长。李森科夸大自己的发现是解决霜冻威胁的灵丹妙药，为此，乌克兰农业部决定在敖德萨植物育种遗传研究所里，设立专门研究春化作用的部门，并指定李森科负责。李森科出于政治与其他方面的考虑，坚持自然环境决定遗传习性和生物进化中获得性遗传的观念，否定基因的存在，用拉马克和米丘林的遗传学抵制、攻击遗传学界主流的孟德尔—摩尔根遗传学。

1935年，"全苏第二次集体农庄突击队员代表大会"在克里姆林宫召开，斯大林亲临会场。李森科发言称，生物学两个遗传学派的争论与围绕农业集体化的争论一样，是反对那些阻碍苏联发展的阶级敌人的斗争，他本人在遗传学领域的反对者是无产阶级的阶级敌人。发言得到斯大林的首肯。会后李森科立即成为乌克兰科学院院士、全苏农业科学院院士，随即担任苏联科学院院士、全苏农业科学院院长。原全苏农业科学院院长Н. И. 瓦维洛夫支持摩尔根学派的观点，1940年被捕，判死刑，后改20年监禁，1943年死于狱中。

卫国战争后，随着冷战的开始，苏联共产党加强了意识形态领域的斗争。1946年8月,联共(布)中央就思想政治工作作出决议,反对文艺界无思想性的形式主义、不问政治、脱离实际和丧失布尔什维克战斗精神的倾向,对两本杂志《星》、《列宁格勒》以及作家M.左琴科和诗人A.阿赫玛托娃作了严肃处理。1947年6月,根据斯大林的指示,苏共中央政治局委员A.日丹诺夫代表党中央召集哲学讨论会并作了发言,对哲学界丧失战斗精神背离党性的倾向提出严厉批评。他要求哲学家批判唯心主义、形而上学、世界主义(没有突出苏联哲学的地位),提出"资产阶级科学"概念,并动员哲学家向资产阶级科学发动进攻。他说:"现在资产阶级科学供给宗教和神学以新的论证,这是必须无情揭破的。例如,英国天文学家埃定克顿关于宇宙定数的学说简直像毕达哥拉斯的神秘数字,……爱因斯坦的许多门徒不了解认识的辩证过程,不了解绝对真理与相对真理的关系……说出什么宇宙的止境,时间和空间的有限性这类的话。……同样,现代资产阶级原子物理学家所具有的康德主义的怪想使他们得出什么电子具有'自由意志'的结论,使他们企图把物质描写成只是一些电波总和等等鬼话。"[①]他指出:这里是苏联哲学家发挥作用的巨大领域。

在日丹诺夫的指引下,1948年7月31日至8月7日,全苏列宁农业科学院召开有一千多人出席的大会,李森科作了题为《论生物学的现状》的报告,总结生物学领域米丘林学派和孟德尔学派的斗争,向孟德尔学派发动猛烈进攻。会前斯大林亲自对李森科的报告作了修改,并召见李森科对修改作了详细解释,还就发言中的一些具体细节如何表达面授机宜。哲学家米丁也在会上发言,支持李森科。李森科等人的发言,主要内容是批判孟德尔的遗传学。孟德尔的学说被指责为唯心主义的、反动的理论。所谓唯心主义,是指它否定自然环境对生物遗传的决定作用,认为生物特性遗传变异是由一种存在于细胞核

[①] 〔苏联〕A.日丹诺夫:《苏联哲学问题》,第37—38页。

染色体上而又无法揭示其组织结构的基因决定的,基因突变不可预测,无规律可循,显得十分神秘,让人想到唯心主义和不可知论。所谓反动,是因为摩尔根是美国人,因而其理论是资产阶级的;而且摩尔根支持达尔文物竞天择的观点,与马尔萨斯人口论相一致;他主张基因从而遗传特性的稳定性,为种族主义和优生学提供了理论支持。与摩尔根遗传理论相反,米丘林是社会主义苏联的科学家,本人是从事劳动的园艺家,强调自然环境决定生物的遗传特性,符合唯物主义,生物遗传以及遗传特性的改变有客观规律可循,因而是无产阶级的、社会主义的、唯物主义的,体现了生物学的布尔什维克党性。大会宣布对摩尔根学派的斗争取得了彻底胜利。会议结束后,如前面所说,摩尔根遗传学遭到无情打击:相关科学家有的被捕,有的改行,研究机构和教研室被关闭,课程被取消,资料被销毁。苏联共产党机关刊物《布尔什维克》发表社论《为争取进步生物学的繁荣而斗争》,号召在生物学以及其他科学领域清除资产阶级影响。李森科甚至说:"斯大林同志本人揭示了一系列最重要的生物学规律。"① 至于哲学领域,1949年7月,"全苏高等学校马克思列宁主义与哲学教研室主任会议"通过一封给斯大林的致敬电,内称:"我们将不断地以您的伟大指示为指南,您指示我们要严格遵守理论与实践、哲学与政治的统一,要严格遵守理论的布尔什维克党性原则……我们向您,亲爱的斯大林同志,保证要在反对唯心主义反动学说的斗争中起主导作用……我们向您保证要使我们的讲座,变为经常影响全部教学过程的党的战斗团体,对于资产阶级客观主义与世界主义的任何表现,抱有布尔什维克的警惕性与不容忍的态度。"② 1952年,苏联权威哲学刊物《哲学问题》总结1947年哲学讨论会后哲学领域的情况时说:会后开始了一个生物学、

---

① Лисенко Т.Д. Корифей науки. Правда. 1953,8, марта.(Т. Д. 李森科:《科学巨匠》,1953年3月8日《真理报》。)

② 《苏联哲学问题》,第94—95页。

语言学、高级神经活动生理学、宇宙学等领域的创造性讨论时期。[①] 苏联哲学真正成为一条战线。哲学界，尤其是在莫斯科大学哲学系，占据讲台的是李森科的代理人。

正是在这样的背景下，弗罗洛夫几乎一进入大学校门便开始了对李森科伪科学的斗争。他的学术眼光、理论勇气，他对真理的热爱，令人敬佩。

李森科作《论生物学的现状》的报告是在1948年8月，就在这个月，弗罗洛夫进入莫斯科大学哲学系学习。出于对生物学的浓厚兴趣，在校期间他读了大量生物学著作。不仅阅读米丘林、李森科，而且阅读当时遭到激烈批判的 Г.孟德尔、Т.摩尔根、А.魏斯曼[②] 以及 К.林奈、Ж.拉马克、Ж.居维叶等人。他对达尔文和 Э.海克尔的著作格外喜欢，认真阅读，深入思考。弗罗洛夫是哲学家，感兴趣的是生物学的哲学问题，特殊的时代背景进一步决定了他的注意力主要集中在与遗传学有关的哲学问题上。李森科对孟德尔、摩尔根、魏斯曼的批判，涉及生物进化的因果性与合理性以及决定论与目的论的对立。李森科和米丘林强调外部环境对生物遗传特性的决定性作用，同时认为获得性可以遗传。客观环境和遗传特性之间体现出明确无误的因果联系，而且是唯物主义性质的因果联系，是客观规律。摩尔根等人认为生物的遗传特性由生物本身的、内在的基因决定，而当时他们还不能从科学的角度揭示基因的由来、分子结构及其发挥作用的具体过程，因此对遗传基因的存在与作用只是一种假设、认定。在现实生活中，生物的特性与自然环境的特点相适应是显而易见的客观事实。李森科以及米丘林学说，用环境的决定作用对自然环境与生物特性之间的因果关系给出合理解释，摩尔根的理论却无法说明基因突变何以能使生物的

---

① 见 Вопросы философии. 1952. №3. С. 3（《哲学问题》1952年第3期，第3页）。
② А.魏斯曼（1834—1914），德国动物学家，把生物体分为体质和种质两部分，认为遗传特性由种质决定，后天的获得性特征不能遗传，启发人们发现了染色体和遗传基因。

特性与自然环境保持一致,生物进化似乎是一个由神秘力量操控的合理性过程。摩尔根的学说与基督教的创世说表现出某种相似之处。

经过1947年的哲学讨论会和1948年的生物学讨论会,苏联哲学界占主导地位的是米丘林和李森科的支持者。莫斯科大学哲学系的许多人只是简单地从哲学的角度为李森科作辩护,用唯物主义与唯心主义、辩证法与形而上学的斗争解释生物学领域不同遗传理论的对立。实际上这充分反映了当时苏联哲学界对马克思主义哲学的理解既肤浅又片面。李森科等人对自然环境与生物遗传特性相互关系的理解与拉马克的理论一脉相承,它是唯物主义的,但显然又有形而上学的特征。按照辩证法,一切事物都是在自我变化、自我运动,动力在事物内部,在事物自身内部的矛盾斗争。按照毛泽东的说法,外因是变化的条件,内因是变化的根据,外因通过内因起作用。[①] 李森科的理论无视事物发展的内因,显然与辩证法不符。此外,李森科的理论排除了偶然性的作用,把偶然性和必然性对立起来,把偶然性作为科学的敌人,而人所共知,马克思主义哲学辩证法主张必然性是通过偶然性起作用的,偶然性为必然性开辟道路。

弗罗洛夫对因果性和合理性的对立以及决定论和目的论的对立,予以高度关注。他视野开阔,阅读范围不仅突破李森科、米丘林的局限,而且对西方哲学史,尤其是对康德、黑格尔的思想,对20世纪物理学界在量子力学问题上的争论,对路德维希·冯·贝塔朗菲[②]的著作,都广泛涉猎,从中吸取营养。在他看来,苏联哲学家用来为李森科辩护的理论是古典的机械决定论,这种理论把一切联系都看作原因—结果的联系,或者说用直接的因果联系解释一切现象,不知道一

---

① 参见列宁的《谈谈辩证法问题》和毛泽东的《矛盾论》。
② Л. Фон·贝塔朗菲(1901—1972),美籍奥地利生物学家,一般系统论和理论生物学创始人。20世纪50年代提出生物学和物理学中的系统论,倡导把生物作为开放系统来看,奠基了生态系统、器官系统等层次的系统生物学研究。

种联系可以转变为另一种。此外它把因果联系与偶然性绝对对立起来,排除任何偶然性,认为偶然性属于唯心主义范畴。弗罗洛夫认为,机械决定论无法对现实世界作出科学解释,他指出:"如果不是人为地把因果联系与那些这个或那个过程在其中得以完成的复杂条件割裂开来,因果联系本身就不是直接的、一义的。在这种情况下可以看到,原因是大量的,它们不只数量众多,而且是一个复杂的整体,不可能从这个整体中直接得出结果,因为结果还取决于这样一些因素:它们不能必然地从该事物的内在特性中获得,它们是偶然的,也就是说,它们的根据(原因)在与该事物有联系的一系列条件之中。考虑到这些条件,就必然要拒绝把因果关系仅仅看作直接的、一义的联系,同时转向对因果关系的统计学解释。"[①] 这样的决定论,从一个角度看,是一种随机决定论。按照随机决定论,规律产生于众多的偶然原因之中,概率论、统计物理学、达尔文宣称在不确定的变异中进行自然选择的理论,都体现了这种随机决定论。

弗罗洛夫认为这种决定论是唯物主义辩证法的体现。他把唯物辩证法视为生物学研究的唯一正确可靠的哲学分析工具,因为它把各种互不相同但都有一定合理性的因素综合在一起,克服了它们的片面性。唯物辩证法既和实证主义对立也和唯心主义自然哲学对立,能帮助生物学家一方面避免落入机械论,另一方面避免落入活力论。[②] 他把这种体现唯物主义辩证法精神的思想称作"有机决定论"。弗罗洛夫高度评价达尔文,认为他在遗传学研究中不自觉不彻底地贯彻了唯物主义辩证法思想:"正如人们所知道的,他推翻了那种把外部条件的直接影

---

① *Фролов И.Т.* Детерминизм и телеология. М.: URSS 2010. С. 242.(И. Т. 弗罗洛夫:《决定论与目的论》,莫斯科:URSS 出版社,2010 年,第 242 页。)

② 见 *Фролов И.Т.* Избранные труды. Т.1. Жизнь и познание. М.: Издательство политической литературы, 2002. С. 17(И. Т. 弗罗洛夫:《И. Т. 弗罗洛夫著作选集第一卷:生命与认识》,莫斯科:政治文献出版社,2002 年,第 17 页。)

第一章 哲学家伊万·季莫费耶维奇·弗罗洛夫

响作为个体改变和系统改变的基本的有时甚至是唯一的原因而摆在首位对进化所作的解释。另一方面,他对那些认为生物进化是内发自在决定过程的思想持批判态度,这些思想把发展的内部因素的意义绝对化,并且常常用活力论和目的论的精神解释这些因素。达尔文所捍卫的发展观点,考虑了进化的内部因素、外部因素的相互作用。在这种看法的框架内,外部条件的作用只是在和有机体本身积极适应活动的联系中来考察,有机体使这种外部作用发生变形,充当它的中介,根据自己的遗传特性使它发生改变。"[1] 弗罗洛夫认为,正是在这里包含了对合理性的科学理解:"不论在哪里,与有机体变化了的存在条件相适应,自然选择选出了在既有条件下最合理的那种形式,使有机体存在形式的结构变得简单,或者相反,提升这种结构,使它更加复杂。"[2]

弗罗洛夫把自己对生物遗传进化的上述理解称作有机决定论。它突出了内因外因的相互作用,突出了生物体的复杂性、整体性。有机决定论很好地从哲学的角度对生物遗传学的相关问题作了解释[3],它的提出,最关键的一步是弗罗洛夫意识到必须把生物作为一个综合体来看。综合体概念使得弗罗洛夫看到了生物的复杂性、整体性,看到了偶然性的作用,看到了量子力学统计规律对生物学研究的启发意义,对达尔文进化论有了更深刻的理解,从而有可能突破机械唯物主义与唯心主义、因果性和合理性、决定论和目的论的简单对立。有机决定论和综合体概念是弗罗洛夫生物学哲学问题研究得到的重要收获,对他后来的思想发展起了很大作用。

1965 年,弗罗洛夫协助 Н. Н. 谢苗诺夫院士撰写的批判李森科伪

---

[1] *Фролов И.Т.* Избранные труды. Т.1. Жизнь и познание. С. 221. (И. Т. 弗罗洛夫:《И. Т. 弗罗洛夫著作选集第一卷:生命与认识》,第 221 页。)
[2] 见 Академик Иван Тимофеевич Фролов. С. 41 (《伊万·季莫费耶维奇·弗罗洛夫院士》,第 41 页。)
[3] 就生物学本身而言,1953 年遗传基因双螺旋分子结构以及基因重组具体过程的发现,揭示了生物遗传的秘密。

科学的《科学不容忍主观主义》一文的发表，以及随后苏共中央政治局作出的终结李森科派在苏联生物学领域垄断地位的决议，标志着李森科伪科学在苏联彻底失败。1968年出版的弗罗洛夫的《遗传学与辩证法》一书，从生物学哲学的角度对李森科主义作了彻底清算。[①]Л. Л. 基谢廖夫院士指出："揭示李森科的观点不符合科学不能动摇他的整个学说本身，因为他的学说有相应的哲学依据，这一学说在字面上与官方意识形态完全吻合。在这里，任何一位自然科学家都发挥不了决定性的作用，问题要由职业哲学家来解决。"[②] 这一使命是由弗罗洛夫在《遗传学与辩证法》[③]中完成的。这本著作还对李森科主义猖獗一时的社会根源作了剖析。它指出：只有把李森科主义作为一种社会现象来理解，才能摧毁它的哲学基础。从这个角度看，李森科主义是以科学的名义并用科学的权威粉饰自己的无知妄说，它为国家领导人提供迅速解决一切问题的依据，也从国家领导人那里获得支持。[④]

弗罗洛夫对生物学哲学问题的研究没有因战胜了李森科主义而结束，但是他对生物学的研究，他的哲学思想的发展，随后转入了新的阶段。这一阶段的主要研究对象是全球性问题。

人们常用"洞中方七日，世上已千年"形容一个人因闭目塞听导致思想发展落后于形势的变化。当苏联生物学家、哲学家与李森科伪科学进行殊死搏斗时，在世界范围内生物学以及整个科学技术的发展突飞猛进，科学技术哲学步入崭新的天地。1955年，《罗素—爱因斯

[①] 李森科主义遭到清算的根本原因在遗传学本身的发展。1953年"遗传基因"分子的双螺旋结构被科学家发现，摩尔根主义得到有力支持，从科学的角度彻底终结了李森科主义。

[②] 见 *Корсаков С.Н.* Иван Тимофеевич Фролов. С. 84（С. Н. 科尔萨科夫：《伊万·季莫费耶维奇·弗罗洛夫》，第84页）。

[③] 《遗传学与辩证法》出版后遭到来自党中央的批评。该书恰好出版于弗罗洛夫被任命为《哲学问题》主编之后，否则就不会有这一任命。

[④] 见 *Корсаков С.Н.* Иван Тимофеевич Фролов. С. 86（С. Н. 科尔萨科夫：《伊万·季莫费耶维奇·弗罗洛夫》，第86页）。

坦宣言》问世。该宣言由十几位享有世界声誉的科学家、哲学家署名，强调核武器的问世与使用不仅极大地增加了战争的破坏力，而且使得科学家在全人类面前具有了重要的道德责任，因此必须有"新思维"，即学会站在全人类的立场上考虑问题。1953年，DNA双螺旋结构及基因的分子式被发现，基因工程登上舞台，人类有史以来第一次有可能扮演上帝的角色，通过改造基因创造出上帝都没有创造的新物种。第二次世界大战以后在新的科学技术革命的推动下，人类手中改造自然的能力极大提高，物质生产力急剧增加，由此产生了资源、环境的过度消耗，对人类的可持续发展造成潜在威胁。社会主义资本主义两大阵营的冷战，一些大国之间的利益冲突，导致使用大规模杀伤性武器从而给人类文明造成毁灭性打击成为现实的危险。由于生产力的发展和医疗技术的进步，世界人口迅速增加，人口流动日益频繁，人口也成为人类必须严肃对待的重大问题。到60年代，国际上不少人对上述问题可能带来的严重后果忧心忡忡，科学家、哲学家、政治家乃至企业家和广大民众给予越来越多的关注。1968年，西方国家的一些企业家、政治家和科学家成立的"罗马俱乐部"，宗旨便是研究未来的科学技术革命对人类发展的影响，阐明人类面临的主要困难，以引起政策制定者和舆论的注意。上述变化从不同的方面把一些以往学者们从未认真思考的问题摆在他们面前。这些问题规模巨大，影响深刻，需要全人类共同努力才能解决。它们就是全球性问题。1962年弗罗洛夫到布拉格参加《和平与社会主义问题》杂志的编辑工作，1965年回到莫斯科，很快进入苏共中央工作，1968年担任《哲学问题》主编。这番工作经历极大地开阔了他的视野，使他在哲学家中很早就感觉到了现实生活中发生的重大变化。

1968年就任《哲学问题》主编后，弗罗洛夫哲学思想的发展进入崭新的阶段。新阶段的主要标志是他关注的问题发生变化。就任《哲学问题》主编以后，弗罗洛夫并没有立即终止对生物学哲学和方法论问题的研究[①]，但是他的注意力很快超出这一领域的界限，逐渐转向其他更为迫切的问题。作为主编，他把这些问题引入《哲学问题》杂志，杂志面貌为之一新。这些问题即"科学家的道德责任问题、科学技术进步的人道主义尺度问题、哲学家和自然科学家的合作的恢复、科学技术革命条件下科学和艺术的相互作用、当代全球性全人类性问题、生态学和人口学，归结起来看，就是人的问题"[②]。

具体而言，从1968年起，他的学术研究逐渐集中在如下四个问题上。

第一是科学技术革命及其影响。科学技术的革命性发展是弗罗洛夫观察一切问题的基本角度。首先，他高度关注科学技术进步对生产力从而对社会发展的影响。弗罗洛夫思想敏锐，高瞻远瞩，20世纪50年代末便注意到了科学技术的急剧发展及其影响，从60年代起一再强调苏联必须强化科学技术进步。还在布拉格工作时，他就自己写文章探讨或者与东欧国家的学者共同讨论相关问题。1965年秋天在苏共中央工作时，他专门给苏共中央总书记勃列日涅夫递交报告，希望引起他对科学技术革命问题的重视。报告石沉大海。[③] 1984年，弗罗洛夫结合自己在日本参观访问获得的感受，发表文章呼吁苏联必须重视科学技术进步，抓住微电子、信息技术、基因工程等方面的最新科技成果，根本改造经济。直到晚年他仍为苏联发展"停滞"时期，即勃列日涅夫时期，党和国家领导人忽略了科学技术革命的影响，失去加速经济发展的大好机会，从而导致经济落后并最终成为苏联解体的重要原因，深感遗憾。其次，作为哲学家，他更关注科学技术革命对人的

[①] 弗罗洛夫认为自己彻底告别生物学哲学问题是在1981年出版的《生命与认识》一书中。见 *Корсаков С.Н.* Иван Тимофеевич Фролов. C. 181（С. Н. 科尔萨科夫：《伊万·季莫费耶维奇·弗罗洛夫》，第181页）。

[②] *Корсаков С.Н.* Иван Тимофеевич Фролов. C. 109.（С. Н. 科尔萨科夫：《伊万·季莫费耶维奇·弗罗洛夫》，第109页。）

[③] 勃列日涅夫在去蒙古国访问时随身带上了弗罗洛夫的报告，但是一路上唱歌、娱乐，对报告无暇一顾。

第一章 哲学家伊万·季莫费耶维奇·弗罗洛夫

巨大影响,对它作了各种角度的探讨。大体而言,1968年以前弗罗洛夫对自然科学的关注主要集中在生物学领域,尤其是遗传学;1968年以后,科学技术革命在带来物质生产力巨大发展的同时,其负面效应日益引起人们的注意,弗罗洛夫从中看到了这些负面效应对人的生存的威胁,从而很快改变了自己的关注焦点。科学技术进步与人、人类社会以及人道主义的关系,成为他在这一时期哲学研究的基本方向,这一特点在他此后学术研究的一切方面都有体现。

第二是全球性问题。全球性问题是科学技术革命的直接后果。科学技术的革命性发展极大地增加了人类改变自然的能力,从生产的角度讲,它一方面极大地提高了物质生产力,另一方面直接造成环境、生态、资源、气候等等方面的巨大变化,直接威胁到人类的生存;从战争的角度讲,科学技术的发展极大地增加了武器的杀伤能力,而全球化过程使得人与人的冲突更加频繁与深刻,这两个因素共同作用导致全人类的生存遇到前所未有的威胁;从人本身的角度讲,科学技术革命一方面显著延长了人的寿命,人口数量激增,生产规模扩大,地球负担增加,另一方面人的迁徙越来越频繁,人口成为引起人与自然、人与人发生冲突的重要原因。弗罗洛夫呼吁人们放弃几个世纪以来形成的"征服自然"的错误观念。他召集了一次又一次的关于全球性问题的学术会议,从研究解决全球性问题的角度在苏联率先使用了全球学概念。全球性问题是全球化的产物,弗罗洛夫坚持认为马克思是全球化和全球性问题的第一位研究者:"在谈到全球性问题和罗马俱乐部时,我总是说,正是马克思对他那个时代经济和人类生活其他领域已经出现的种种问题的国际化过程作了研究。基于他对这些过程所作的分析,我们把它们翻译为现代语言,称之为全球化过程。"[1]

---

① 见 *Корсаков С.Н.* Иван Тимофеевич Фролов. C. 237-238(С. Н. 科尔萨科夫:《伊万·季莫费耶维奇·弗罗洛夫》,第237—238页)。

第三是科学技术领域的道德问题。正是因为看到了科学技术革命的成果，例如核武器技术和基因工程，有可能造成对人本身的严重威胁，弗罗洛夫提出必须把科学技术置于人的控制之下，必须使科学家对自己和整个人类承担的道德责任有清醒的认识，就是说，要使科学伦理学化，以保证科学技术能够为人服务。1979年弗罗洛夫出版了《生命与认识：论现代生物学中的辩证法》一书。他在书中指出：此前他的生物学以及一般科学哲学研究，重点放在认识论和方法论问题上，今后要把它放在科学方面、认识论方面与价值论方面即社会—伦理和人道主义方面的统一中来考察。弗罗洛夫号召专门研究科学技术中的伦理学问题，称之为科学伦理学。1986年他和 Б. Г. 尤金合作出版了名为《科学伦理学：问题与争论》的专著。该书至今仍是科学伦理学方面研究最透彻、最全面的著作。

对科学技术中的伦理学问题的重视，只是弗罗洛夫追求科学与人道主义重新结合这一基本观念的表现之一。他认为现代技术文明存在"人的断裂"，科学技术的发展与社会的发展、人的完善不一致，认识的尺度与价值的尺度脱节。在他看来，没有人的发展，科学技术的发展就没有保证，科学技术成果不掌握在有人道精神的有文化的人手中，就有可能导致人的失业、片面化、社会不公，甚至是对人本身的威胁，科学技术发展自身也不会得到充足的动力。

第四是对人的研究。前面三个问题都与人密切相关，人是弗罗洛夫全部哲学思想的中心，这一时期的所有著作都和人的问题有关。根据哲学家科尔萨科夫的概括，弗罗洛夫关于人的思想大致有三个方面的内容：（1）对人的认识方法。弗罗洛夫提出，由于人的复杂性，必须开展对人的综合性研究。（2）人的价值。全球性问题、生物伦理学就是从人的价值出发对当今时代最紧迫问题的探索。（3）人的实践方面。在这个方面他提出了新的、科学的（现实的）人道主义，涉及未

第一章　哲学家伊万·季莫费耶维奇·弗罗洛夫

来学、人的死亡与永恒、政治、教育等等。① 上述三个方面在弗罗洛夫的学术研究中紧密交织在一起。出版于1979年的《人的前景》一书，立足点是全球性问题对人的生存构成的威胁，但全书一开始首先阐述他对人的生物本质、社会本质及其关系的认识，最后从实践的角度讨论了未来的人、未来的文明、人的前景等问题。

与人的命运密切相关的科学技术革命问题、全球性问题，在弗罗洛夫的学术研究中始终占有重要位置，但是从20世纪80年代中期开始，弗罗洛夫逐渐把关注的重点转移到对人的问题的直接研究上。他说：人的问题"在整个全球性问题体系中占居中心地位，不论对当今时代全球性问题实质与意义的理解，还是对这些问题在当前和未来的解决，都取决于在多大程度上清楚地意识到人的问题的重要性，取决于它在学术、社会和人道主义方面的解决"②。他还说：今天，人的问题是问题中的问题，科学和实践的全部注意力都应该锁定在这个问题上。我们正在进入人和关于人的科学的时代，如果人类能够在对他构成威胁的当今世界使自己得以保存的话，他的未来就是这样的时代。③

在对科学技术革命以及全球性问题、科学技术进步中的道德问题的研究中，弗罗洛夫认识到，所有问题都聚焦在人的身上。通过对人的问题的研究思考，他得出结论：以往人们对人的研究，或者只把他作为生物学的存在，分别从生理学、心理学、遗传学、医学等角度出

---

① 见 *Корсаков С.Н.* Иван Тимофеевич Фролов. С. 474（С. Н. 科尔萨科夫：《伊万·季莫费耶维奇·弗罗洛夫》，第474页）。

② *Фролов И.Т.* Человек и его будущее как глобальная проблема современности: (научный, социальный и гуманистический аспекты) // Марксистско-ленинская концепция глобальных проблем современности. М.: Наука, 1985. С. 349.（И. Т. 弗罗洛夫：《作为现代全球性问题的人与人的未来（从社会主义和人道主义方面看）》，《马克思列宁主义的现代全球性问题思想》，莫斯科：科学出版社，1985年，第349页）。

③ 见 Социализм и прогресс человечества: Глобальные проблемы цивилизации / под общей редакцией И.Т.Фролова. М.: Политиздат, 1987. С. 432（《社会主义与人类进步：人类文明的全球性问题》，И. Т. 弗罗洛夫主编，莫斯科：政治出版社，1987年，第432页）。

发；或者强调他是社会关系的总和，只把他作为社会存在物解读，作为教育学的研究对象；或者着眼于人的精神性，从宗教的角度出发把他作为神的创造物来解释。全球性问题的出现及其后果，涉及人的一切方面，以往那种从不同的相互独立的角度对人的研究无法科学说明全球性问题的形成原因，更不能找到解决全球性问题引发的人类生存危机的科学途径。为了解决人的问题进而解决全球性问题，必须建立统一的人学，把以往的各个研究角度统一起来，对人的问题进行综合性的跨学科的研究。他把对人的综合研究看作苏联哲学面临的主要任务，看作新人道主义的内在要求。他本人对人的综合研究开始于《人的前景》(1979)。在生命的最后 20 年，为了促进对人的综合研究，他倾全力呼吁、奔走，筹建人研究所和杂志《人》，最终如愿以偿。他认为这是他一生最感到欣慰的成果。

在人的研究方面，弗罗洛夫最独特之处是对生命的意义、死亡、永生等问题作了深入思考，并写了不少相关著作。这些问题一向在马克思主义哲学视野之外，倒是俄罗斯宗教唯心主义哲学家对它们多有关注。弗罗洛夫把这些问题看作马克思主义人道主义应有的内容，从马克思主义人道主义出发，考察了人的发展中种（作为社会的人）和个体的辩证法。他强调种的历史性发展是个体生命自我实现的永恒界限，在这个意义上，人是唯一的永远不能彻底成为现实的存在物。生物学和医学的发展可能从技术上以工业的方式实现人的机体不死，弗罗洛夫认为，这将使人丧失个性，失去人性以及人的不完善性和与此相关的人的无限的创造性。他认为，一切离开马克思主义的对人的生命的意义、死亡、永生等等问题的考察，陀思妥耶夫斯基、托尔斯泰、索洛维约夫，以及存在主义等唯心主义哲学，都不可能对这些问题作出合理说明。他们的思想固然宝贵、独特，但不是可以直接用来作为解决全球性问题的思想资源。这样的资源应当在刚刚建立的人研究所的科学探索中产生。1985 年他曾就未来的人研究所的研究提纲提出如下框架式的设想：

1 作为关键性的哲学问题的人

　　1）前马克思主义哲学体系中的人的问题

　　2）19—20世纪非马克思主义哲学体系中的人的问题

　　3）马克思列宁主义哲学中的人

2 作为各种专门科学研究对象的人

　　1）医学和生物化学对人的研究

　　2）心理生理学和心理学对人的研究

　　3）各种人文科学对人的研究

3 作为活动主体的人

　　1）科学技术创造中的人

　　2）艺术创作中的人

　　3）对象性活动中的人

4 当今世界的人和人类

　　1）人与自然关系中的人

　　2）历史和文化中的人

　　3）科学技术革命背景中的人

5 人学——关于人的统一的综合性科学

　　1）建构人学的方法论原则

　　2）人学中的个体—法律问题

　　3）人学的道德—人道主义功能

　　4）人学的教育功能

　　5）人学的预测功能

6 辅助性研究方向

　　1）史料学

　　2）历史编纂学

3）图书编目学[1]

弗罗洛夫提出对人进行"综合性研究"，表明他在努力突破文艺复兴以来形成的资产阶级对人的片面理解。资产阶级把人理解为"经济人"，以追求物质财富和物质享受为目标，科学理性则是实现这一目标的基本工具、手段。这样的观念流行了几百年，弗罗洛夫提出对人进行"综合性研究"，是因为他认为这种流行观念没有考虑人的伦理、审美、情感、意志等其他精神方面的需要，没有关注人的生命的意义以及死亡等问题。20世纪的新科学技术革命和全球性问题的出现，把这些问题凸显出来，让人强烈地感受到资产阶级对人的理解的片面性。今天看来，弗罗洛夫为人研究所设计的研究方案视野还不够开阔，思考也有欠深入。关于人的思考是哲学史上的永恒课题，涌现出无数的宝贵思想，弗罗洛夫的上述设想远远没有对它们作出完备、恰当的概括。即使对他产生重要影响的马克思、东正教、俄罗斯宗教唯心主义哲学家的人学思想，在他的上述设想中也没有得到应有的充分的反映。弗罗洛夫自己也说，这只是他的初步想法，"可能应该建立新的方案，提出能够确立和发展关于人的整体知识的想法的新思想"[2]。

上述设想的不完善说明，弗罗洛夫在20世纪80年代后半期虽然从全球性问题研究向前迈进了一步，想要集中力量开展对人的综合研究，但这项事业仅仅是个开始而已。政治事务和社会活动耗去了他的大量精力，他自己已经没有时间进行深入细致的学术研究了。他对自己一手创建的人研究所寄予厚望，然而研究所刚刚成立苏联便告解体，随之而来的是社会分化、对立、动荡不安，是经济趋于崩溃、民不聊

---

[1]　*Фролов И. Т.* На пути к единой науке о человеке // Иван Тимофеевич Фролов. М.: РОССПЭН, 2010. С. 268.（И. Т. 弗罗洛夫：《在走向统一人学的道路上》，见《伊万·季莫费耶维奇·弗罗洛夫》，莫斯科：РОССПЭН 出版社，2010 年，第 268 页。）

[2]　同上书，第 268 页。

生，对人的综合研究难以开展。弗罗洛夫提出了令人鼓舞的新设想，但他已无力按照设想使自己的思想登上新的高峰了。

1989年弗罗洛夫出版了《论人和人道主义》一书，他的哲学思想进入了第三个发展阶段。这本书是他历年相关著作的修订与汇总，是他1968年以后学术研究新阶段思想的概括与总结。前面提到，1986年步入政坛之后，繁重的事务性工作，紧张激烈的政治斗争，使他身心疲惫，不可能集中精力从事学术研究，更谈不到在理论上获得新的突破，而他创建的人研究所生不逢时，在苏联解体和弗罗洛夫失去权力以后也难有作为。因此，1989年即苏联解体前两年出版的《论人和人道主义》，可以说是他哲学研究的巅峰之作。1991年苏联解体以后，直到1999年生命结束，尽管人研究所已经成立，杂志《人》也已经问世，尽管弗罗洛夫仍然坚持学术研究，但是作为改革期间政治上的风云人物，即使在退出政治舞台以后也不可避免地要受到政治因素的干扰，经常要对戈尔巴乔夫改革进行反思，再加上身体多病，很难集中全部精力从事思想创造。他在这一期间的学术贡献主要表现在对人研究所和《人》杂志工作的领导以及各种学术活动的组织上，他在自己一心想要有所建树的对人的综合研究上，没有来得及取得重要成果。随着突然离世，富有创造性的大脑停止转动，他的学术生涯戛然而止。从以上情况可以看出，1986年从政以前对科学技术哲学、全球性问题以及人的哲学的研究，是弗罗洛夫思想发展的顶峰。

不论在思想发展的哪个阶段，对人的关切始终是弗罗洛夫哲学思想的中心。纵观他的一生，他对全球性问题的研究，对科学伦理学、生命与死亡的研究，以及对人的综合研究，当然还有他在戈尔巴乔夫改革中提出的种种思想，一以贯之的是人道主义。早在大学期间，他就通过阅读马克思的早期著作、西方马克思主义的著作、托尔斯泰和陀思妥耶夫斯基等俄罗斯思想家的著作，在心灵深处种下了人道主义的种子。如果考虑到童年时期笃信基督教的母亲对他的影响，人道主义思想在他那里就更加源远流长了。

人道主义不是一种独立的理论，它是一种精神，体现在各种具体的思想、理论中。它的基本特点是一切从人出发和以人为价值标准、价值目标。毫无疑问，不论从哪个角度看，弗罗洛夫都是彻底的人道主义者。但是仅仅这样说是不够的。弗罗洛夫不仅是人道主义者，而且，按照他自己的说法，是新的、科学的人道主义者。新人道主义是弗罗洛夫本人对自己哲学思想的概括，是他的思想的核心内容，也可以说是他哲学思想演化的最终成果，集中了他一生哲学研究的精华。科尔萨科夫说："弗罗洛夫一生最后的论著、演说，主要题目是人道主义，是对科学的（现实的）新的人道主义的哲学基础和科学基础的研究。可以毫不夸张地说，关于人道主义问题的思想，贯穿了弗罗洛夫全部创作，在他那里越来越具有了决定性的意义。……科学人道主义应该成为21世纪的人道主义。人应该通过这种人道主义的指引，成为理性的人、人道的人——这就是伊万·季莫费耶维奇·弗罗洛夫留给未来年青一代的遗训。"[1]

新人道主义是弗罗洛夫哲学思想的核心，是他全部学术研究成果的集中体现，也是他留给后人的主要思想财富，宣传与实现新人道主义则是他自己全部社会活动的宗旨。不论研究哲学家弗罗洛夫，还是研究政治家弗罗洛夫，新人道主义都是最重要的内容。

---

[1] *Корсаков С.Н. Иван Тимофеевич Фролов.* C. 510.（С. Н. 科尔萨科夫：《伊万·季莫费耶维奇·弗罗洛夫》，第510页。）

第二章　弗罗洛夫新人道主义的理论内涵

新人道主义是弗罗洛夫哲学思想的核心，但是新人道主义概念并非弗罗洛夫所专有。与弗罗洛夫同时或在他之前的一些哲学家、政治家，都曾使用过这一概念，只不过它在这些人那里有不同于在弗罗洛夫思想中的内涵。弗罗洛夫关于新人道主义的论述很多，以新人道主义为名的论文就发表过两篇，他在不同的论著中从各种角度对它作过阐述。令人遗憾的是，我们在他的任何著作中都找不到关于新人道主义概念的明确定义。把握弗罗洛夫新人道主义思想，需要对他的众多的相关论述加以梳理与发掘。下面着重从三个方面考察：新人道主义"新"在何处；新人道主义概念的内涵；新老人道主义比较。

一、新人道主义"新"在何处

1970 年弗罗洛夫在波兰的《人与世界观》杂志上发表题为《科学技术革命的人道主义意义》的文章，这是他第一次以人道主义为标题发表著作。此后他关于人道主义的论著不断问世，新人道主义思想逐渐形成。哲学家科尔萨科夫指出，弗罗洛夫关于新人道主义的思想最早见于他 1972 年在《哲学问题》第 11 期上的一篇文章——《现代生物学认识的实质（方法论概要）》。[①] 在这篇文章中，新人道主义的有关思想一再被提及。不过此时新人道主义还不是作为独立的概念出现，

---

① 见 *Корсаков С.Н.* Иван Тимофеевич Фролов. C. 124（С. Н. 科尔萨科夫：《伊万·季莫费耶维奇·弗罗洛夫》，第 124 页）。

其中的提法是"科学的（现实的）人道主义"，弗罗洛夫强调这也就是马克思主义的人道主义。在后来的著作中，弗罗洛夫一再声明，新人道主义就是科学的、现实的、马克思主义的人道主义。据科尔萨科夫考证，弗罗洛夫第一次使用"新人道主义"概念是在1983年。在这一年6月16日举行的"全苏当代全球性问题研讨会"上，他呼吁建立对人进行综合研究的研究所，提出，如果没有新人道主义，当代的全球性问题就不可能解决。

弗罗洛夫关于新人道主义的集中论述主要有：（1）弗罗洛夫与他的夫人、哲学家 Г. Л. 别尔金娜1984年合作出版的小册子《马克思主义与人道主义》。书中说："马克思主义的、现实的人道主义，正是用来取代旧的、资产阶级的人道主义的真正的新人道主义，适应人类生存与发展的新条件的人道主义。"① 这部著作不仅明确提出了新人道主义概念，而且从马克思主义立场出发对它作了初步阐述。（2）他在1989年《新时代》杂志第一、二两期发表了以《新人道主义》为标题的文章。文章中的许多思想早在《人的前景》（1979年初版，1983年再版）中就有论述，只是在《人的前景》中还没有使用新人道主义概念。（3）1989年出版的《论人和人道主义》一书对不同时期关于人和人道主义的论述作了汇总，多处谈到新人道主义问题，第七章标题便是"新的（现实的）人道主义——生命的道德哲学"。该书对新人道主义的论述与同年《新时代》杂志上发表的文章基本相同。（4）1997年，即去世前两年，弗罗洛夫在《自由思想》杂志再次以《新人道主义》为题发表文章。文章把人道主义视为当今时代最前沿、最尖锐的问题，认为无论从20世纪60年代末起苏联哲学和苏联社会的变化，还是全球性问题兴起、人类文明发展，都把人道主义问题提到首位。文章对弗罗

---

① Фролов И.Т., Белкина Г.Л. Марксизм и гуманизм. М.: Общество «Знание» РСФСР, 1984. С. 30.（И. Т. 弗罗洛夫、Г. Л. 别尔金娜：《马克思主义与人道主义》，莫斯科：俄罗斯联邦"知识"协会出版，1984年，第30页）。

洛夫自己的新人道主义的思想作了全面阐述,实际上是他对自己从60年代末起思想发展历程的回顾总结。新人道主义则是他在生命最后时刻对自己基本思想的高度概括,内容包含了他学术研究的全部成果。弗罗洛夫一生的学术研究,从早年对李森科的批判开始,都与新人道主义有关。他的全部思想,都可以纳入新人道主义概念之中,因而他的大部分著作实际上都可以从新人道主义角度加以解读。

人道主义是弗罗洛夫哲学思想的核心。早在与李森科的伪科学斗争时,他对俄罗斯传统文化的热爱,对早期马克思著作以及西方马克思主义充满人道主义精神的著作的喜好,已经显示出存在于他思想深处的人道主义情结。但是对于"什么是人道主义",他有自己的独特理解:

> "什么是人道主义?"这个问题与"什么是人?"、"什么是哲学?"密切相关。这些问题在几千年的时间里使人不得安宁,每个时代都尝试给出自己的回答,因为如果有"永恒的问题",那就表明没有"永恒的答案"。因此讨论人道主义问题,同时也就是在讨论什么是哲学,它为何而存在。①

就是说,他认为人道主义属于"永恒的问题"。"人的问题,他的本质,他在物质、精神、道德方面的存在问题,他的发展与使命问题,他的未来问题,是几千年人类历史上不论任何时候人类面临的一切问题中最基本的问题。"②因此不可能存在关于人道主义问题的一劳永逸的"永恒的答案"。在不同的时代,人的处境不同、遇到的问题不同、

---

① Академик Иван Тимофеевич Фролов. С. 561.(《伊万·季莫费耶维奇·弗罗洛夫院士》,第561页。)

② Фролов И.Т. О человеке и гуманизме. М.: Издательство политической литературы, 1989. С. 14.(И. Т. 弗罗洛夫:《论人和人道主义》,莫斯科:政治文献出版社,1989年,第14页。)

新轴心时代与 И.Т.弗罗洛夫

理论和实践诉求不同，会形成对人道主义的不同理解。但是，不同时代的人道主义概念虽然有所不同，既然都属于人道主义，它们相互间必定有共同之处。这一共同之处是什么？弗罗洛夫认为，它就是肯定"人的优先性"，或者承认"人是万物的尺度"。他指出：

> 人道主义是一个精神价值的体系，在这个体系中，**人的优先性**是决定性的因素。人道主义在今天已经成为哲学、科学和整个文化中主要的、核心的概念。它被宣称为政治原则与社会发展的战略目标。的确，人们在今天这样接受古希腊哲学家普罗泰戈拉提出的"人是万物的尺度"这一原则，好像它不是诞生在两千年前，而是在当下、在现在诞生的。①

弗罗洛夫认为，对于马克思主义而言，人道主义尤为重要：

> 马克思主义的实质正在于它首先是、主要是关于人的解放与发展的科学，也就是说，它是得到具体体现的人道主义。马克思主义的一切其他方面只是实现这一目标的手段。只有人的本质的解放与发展才是唯一的、绝对的**目的本身**，马克思主义把这一目的看作新的、人道主义的"价值序列"的出发点。②

就是说，马克思的全部科学研究和革命活动，宗旨都是寻找人的解放与发展的途径和方法，都贯穿人道主义。

在他的思想中，新人道主义首先是对一度丧失了的马克思主义人

---

① Академик Иван Тимофеевич Фролов. С. 561.（《伊万·季莫费耶维奇·弗罗洛夫院士》，第 561 页。）

② Фролов И.Т. О человеке и гуманизме. С. 453-454.（И.Т.弗罗洛夫：《论人和人道主义》，第 453—454 页。）

道主义本质的回归。他说：20世纪50年代末60年代初有过一阵"人本主义热"，但随之而来的是对人的问题兴趣的减退。没有人公开宣称对人的问题不感兴趣，但是人的问题在其社会表达中"逐渐倒退到个人崇拜和社会主义的种种专制官僚主义形式统治时期的陈旧立场，人们常常跟随马克思把这些形式称作'兵营式的'，这时虚伪的词句取代了从实际出发的分析和政治行动。说与做的割裂达到极致，尤其是在'停滞时期'"[①]。60—80年代，经过苏联哲学家们的努力，经过激烈的理论斗争，人们重新认识到马克思主义的人道主义本质，马克思主义的变形得到纠正。弗罗洛夫把这一过程称作"正本清源"。

以上只是弗罗洛夫阐述自己的新人道主义思想时所做的理论铺垫。弗罗洛夫积极参与和组织领导了人道主义在苏联的回归，他所提出的思想便是新人道主义。新人道主义无疑是对马克思人道主义思想的继承与发展，但是它"新"在何处？从弗罗洛夫的论述看，主要新在它是适应科学技术革命和全球性问题提出的。

他在1997年发表的《新人道主义》中这样说：

> 这里所说的不仅仅是马克思主义各种人道主义原理的清理，不仅仅是正本清源。马克思提出的作为现实的，即行动着的与抽象的乌托邦主义相对立的人道主义，获得新的科学的发展。关于这种情况应该指出，当我们谈论马克思主义人道主义时，所说的有上个世纪已经得到确证的东西，但主要是当今世界的各种特点、全球性问题的产生与日益尖锐、对全人类价值优先地位的确认等逐渐出现在我们面前的情况。这要求对现实人道主义范畴中全人类的东西和阶级的东西的辩证法重新加以思考。由于补充了许多

[①] Фролов И.Т. О человеке и гуманизме. С. 16.（И. Т. 弗罗洛夫：《论人和人道主义》，第16页。）按："停滞时期"即1964—1982年勃列日涅夫当政时期。

新的态度、立场，现实的人道主义也可以被确定为新人道主义。考虑到在未来可能出现许多新的今天还不能确切地加以谈论的因素，我们把新人道主义理解为不断发展着的观点体系，现实人道主义是新人道主义，在很大程度上由此得到确证。①

弗罗洛夫在1989年曾经在另外的意义上解释过新人道主义概念。他说："马克思主义人道主义是新人道主义，因为它是旧的、资产阶级的人道主义的替代者……。"② 但是从其全部相关论述来看，他使用新人道主义这一概念是针对19世纪的人道主义而言的，其中包括已经得到确证的马克思恩格斯学说中的人道主义。他强调，新人道主义与全球性问题等20世纪后半叶人类文明遇到的新问题有关。由于这些新问题，马克思主义人道主义思想补充了新的方法、立场、内容，成为新的人道主义。

1975年《哲学问题》杂志发表了弗罗洛夫的论文《人的前景》，以此为基础，1979年他的专著《人的前景》问世。1983年该书出了第二版，2012年又有第四版面世。《人的前景》这样说：

> 社会主义社会的人道主义是共产主义人道主义的一个形成阶段，而共产主义人道主义正是新人道主义。这种新人道主义与人类所处的新的条件相适应，特别是因为全球性问题日趋严重，出现了对人和人类的生存本身的现实威胁。今天人们做了各种尝试，以便制定出人道主义的考虑到了这些新条件的形式……
>
> 因此，当我们谈论共产主义文明新人的新人道主义时，我们

---

① Академик Иван Тимофеевич Фролов. С. 563.（《伊万·季莫费耶维奇·弗罗洛夫院士》，第563页。）

② Фролов И.Т. О человеке и гуманизме. С.450-451.（И.Т.弗罗洛夫：《论人和人道主义》，第450—451页。）

所说的是科学的、现实的人道主义，它在19世纪中期就被马克思提出来了，在今天，它与正在向共产主义转变的社会主义实践以及当代人类发展的普遍规律，包括在全球性问题领域的规律，紧密联系，在这种联系中不断发展。在这个意义上，它确实是新的人道主义，因为它面向未来，并且不仅在实践的意义上面向未来，而且在理论的意义上面向未来——科学的发展将为我们对人道主义的理解增加更多的内容，而这将保证马克思主义人道主义不断创新，具有吸引力、生命力和实践效能。[①]

由此可见，弗罗洛夫的新人道主义概念，新就新在它是针对20世纪后半叶日益凸显的全球性问题提出的。这是我们理解其新人道主义思想的关键所在。

二、新人道主义概念的内涵

由以上论述可以看出，在弗罗洛夫的哲学思想中，新人道主义就是在全球性问题凸显的时代的人道主义，是"人是万物的尺度"这一人道主义基本精神在新时代的延续。我们应该怎样理解和把握这种新人道主义？或者说，它的理论内涵是什么？从弗罗洛夫的相关论述看，他的新人道主义思想主要包含如下四个方面的内容。

第一，呼唤新思维。所谓新思维，简言之就是考虑问题时把全人类的利益置于优先地位的思维方式。原因是科学技术革命引发的全球性问题使整个人类的生存受到威胁。他说："我们正是把人，人的未来，置于全球性问题体系的中心。我们认为，和平与裁军是继续向前，

---

① *Фролов И.Т.* Перспективы человека. М.: Издательство политической литературы, 1983. С. 300. （И. Т. 弗罗洛夫：《人的前景》，莫斯科：政治文献出版社，1983年，第300页。）

新轴心时代与 И.Т.弗罗洛夫

从总体上讲就是人类的继续生存,最重要的出发前提。在自己建设性的、积极的工作中,在寻求全球性问题的解决方面,我们是从全人类人道主义价值的优先地位出发的。"① 他还说:"20 世纪行将结束时,人类正处在历史上前所未有的转折时代,它的特点是出现了一系列综合性的具有全球性质和总体性的问题与危险。今天,地球文明的发展能够继续还是将以灾难终结,这个问题的解答取决于人能否摆脱众多的幻想和刻板公式。"②

人类遇到的生存威胁,从而当今人类的人道主义诉求,多种多样,新思维也因此而有各种表现。其中最重要的是新的政治思维。人们通常所说的新思维,正是指新的政治思维,上面提到的和平与裁军就属于政治思维。放弃美苏两个超级大国在全球范围的对立,极力推行与西方国家和解,开展对话,裁减军备,是哲学家、政治家弗罗洛夫着力宣传并实践的重要主张。

提出新思维,是因为人类相互作用、相互依赖,具有了整体性。弗罗洛夫说:

……新政治思维把整体性世界的相互依赖、相互作用作为中心,也就是以世界是个整体这一认识为出发点。如果我们从新政治思维出发,那也就是确认这个世界是**整体性的**人的世界。

……我们把整体性的人确定为某种具有优先性的存在,而从这一点出发,从这个方面、在这样的水平上考察人,我们已经不可能把处于使他们在当今世界中与其他人区分开来的某些其他因素中的不同的人对立起来。这不是说我们无视这些因素的存在。

---

① Академик Иван Тимофеевич Фролов. С. 513. (《伊万·季莫费耶维奇·弗罗洛夫院士》,第 513 页。)

② 同上书,第 562 页。

第二章　弗罗洛夫新人道主义的理论内涵

但是，我强调，经济、政治、科学、文化等各种发展着的相互联系越来越把世界统一在一起，显示出它的整体性，在这样的新条件下，当我们确定这些整体性联系的优先地位时，也应该学会看到那个不仅把人类统一在一起而且对人本身作了描述的共同的东西。如果我们把新政治思维从中产生出来的那些社会关系置于人之外，置于现在在人的身上表现出来的新的东西之外，那么我们就把这种思维与最主要的东西，与我们应该作为出发点的人道主义基础割裂开来。在这个意义上，我们现在说人和人的未来是一个全球性的问题。①

以上论述同时也告诉我们，弗罗洛夫肯定人类的整体性时并不否认人有多种需要、多重属性，有个别性。他认为，自古以来人都是生活在一定的集体之中，例如氏族、部落、民族、国家、阶级、家庭之中，生活在特定的地域之中。在资本主义社会人以原子的形式存在，处于一切人反对一切人的斗争中。与此相应，人类历史上从来都是特殊利益优先。个人之间、阶级之间、民族之间的利益冲突和意识形态对立，乃至因此引发的战争，贯穿至今。至于人类共同利益，只是在宗教理论和某些哲学家的学说中存在。全球性问题的出现，使人类成为命运共同体，全人类共同利益第一次成为现实，而且这种利益不是物质利益或者精神利益，而是保证全人类的生存这一至高无上的利益。它的出现把一切局部的、个别的利益挤出舞台中心。全人类利益高于一切，迅速成为人们的共识。新思维，即考虑问题时把全人类共同利益放在首位的思维方式，应运而生。

强调阶级分析、阶级斗争是列宁思想与实践最显著的特征，因此

---

① Академик Иван Тимофеевич Фролов. С. 513.（《伊万·季莫费耶维奇·弗罗洛夫院士》，第 513 页。）

新轴心时代与 И.Т.弗罗洛夫

对于苏联的共产党人和马克思主义者来说,最突出、最棘手的是处理全人类利益与阶级利益的关系问题。在这个问题上,弗罗洛夫旗帜鲜明地坚持全人类利益优先,并且认为这也是马克思本人的基本观点。他说:"阶级和阶级斗争是历史性的过渡性的现象,它们终将消失。全人类的利益是属于作为整体的人这个类的,它们现在存在并将永远存在。谈到马克思这样的思想家时,不可想象他没有阶级立场。但是正是他写道:'旧唯物主义的立脚点是'**市民**'社会,新唯物主义的立脚点则是**人类社会或社会化的人类**。'"① 弗罗洛夫认为,这说明马克思把站在全人类利益的立场上考虑问题看作自己不同于其他哲学家的特点所在。弗罗洛夫坚持全人类利益优先,同时不否认阶级利益的存在,认为二者密切相连。他说:"看起来,在许多情况下应该更多地强调的不是阶级的东西和全人类的东西哪一个具有优先性,而是它们的吻合。此外,一般而言这样的对立并不总是正确,因为全人类的东西,按照整体与部分的关系,可以和个别的民族、国家、地区,最后和个别的社会经济的和政治的体系,相互关联。最主要的东西,即全人类的东西,以及全球性的东西,不是某种'社会之上的'、'阶级之上的'、'民族之上的'东西,对于这一点,上面已经提到了。这里存在着最复杂的相互作用的辩证法,甚至是**相互渗透**。"② 正是由于看到了全人类共同利益在全球性问题出现后的存在与重要性,弗罗洛夫提出,为了人类的生存,应当奉行新思维,把全人类利益放在阶级利益(当然也包含民族利益、个人利益)之上。但是,他并不以此排斥阶级利益。

在新政治思维之外,新思维的另一个重要体现是人与自然关系的

---

① *Фролов И.Т.* О человеке и гуманизме. С. 372.(И.Т.弗罗洛夫:《论人和人道主义》,第 372 页。)所引马克思的话,参见马克思:《关于费尔巴哈的提纲》,《马克思恩格斯文集》第 1 卷,人民出版社 2009 年版,第 506 页。

② 同上书,第 372—373 页。

重新定位。在新思维问题上，弗罗洛夫推崇赫胥黎[①]，认为他是最早因为全球性问题而预感到提出新人道主义的必要性的学者之一。不过在新思维问题上弗罗洛夫最推崇的，是1955年问世的《罗素—爱因斯坦宣言》。宣言提出，核武器的出现使人类面临在军事冲突中同归于尽的危险，为了人类和地球不致毁灭，人类应该牢记大家都属于人这个物种，把其他一切忘掉，放弃对抗、冲突与军事较量。弗罗洛夫指出："这就是核武器时代包括**全人类价值优先**原则的**新思维**的真正源头。"[②]弗罗洛夫无数次地提到并赞扬《罗素—爱因斯坦宣言》，在他的影响下，直到今天俄罗斯哲学界都常常要提到这一文献并肯定它的重要价值。他还对罗马俱乐部的工作予以高度评价，认为罗马俱乐部发表的著作，它的众多报告，揭示了人类面对的科学技术革命引发的资源、环境、人口等方面的危机，振聋发聩，促人猛醒，使新思维和人道主义思想获得鲜明的令人印象深刻的发展。赫胥黎、《罗素—爱因斯坦宣言》、罗马俱乐部的思想，共同之处是指出了在不断膨胀的物质欲望的推动下，人对自然界的无节制的"征服"、改造，人与人的日益深刻广泛的利益冲突，使得自然界不再能够满足人的生存与发展的需要，甚至可能毁灭，从而对人类的继续生存构成威胁。人必须改变对于自己与自然界的关系的认识，遵照新的思维方法处理人与自然界的关系。

新思维是弗罗洛夫新人道主义思想的体现。对新思维的反复论述与不遗余力的宣传，是弗罗洛夫的重要工作。

第二，呼吁科学技术的伦理学化。在《新人道主义》一文中，弗罗洛夫这样说：

[①] 朱利安·赫胥黎（Sir Julian Sorell Huxley，1887—1975），英国生物学家、哲学家，综合进化论的创始人之一，热情活跃的人道主义者和人道主义价值的积极宣传者，倡导建立联合国教科文组织并担任其第一任总干事。他也是李森科理论的著名批评者。

[②] Академик Иван Тимофеевич Фролов. С. 566. (《伊万·季莫费耶维奇·弗罗洛夫院士》，第566页。)

新轴心时代与 И.Т.弗罗洛夫

人道主义，以及对人的个性自由全面发展的保证，在今天与解决那些把人类文明置于物理意义上的灭亡边缘的众多全球性问题密切相关，所以，讨论人的未来不可能不考虑科学技术进步的趋势以及技术与科学发展的人道主义化。

由于确立了人、人道主义价值的优先地位，包括它们在科学和科学技术进步方面的优先地位，发展科学和科学家的道德自我意识就是很重要的事情。我甚至想说，如果可以设想科学和技术以算术级数发展，那么为了一切都在有利于人的方向上进行，科学家的道德自我意识就应该以几何级数发展。否则就会出现那种科学技术发展与人的需要的声名狼藉的"脱节"，我们就会再次遇到许多重大困难，比眼下我们所遇困难的威胁性大得多的困难。

迄今为止我们实际上并没有对科学技术进步的可以替代现有方向的新方向做过深入研究。……现代工艺技术（人们把它称作"高科技"）只有在一种情况下才是无可指责的，这就是当它和人的一致达到高水平的时候。为了把人作为主要价值摆在第一位，并且不是在口头上，而是在行动中摆在第一位，为了人确实地、在真正意义上成为万物的尺度，包括成为一切科学的尺度、一切进步的尺度，我们应该对自己的重点做出转移。[1]

简而言之，弗罗洛夫的新人道主义主张把科学技术纳入伦理学的考察范围，或者说，要从人的需要出发对科学技术成果加以评价、取舍、控制。由于科学技术革命，科学技术不再是中性的，它与人类的生存有了密切关联，给人类科学研究和技术开发带来前所未有的道德问题。科学技术在今天具有了全球性问题的性质。自古以来科学技术

---

[1] Академик Иван Тимофеевич Фролов. С. 563-564.（《伊万·季莫费耶维奇·弗罗洛夫院士》，第 563—564 页。）

第二章　弗罗洛夫新人道主义的理论内涵

的进步与人类的利益都是一致的，近代以来科学技术进步和以此为基础工业文明取得的令人目眩的成就，给人类带来异常巨大的物质财富。人们追求现代化，而现代化几乎成为工业化的同义语。迄今为止，任何科技成就都让人们举双手欢迎。第二次世界大战后，情况发生重大变化。核武器的问世让人类第一次看到了科学技术成就对人类生存构成的威胁。在物质生产中，人借助科学技术的力量彻底征服了自然界，同时招致了自然界的重大改变和由此而来的对人类的报复。生物遗传学和基因工程的出现，以及基因技术在医学领域的运用，使得人不再仅仅是自己活动的主体，他也全面成为自己活动的客体。生物科学和基因工程技术的进步可能带来像核武器那样，甚至杀伤力比核武器更大的大规模杀伤性武器，即生物武器，造成与核武器一样对人类生存的灾难性威胁；也可能使人的或其他物种的基因发生改变，制造出人类自己无法控制的新的物种；还可能改变人的身体特征和遗传特性，进而带来前所未有的道德问题。今天的科学技术成为全球性问题，并引发涉及全人类利益的重大道德问题。人类不能再像以往那样简单地高喊"知识就是力量！"，盲目地跟在科学技术后面行进；必须认识到，作为力量的科学技术也可能对人自身造成伤害，甚至对人的生存构成威胁。因此人必须学会做科学技术的主人，从人类的共同利益和基本道德原则出发，对它们的发展方向和成果使用加以自觉的规划与控制。科学家的工作具有了伦理学的意义。这是"人是万物的尺度"在新的历史条件下的体现，是新人道主义的重要内涵，是前所未有的崭新现象。[①]

[①] 弗罗洛夫还这样说："现代科学是在人越来越成为科学研究的客体和利用科学成果加以危害的对象条件下发展的，是在能够触动人类机体最隐秘的功能方面新医学及其他技术迅速发展的条件下发展的。由此产生了许多重要的有趣的全球性问题。一些研究人员及道德专家已经在本世纪末抓住这些问题，而这些问题必将在下一世纪初成为中心问题之一。科学所处的环境将在很大程度上取决于在这个领域的争论与探索。"（Фролов И.Т. Человек, Наука, Гуманизм // Коммунизм. 1988. №11. С.75 [И. Т. 弗罗洛夫：《人·科学·人道主义》,《共产主义》1988 年第 11 期，第 75 页]）

新轴心时代与 И.Т.弗罗洛夫

弗罗洛夫的这一思想是对传统观念的挑战。斯焦宾院士这样谈论弗罗洛夫：

> 他率先谈论科学技术进步的人道主义化，谈论对现代科学活动加以道德调控的极端重要性，谈论对问题进行综合性的跨学科研究的必要性。……他强调，在现代生物技术中、基因工程中和克隆实验中，正在形成对于科学而言前所未有的局面：科学家不得不自觉地对科学探索的可能性加以限制，不能选择任意一种研究战略，而只能选择那些与人道主义理想一致的战略。
>
> 提出这样的问题，再次要求伊万·季莫费耶维奇（即弗罗洛夫——本书作者）具有不小的学术勇气：这次他挑战的对象不是已经固化了的意识形态公式，而是那些两个多世纪以来一直作为科学精神基础的观念：科学的基础知识和基础研究无条件地以自我为价值，科学的宗旨是寻找与实际利用已获得的知识无关的真理。[①]

"人是万物的尺度"。现在人也要做评价自己对世界的认识即科学技术发展的尺度了。

第三，开展对人的综合研究。转向对人的综合研究是弗罗洛夫思想发展合乎逻辑的结果。在全球性问题研究中，弗罗洛夫认识到历史上第一次出现了科学技术进步对人类生存的威胁，开始研究科学技术的伦理学化。进一步的研究让他意识到，问题的关键，解决问题的钥匙，就在人自身。因此，人既感受到科学技术革命带来的威胁，也就成了消除这些威胁的关键因素，人是全部全球性问题的中心。他把全

---

① Наука, Общество, Человек. М.: Наука, 2004. С. 19-20.（《科学·社会·人》，莫斯科：科学出版社，2004年，第19—20页。）

球性问题分为五种：其一，具有全人类性质的问题；其二，世界发展中决定所有其他过程运动性质的问题；其三，对人类继续生存构成威胁的问题；其四；要求全人类共同努力加以解决的问题；其五，要求联合一切科学共同努力研究的问题。[1]他进而把这些问题分为三组：人与人的问题、人与社会的问题、人与自然的问题。显而易见，在他看来，人在全部全球性问题中处于中心位置，在这些问题的产生以及它们的解决中，人和人的未来是关键因素。[2]人道主义以"人是万物的尺度"为基本原则，在全球性问题出现以后，人开始反思和改变自己追求的目标、自己的需要以及满足需要所使用的手段。人的需要必须改变，人借以衡量万物的尺度与以往相比也必须有所不同，作为万物尺度的人也需要重新加以研究。具体来说，全球性问题是由人的活动造成的，与人以往使用的衡量与取舍万物的尺度直接相关，这些问题的解决必然涉及到人的活动的动机和决定这些动机的各种因素，涉及到人的机体，人的本质，人在自然界的地位，人与人、人与社会以及人与自然的关系，等等。就是说，涉及到人手中衡量万物的尺度，也即人追求的价值目标。全球性问题是旧人道主义的产物，它的产生与旧的尺度有关；全球性问题的解决需要新的尺度，也即需要新的人道主义。尺度的改变是人的价值目标的变化，而价值目标的改变也就意味着人本身的变化。人类的未来需要新的人和新的人道主义，为了培育新人和创建新人道主义，必须首先对人自身加以研究。这是新人道主义的具体要求和具体体现。

在全球化时代，对人的研究具有前所未有的复杂性。全球性问题异常复杂，决定了必须对人进行综合研究。科尔萨科夫指出：全球性

---

[1] 见 Иван Тимофеевич Фролов / Философия России второй половины XX века. М.: РОССПЭН, 2010. С. 309（《20世纪下半叶俄罗斯哲学：伊万·季莫费耶维奇·弗罗洛夫卷》，莫斯科，РОССПЭН 出版社，2010年，第309页）。

[2] 同上书，第310页。

问题是一个围绕自己的中心，即人，形成的综合体，它们自己具有综合性，它们的解决也要求各种科学的综合体相互作用。他还引用弗罗洛夫的话说："全面解决人的全球性问题不可能不依靠各种关于人的科学的综合。"① 强调开展对人的综合研究，是新人道主义的重要特点。弗罗洛夫以生态问题为例对此作了阐述：

> 马克思主义对生态问题的科学分析，特点是揭示它与社会存在各个方面的联系，关注具有更多社会意义和人道主义意义的问题。除了纯粹科学的（认识的）、技术的方面，以及社会—经济的和政治的（包括国际法的）方面以外，我们还看到了生态问题的社会、文化、意识形态、伦理—人道主义方面以及美学方面的重大意义。这些问题充分表现出了生态问题内容的综合性。这些方面中的每一个自身都是需要进行各种专门研究的重大的独立的问题。但是它们之间有着一定的相互联系和从属关系，这决定了生态问题从整体上的研究战略和科学解决。在这种情况下，深刻理解生态问题要以从科学的哲学出发对它作世界观和方法论的分析为前提，在科学之间的协作中，科学的哲学作用越来越重要。哲学无意恢复古代关于不可分解的认识的幻想，它激励广泛领域中的各种科学的相互作用，在这种相互作用中，这些科学为了研究人和自然的相互作用问题而实现的跨学科的联合占有重要地位。②

全球性问题产生于人和自然界的相互作用，这些问题相互之间以及它们和人之间，乃至人本身的各个方面，存在紧密联系。按照弗罗

---

① 见 Иван Тимофеевич Фролов / Философия России второй половины XX века. С. 310（《20世纪下半叶俄罗斯哲学：伊万·季莫费耶维奇·弗罗洛夫卷》，第310页）。

② *Фролов И.Т.* О человеке и гуманизме. С. 401.（И. Т. 弗罗洛夫：《论人和人道主义》，第401页。）

第二章 弗罗洛夫新人道主义的理论内涵

洛夫的看法，一切问题的关键是人，他致力于寻找人类解决全球性问题的科学道路，从以上认识出发，必然把人与自然界、人自身的各个方面，看作有机整体，主张运用多角度、多层次的综合方法研究人，也即对人展开综合研究，最终形成统一的、新的人学。为了推动这一研究，弗罗洛夫积极促进建立全苏人的科学跨学科研究中心，为该中心草拟了如下研究方案：

> ……在国内各个地区推动人的研究；制定人的综合研究的方法论；整合各种关于人的科学，把各种努力和对科学院、高校以及各领域不同专业科学家相互作用新形式的探索协调统一起来；建立关于人的理论研究和实践性任务之间，首先是教育和保健方面的任务之间，更紧密的联系；对人的研究及其成果的实践运用进行社会——伦理方面的调控；使教育和人的活动一切领域人道化，等等。要求对那些产生于研究人的存在与发展不同方面的各种科学"结合部"的问题予以特别关注：人在其与社会关系的相互联系相互作用中的个性特质；在教学和培养过程、劳动活动过程中以及社会文化创造与道德修养中个性的形成规律；人与技术的，尤其是与新技术以及最新技术的相互作用、相互促进问题（人类工程学就研究这个问题）；在大脑功能和心理过程机制中社会、遗传及生理因素的作用；在与社会、生态和遗传诸因素的相互作用中人的适应机制；延长生命在医学生物学、社会、道德等方面的问题。[①]

弗罗洛夫提出的以上设想，是从不同方面对人的全面考察，宗旨

---

① *Фролов И.Т.* Новый гуманизм // Новае время.1989. №2. C. 30. （И. Т. 弗罗洛夫：《新人道主义》，《新时代》1989 年第 2 期，第 30 页。）

是通过建立统一的人学,揭示人的本质的丰富而且复杂的内容,从而获得对作为"万物的尺度"的人以及这一尺度本身的深刻认识,以便回答科学技术革命和随之而来的全球性问题对人的挑战。例如,不研究人的社会本质,就不能说明科学技术的发展何以能够"异化",造成全球性问题并对人类的生存构成威胁,进而不能解决这些问题;不研究人的生物学特征,就无法判别应该对哪些生物学技术加以控制以及如何控制;不研究人的精神世界,就难以确立人的新的价值目标,从而为未来文明指明方向。总之,不全面研究人,新人道主义就无从谈起。

正因为如此,弗罗洛夫把建立关于人的各门科学的中心、人研究所和创建《人》杂志,视为自己晚年最重要的工作。

弗罗洛夫离开我们已经 17 年了,站在今天的立场上看,他对人的综合研究的重视,他对新人道主义的执着追求,表现出了过人的远见卓识。但是,他对人的研究仍有不足之处。开展对人的综合研究是建立新人道主义的必要途径。对于新人道主义的意义,只有放在人类文明的历史性转折、新轴心时代的来临这样的高度才能真正理解。新人道主义将是人类文明新的历史阶段的理论基础,而这一新阶段将是人与动物的彻底告别,是人的历史的真正开始,是新轴心时代的开始。弗罗洛夫毕生所做的工作都是围绕这一历史性转折进行的,遗憾的是他自己对自己这一工作的意义认识得并不充分。本书将在第六章对此作比较详细的论述。

第四,强调新人道主义的科学性、现实性。弗罗洛夫一再强调,他所说的新人道主义就是马克思主义的人道主义,而这种人道主义与资产阶级人道主义的重大区别,是它具有现实性、科学性,也即实践性。他这样说:

> 当我们谈论与全球性问题的条件相适应的新人道主义时,我

第二章 弗罗洛夫新人道主义的理论内涵

们所说的是科学的、现实的人道主义，它在与为建设**新的文明**而进行的社会—经济的、科学—技术的和文化的改造这样的大背景中现代人类和人本身进步的普遍规律的密切联系中不断发展。

新人道主义从社会的人道主义理想以及人是历史的"目的本身"这种关于人的观念出发，它以在实现人类近期和远期目标的行动中社会与个人建立在科学方法基础上的积极性为前提。它把对改变的追求作为某种必要的经常性的因素包含在自身，这些改变被看作是应该永远与目的相吻合的手段。

新人道主义的基本观点是，这些目标只有在民主和自由的条件下才能实现，民主和自由是重大价值，没有这种价值就不可能有人类的进步。新人道主义还和对普遍和平及国际合作的追求紧密联系在一起，有能力在紧迫问题和历史性问题上进行对话。

新人道主义建立在某种关于人和人类的未来的理解之上，因此它公开主张公平和利他主义、节俭和慷慨、同情与责任心、在尊重人以及人类现有的东西和以往的东西的基础上追求新的东西。

当然，这种人道主义在今天还是作为目标和理想存在的，但是它的某些因素日益成为世界发展的现实。这个与解决人类综合性的全球性问题紧密联系在一起的新（现实的）人道主义的形成与发展，是尽人皆知的人类未来的前提与条件。因此应该希望并坚信，新人道主义将在生活中得到体现，成为人类进步的主导性的精神力量。

但是只有希望与信心是不够的，需要有在新（现实的）人道主义原则基础上的目标明确的行动。还需要人类为解决全球性问题而遵循联合国的方针制定的一系列符合国际法的协议。

那些决定着在各个阶段上参与解决全球性问题——从认识、提出再到实际解决这些问题——的人们的人道主义方向的思想、价值观念和行为规范，必须得到发展。必须在全球范围和人类共

新轴心时代与 И.Т.弗罗洛夫

同价值的基础上制定一系列的行为准则（例如，在生物伦理学等领域正在做这样的事）。

在世界范围内，自觉关注相当困难的使人们相互利益得到平衡的艺术的人，关注全球责任思想的人，其数量在增长。那些全球性行为的准则，应该帮助人们走出单纯职业道德的界限，激励他们为了对解决全人类问题的共同努力做出贡献而积极投身舍己为公的行动。全球伦理的各项原则，在我看来，可以写入致力于解决全球性问题（首先是人和人的未来问题）的各种国际组织共同制定和接受的某个宣言之中。①

以上是弗罗洛夫对新人道主义科学性、现实性的全面论述，言简而意赅。

罗马俱乐部创始人佩切伊也从全球性问题出发提出了新人道主义概念，但弗罗洛夫认为佩切伊未能说明怎样在实践中使这种人道主义成为现实，因此是抽象的而不是现实的人道主义。弗罗洛夫强调他的新人道主义是科学的、现实的人道主义，因为他理解的新人道主义不是空想，不是说教，具有实践的功效，能够成为现实。新人道主义与为建设新文明而进行的社会经济的、科学技术的和文化的改造这样的大背景中人类进步的普遍规律相关联，它的科学性、现实性就在这里。就是说，它因而是可以在实践中落实的。在他看来，全球性问题的解决，人类的未来，直接依赖于人的人道主义目标以及人的意识和道德。新人道主义主要不是理论问题，而是实践问题。人类生存高于一切，把新人道主义理想变成现实是人类面临的必须无条件执行的"绝对命令"。正是在这里体现出新人道主义不是纯粹的理论，具有现实性、实践性，因为新人道主义不变成现实，人类就将毁灭。

---

① Академик И.Т. Фролов. С. 566-567.（《伊万·季莫费耶维奇·弗罗洛夫院士》，第566—567页。）

第二章 弗罗洛夫新人道主义的理论内涵

与此相关,弗罗洛夫还强调新人道主义应该立即变为现实:

> 我们应该改变重心,不是在口头上,而是在事实上,把人作为主要价值摆在首位。应该使人实际地、在真正意义上,像普罗泰戈拉说的那样,成为一切的尺度,"万物的尺度",也包括成为一切科学的尺度,任何进步的尺度。
>
> 面向未来是社会主义制度的突出特点。但是,无论如何不能由此得出结论说,可以把人道主义理想的实现推到"以后",推到遥远的将来。一种意见认为,经济发展只要达到一定的水平,这一水平自己就会保证这些人道主义理想变成现实。经济发展的这种水平今天不存在也不可能存在。人道主义的基本原则,对个人权利和尊严的尊重,对个性自由的尊重,不可能从外部加入社会生活。社会发展过程本身,按照它的本质,应该就是人道主义原则增长与成熟的过程,否则任何关于进步的话语就毫无意义。现在已经是时候批判性地克服下面这样的规则了:现在的人,他的生命与尊严,可以为了未来的人而被牺牲。如果保证个人全面发展和本质力量实现的条件在今天还远远没有建立起来,那么这绝不意味着人应该满足于自己的最低需要。因为一切为今天的人的发展所做的事,将成为未来的人的积极资源,也只有这样的事才能有益于未来的人。使得人在明天能够克服我们今天的种种局限的潜力,正是这样培养起来的。社会主义社会在人的发展问题上没有更有价值的资本了,而允许把人看作实现某种目标的手段,哪怕是最高尚的目标的手段,将会给社会主义带来最大的伤害。[①]

[①] Фролов И.Т. Новый гуманизм // Новое время. 1989. №2. С. 29. (И. Т. 弗罗洛夫:《新人道主义》,《新时代》1989年第2期,第29页。)

新轴心时代与 И. Т. 弗罗洛夫

新人道主义怎样才能变成现实？弗罗洛夫把这一问题与自由、社会民主、社会主义资本主义的对立以及共产主义的实现，联系在一起。马克思主义就是科学的、现实的、共产主义的人道主义。他说：

当我们谈论共产主义文明新人的新人道主义时，我们说的是科学的、现实的人道主义。还在上世纪中叶，马克思就对它作了宣示，今天它又在与正在走向共产主义的社会主义实践以及包括全球性问题在内的当今人类发展的一般规律的紧密联系中，不断发展。在这个意义上，它的确是新人道主义，因为它面向未来，而且不仅在实践的意义上面向未来，在理论的意义上也一样——科学的发展将使我们对人道主义的理解更加丰富，而这将保证马克思主义人道主义能够不断更新和保持吸引力，赋予它生命力和实践效能。

人们今天对我们说，新人道主义应该包含有全人类的、全球性的方法。但是，如我们所知道的，马克思主义宣告的人道主义就其最初的来源而言具有阶级性，同时从一开始就依赖于人类的国际同一性思想，这种同一性将在未来的共产主义社会得到充分的不折不扣的实现。因此，通过把全球性的方法转化为具体政策，人道主义把这些具有全球性的方法有机地包含在自身之中，这种政策考虑到当今世界还存在着社会主义体系和资本主义体系，考虑到为了建设新的文明，建设全人类统一的文明——共产主义，必须进行深刻的社会经济、科学技术和文化等方面的改造。

当然了，即使在今天，人道主义也还是作为一种目标、理想，作为**希望**，而存在的。但是它的某些因素将在越来越大的程度上成为世界发展的现实。在这里走在最前面的是社会主义。社会主义不仅率先宣告了人道主义，而且还在事实上使人道主义原则成为现实，包括个人在道德上的完善。道德上的完善是个人自身的

第二章 弗罗洛夫新人道主义的理论内涵

发展和整个人类未来的前提与条件。①

弗罗洛夫把新人道主义与社会主义共产主义联系在一起,是因为他认为,真正的人道主义只有在存在现实的民主与自由的条件下才能实现。民主与自由是重大的价值,离开它们,一个国家的和全球性的进步是不可思议的,而资本主义社会不会有真正的民主与自由。

科尔萨科夫这样概括弗罗洛夫的有关思想:

> 从弗罗洛夫的全球性问题思想中,可以直接得出这样的结论:只要还存在私有财产关系,存在国家之间的竞争、资本主义、军国主义、民族主义,全球性问题就不可能得到彻底的解决。
>
> 人的问题是全球性问题的核心这一结论,对于弗罗洛夫来说,成为他作为意识形态家的活动的理论基础。他尖锐地提出了当代人类发展的矛盾性问题。由于现代技术与工艺的全球性(全球性的信息体系、全球性的联络体系、全球性的生产循环),人类在现实中越来越作为全球性的活动主体而行动,但在思维方面,在很大程度上占主导地位的还是过去几个世纪的传统,还不能摆脱社会和民族具有独特性以及狭隘自私的意愿的支配。现在迫切需要的,是这样一个社会:它是现代性的和高度组织起来的社会,实行有意识的和整体性的自我管理。②

在弗罗洛夫看来,科学技术革命之所以造成全球性问题,是因为存在着私有财产、民族主义以及以此为基础的竞争关系,简言之,主

---

① *Фролов И.Т.* Перспективы человека. С. 300-301. (И. Т. 弗罗洛夫:《人的前景》,第300—301页。)
② *Корсаков С.Н.* Иван Тимофеевич Фролов. С. 248-249. (С. Н. 科尔萨科夫:《伊万·季莫费耶维奇·弗罗洛夫》,第248—249页)。

91

要是因为存在着资本主义制度。资本主义追求个人的、阶级的、民族的物质利益最大化，由此引发对自然界的一味征服，造成不同利益主体间的相互竞争，导致全球性问题的出现。克服全球性问题的威胁，需要摆脱资本主义价值目标和思维方式传统的束缚。事实上弗罗洛夫是在呼吁社会主义。他说：

> 只有从马克思主义的、现实人道主义的立场出发，才可能对涉及人类文明现在与未来的问题做出科学回答。这种回答一方面考虑到已经形成的局势与以往不同之处，考虑到在沿着社会主义共产主义方向的普遍的社会改造背景下解决当代全球性问题的重要性，另一方面更突出地强调对社会进行社会主义共产主义改造的必要性。①

在真正的社会主义制度下才会有真正的民主，人才会摆脱物的支配获得自由，人与自然才会和解，人与人之间、国家与国家之间才会自由地对话协商、互相合作，按照人的本性自觉控制物质生产和科学研究，解决全球性问题，最终克服全人类的生存面临的威胁。

以上四个方面的内容就是弗罗洛夫新人道主义思想的基本内涵。提倡新思维、呼吁科学技术的伦理学化、开展对人的综合研究、强调新人道主义的科学性和现实性，是从不同角度对于在新的条件下，即全球性问题威胁到人类的继续生存的情况下，如何体现"人是万物的尺度"这一人道主义基本原则的说明。尽管论述未必完善详尽，但已经足以让我们看到弗罗洛夫新人道主义思想的丰富内涵和重大理论价值了。

---

① *Фролов И.Т., Белкина.Г.Л.* Марксизм и гуманизм. С. 36-37.（И. Т. 弗罗洛夫、Г. Л. 别尔金娜：《马克思主义与人道主义》，第36—37页。）

这里有一点应该特别指出，即弗罗洛夫的新人道主义认为，民主、自由在全球性问题的解决和人道主义原则得到实现的过程中具有特别的重要意义。他在前面的引文中说：新人道主义的基本观点是，这些目标只有在民主和自由的条件下才能实现，民主和自由是重大价值，没有这种价值就不可能有人类的进步。他的思路很清晰：只有在充分实现民主、自由的条件下，才能每个人都享有发言权决策权，全人类的共同利益才能得到保障，否则，享有政治经济统治权的少数人，例如资本家和政治独裁者，就会把自己的利益摆在高于一切，甚至高于全人类的共同利益之上的地位。民主、自由，是弗罗洛夫新人道主义最重要的政治诉求。

三、新旧人道主义的异同

弗罗洛夫的新人道主义是人道主义思想的崭新阶段，提出新人道主义是人类思想史上的一次重要尝试，意义重大。

所谓人道主义，其实并不是某种特殊的理论，而是一种立场、方法、精神，贯穿于各种各样的理论、文艺作品、政策方针之中。国际人道主义和伦理学联合会这样定义人道主义："人道主义是一种民主的、伦理的、生活的立场，这种立场确认人有权利、有必要确定自己生活的意义与形式。人道主义号召借助基于人特有的及其他与生俱来的价值基础上的道德，本着理性和自由探索精神，运用人的能力，建设更人道的社会。人道主义不是有神论的，不接受对现实世界的'超自然的'看法。人道主义肯定人作为个性的价值，肯定他的自由、幸福、发展和表现自己能力的权利。"[①] 美国人道主义者协会的定义是："人道主义是一种进步的生活立场，它不求助于对超自然存在物的信

---

① https://ru.wikipedia.org/wiki/Гуманизм.（https://ru.wikipedia.org/wiki/人道主义。）

新轴心时代与 И.Т. 弗罗洛夫

仰,它认为我们有能力、有责任为了自我实现和致力于给人类带来更大福利而使生活合乎伦理道德。"① 以上是两种当今世界最流行的人道主义定义,它们都把人道主义视为一种认识和处理问题的立场,它的基本特征,概括起来看就是一切以人为中心,"人是万物的尺度"。

我们知道,这也正是弗罗洛夫的观点。

"人是万物的尺度"是一种立场、态度或者方法。在不同的时代,人面对的主要问题不同,运用人的尺度考察这些问题进而形成的理论,以及人道主义在这些理论中的体现,也有不同。统一的超越时代限制的人道主义理论是不存在的。新人道主义是相对旧人道主义而言的,旧人道主义也即传统意义上的人道主义。有人说人道主义古已有之,古希腊哲学、中国古代孔子、孟子的理论,都是人道主义的体现。这种说法不能成立。人道主义的前提是承认具有普遍意义的"人"与"人道"的存在,而不论外国还是中国,古代并不存在这样的人和人道。在古希腊,占人口多数的奴隶只是会说话的牲畜,被排除在人之外,对他们自然无人道可言。这样的情况在古代中国一样存在。且不说那时还常常把奴隶如牛、马、羊、狗一样作为牺牲为帝王殉葬,即使孔子的学说也主张"唯上智与下愚不移"、"刑不上大夫,礼不下庶人",何来人道?真正的人道主义是资本主义工业文明的产物。市民阶级,资产阶级的前身,与市场经济相伴随。作为市场经济的主体,他们在市场交换中需要人与人的平等权利,需要人的自由和对每个人权利的法律保障。因此他们抨击封建制度中贵族和僧侣享有的特权,提出超越等级、种族和时代的"人"的概念,宣扬人生而平等、天赋人权,相应地也产生了作为普遍适用于一切人的权利和要求——人道,并要求把人道贯穿于一切活动之中。这实际上是要求把人作为万物的尺度。人道主义由此产生。在古希腊,奴隶主相互间享有平等的

---

① https://ru.wikipedia.org/wiki/Гуманизм.(https://ru.wikipedia.org/wiki/人道主义。)

权利和自由，他们享受生活，追求个性自由发展；市民阶级在古希腊奴隶主的作品中看到了自己的需要，兴起搜集、翻译、学习、弘扬古代文化的热潮，形成文艺复兴运动，人道主义则成为这一运动的旗帜。

迄今为止我们所说的人道主义，正是在文艺复兴运动中形成的。相对于弗罗洛夫的新人道主义，我们可以把它称作旧人道主义。新旧两种人道主义有着重大不同。

旧人道主义经历了漫长的发展过程，其历史大致可以分为两个阶段。第一是文艺复兴时期。人们把这一时期人的思想观念的变化概括为"发现了人，发现了自然"。发现了人是指发现了物质的、肉体的、追求欲望满足的现实生活中的人。在西方世界长达一千年的中世纪，追求物质欲望的满足被视为人的原罪，被斥责为人世间一切苦难的根源。人的理想生活在彼岸世界，在现实的此岸世界，神的光芒遮蔽了人的存在。人的生活，其意义仅仅在于人遏制自己的欲望，以神的教诲改造自己的灵魂，清除原罪，得到救赎，以期死后进入天堂。文艺复兴运动使人从神的压制中解放出来，抛弃禁欲主义，发现了人的肉体之美，发现了现世生活的美好，认识到追求物质欲望的满足、享受现世的物质生活是天经地义的，人的幸福就在此岸生活之中，认识到人才是世界的中心。要享受此岸生活的幸福，满足物质欲望，物质财富必不可少，而追求物质财富最重要的途径是发展物质生产，发展物质生产首先要认识自然界，揭示自然界的奥秘，发展科学技术，于是人"发现了自然"。从此，盛行千年之久的"神道主义"宣告终结，人取代神成为现实生活的中心，真正成为万物的尺度，人道主义兴起，人道主义概念问世。依靠科学技术改造自然、发展工业生产、建设市场经济，为人类带来了以往自己都难以置信的物质财富。知识成为改造世界的力量，科学技术和工业生产的成功使得科学理性备受推崇。与此相应，人与人的关系，人的政治生活、思想观念发生改变，人类社会开始了现代化之路。在文艺复兴时期，特别是它的早期阶段，人类遇到的问题主要是从神的支配下解放出来，为人争得独立存在的地位。人道主义体现在文学、艺术作品和道德、宗教观念等等领域。薄伽丘的《十日谈》被视为宣扬人道主义精神的代表性作品。随着科学技术的进步和工业化、现代化以及市场经济的发展，人的地位进一步凸显，人对自身的认识日渐深入，人道主义的发展进入新的阶段——启蒙运动时期。

启蒙运动是发轫于文艺复兴运动的人道主义日渐成熟的产物。数百年间文艺复兴运动在欧洲不断拓展和深化，现代化运动成燎原之势，人道主义从文学、艺术、日常生活上升到哲学、政治的层面，出现了集中体现人道主义的哲学理论、艺术理论、政治理论。培根提出"知识就是力量"，发明科学实验方法和"新工具"，即归纳法，是人道主义在哲学领域的最初体现。笛卡尔提出"我思故我在"直截了当地确立了人的主体地位，他的"天赋观念"论为认识论中的理性主义奠定了基础。培根和笛卡尔之后，随着资本主义工业文明的迅速发展，弘扬人的主体性和科学理性的认识论，以及宣传享乐主义的伦理学，不断涌现和翻新，日益为广大民众接受，人道主义精神得到升华。市场经济培育了人们的人权观念和自由精神、契约精神，在此基础上英国和法国的政治理论、哲学理论把人道主义推向高峰。自由、平等、博爱口号成为人道主义的旗帜，宗教迷信和封建特权受到猛烈批判。思想上的变化为1789年的法国大革命奠定了基础，大革命又反过来促进了启蒙思想以及其中体现的人道主义的进一步传播扩散。人道主义从思想领域、经济领域进入政治生活。1789年法国国民会议通过的《人权宣言》包括17个条款，其中每一条都浸透着人道主义精神。例如："第一条　在权利方面人们生来是而且始终是自由平等的。只有在公共利用上面才显出社会上的差别。第二条　任何政治结合的目的都在于保存人的自然和不可动摇的权利。这些权利就是自由、财产、安全和反抗压迫。第三条　整个主权的本原主要是寄托于国民。任何团体、任何个人都不得行使主权所未明白授予的权力。……第六条 法律是公共意识的表现。全国公民都有权亲身或经由其代表去参与法律的制定。法律对于所有的人，无论是施行保护或处罚都是一样的。在法律面前，所有的公民都是平等的。故他们都能平等地按其能力担任一切官职，公共职位和职务，除德行和才能上的差别外不得有其他差别。……第十一条 自由传达思想和意见是人类最宝贵的权利之一；因此，各个公民都有言论、著述和出版的自由，但在法律所规定的情况下，应对滥用此项自由负担责任。第十二条 人权的保障需要有武装的力量；因此，这种力量是为了全体的利益而不是为了此种力量的受任人的个人利益而设立的。……"[①]《人权宣言》为法国1791年宪法确立了基本原则，被作为序言包含在宪法之中。这部宪法和在它的框架中制定的各种法律，以及体现三权分立的政治设计，极大地影响了全世界现代国家的政治生活。人道主义开始在生活实践中得到落实，并且成为西方国家一切人文社会学科理论的灵魂，在全世界广为传播。

产生于文艺复兴运动的人道主义，主要任务是使人从神的主宰下解放出来，把人确定为社会生活的中心，像古希腊哲学家一样，把人确定为万物的尺度。它所理解的人，是物质的、肉体的人，是追求物质欲望的满足并因此竭尽全力运用科学理性发展科学技术千方百计推动物质财富生产的人。这是一种社会思潮，是对人的价值的宣示。启蒙运动时期的人道主义，针对的不仅仅是来自宗教的禁欲主义对人的压制，而且是在文艺复兴运动中获得解放的人追求满足物质欲望实现现世幸福的实践中遇到的旧思想、旧观念和旧的社会制度。它不仅是社会思潮，更是社会运动，旨在破旧立新，建立符合人道主义精神的新观念、新制度，建设一个新的世界。它是使人道主义落实在社会现实中的社会运动。文艺复兴和启蒙运动两个阶段的人道主义一脉相承。

[①]《改变人类命运的八大宣言》，北京：中国社会出版社，1996年，第16—17页。

经过600多年的历史实践，人道主义促成了众多国家社会生活的现代化，铸就了人类的现代文明。它已经深入到人的心灵深处，成为人类宝贵的精神财富。

上述人道主义主张天赋人权，人生而平等，每个人都有凭借科学理性追求幸福生活的权利。然而事实上，人与人在家庭背景、社会环境、智力、体力、意志品质等方面不可能完全相同，因而在追求幸福生活获取物质生活资料的过程中，概念上的平等必然表现为在物质财富占有数量、社会地位以及教育程度诸方面的事实上的不平等，人们被划分为不同的阶级。文艺复兴和启蒙运动所标榜的人道主义是资本主义工业文明的产物，实际上是为资产阶级不道德的剥削压迫行径辩护的理论，是资产阶级的人道主义。相对于封建主义思想、制度，它是巨大的历史进步，但它在现实生活中从来没有得到真正的实现。恩格斯曾经说："同启蒙学者的华美诺言比起来，由'理性的胜利'建立起来的社会制度和政治制度竟是一幅令人极度失望的讽刺画，那时只是还缺少指明这种失望的人，而这种人随着新世纪的到来就出现了"[①]，他们就是圣西门等空想社会主义者。在这幅讽刺画中，无产阶级和殖民地人民水深火热，过着非人的生活。18世纪末欧洲出现的浪漫主义文艺思潮，就对文艺复兴和启蒙运动竭力呼唤的科学理性对人的精神世界的侵蚀提出批评。马克思更是一针见血地揭示了资产阶级人道主义的抽象性、虚伪性，指出：一旦损害到资产阶级的利益，他们就会"把共和国的'自由，平等，博爱'这句格言代以毫不含糊的'步兵，骑兵，炮兵！'"[②] 到19世纪，资本主义制度造成人的本质普遍异化，人道主义理想失落。马克思提出了自己的充满人道主义精神的共产主义理念："**共产主义是对私有财产即人的自我异化的积极的扬弃，因而**

---

① 《马克思恩格斯文集》第3卷，北京：人民出版社，2009年，第527页。
② 《马克思恩格斯文集》第2卷，北京：人民出版社，2009年，第509页。

是通过人并且为了人而对**人的本质**的真正**占有**;因此,它是人向自身、也就是向**社会的**即**合乎人性的**人的复归。"[①] 这里体现的是一种建立在批判资产阶级人道主义基础上的新的人道主义。

对文艺复兴后兴起的资产阶级人道主义的批判,体现的是现实生活中出现的严重阶级分化、无产阶级的苦难和物对人的支配、人的异化等现象对这种人道主义的否定。20世纪中叶日益凸显并被人们逐渐认识到的全球性问题,使资产阶级人道主义遇到更加严重的挑战。它已经完全不能适应发生了急剧变化的现实生活的需要,不能增加人的福祉,因为全球性问题的出现,从而人类遇到的生存危机,根源恰恰在借助科学理性一味改造自然追求物质财富这一价值目标之中。文艺复兴以来一路凯歌的人道主义已经走到自己的反面,丧失了合理性。为了自己的未来,人类需要提出能够克服原有人道主义带来的种种弊端的新的人道主义理论。各种新的人道主义应运而生,其中就包括弗罗洛夫的新人道主义。

弗罗洛夫的新人道主义与旧的、传统的资产阶级人道主义,都属于人道主义范畴,它们都具有人道主义的基本特征:以人为中心,人是万物的尺度。但是二者又有重要区别。

首先是对人的理解不同。

产生于文艺复兴运动中的资产阶级人道主义,没有形成关于人的统一定义,但是在对人的理解上,种种互有出入的观点在如下几点上是共同的:第一,否定高居人之上的超自然存在,强调人是现实生活的中心与主体;第二,拥有理性是人不同于其他物质存在的重要特点;第三,追求现世生活中的幸福是人的基本的正当的权利;第四,所谓现世生活的幸福,基础是满足人的物质需要。这四点当中,前面三点是围绕第四点展开的,第四点是核心:追求现世生活的幸福,要以否

[①] 《马克思恩格斯文集》第1卷,北京:人民出版社,2009年,第185页。

定超自然的神对人的主宰为前提，要把人的欲望解放出来，肯定它们的正当性、合理性；物质欲望的满足需要相应的物质财富才能实现，物质财富的获得又离不开科学理性的作用，借助科学理性才能发展科学技术，推动物质生产的发展。

对人的上述理解在文艺复兴以来的各种作品中得到充分体现。人们公认的人道主义大师但丁、彼特拉克、薄伽丘、莎士比亚、塞万提斯、拉伯雷等人的诗歌、小说、戏剧，达·芬奇、米开朗琪罗、拉斐尔的绘画和雕塑，生动地表现出对教会腐朽与虚伪的讥讽，对人的肉体和理性的赞美以及对世俗生活的热爱，对人间幸福的向往。在经济学领域，亚当·斯密的"经济人"设想把依靠理性追求利益最大化视为人的共性；在伦理学领域，霍布斯、洛克、密尔、边沁的快乐主义和功利主义把感官愉悦视为幸福的基本内涵和善的标准；在认识论领域，经验论把人的感官知觉作为一切认识的基础，康德"人为自然立法"是对人及其理性的高度赞扬。"自由、平等、博爱"是写在启蒙运动旗帜上的口号，其实正如马克思恩格斯所批判的，所谓自由、平等只是私有财产所有者之间从事商品交换时的自由与平等，至于博爱，不过是因为现实生活中利益冲突导致人与人之间缺少友爱而提出的遥不可及的理想。"天赋人权"就是人生来就有追求自己利益最大化的自由和权利。实现利益最大化的基本途径是弘扬科学理性，认识自然改造自然。这是人类从文艺复兴直到今天所建立的全部现代文明的基础。

在弗罗洛夫的新人道主义思想中，人是有待进行综合研究的对象，不可能给出明确定义。但可以肯定的是，弗罗洛夫反对把物质欲望的满足作为现实生活幸福的主要内容，他对人的理解要比文艺复兴和启蒙运动中的思想家复杂得多。例如他说：

> 人是社会历史过程以及地球上物质精神文化发展的主体，是生物性社会性的存在，这一存在在遗传上与其他生命形式联系在

第二章 弗罗洛夫新人道主义的理论内涵

一起,但是因为能够制造劳动工具而与它们区别开来,他拥有吐字清楚的语言,有意识和道德品质。在建立关于人的统一科学的过程中,不仅在重新认识哲学人类学的丰富经验方面有繁重的工作要做,而且在哲学人类学研究与各门具体科学成果的整合方面也任务艰巨。但是,甚至在自己发展的未来,科学也要被迫在一系列人的精神世界之谜面前止步,这些谜要借助另外的手段去理解,包括借助于艺术。[1]

从以上论述可以看出,他与旧人道主义者不同,没有突出人对物质利益的追求,没有突出科学理性的作用,除了强调人的问题的复杂性,他突出的是人的精神性,而且明确指出,人的精神世界之谜是不能通过科学的途径解决的。

其次是对科学技术的态度不同。

旧人道主义把欲望满足、感官愉悦与善以及人的幸福联系在一起,因而注重物质财富、物质生产对人的意义。但是,获取更多的物质财富要依赖物质生产力的提高,物质生产力的提高又必须依靠科学技术的发展。因而强调物质财富、物质生产的重要性,必定要突出科学技术的地位。科学理性之所以重要,是因为科学技术的发展要以弘扬科学理性为前提。英国文艺复兴时期的哲学家弗朗西斯·培根,提出"知识就是力量",认为获取科学知识的途径是开展科学实验,"考问自然"。这是对科学技术和科学理性的作用的高度肯定,"知识就是力量"作为肯定科学技术与物质利益相联系的生动体现,成为启蒙运动的一面旗帜。在文艺复兴运动兴起后600多年的历史中,科学技术日益成为最重要的物质生产力,科学技术的每一次进步都给人类带来

---

[1] *Фролов И.Т.* Человек // Новая философская энциклопедия. Т. 4. М.: Мысль, 2001. С. 345. (И. Т. 弗罗洛夫:《人》,见《新哲学百科全书》第四卷,莫斯科:思想出版社,2001年,第345页。)

物质财富的增加。它决定着人的生产方式和生活方式，逐渐具有了意识形态的功能，出现了对科学技术的迷信与崇拜，出现了科学理性对人的支配与奴役。到 20 世纪中叶，科学技术革命更造成了威胁人类生存的全球性问题。

弗罗洛夫提出新人道主义，就是因为他意识到科学技术的发展和以此为基础的物质生产力的扩张，开始显现出负面效应，因而必须批判对科学技术的迷信与崇拜，把它掌握在人的手中，用体现人的价值目标的道德原则指引、制约和控制科学技术，进而指引、制约和控制物质生产。他主张科学技术伦理学化，在肯定人的物质需要的基础上凸显人的精神需要，充分显示了与旧人道主义的不同。

其三是强调新人道主义的现实性、实践性。

旧人道主义以"人"的名义确立了种种价值目标，但这些目标在社会的自发发展过程中往往沦为空洞的口号。市民阶层以及随后的资产阶级，唯一实际追求的目标是增加物质财富以满足自己的物质欲望。他们以"人道"的名义提出自由、平等、博爱，实际上，如前所述，他们所说的自由和平等只是商品持有者市场交换的自由和平等，而市场交换的结果是社会两极分化，出现人与人的极度不平等，人本身受物的支配，极不自由。至于博爱，代替它的是利益争夺、尔虞我诈乃至战争。旧人道主义是抽象的、理论上的、不现实的。弗罗洛夫的新人道主义与此完全不同。新人道主义的提出是针对全球性问题对人类生存构成的威胁，这些威胁涉及的不是个人、阶级、民族，而是全人类。旧人道主义走到自己的反面：从追求人的现世幸福出发，导致整个人类的生存受到威胁。全人类的生存受到威胁，使得有史以来第一次有了不是空想的而是现实的全人类共同利益。同时，全球性问题所威胁的不是人的物质利益，而是他的生存；其根源不是生产不足，物质生活资料匮乏，而是相对地球的承受能力和人的合理消费而言的生产过剩。令人感到荒谬的是，人类生存的危机恰恰是由旧人道主义确立的追求物质财富这一人类文明发展方向的产物，是旧人道主义核心价值的体现。改变这一方向，使人道主义变为现实，刻不容缓，不能再推到"以后"。因此弗罗洛夫强调，不能再认为人道主义原则会随着科学技术进步、物质生产的发展自然而然地实现，它们的实现不再是理论问题，不再仅仅是一种理想，而是必须立即完成的实践任务。正因为如此，他把社会生活民主化，用社会主义取代资本主义，作为新人道主义的重要内容，而且认为新人道主义的实现不是抽象的理论上的"应当"，而是现实的，必须付诸实践。

最后，弗罗洛夫新人道主义与旧人道主义的区别，归根到底是时代的不同。

人道主义把人作为现实生活的中心和万物的尺度，这是它的基本特征。这一特征其实就是一种看问题的立场或角度。不同时代人们遇到的问题不同，运用人道主义立场、角度看问题形成的认识、思想、理论也有不同。人道主义最早兴起于文艺复兴运动中，文艺复兴是市民阶层文化需要的反映。欧洲的市民阶层最早形成于地中海沿岸的工商业中心地区，以通过手工业、商业获取财富为宗旨，而获取财富的目的是更好地满足物质欲望，享受物质生活。在欧洲中世纪，宣传禁欲主义的基督教主宰人的生活千年之久，宗教神学与市民阶层的生活方式和思想观念相抵触，市民们的需要受到压制。随着工商业的发展和市民阶层的壮大，批判宗教神学、为人的世俗欲望及满足欲望的要求正名，成为最早出现的人道主义思潮的基本诉求。这一背景决定了批判宗教神学、说明人对满足物质欲望实现现世幸福的追求天经地义，以及与此相应弘扬科学理性发展科学技术和物质生产，成为人道主义的基本精神。人类文明由此进入了工业化、现代化的时代。600多年来工业化和现代化迅速向全球扩展，所向披靡，一路凯歌，造就了今天的世界。概括而言，这是旧人道主义精神不断取得胜利的时代。

如前所述，新人道主义最早可以追溯到18世纪末的浪漫主义思潮以及空想社会主义和马克思恩格斯对资本主义世界人道主义灾难的批判。弗罗洛夫新人道主义的形成背景是20世纪的科学技术革命和随之而来的全球性问题的出现。全球性问题是对人类生存的威胁，这种威胁的出现是人类历史上前所未有的重大变化，是对全人类的严重挑战。它是由工业文明的过度发展造成的，工业文明过度发展的深层原因，又是以鼓励借助科学技术的力量无限追求物质享受为特点的旧人道主义的发展，而我们知道，人的欲望是没有穷尽的。解决全球性问题，克服人类面临的生存危机，从根本上说需要对流行至今的人道主义进行反思。时代发生了深刻变化。人依然是现实生活的中心和万物的尺度，但是由于面临的基本问题不再是破除宗教神学对人的压制，增加物质财富，而是过度追求物质财富造成的人类生存危机，因此新的时代需要对既有的文明发展方向做出调整改变。人类不能再把物质财富的增加和物质欲望的满足作为自己的基本要求，人们必须对作为尺度的人本身做出新的认识，对已有的人道主义进行深刻反思，赋予它新的内容。以往引领人类创造了现代文明的价值目标和科学工具成为反思批判的对象，这标志着人类文明的方向发生重大转折，表明我们已经进入了新的时代——新轴心时代。弗罗洛夫的新人道主义就是适应新时代需要的产物。

概括地说，弗罗洛夫的新人道主义是他立足新的时代对旧人道主义的发展与修正。人们常说，哲学是时代精神的精华。弗罗洛夫的新人道主义就是新时代的时代精神的具体体现。他以过人的敏锐先于别人把握住了时代精神的改变。

顺便指出，弗罗洛夫的新人道主义与马克思的人道主义思想实际上也有区别。弗罗洛夫与马克思的共同点在于，他们都是资本主义工业文明的批判者，都谴责发端于文艺复兴时期的资产阶级人道主义的抽象性、虚伪性，都反对把追求物质利益和物质欲望的满足视为人的本质，都看到了旧人道主义的价值目标走到自己的反面，导致人的异化、人道主义精神的失落。但是,在马克思的时代,全球性问题尚未凸显,人类生存危机还在形成之中,与人道主义相关的主要问题是阶级剥削、阶级压迫,是在物的支配下人的自由的丧失。马克思的人道主义思想主要是呼吁消灭私有财产,把人从被剥削压迫及异化状态下解放出来。科学理性和科学技术还被他视为人的解放的主要推动力量,物质生产力的发展还是人道主义目标得以实现的可靠保证。由于时代的变化,弗罗洛夫的新人道主义针对的不是阶级剥削、阶级压迫,而是全球性问题带来的人类生存危机。马克思在人类解放问题上寄予厚望的科学理性和发展物质生产力,成为弗罗洛夫反思批判的对象,因此他提出全人类利益高于阶级利益,提出对科学技术的发展,也包括物质生产力的发展,从道德立场,也即从人的立场出发加以控制。弗罗洛夫的新人道主义是他对马克思人道主义思想在新历史条件下的继承与发展。

第三章 弗罗洛夫新人道主义的历史背景

任何哲学理论都是哲学家头脑的产物，但是就内容而言，它们又都是哲学家对自己所处时代的反映，归根结底是历史的产物。弗罗洛夫 1948 年进入莫斯科大学，1953 年毕业，1999 年去世，经历了 20 世纪下半叶苏联和整个世界在科学技术、思想观念及社会发展诸方面的全部重大变化。他是苏联人，他的新人道主义是在苏联以及整个人类第二次世界大战以后的历史发展中形成的，离开对这段历史的考察，不可能深入理解他的新人道主义。这段历史告诉我们，由于苏联和东欧其他社会主义国家的社会变迁，由于新科学技术革命，人道主义在苏联和东欧各国迅速崛起，渗透到这些国家现实生活的各个领域，成为整个 20 世纪下半叶最强劲的社会思潮。这是弗罗洛夫思想发展最重要的历史背景。成为人道主义者的不是他一个人，而是苏联东欧社会主义国家的一大批知识分子。人道主义崛起是历史潮流，其影响无处不在。

一、苏联东欧社会主义国家人道主义呼声高涨

苏联东欧国家在斯大林去世后发生的变化，是弗罗洛夫新人道主义的重要社会背景。

1953 年 3 月 5 日斯大林去世。他在合作化运动中的简单粗暴做法，30 年代肃反运动的扩大化，"二战"以后他发动的一场又一场的批判运动和党内斗争，以及他在处理苏共与其他兄弟党之间分歧时使用的专制手段，使大批无辜的人受到伤害。人的尊严被粗暴践踏，数

第三章　弗罗洛夫新人道主义的历史背景

以百万计的人的生命被剥夺。他的去世立即引起人们的深刻反思，社会上出现了人道主义呼声，马克思主义理论界和社会生活中兴起了一股越来越强大有力的人道主义思潮。这种人道主义思潮影响了苏联东欧国家的全部人文社会科学研究和社会发展。

　　斯大林去世后仅仅过了四个月，30年代斯大林造成数百万人死亡冤案的主要助手贝利亚被逮捕并秘密处死。又过了一个月，苏共中央机关刊物《共产党人》发表题为《人民是历史的创造者》的文章，公开批判党内存在的个人迷信现象。在哲学领域，从1954年开始，通过讨论1953年出版的由 Г. Ф. 亚历山大洛夫主编的《辩证唯物主义》和1950年初版1954年再版的由 Ф. В. 康斯坦丁诺夫主编的《历史唯物主义》两本著作，批评清算斯大林个人在马克思主义哲学基本原理上的错误观点和教条主义的表述方式。莫斯科大学的青年教师 Э. В. 伊里因科夫和 А. А. 季诺维也夫通过研究《资本论》中的辩证法，先后提出反对物质本体论，旨在突出人的主体性、能动性的对马克思主义哲学和《资本论》哲学思想的新解读。在文学领域，1953年7月《真理报》发表描写苏联农村"阴暗面"的作品，随后，一些后来被称作"诽谤现实"的作品陆续问世。赫鲁晓夫在1953年11月至12月召开的各共和国和地方报刊主编会议上提出：报纸应该尽量尖锐地发掘工作中的缺点，暴露缺陷。《新世界》杂志1953年第12期发表文章批评苏联文学中"粉饰现实"的积习与手法，呼吁作家描写"生活的真实"，同时指出：多年来苏联文学"为树立个人迷信的形象而美化和粉饰社会生活，制造表面繁荣"[①]。1954年作家爱伦堡的小说《解冻》第一部问世，该作品没有一个英雄模范人物，描述的主要是社会的负面现象。爱伦堡的小说以"解冻"隐喻斯大林时代的结束，发表后引起强烈的

[①] 转引自陈子华、吴恩远、马龙闪：《苏联兴亡史纲》，北京：中国社会科学出版社，2004年，第389页。

社会反响，事实上开启了苏联文学界反思批评斯大林时期形成的掩盖问题粉饰太平压制作家个性和写作自由的普遍现象之先声。类似的情况在艺术领域也很突出。文化艺术领域的这种现象事实上是对苏联官僚主义的批判，是对人道主义精神的呼吁与弘扬，苏联社会受到强烈冲击。但是，苏联社会人道主义思潮的兴起，最重要的动力来自苏共20大。

1956年2月14日至25日，苏联共产党在莫斯科召开第20次全国代表大会。在会议结束前夕，2月24日深夜至25日凌晨，身为总书记的赫鲁晓夫向大会做了长达4个半小时的题为《关于个人崇拜及其后果》的秘密报告。报告就斯大林践踏党和国家的民主生活准则，制造个人迷信，以及大规模镇压、草菅人命与卫国战争期间的种种错误，提出激烈批评。1924年列宁去世后，斯大林很快掌握了党和国家至高无上的领导权，20年代末开始在社会上培养对他自己的个人崇拜，登上神坛。直到斯大林1953年去世，在20多年的时间里苏联共产党和普通民众早已习惯了把他当作神一样顶礼膜拜。在苏共20大上，斯大林遭到公开批判，顷刻之间跌下神坛，在苏联引起极其巨大的社会震动。这一事件无异于一场强烈的政治地震，使无数人精神"休克"。

А. Н. 雅科夫列夫，戈尔巴乔夫改革期间的苏共中央政治局委员，曾作为苏共中央工作人员亲耳聆听了赫鲁晓夫的报告。在描写赫鲁晓夫秘密报告在他身上引起的震撼时，他说：

> 报告人的字句道出了斯大林及其亲信的反人民的罪孽和暴行。
> 苏共中央机关的工作人员代表被邀请参加了这次会议。我当时年轻，坚信马列主义学说的正确，信仰斯大林；我曾怀着这样的信仰经历了卫国战争。
> 我，以及别的许多人，在脑海里已经出现某些模糊的疑问和

第三章　弗罗洛夫新人道主义的历史背景

不便提出的问题。但这些疑惑很快就让位给对所从事事业"伟大意义"的信念，让位给对克里姆林宫英明领袖的敬仰之情，这些领袖要比别人更懂得该做什么和怎么做。

我所听到的一切使我陷于苦境。我听到了赫鲁晓夫的话，但却不愿去理解它。一切似乎都不是真的，甚至连我在这里，在克里姆林宫也不是真的。

整个大厅窒息般地沉寂。听不见座椅吱吱作响，也听不见有人咳嗽。大厅寂静无声。人们不敢互相直视，也许是因为一切来得太突然，也许是因为感到恐怖。

人们散会后耷拉着脑袋出场。蒙受的打击十分巨大——特别是由于承认制度犯下了罪行，而斯大林本人就是罪魁祸首。

我们，这次党的会议的参加者们，当时无法想象在赫鲁晓夫做了历史性的坦白之后，将要起步的变革会是多么宏伟和彻底。①

雅科夫列夫所说的"罪行"，是指斯大林发动的矛头指向苏联人民的恐怖行为。他把斯大林及其同伙称作"墓地十字架的种植者"，主要是针对斯大林执政时期强行合作化造成饥荒导致大批农民死亡，在肃清反革命运动扩大化中数以百万计的无辜人员被处死、监禁或关入集中营，以及第二次世界大战期间许多少数民族因为被认为不可靠而被驱离故乡流亡西伯利亚，还有被德军俘虏的苏军战斗人员回国后遭到迫害与歧视等等粗暴践踏人道主义的行为而言。雅科夫列夫这样总结赫鲁晓夫在苏共20大上的秘密报告以及随后的政策带来的变化：

当我们谈到赫鲁晓夫的历史功绩时，可以有充分根据地将以

---

① 〔苏联〕亚·尼·雅科夫列夫：《一杯苦酒——俄罗斯的布尔什维主义和改革运动》，北京：新华出版社，1999年，第121—122页。

新轴心时代与 И.Т.弗罗洛夫

下业绩归功于他个人：

——把千百万人从劳改营拯救出来，揭露了斯大林的真面目，使整个民族或部族从流放地回到了原地；

——使农民摆脱农奴地位，不再服劳役，取消了农村"定居区"制度，给农民发了身份证；

——把和平共处思想提到了优先地位，探索了相互理解和合作的可能性，构筑了穿过"铁幕"的通道。

曾经有一段时间在街道上、火车站和火车车厢里出现了沉默不语的人群，这些人由于在劳改营养成的习惯，……个个都规规矩矩不敢乱说乱动，他们珍惜每一个呼吸空气的机会，拖着沉重的步伐沙沙作响地走着，贪婪地吸着香烟……这些都是获得释放的囚徒。

曾经被马克思主义民族问题泰斗斥之为"叛徒"的整个民族或部族，如卡尔梅克族、车臣族、印古什族、巴尔卡尔族、鞑靼族、卡巴达族、朝鲜族、波兰族和日耳曼族人，都回到了故乡。

古拉格群岛的劳改营陆续关闭，撤掉了铁丝网，拆毁了瞭望塔，毒死了专门用来咬人的警犬。

赫鲁晓夫式的布尔什维主义摆脱了自己的斯大林"嫁妆"。[1]

按照雅科夫列夫的以上概括，赫鲁晓夫的全部工作都体现了对人的尊重与关爱，试图以人与人的友好合作取代你死我活的斗争。这是斯大林时期大规模践踏人权引起的社会反弹，它有历史的必然性，是人道主义在苏联觉醒的标志。

除此而外，从人道主义在苏联的觉醒这一角度看，苏共 20 大还有

---

[1] 〔苏联〕亚·尼·雅科夫列夫：《一杯苦酒——俄罗斯的布尔什维主义和改革运动》，第 13 页。

另外一层含义。大家知道，我们今天所说的人道主义，发轫于意大利的文艺复兴运动，而文艺复兴运动的基本内容就是把人从神的统治下解放出来，把本来属于人的东西归还给人。人创造了神，又借神的存在贬低自己，对神顶礼膜拜。意大利人在古希腊的作品中发现了现实生活中的活生生的人的力量与美，开始站立起来，从自己的角度出发观察世界，运用自己的理性思考一切，按照自己的意愿安排生活。这是人道主义的真谛。秘密报告一开始，赫鲁晓夫指出：吹捧某一个人，把他当成具有神人般超凡出众特性的超人，是不允许的，是与马克思列宁主义精神背道而驰的。这种人往往被想象为无所不知、洞察一切，能代替所有人思考，会办好任何事情，他的行为没有一点错误。……对斯大林的迷信就是这样被培养起来的。康德曾经说：要有勇气运用你自己的理智，这就是启蒙运动的口号。赫鲁晓夫有意无意地传递的正是理性启蒙思想和人道主义精神，苏共20大在苏联社会生活中所发挥的正是这样的作用。在将近30年的时间里，斯大林就是神，十月革命后苏联人自己制造出来主宰自己命运的神。赫鲁晓夫的秘密报告把斯大林拉下神坛，人们不仅看到一个有七情六欲喜怒哀乐的斯大林，而且发现他曾经犯下许多错误，有些行为简直就是犯罪。苏联人，首先是苏联共产党的领导人，从此觉醒，站立起来，走出斯大林的阴影，可以尝试为自己的生活做主了。这一变化与文艺复兴和启蒙运动在西方国家引起的改变完全相同，它必然与文艺复兴运动一样催生人道主义思潮。

的确，正是在苏共20大以后，由于以上变化，苏联社会兴起了一股日益强劲的人道主义思潮。不仅知识分子，而且共产党的各级领导，广大民众，都以不同途径和方式受到人道主义的感染。

在苏联，斯大林逝世以后，苏共中央坚持不懈地批判个人迷信，反对夸大个人的作用和把党的领导神化，强调似乎无所不知、洞察一切、能代替所有人思考和解决一切问题而且不犯错误的人是不存在的。与此同时，带有人道主义色彩的提法、口号出现在苏共中央文件中。最有代表性的是1961年苏联共产党第22次代表大会上提出的口号：一切为了人，一切为了人的幸福！在这次代表大会上还确立了与资本主义国家"和平共处，和平竞赛，和平过渡"的方针，提出苏联已经是全民国家，苏联共产党已经成为全民党。也正是在这次代表大会上，苏共决定把已经按照永久保存的要求做了处理的斯大林的遗体，从坟墓中迁出来，埋葬在克里姆林宫宫墙之下。1967年恰逢十月革命50周年，苏共中央宣布苏联已建成发达社会主义，向共产主义过渡成为现实的直接的目标。它把培养共产主义新人确定为全党的主要任务，为此提出哲学以及其他文化领域要认真研究人的本质以及人的教育和个性培养等问题。人的问题被抬高到前所未有的高度，而对人的高度关注是人道主义的标志，同时又是对人道主义思潮进一步发展的有力推动。

上述变化还和苏联文化教育事业的发展有关。苏联社会生活中出现人道主义诉求，发轫于斯大林去世后特别是苏共20大对斯大林的批判，但不能把它仅仅看作批判斯大林的产物。尊重人，尊重人的价值、独立性、主体性、个性，是苏联人文化素质提高后产生的内在要求。十月革命前，俄国的成年人有76%是文盲。革命后苏维埃政府极为重视教育工作。经过持续不断的努力，到1939年，9岁以上人口中有91%识字，到1959年，识字居民占应识字居民的98.5%，可以说扫盲任务全面完成。1975年，苏联基本上普及了十年制义务教育。50年代末，苏联高等学校在校人数比西欧所有国家在校大学生总数还要多，而且所有学生都几乎是免费接受教育。苏联的教育在质的方面有明显不足，例如总体而言学生的创新精神不足，思想上意识形态色彩过于浓厚，但是就文化普及而言，不能不说成就令人惊叹。苏联人文化素质的显著提高，一方面有力地促进了苏联科学技术以及经济的发展，另一方面使得越来越多的人学会了独立思考，而且眼界大开，开

第三章 弗罗洛夫新人道主义的历史背景

始面向世界，有了自我意识、人权意识，开始捍卫自己的尊严、价值与个性，人道主义成为苏联人的内在要求。这为人道主义思潮迅速发展提供了肥沃土壤，人道主义是苏联社会自身发展的必然产物。

前面提到的"解冻文学"的出现，苏联官方哲学辩证唯物主义历史唯物主义理论中的斯大林色彩遭到批判与清除，就是社会生活的上述变化在各个文化领域的体现。在哲学领域，伊里因科夫和季诺维也夫等人弘扬人的主体性，反对对辩证法和哲学对象做本体论解读，主张以《资本论》为榜样，从人的认识发展的角度理解辩证法，也即《资本论》中的逻辑学。他们反对把物质，而不是人的认识，作为哲学的对象。用物质及其运动解释人和整个世界的辩证唯物主义受到冲击。众多青年知识分子接受伊里因科夫等人的观点。价值问题、人的问题、文化问题进入苏联哲学家的视野，人道主义化成为苏联哲学发展的基本趋势。在赫鲁晓夫当政的后期，尤其是在勃列日涅夫时期，苏共中央强化了意识形态领域的控制，人道主义受到批判，但是人道主义思潮并未消失。它转入地下，产生了在8小时工作之后卸下面具开始自己的真实生活的"夜间人"，出现了朋友之间秘密交流的"厨房文学"，出现了持不同政见者运动。人道主义被大多数知识分子所接受。

1953年弗罗洛夫从莫斯科大学哲学系毕业时，Э. B. 伊里因科夫已经是哲学系的教师，伊里因科夫才华横溢思想解放，因为提出对辩证法的具有人道主义色彩的解释而深受学生欢迎；A. A. 季诺维也夫也将于一年以后结束莫斯科大学哲学系研究生的学习。弗罗洛夫在人道主义呼声日益高涨的社会背景下，在伊里因科夫等教师具有鲜明人道主义色彩思想的影响中，学习并且开始自己的学术生涯。他接受人道主义，结合自然科学最新成果逐步形成自己的新人道主义思想，是很自然的事情。

类似的变化也发生在东欧各国。在多数东欧国家，斯大林模式的社会主义制度是随着苏联红军坦克的到来建立起来的，可以说，这种制度从来没有在这些国家真正扎下根。围绕对斯大林模式的认识，不同意见之间的相互对立与斗争此起彼伏，从未消失。早在1948年，南斯拉夫共产主义者联盟便与苏共发生冲突。此后南斯拉夫共产主义者联盟捍卫民族利益，强调独立自主，探索具有南斯拉夫特色的社会主义道路。苏南冲突开启了南斯拉夫对斯大林主义的批判。针对斯大林社会主义模式高度集中的特点，南斯拉夫共产主义者联盟强调工人自治的重要性，强调马克思国家消亡、消灭分工和建立自由人联合体思想的意义。1953年，包括《1844年经济学哲学手稿》在内的《马克思恩格斯早期著作》在南斯拉夫出版，卢卡奇、布洛赫等西方马克思主义思想家的著作进入南斯拉夫学术界的视野，人道主义得到全社会的认同。1958年通过的《南斯拉夫共产主义者联盟纲领》也充满了人道主义精神。哲学界涌现出一批强调实践在马克思主义中巨大意义的青年哲学家，形成南斯拉夫马克思主义哲学的实践派，或者说人道主义派。他们高举人道主义旗帜，与坚持物质本体论和唯物辩证法思想的辩证唯物主义派对立，突出实践活动以及人的主体性、能动性的重要意义，公开批判并否定反映论和自然辩证法。1963年，他们创建了作为与西方国家哲学界交流平台的"科尔丘拉夏令学园"，1964年创办《实践》杂志。人道主义派哲学家出版著作，开设课程，与西方马克思主义哲学家开展频繁的国际交流。实践哲学蔚为大观，事实上成为南斯拉夫哲学界的主流，在国内外产生巨大影响。

在其他东欧国家也可以见到人道主义的兴起。在东欧国家中，波兰最先对斯大林模式发难。苏共20大刚刚结束，受到赫鲁晓夫秘密报告的鼓舞，改革派在波兰趁机崛起。波兰工人党内部开始反思斯大林模式，承认并以实际行动纠正自己所犯的错误，包括释放政治犯。1956年6月，波兹南斯大林机车车辆制造厂的工人提出增加工资和减税的要求。由于当局处置不当，酿成武装冲突，爆发波兹南事件，54人死亡，200多人受伤，300多人被捕。7月18日，波兰工人党召开七中全会，主要讨论波兹南事件后的国内政治、经济局势和党的任务。党和政府在会上遭到批评。与会者指出，事件的主要原因在于中央和地方领导者的官僚主义与愚昧无知。这一事件是个警告，它说明党在同人民的关系方面存在着重大的错误。应该立即采取措施，实行政治民主化，经济合理化，改善人民生活。全会通过决议，要求扩大人民的民主权利，加强社会主义法制，提高工人的工资，鼓励私人手工业的积极性，搞好同波兰其他政党的团结等。为了捍卫斯大林模式的权威，支持波兰的保守派，苏共积极干预波兰内部事务，与波兰工人党产生冲突。这一年的10月，赫鲁晓夫亲自出面给波兰领导人施压，软硬兼施，甚至调动军队包围波兰首都华沙。后因遭到波兰全国上下大多数人的强烈抵制，双方妥协，事件平息。

在匈牙利，同样受苏共20大批判斯大林的鼓舞，为了声援十月事件中的波兰民众，匈牙利人走上街头，反对苏联控制，反对斯大林模式，要独立、要民主。游行很快演变成社会动乱，为了控制局面，苏联两次出兵。到1956年11月初形势得到稳定，但在为时两周的社会动乱和苏军镇压中，2700人失去生命，13000人受伤。

影响最大的是1968年发生在捷克斯洛伐克的"布拉格之春"运动。在20世纪50年代南斯拉夫、波兰、匈牙利寻求与斯大林模式不同的发展道路，发出人道主义呼声的时候，捷克斯洛伐克在正统派强有力的控制下保持稳定。进入60年代，捷克斯洛伐克在经济、政治以及民族关系等方面陷入困境。1968年1月，捷克斯洛伐克共产党中央全会决定杜布切克代替诺沃提尼担任党的第一书记，同年4月通过《捷克斯洛伐克共产党行动纲领》，开始政治经济体制改革。在改革过程中，杜布切克提出了"带有人性面孔的社会主义"概念。《捷克斯洛伐克共产党行动纲领》宣称，捷共改革的目标是"创立一个新的、符合捷克斯洛伐克条件的、民主和人道的社会主义模式"。改革的内容主要有：通过限制权力过于集中、限制重要职务任期等具体措施扩大党内民主；通过政治体制多元化、保证公民迁徙自由和取消新闻出版检查制度、为一切受迫害的人平反等途径，捍卫公民权利。在经济上则提出实现计划与市场的结合，扩大企业自主权，强化选举产生的工厂委员会的作用。

苏联领导人把捷克斯洛伐克的改革运动视为对社会主义制度和苏联在社会主义阵营领导地位的挑战，他们组织保加利亚、民主德国、匈牙利和波兰等国进行武装干预。苏军出动约30万人、900多辆坦克、8000辆装甲运兵车，占领布拉格，逮捕杜布切克。被称为"布拉格之春"的捷克斯洛伐克改革以失败告终。由于吸取1956年匈牙利悲剧的教训，杜布切克没有组织抵抗，事件中有80个捷克斯洛伐克人失去生命。

与以上社会剧变相伴随，东欧国家的人道主义思潮迅速崛起。除了南斯拉夫弘扬人道主义精神的实践派之外，匈牙利形成以赫勒、费赫尔、马尔库什、瓦伊达为代表的布达佩斯学派；波兰出现了人道主义的马克思主义，探讨人的哲学和社会主义的人道主义，主要代表人物是亚当·沙夫和莱谢克·科拉科夫斯基。捷克斯洛伐克对斯大林模式的政治冲击发起较晚，但标志思想解放的人道主义思潮在20世纪60年代初便已出现。卡莱尔·科西克批判个人崇拜，1963年出版了《具体辩证法》一书，从人的实践活动出发建构了一种实践哲学或者哲学人本主义，把"人在世界中的存在"及"人与宇宙的关系"作为哲学问题展开讨论。60年代中期，捷克斯洛伐克新马克思主义另一位代表性人物伊万·斯维塔克，连续发表论文阐述马克思主义的人道主义。他们的著作为"布拉格之春"运动提供了理论基础。东欧国家对马克思主义的新理解，或者说新马克思主义，共同特点是特别重视马克思的早期著作，把实践、异化、人的自由与解放作为自己理论关注的焦点。与此相关，它们都对以物为中心限制人的主体性的苏联版辩证唯物主义历史唯物主义提出批评，都把建立人道的民主的自治的社会主义作为自己的社会纲领。在这里，人道主义精神显而易见。

苏联与东欧国家在意识形态和政治经济体制方面有诸多共同之处，都奉行斯大林模式，因而东欧各社会主义国家兴起的新马克思主义运动必然对苏联产生影响。在东欧发生的社会动荡中，1968年出兵镇压"布拉格之春"在苏联引起的社会震动之大前所未有。1956年波兰、匈牙利事件爆发时，苏联社会还处在赫鲁晓夫秘密报告的震撼之中，自身的人道主义诉求尚在形成之中。到1968年，经过十几年的孕育壮大，人道主义思想在苏联，尤其是在知识分子中，已经深入人心，苏联知识分子很容易与"布拉格之春"的人道主义呼声发生深刻共鸣。弗罗洛夫1963—1965年、1977—1979年两次到位于布拉格的《和平与社会主义问题》杂志编辑部工作，在那里与捷克斯洛伐克知识分子近距离接触，并与其中的某些人保持了长期友谊。捷克斯洛伐克知识分子的影响，以及通过他们体现出来的西方马克思主义的影响，成为弗罗洛夫哲学思想形成与发展的重要背景。

我们还可以把弗罗洛夫的思想放在更大的背景中来看。西方哲学早在19世纪便出现了科学主义和人本主义两种思潮的对立，进入20世纪，两种思潮都有了深入广泛的发展，但是真正激动人心、深入社会生活各个方面的是人本主义。由于工业文明的发展在带来阶级对立缓和的同时使人的异化更为严重，社会生活全面物化；由于科学技术革命带来的威胁人类生存的全球性问题的出现，个人、个性、人的感性和精神价值等等，受到越来越多的关注。人本主义思潮的影响从哲学深入到文学艺术、美学、心理学、法学、管理学等各领域，进而渗透到实际生活的一切方面。在马克思主义理论中，西方马克思主义的兴起在西方国家不仅形成一股强有力的社会思潮，而且掀起了以1968年欧美学生运动为代表的广泛的社会运动。苏联和东欧的社会变化所体现的人道主义的崛起，只是这一世界性趋势的表现之一。弗罗洛夫的哲学思想就是在这样的大背景下逐步形成并完善的。他提出新人道主义，只是因为他敏锐地及时把握住了社会思潮的变化。

二、20世纪的新科学技术革命

按照马克思的理论，科学技术决定生产工具，生产工具决定劳动分工，生产工具和劳动分工决定人的生产方式、生活方式，进而决定社会政治法律制度和人的思想观念。迄今为止，上述理论在人类历史中得到很好的证明。尤其是近代以来的历史，任何重大的变化都可以最终在科学技术的进步中找到原因。弗罗洛夫的新人道主义与20世纪的新科学技术革命有着深刻的联系。

20世纪的新科学技术革命始于40、50年代，也被称为第三次科学技术革命。这次科学技术革命奠基于19世纪末20世纪初的物理学重大发展。19世纪末放射性的发现开启了一场伟大的物理学革命。人类对物质的认识深入到原子内部，发现了基本粒子和场，产生了量子力学和爱因斯坦相对论。物理学的新发现为天文学、化学、生物学的研究提供了革命性的新手段，使它们产生了飞跃式的发展。基础科学的发展推动材料、信息、通讯、交通、航天、海洋、生命科学、医疗卫生各个领域技术的飞速进步。这场科学技术革命是全方位的，对人类生活的影响，不论深度还是广度，都前所未有。

新科学技术革命是弗罗洛夫哲学思想得以形成的重要背景，这一革命的所有成果都以不同方式、不同程度地对他产生影响。他的哲学思想形成于投身政治之前，即1986年以前。在当时，今天以计算机和互联网为代表的彻底改变人们生产方式、生活方式的信息技术刚刚兴起，人工智能的发展与运用甚至还没有起步。真正受到人们普遍关注的新科学技术革命成果及其影响，主要是原子能技术、分子生物学和基因工程。下面我们就原子能技术和分子生物学及基因工程的基本内容与社会影响分别略加考察。

第三章　弗罗洛夫新人道主义的历史背景

（1）原子能技术。创建相对论是爱因斯坦为物理学做出的伟大贡献。1905年爱因斯坦提出狭义相对论，1906年，在狭义相对论基础上他提出著名的质能公式：$E=mc^2$，即能量等于质量乘以光速的平方。光速为每秒30万公里，按照质能公式，很小的质量便可转化为巨大的能量。1938年底到1939年初，科学家发现，铀原子核在中子轰击下发生核裂变，出现"质量亏损"，同时释放出符合质能公式的巨大能量。在这一重大物理学新发现的基础上，1945年美国制造出第一颗原子弹，同年8月投放到日本。原子弹的惊人杀伤力震惊世界，促使日本很快投降。此后，1952年第一颗氢弹在美国问世，其破坏力达到原子弹的1000倍。原子弹和氢弹的巨大破坏力意味着人类第一次掌握了可以毁灭整个地球的能力。原子弹、氢弹制造技术很快在全球扩散，越来越多的国家拥有了"核武器"。人类的生存，整个地球的存在，受到了实实在在的前所未有的威胁。

以往的科学技术革命性发展，远古时期火的运用和弓箭的发明不必说，18世纪蒸汽机的发明和19世纪到20世纪电力的使用，极大地提高了人类改造自然的能力，有力推动了工业生产和社会现代化在全球的发展。但是，它们对地球的作用都比较有限。相对而言地球无限大，面对科学技术提供的改造自然的力量，人类基本上是安全的。从这个意义上讲，它们都属于传统科学技术的范畴。以1945年原子弹的爆炸为标志，人类第一次掌握了一种可以毁灭整个地球从而也毁灭人类自身的力量。这是科学技术发展历史中真正具有革命性意义的事件，人类历史上前所未有。

原子弹的出现改变了20世纪的历史。英国数学家、哲学家罗素，原子弹制造的积极推动者爱因斯坦，以及许多其他学者，敏锐地意识到了原子弹的出现对人类历史的巨大影响，以各种方式表达了对人类未来的忧虑。作为这种忧虑的集中表现，1955年有三个由著名科学家发表的宣言问世。4月12日，18位联邦德国的原子物理学家和诺贝尔奖得主联名发表《哥廷根宣言》。7月9日，罗素在伦敦公布了由他亲自起草、包括爱因斯坦等10位诺贝尔奖获得者在内的11位著名科学家联名签署的《罗素—爱因斯坦宣言》。7月15日，52位诺贝尔奖得主在德国博登湖畔联名发表《迈瑙宣言》。三个宣言宗旨相同，语气相似，都警告使用原子弹氢弹的核战争将给人类带来毁灭性的后果，敦促各国政府放弃以武力作为实现政治目的的手段，表达了科学家强烈的社会责任感。《罗素—爱因斯坦宣言》发表后，促成了一个国际性组织——帕格沃什科学与世界事务会议，引发了一场著名的科学家国际和平运动——帕格沃什运动，在国际上产生了巨大影响。《罗素—爱因斯坦宣言》持续受到关注，其他两个宣言问世不久便销声匿迹。

《罗素—爱因斯坦宣言》对于弗罗洛夫哲学思想的发展，对于他的新人道主义乃至整个苏联和俄罗斯哲学的发展，影响极为巨大，直到21世纪仍然是俄罗斯全国性哲学大会的研讨对象。该宣言内容如下：

罗素—爱因斯坦宣言

在人类所面临的悲剧性的情况下，我们觉得科学家应当集会对这种由大规模毁灭性武器所引起的危险作出估计，并且按照所附草案的精神进行讨论，以达成一项决议。

我们此刻不是以这个或者那个国家，这个或者那个大陆，这种或者那种信仰的成员的资格来讲话，而是以人类，以其能否继续生存已成为问题的人类成员资格来讲话的。这个世界充满着冲突，而使一切较小冲突相形见绌的则是共产主义同反共产主义之间的巨大斗争。

几乎每个有政治意识的人，对于这些争端中的一个或几个问题都有强烈的感情；但是我们希望你们，如果可能的话，把这种感情丢在一边，而只把你们自己当作是生物学上一个种的成员，

第三章 弗罗洛夫新人道主义的历史背景

这个种有过极其惊人的历史,我们谁也不愿意看到它绝迹。

我们尽可能不说一句为某一集团所中听而为另一集团所不中听的话。大家都同样处在危险之中,如果理解到了这种危险,就可希望大家会共同避开它。

我们必须学会用新的方法来思考。我们必须认识到向我们自己提出的问题,不是要采取什么措施能使我们所支持的集团取得军事胜利,因为已不再存在这样的措施,我们向自己提出的问题应当是:能采取怎样的措施来制止一场其结局对一切方面都必然是灾难的军事竞赛?

一般公众,甚至许多当权的人都没有认识到使用核弹的战争究竟会引起怎样的后果。一般公众仍然用城市的毁灭来想象。据了解,新的核弹比旧的核弹有更大的威力,一颗原子弹能毁灭广岛,而一颗氢弹就能毁灭像伦敦、纽约和莫斯科那样的最大城市。

毫无疑问,在氢弹战争中,大城市将被毁灭掉。但这还只是不得不面临的一个较小的灾难。如果伦敦、纽约、莫斯科的每个人都被消灭了,在几个世纪内,世界还是会从这种打击中恢复过来的。可是我们现在知道,尤其在比基尼[①]试验以后知道,核弹能逐渐把破坏作用扩展到一个非常广阔的范围,这个范围比原来所设想的还要大得多。

据非常可靠的权威人士说,现在能制造出的核弹,威力要比炸毁广岛的大 2500 倍。这种炸弹,如果在接近地面或者在水下爆炸,就会向上层空气散放出带有放射性的粒子。它们以剧毒的尘埃或雨点的形式逐渐下降到地面。污染了日本渔民和他们所捕到的鱼的,就是这种尘埃。

---

① 比基尼是太平洋中部马绍尔群岛中的一个小岛,1954 年 3 月 1 日美国在此试验氢弹爆炸,伤害了日本渔民 23 人,其中一人不久后死去。——原编译者注

现在谁也不知道这种致命的放射性的粒子会扩散得多远，但最可靠的权威人士都异口同声地说：氢弹战争十分可能使人类走到末日。令人担忧的是，如果使用了许多颗氢弹，结果将是普遍的死亡——只有少数人会突然死去，而大多数人会受着疾病和萎蜕的慢性折磨。

科学界的著名人士和军事学的权威都曾发出了多次警告。他们谁也不会说这些最坏的结果是一定要发生的。他们只是说，这些结果是可能的，而且谁也不能肯定说它们不会成为现实。迄今我们还未曾发觉，专家们的这些观点同他们的政治见解或偏见有什么关系。就我们的研究结果所揭示的来说，这些观点只同各个专家的知识水平有关。我们发觉，知道得最多的人，也就最忧心忡忡。

因此，我们在这里向你们提出的，是这样一个严峻的、可怕的、无法回避的问题：我们要置人类于末日，还是人类该弃绝战争？人们不敢正视这样的抉择，因为要废止战争是非常困难的。

要废止战争就要对国家主权作出种种令人不愉快的限制。但是成为理解这种情况的障碍的，除了别的原因之外，更主要的，恐怕还是人类这个名词使人感到模糊和抽象。人们在想像中几乎没有认识到，这种危险不仅是对被模糊理解的人类的，而且是对他们自己和他们子孙后代的。他们简直理解不到，他们每个人和他们所爱的亲人都处在即将临头的苦痛死亡的危险之中。因此他们希望，只要现代化武器被禁止了，战争也许还不妨让它继续存在。

这种希望是虚妄的。尽管在和平时期达成了禁用氢武器的协议，但在战时，这些协议就不会再认为有束缚力，一旦战争爆发，双方立即就会着手制造氢弹，因为要是一方制造氢弹，而另一方不制造，那末制造氢弹的一方就必定会取得胜利。

尽管作为普遍裁军一个部分的禁用核武器的协议并不提供最

第三章 弗罗洛夫新人道主义的历史背景

后的解决办法,但它还是适合于某些重要的目的。

首先,东西方之间的任何协议,就消除紧张局势来说都是有益的。其次,销毁热核武器,如果双方都相信对方是有诚意去这样做了的,就会减轻对珍珠港式[①]突然袭击的那种恐惧,而这种恐惧心理在目前正使双方都保持着神经质的不安状态。所以我们应当欢迎这样一种协议,哪怕只是作为第一步。

我们中间的大多数人在感情上并不是中立的,但作为人类,我们必须记住,如果东方和西方之间争端的解决,对于无论是共产主义者还是反共产主义者,无论是亚洲人还是欧洲人或者美洲人,无论是白种人还是黑种人,都能给以可能的满足,那末就决不可用战争去解决这些争端。我们希望东方和西方都了解这一点。

如果我们这样作出抉择,那末摆在我们面前的就是幸福、知识和智慧的不断增进。难道我们由于忘不了我们的争吵,竟然要舍此而选择死亡吗?作为人,我们要向人类呼吁:记住你们的人性而忘掉其余。要是你们能这样做,展示在面前的是通向新乐园的道路,要是你们不能这样做,那末摆在你们面前的就是普遍死亡的危险。

决 议

我们发起召开这次会议,通过这次会议,全世界的科学家和一般公众签名赞同下列决议:

"鉴于未来任何世界大战必将使用核武器,而这种武器威胁着人类的继续生存,我们敦促世界各国政府认识到并且公开承认,它们的目的决不能通过世界大战来达到,因此,我们也敦促它们

[①] 珍珠港是美国在太平洋中部夏威夷群岛上的重要海军基地。1941年12月7日日本对美、英两国不宣而战,突然侵袭它们在太平洋上的基地,当时美国驻在珍珠港的舰队全部被摧毁。——原编译者注

寻求和平办法来解决它们之间的一切争端。"[1]

《罗素—爱因斯坦宣言》的发表,是20世纪人类历史里程碑式的重大事件。它针对的是人类遇到的前所未有的威胁:人类制造的核武器能够消灭全人类,毁灭地球。在这样的威胁面前,一切民族的、阶级的、意识形态的差别或对立都失去原有的意义,需要重新认识,重新理解。人的手中第一次掌握了毁灭全球的能力,人类必须学会新的思维,学会以整个人类的名义思考与处理问题。由罗素、爱因斯坦等科学巨匠以惊人的尖锐形式就这种威胁发表的宣言,震撼每个人的灵魂。对于弗罗洛夫这样思想敏锐抱有人道主义情怀的哲学家,必然激起强烈共鸣,其意义自然更是非同寻常。

(2)分子生物学和基因工程。分子生物学和基因工程的出现是现代生物学的重大成果,给生物学本身和人类的生存带来深远影响。人们常说20世纪是物理学的世纪,21世纪是生物学的世纪。生物学被寄予如此厚望,原因就是大家看到了分子生物学和基因工程的巨大意义。整个现代生物学都是在分子生物学的基础上发展起来的。

分子生物学是在分子水平上研究生命现象的科学。物理学、化学在20世纪的革命性发展,为生物学研究提供了新技术和新手段。1953年,美国科学家沃森和英国科学家克里克用X—衍射法发现了遗传物质脱氧核糖核酸(DNA)的分子结构,揭开了遗传密码的奥秘,从而使对生命秘密的探索从细胞水平深入到分子水平,对于生物遗传规律的研究也从定性走向了定量。脱氧核糖核酸分子结构被揭示出来,是分子生物学诞生的标志。在生物学中,基因是生命体遗传特征的载体,被称作遗传因子。从生物化学的角度讲,基因就是具有遗传效应的

---

[1] 《爱因斯坦文集》第3卷,许良英、赵中立、张宣三编译,北京:商务印书馆,1979年,第340—344页。

DNA片段。揭示了DNA的分子结构，意味着通过人为手段改变基因从而改变生命体特征成为可能。1966年科学家们编制了一本地球生物通用的遗传密码"辞典"，将分子生物学的研究迅速推进到实用阶段。进入70年代，科学家找到了基因合成和基因重组的技术，一种通过直接改变遗传物质脱氧核糖核酸从而改变生物遗传特性的新技术"基因工程"问世。

基因工程是分子生物学和遗传学的结合，它的出现打破了物种之间的界限。在传统遗传育种的概念中，亲缘关系远一点的物种，要想杂交成功几乎是不可能的，更不用说动物与植物之间、细菌与动物之间、细菌与植物之间的杂交了。但基因工程技术却可越过交配屏障，使这一切有了实现的可能。此外，基因工程可以根据人们的意愿、目的，进行基因重组，定向地改造生物遗传特性，甚至创造出地球上还不存在的新的生命。基因工程引起了世界科学家的极大关注，得到广泛运用，取得引人注目的成果，成为20世纪最重要的技术成就之一。

以上成果的取得被弗罗洛夫看作生物学领域的一场革命。他说：

"生物学世纪"是科学技术进步的新阶段，从根本上讲这一阶段是由生物科学革命决定的。生物科学因这一革命而成为自然科学的领导者，就像以往的物理学、化学一样，并且开始决定自然科学的发展方向和在生产中运用科学知识的形式，改造物质生产以及人的生命的其他领域。

生物学革命已经开始。它的主要标志是什么？是在生命系统的研究中大量使用相邻学科（首先是物理学、化学、数学）的方法，运用这些方法使得生物学知识变得精确并且可以证明；是生物学的探索深入到分子的层面，特别是导致了分子生物学的建立与急速发展；是生物学研究中广泛运用系统方法以及控制论模型

新轴心时代与 И.Т.弗罗洛夫

等等方法……[①]

基因工程的出现是生物学领域最令人震撼的成果，是生物学革命的集中体现。基因工程赋予人改变生物遗传密码从而改变其生物特性的能力。按照基督教教义，生命是上帝创造的，生命体的特性是由上帝的意愿决定的。基因工程有史以来第一次使人有能力扮演造物主的角色，他可以按照自己的意愿改变生物特性，甚至创造出上帝没有创造出来的生物。就此而言，人具有了神的力量。

基因工程极大地改变了农业、畜牧业、医疗卫生以及其他与生物学相关的产业的状况，为这些领域的技术腾飞开辟了广阔空间。它可以改良农作物和牲畜的品种，提高农业和畜牧业的产量，改善它们的品质；可以修复人的致病基因从而治疗人的疾病；可以按照人的意愿使后代具有某种特定的特征或能力，可以改变基因延长人的寿命；可以根据需要创造出人所需要的新生命。但是人们也立即意识到，基因工程同时也有可能给人类带来前所未有的负面影响，引起人们的深切忧虑。例如，生物医学技术的进步使人们不但能更有效地诊断、治疗和预防疾病，而且有可能操纵基因，改变精子或卵子、受精卵、胚胎，以至人脑和人的行为。人的能力得到提升，但是这一改变的影响可能不仅涉及这一代，而且涉及下一代和未来世代，而这一代人的利益与子孙后代的利益有可能发生冲突。现代生物学能够通过基因工程等技术对人的基因和大脑实行操纵，这些操纵可能导致对人的控制以及对人的尊严和价值的侵犯，产生新的问题。例如是否允许人们通过改变基因来选择自己喜欢的性状，甚至为后代选择自己喜欢的性状？是否允许人们通过在脑内插入芯片来增强记忆和加速处理信息的能力？类

[①] *Фролов И.Т.* Перспективы человека. С. 209-210.（И. Т. 弗罗洛夫：《人的前景》，第209—210 页。）

第三章　弗罗洛夫新人道主义的历史背景

似的问题还有很多：实验室里制造出的新生命是不是安全？人为制造的病毒会不会给人类带来无法预料甚至毁灭性的灾难？基因工程会不会被用于战争？用于医疗的基因技术会不会人为地制造出"超人"、不死的人、残缺的人或者不人不兽的"人"？"转基因"食品是否安全？克隆人是否道德？这些问题困扰着人们，引发长期争论，而且很难形成共识，让越来越多的人为人类的未来、世界的未来担忧。"成为上帝"意味着人必须承担上帝对世界的责任。《罗素—爱因斯坦宣言》对科学家和全人类发出的警告，因基因工程的出现愈加显示出震撼力。

弗罗洛夫对基因工程技术的出现及其在医学等领域的运用予以高度重视，他认为这种技术的出现，标志着人类有史以来第一次把自己的肉体甚至精神作为自觉地有目的地加以改造的对象。人类从来都是改造外部世界的主体，现在自己本身成为自己的改造对象，自己也成为客体。这是科学技术发展历史和人类发展历史上的重要转折，即使从传统哲学的角度看，也有重大意义。

对上述问题的担忧使学者们把基因工程代表的生物学成就与伦理学联系起来，催生了一门新的学科——生命伦理学。生命伦理学于20世纪60年代首先在美国产生，随后在欧洲得到传播。它是迄今为止世界上发展最为迅速、最有生命力的交叉学科。它所说的生命主要指人类生命，但有时也涉及到动物生命和植物生命乃至整个生态，而伦理学则是对人类行为的规范性研究。因此，生命伦理学是运用伦理学的理论和方法，在跨学科跨文化的情境中，研究生命科学和医疗保健中的伦理学问题的科学。生命伦理学产生后不仅获得迅速发展，在很短的时间内就受到医学家、生物学家、哲学家、社会学家、法学家、宗教界人士、新闻界人士、立法者、决策者和公众的关注，而且很快体制化。一些国家建立了总统或政府的生命伦理学委员会，在包括我国在内的许多国家，很多医院或研究中心建立了专门审查人体研究方案的审查委员会或伦理委员会。

新轴心时代与 И.Т.弗罗洛夫

弗罗洛夫对基因工程所包含的对人类的潜在威胁，极为关注。他说：

> 对于人来讲，遗传学是他通过掌握有机体遗传与变异的规律而能够从科学那里得到的全部。这里所说的不仅仅是创造农作物、牲畜和微生物的新的、更高产的品种，而是一般性的向着以非生物的方式获取食物的崭新方法的转变。人的遗传学是向人的生物学存在秘密的深入，由于深入到这一秘密，人能够从自然界获得更大的解放，因为在这种情况下人真正成为自己的创造者。
>
> ……
>
> 但是在今天，甚至信心最足的怀疑论者也不能不承认，基因工程是人类认识与实践的崭新道路，在这条道路上人不断获得积极参与自然界事务并且对自然界做出某种修正的可能性。但是，必须使得这种参与和这些迄今还相当小心的"纠正"自然界的尝试不至于弊大于利，特别是在谈到未来有可能把基因工程方法运用于人的时候。全世界对于研究制定涉及到运用于人的基因工程和一切在人身上做实验的工作的严格规则予以极大关注，原因就在这里。①

这些思想他早在1979年第一版《人的前景》中就有论述。显而易见，弗罗洛夫的思想不是偶然的、孤立的。以基因工程为代表的生物学的革命性发展，它的正面的积极的作用和对人类的潜在危险，引起了全世界思想家的注意。前面提到，20世纪60年代美国就有人研究"生命伦理学"问题。弗罗洛夫新人道主义中的相关思想是上述世界性

---

① *Фролов И.Т.* Перспективы человека. С. 214-215.（И.Т.弗罗洛夫：《人的前景》，第214—215页。）

第三章 弗罗洛夫新人道主义的历史背景

大背景的产物。

不过弗罗洛夫的思想有着独特的价值。首先，弗罗洛夫使用过生物伦理学概念，内容与生命伦理学相似，但是生物伦理学只是弗罗洛夫科学技术伦理学的一个组成部分，而且他在20世纪70年代就对科学技术伦理学做了深入研究并广泛组织讨论，西方学者开展类似研究却是在1996年英国学者用体细胞成功克隆出了著名的绵羊"多利"以后。其次，与其他人不同，弗罗洛夫的科学技术伦理学思想，关注重点是科学家的道德问题，是科学家内在的自我约束，而不是基因工程等具体的生物学新技术及其运用的直接后果。他的思想来自俄罗斯传统文化和传统哲学，来自1955年的《罗素—爱因斯坦宣言》，因而同样是对基因工程的人道主义考察，弗罗洛夫的思想要厚重得多。

20世纪新科学技术革命还有一项重要成果，这就是计算机和计算机网络所代表的信息技术的重要发展。就对人类的影响而言，信息技术丝毫不比原子能技术和基因工程逊色，这只要看看我们今天的生活实际就可以了。信息技术深刻改变了人的全部生活，掀开了人类历史新的一页，应该成为当代一切人道主义思想的重要考察对象。但十分遗憾的是，它在弗罗洛夫的新人道主义思想中没有占据显要地位。原因主要是，信息技术爆炸式发展始于20世纪80年代中期以后，其影响力在进入新世纪后才逐步显现，直到今天也很难说已经充分展现在我们面前。但80年代中期弗罗洛夫步入政界，1999年便离开人世。他已经没有时间和精力捕捉科学技术的最新动向了，虽然对新事物超乎常人的敏感与认识深刻是他的显著特点。

综上所述，原子能的发现与研究导致了核武器的诞生，基因工程使人自身成为加工改造的对象，它们从不同的方面形成对人类存在的威胁，人的命运、人类的未来因此成为全人类的严重关切。20世纪的新科学技术革命在呼唤人道主义，弗罗洛夫的新人道主义便是这一背景所催生的人道主义理论之一。

新轴心时代与 И.Т.弗罗洛夫

三、全球性问题的兴起

弗罗洛夫是苏联哲学界最早明确提出并着手研究全球性问题的哲学家。他在 1980 年发表的《全球性问题哲学》一文中称：

> 在最近几十年，在一系列对人类明确构成威胁的危机的影响下，学术界和广泛的世界舆论的注意力集中在因为涉及整个世界、其解决需要全人类共同努力而被称作全球性问题的这样一些尖锐问题上。人们列出的这些问题的清单往往互不相同，但是下面这些问题几乎总要被列入其中：预防世界性的热核战争和终止军备竞赛；为社会发展和世界性的经济增长创造有利条件；合理地、综合性地利用自然资源；有效地解决能源问题和粮食问题；保护环境；实行积极的人口政策；在科学研究和为了人类福祉而利用科学技术革命成果领域（消灭最危险、最常见的疾病，掌握宇宙和海洋）发展国际合作；教育文化等领域的进步。这些问题以及当代的其他一些重大问题，处于与我们这个转折性时代重要社会过程的辩证性相互联系之中。它们从根本上把人类文明社会发展和精神发展的矛盾与复杂性集中在自己身上，把人类的未来问题尖锐地摆了出来。因此全球性问题成为基础科学的以及哲学的研究对象，成为激烈的思想斗争与世界观冲突的对象。[1]

在以上论述中，弗罗洛夫对全球性问题作了明确的规定，既指出了它的内涵，也说明了它的外延。按照这一理解，全球性问题内容十分丰富，前面所说的原子能的发现、基因工程以及信息技术，它们所带来的后果，就其影响而言，也属于全球性问题。全球性问题史无前

---

[1] Наука. Общество. Человек. С. 89-90.（《科学·社会·人》，第 89—90 页。）

第三章　弗罗洛夫新人道主义的历史背景

例地把整个人类能否继续生存作为一个严肃的现实的问题摆在人们面前，它们的出现是弗罗洛夫新人道主义得以产生的重要背景。

所有的全球性问题都和20世纪科学技术革命有关。这一革命包含许多方面，除了原子能的发现和生物技术（最重要的是基因工程）以及信息技术，还有新材料、新能源、空间技术、海洋技术等等的问世，它们的基础是物理学、生物学等在20世纪的重大发展。

恩格斯在《在马克思墓前的讲话》中说："在马克思看来，科学是一种在历史上起推动作用的、革命的力量。任何一门理论科学中的每一个新发现——它的实际应用也许还根本无法预见——都使马克思感到由衷喜悦，而当他看到那种对工业、对一般历史发展立即产生革命性影响的发现的时候，他的喜悦就非同寻常了。例如，他曾经密切注视电学方面各种发现的进展情况，不久以前，他还密切注视马塞尔·德普勒①的发现。"② 按照唯物史观，自有人类以来，科学技术就是自然界、人类社会和人本身发展的决定性力量。科学技术决定了人改造自然的生产力，为了组织物质生产实践，改变自然界获取自己需要的物质生活资料，人们必须适应生产力，主要是生产工具的要求，以分工为基础结成一定的生产关系进而组成社会。人们生活于其中的社会关系以及被生产活动改变的自然界，反过来规定着人的生活方式、生存方式，从而决定着人自身的思想观念和社会政治组织形式。人类历史，特别是近代以来的人类历史，以无数事实证明了上述理论。但是与马克思所关注的科学技术成就相比，20世纪新科学技术革命具有特殊的意义，它对人类的影响前所未有。主要原因是，马克思关注的电学的新成就促进了生产力的发展，带来的是物质财富的增加和社

---

① 马塞尔·德普勒，法国物理学家，1882年展出了他关于架设实验性输电线路的研究成果。
② 《马克思恩格斯文集》第3卷，第602页。

的进步，人们看不到它有什么负面效应，马克思因此张开双臂予以欢迎。20世纪的科学技术成就极大地提高了人类改造世界的能力，一方面人自身成为改造对象，而对人的改造有可能对人的健康甚至人类的继续存在造成威胁；另一方面通过运用20世纪科学技术革命的成就，人类的物质生产力得到革命性的提升。所谓革命性的提升，是指由于生产力的重大发展，物质生产对人类赖以生存的地球的影响日益显著，地球变小，人与人的联系日益紧密，人类的共同利益逐步形成，出现了"地球村"概念。这意味着地球已经在许多方面无法承受人类活动对它的改变或破坏，人类能否继续生存不再是宗教对人的关怀，而第一次作为实实在在的威胁出现在人的面前。全球性问题就是这种威胁的具体体现。我们必须一如既往地关注科学技术进步，但是不能再像马克思那样一味以喜悦的心情看待这一进步，警惕它的负面效应在今天是不可缺少的维度。科学技术在今天变成双刃剑。

消除核武器对人类生存的威胁无疑是最早引起人们关注的全球性问题，20世纪50年代问世的《罗素—爱因斯坦宣言》就是这一关注的集中体现。进入60年代，大规模杀伤性武器不断翻新，建立在崭新生产力基础上的物质生产活动，以前所未有的规模消耗自然资源，破坏自然环境，直到出现生态恶化、气候变暖、大量物种消失。物质生活和医疗水平的提高还引起所谓"人口爆炸"，资源、环境、粮食以及可以危害整个世界的传染病等问题进一步加重。70年代开始大规模兴起的经济全球化，一方面使得物质生产力从而人与自然界的对抗迅速加剧，另一方面使国家之间的利益冲突，以及文化冲突，成为有可能引发规模巨大并使用大规模杀伤性武器的战争进而导致人类毁灭的现实威胁。这些变化或者使物质生产无以为继，不可持续；或者使自然环境的变化超出现有生物种类，包括人类，通过自身的变化适应新环境的能力。包括人类在内的现有生物，其生理构造经过亿万年的进化才与迄今为止相对稳定的自然环境相适应，骤然发生的环境剧变会使人类和其他一些物种灭亡。全球性问题内容丰富多样,对人类生存的威胁比单纯由核武器造成的威胁更深刻、更广泛、更严重。

全球性问题的日益严重引起全世界的关注。在这个过程中罗马俱乐部发挥了重要作用。

罗马俱乐部成立于1968年4月,总部设在意大利罗马(2008年迁到瑞士),主要创始人是意大利的著名实业家、学者A.佩切伊和英国科学家A.金。俱乐部的成员一直保持在100人左右。俱乐部的网页声称,其组成成员是"关注人类未来并且致力社会改进的各国科学家、经济学家、商人、国际组织高级公务员、现任和卸任的国家领导人等"。它是一个有未来学研究色彩的国际性民间学术团体,也是一个研讨全球问题的全球智囊组织。其宗旨是研究科学技术革命对人类发展的影响,说明人类面临的主要问题与困难,并提供建设性意见,以引起世人关注。俱乐部的活动形式主要是在各国组织各种会议或者组织有关学者就重大问题从事研究并撰写报告。比较著名的研究报告有:《增长的极限》(1972)、《人类处在转折点》(1974)、《重建国际秩序》(1976)、《超越浪费的时代》(1978)、《人类的目标》(1978)、《学无止境》(1979)、《微电子学和社会》(1982)、《第一次全球性革命》(1992)、《四倍跃进》(1995)、《私有化的局限》(2005)等,到2013年,共发表30份报告,2012年的报告为《2052:未来40年的全球展望》。

在罗马俱乐部发表的报告中,第一个报告《增长的极限》影响最大。它的出版轰动世界,人们竞相阅读,被翻译成三十多种语言,销售了三千万本,成为有关资源、环境等问题最畅销的出版物。报告的震撼力在于它提出的问题和得出的结论振聋发聩。它的目录如下:

第一章 指数增长的本质

指数增长的数学

模型和指数增长

世界人口增长

世界经济增长

第二章　指数增长的极限

粮食

不可再生的资源

污染

按指数增加的污染

不知道的上限

生态过程中的自然滞后

污染物质的全球分布

污染极限

一个有限的世界

第三章　世界系统中的增长

这个世界模型的目的

反馈回路结构

定量的假定

人均资源利用

期望的出生率

污染对寿命的影响

世界模型的用处

世界模型的行为

第四章　技术和增长的极限

世界模型中的技术

能源和资源

控制污染

增加粮食产量和控制生育

过分的方式

现实世界中的技术

技术的副作用

技术所不能解决的问题

极限的选择

第五章　全球均衡状态

自觉抑制增长

均衡状态

均衡状态中的增长

均衡状态中的平等

从增长过渡到全球均衡

评论

在今天看来，该书讨论的问题许多都属于常识，但在当时，1972年，绝非如此。不可再生资源、环境污染、世界的有限性、地球资源的有限性、技术增长的极限、技术的负面作用、技术不能解决的问题、自觉抑制增长、从增长过渡到全球均衡，这些问题被集中地、突出地摆在人们面前，而且该书通过这些问题向全世界揭示了资源、环境也即整个地球的有限性和人口增加、经济增长的无限性之间的矛盾与冲突。这些问题人们闻所未闻，它们展示的前景出人意料。这本书让人们突然间意识到，原来地球很小，人类文明实现了全球经济总体上的不断增长，但与此相联系的是资源消耗、环境污染以几何级数增长，现有的发展不可持续，增长遇到极限，人类陷入危机。自有人类以来，人们什么时候思考过这样的问题？近代以来，"知识就是力量"一直被奉为至理名言，在它的指引下科学技术和工业生产给人类带来前所未有的物质繁荣，似乎前途一片光明。突然之间，《增长的极限》告诉大家，这条道路是不正确的、有害的，是一条人类自我毁灭之路！

《增长的极限》用建立模型的方法全面考察了人类在发展中遇到的

问题，得出的结论是：

> 如果在世界人口、工业化、污染、粮食生产和资源消耗方面现在的趋势继续下去，这个行星上增长的极限有朝一日将在今后100年中发生。最可能的结果将是人口和工业生产力双方有相当突然的和不可控制的衰退。①

报告发表于1972年，它预言经济增长不可能无限持续下去，因为各种自然资源的供给是有限的。1973年的石油危机加强了公众对这个问题的关注。至于苏联，前面曾经提到，《增长的极限》问世不到半年，作为《哲学问题》主编的弗罗洛夫便在编辑部召开由哲学家、社会学家、文学家、自然科学家共30多人参加的会议，专门讨论书中提出的问题。

《增长的极限》等报告只是罗马俱乐部所做工作的一部分。俱乐部的成立，它的积极活动，在国际上产生了巨大影响。增长的极限、人类文明的困境、科学技术的影响，概括而言，全球性问题，成为世界各国关注的热点。美、英、日、匈牙利等13个国家先后建立了本国的"罗马俱乐部"，开展了类似的研究活动。当时的联合国秘书长吴丹也说：

> 我作为秘书长并不希望一切显得太有戏剧性。但是，我只能从对我有用的信息中得出结论：联合国的会员国也许只剩下十年的时间了。在这十年中，要把它们的旧有的争端放在从属地位，确立全球性的伙伴关系，以抑制军备竞赛，改善人类环境，使人口爆炸停止，并使发展努力得到所需要的力量，如果这样一种伙

---

① 《增长的极限——罗马俱乐部关于人类困境的报告》，长春：吉林人民出版社，1997年，第16页。

第三章　弗罗洛夫新人道主义的历史背景

伴关系不能在今后十年中确立，那么我非常担心我已经提到的那些问题会达到如此令人震惊的地步，以至我们丧失控制能力。①

罗马俱乐部的成立，它的报告《增长的极限》的问世，与《罗素—爱因斯坦宣言》一样，只是一个标志。它们不是某个个人或某一些人的奇思怪想，而是反映了由科学技术革命性发展引起的现实生活中的新变化，反映了这些变化引起的整个世界越来越多的人思想深处的变化。这个变化直到今天仍在持续。全球性问题，即那些规模涉及全球需要人类共同努力解决的问题，它们得到普遍关注，很大程度上就是由罗马俱乐部的工作造成的。《增长的极限》的预言基本上得到了历史事实的证明，全球性问题至今存在而且内涵不断丰富，除了《增长的极限》中提到的核武器、资源、环境、人口等等以外，国际新秩序、气候、反对恐怖主义、健康等也成为迫在眉睫的全球性问题。2015 年召开的"巴黎气候变化大会"就是人类高度关注全球性问题的最好证明。

科学技术革命推动的全球化是一个连续的不断扩大、深化的过程，人类遇到的问题规模越来越大，人类生存受到的威胁越来越大、越来越严重。这是大半个世纪甚至一个世纪以来人类历史中显而易见的基本趋势。如果从《罗素—爱因斯坦宣言》问世算起，中间经过罗马俱乐部，全球性问题的重要性日益凸显，人类对它们的认识越来越深刻，最终演变为一场试图寻找应对之策的全球性运动。它极大地影响了 20 世纪后半叶以来全世界的经济、政治、国际关系以及人们的日常生活，影响了哲学、文学、艺术甚至宗教等领域的思想文化观念。进入 21 世纪，全球性问题已经被全世界绝大多数人所认识，它的影响无处不在。这是弗罗洛夫新人道主义思想得以形成的重要背景。

---

① 《增长的极限——罗马俱乐部关于人类困境的报告》，第 11 页。

新轴心时代与 И.Т.弗罗洛夫

哲学家科尔萨科夫这样描述科学技术革命及其带来的问题对弗罗洛夫的影响：科学技术革命造成了人必须从社会的、生理的角度加以适应的全球性后果。发生改变的不是弗罗洛夫的研究题目，而是他的学术兴趣。他的关注点从生物学的认识论转向更为广泛的世界观、方法论问题。科尔萨科夫说：

> 在世界观方面，这表现为他从把人作为科学认识的客体转向研究制定新的（现实的）人道主义观念。在这里可以清楚地看到，弗罗洛夫的学术创作合乎规律地把人的问题摆在了中心地位。起初人的问题是被从认识论的角度提出的（人—认识客体），后来从社会—伦理的角度提出（科学和技术对人的全球性作用中的生态学、伦理学问题，遗传控制和遗传工程的伦理学，生物伦理学），再后来人的问题则是被从一般哲学的（人道主义）和一般文化的（在对人的理解和对人的独特性的珍视中科学、道德、艺术的相互作用；为了人的幸福，真、善、美的统一）角度提出。[①]

显然，弗罗洛夫的新人道主义是在科学技术革命的影响下形成的。

前面曾经指出，弗罗洛夫新人道主义与传统的人道主义分别代表了两个不同的时代。传统的人道主义适应工业文明兴起的需要，通过肯定人的价值和科学理性的作用为它奠定了理论基础；弗罗洛夫新人道主义关注工业文明的负面影响，反映了人们对工业文明发展所带来的对人的严重威胁的深刻忧虑，是关于后工业文明的理论思索。人类文明的发展在今天面临历史性的转折，新轴心时代正在到来，这是弗罗洛夫新人道主义得以产生的总体背景，它的意义就在于为这种文明

---

① *Корсаков С.Н.* Иван Тимофеевич Фролов. С. 153.（С. Н. 科尔萨科夫：《伊万·季莫费耶维奇·弗罗洛夫》，第 153 页。）

转折指出方向，提供理论支撑。

四、西方马克思主义运动

马克思和恩格斯，主要是马克思，毫无疑问是马克思主义的创始人，但是马克思恩格斯本人从来没有对自己的思想做过全面系统的阐述。人们常把恩格斯发表于19世纪70年代的《反杜林论》作为马克思主义的范本，其实这种做法值得商榷。《反杜林论》包括哲学、政治经济学和社会主义三编，每一编都内容丰富并体现出一定的系统性，然而它并不是恩格斯对马克思主义三个组成部分——哲学、政治经济学、科学社会主义——的全面阐述。在《反杜林论》的序言中，恩格斯有两段与此相关的论述。

其一，对杜林的批判：

> 使我在这本书所涉及到的很不相同的领域中，有可能正面阐发我对这些在现时具有较为普遍的科学意义或实践意义的争论问题的见解。这在每一章里都可以看到，尽管这本书的目的并不是以另一个体系去同杜林先生的"体系"相对立，可是希望读者不要忽略我所提出的各种见解之间的内在联系。[①]

其二：

> 本书所批判的杜林先生的"体系"涉及非常广泛的理论领域，这使我不能不跟着他到处跑，并以自己的见解去反驳他的见解。因此，消极的批判成了积极的批判；论战转变成对马克思和我所

[①] 《马克思恩格斯文集》第9卷，北京：人民出版社，2009年，第8页。

主张的辩证方法和共产主义世界观的比较连贯的阐述，而这一阐述包括了相当多的领域。①

以上论述表明，首先，恩格斯本人在《反杜林论》中没有，也无意于构建一个全面反映他和马克思思想的理论体系；其次，《反杜林论》中恩格斯提出的各种见解之间有着内在联系，是对他和马克思主张的辩证方法以及共产主义世界观的比较连贯的阐述，但这是因为杜林的体系涉及到非常广泛的理论领域，出于批判的需要，恩格斯不得不跟着杜林"到处跑"。显而易见，这样的"比较连贯的阐述"与对自己思想体系的自觉、全面阐述是有重大区别的。

事实也是如此。《反杜林论》的论战性决定了恩格斯不可能对自己，尤其是对马克思，在杜林没有涉及的问题上的观点展开论述，因而他们有很多重要思想没有包含在《反杜林论》中。让我们以唯物史观为例对此做一简要考察。恩格斯本人在出版于1888年的《路德维希·费尔巴哈和德国古典哲学的终结》中曾经把他和马克思的哲学概括为"在劳动发展史中找到了理解全部社会史的锁钥的新派别"②。这是说，劳动的发展是决定历史发展的关键因素，而且用劳动解释社会历史是马克思主义理论区别于其他理论的重要特征。在两年后的一封书信中，恩格斯又说："根据唯物史观，历史过程中的决定性因素**归根到底是现实生活的生产和再生产**。无论马克思或我都从来没有肯定过比这更多的东西。"③ 物质生活的生产和再生产，即物质生活资料的生产，劳动实践活动。此处的思想与上面一条引文的思想完全一致。他还说："关于历史唯物主义的**起源**，在我看来，您在我的《费尔巴哈》(《路德维希·费尔巴哈和德国古典哲学的终结》)中就可以找到足够的东

---

① 《马克思恩格斯文集》第9卷，第10—11页。
② 《马克思恩格斯文集》第4卷，北京：人民出版社，2009年，第313页。
③ 《马克思恩格斯文集》第10卷，北京：人民出版社，2009年，第591页。

西——马克思的附录其实**就是**它的起源！"[①] "马克思的附录"即马克思的《关于费尔巴哈的提纲》，该提纲从头到尾强调实践活动（劳动）在社会生活中的重要作用。恩格斯的这些论述十分明确地指出，在他看来，历史唯物主义理论最重要、最关键的范畴是生产劳动实践。遗憾的是，在《反杜林论》中完全见不到对生产劳动活动在社会生活中的作用的论述。这也说明，《反杜林论》并非恩格斯对马克思主义唯物史观的全面系统阐述。

马克思恩格斯本人没有对马克思主义做过全面系统的阐述，导致后人对马克思主义的理解缺少了具有权威性的"范本"。人们只能自己在马克思恩格斯的著作中挖掘、梳理他们的有关思想，建构自己理解的马克思主义理论。马克思恩格斯在思想发展的早期和中晚期理论兴奋点不同，对同一个问题在不同的时期或者在同一个时期从不同的角度形成的观点也不同，马克思主义理论的建构首先是建构者从马克思恩格斯众多思想中进行选择的过程，因而这种建构不可避免地会带有建构者的知识结构、文化背景、实践需要等等主观因素的影响。这为马克思主义在不同的国家或地区形成不同的流派，提供了广阔的空间。苏联奉行的马克思主义，其实是普列汉诺夫、列宁、斯大林以及20世纪30年代的苏联理论家们对马克思恩格斯思想的理解，是带有俄国色彩的马克思主义。俄国人开始阅读马克思恩格斯的著作时，俄国是落后的封建帝国，没有经受过文艺复兴和启蒙运动的洗礼，苦于资本主义工业文明发展不足。经济上以落后的农业生产为主，政治上是沙皇的专制统治，文化领域则基本上是东正教思想的一统天下。在这种情况下，俄国的马克思主义者在马克思恩格斯的科学社会主义思想中，最认同的是阶级斗争理论；在他们的政治经济学思想中，赞赏的是剩余价值学说；至于我们要着重考察的哲学，由于俄国急需批判宗教确

---

① 《马克思恩格斯文集》第10卷，第647页。

立科学理性的地位，为科学技术和工业文明的发展扫清道路，同时还由于俄国马克思主义者需要对自己从事的社会革命的合理性和必然胜利加以说明，需要对社会进行理性启蒙，于是他们看重的是恩格斯在《反杜林论》等晚年著作中一再宣传的辩证唯物主义历史唯物主义。20世纪30年代初，苏联哲学家建立了辩证唯物主义历史唯物主义体系，把它与马克思主义哲学画上等号。后经斯大林阐发，这一体系定于一尊，广泛流行于世。尤其是在社会主义国家，被奉为经典。马克思的哲学思想，特别是他早期著作中充满人道主义精神的哲学思想，由于这些著作20世纪30年代初才陆续问世，更由于马克思的这些思想不是苏联社会的急需，长期处在苏联马克思主义哲学的视野之外。

苏联版的辩证唯物主义历史唯物主义，强调世界的物质性和物质世界的运动性，强调物质运动是有规律的，这些规律是可以认识的。它把物质世界所体现的科学理性抬高到至高无上的地位，是苏联版的18世纪法国唯物主义。18世纪法国唯物主义适应并满足了当时法国社会对发展科学技术和工业文明以及批判宗教解放思想的需要。辩证唯物主义历史唯物主义与此类似，是俄罗斯等东方落后国家建设现代文明的需要在哲学领域的反映。这是一种弘扬科学理性、用物质及其运动解释一切的理论。意识是大脑这种特殊物质的功能，其内容是对物质世界及其规律的反映。物质取代了基督教的上帝和黑格尔的绝对精神。人的丰富的精神世界、精神生活不见了。自然辩证法，物理学描述的自然规律，主宰一切，包括人。

这种理论中有人道主义吗？有。就否定神的存在及其对人的主宰而言，它体现出明确的人道主义精神。18世纪法国唯物主义就是通过用物质及其运动取代上帝，体现人道主义精神，成为启蒙运动的思想基础的。历史唯物主义把物质生产力作为历史发展的决定性因素，实际上是肯定了人的物质需要在社会生活中的决定性作用，人们在这里也可以看到人道主义精神。但是辩证唯物主义历史唯物主义理论刻意强调，整个世界，不论是自然界还是人类社会，都是客观物质存在，都在按照不以人的意志为转移的规律运动着，包括人在内的一切生命，都只是蛋白体的存在方式。这是一种反对宗教"神道主义"的"物道主义"，是用物质运动和具有与自然规律一样的铁的必然性的社会规律解释世界的理论。它的人道主义含义只在于，它宣告：高居于世界之上并主宰整个世界的上帝是不存在的，世界统一于物质，人也是自然存在物，是特殊的动物。它把追求物质利益从而服从物质生产力的需要，看作人的本能，看作社会存在及其发展的决定性因素。通过弘扬科学理性，通过发展科学技术来发展物质生产力，通过发展物质生产来满足人对物质财富的追求，满足自己的物质欲望，这就是它的人道主义含义。客观地说，这种人道主义是为工业文明的合理性做论证的，是为科学技术和工业文明的发展提供理论工具的，没有超出资产阶级人道主义的范围。

前面已经提到，马克思的人道主义与资产阶级人道主义有着本质区别。它针对的不是神道主义，不是以弘扬科学理性、发展物质生产从而最大限度地满足人的物质欲望为宗旨。相反，它针对的是资本主义制度的发展暴露出的科学理性和物（主要是商品）对人的支配；针对的是人的异化，人沦为物质财富增长的工具，失去自由和精神追求，成为物质生产中的螺丝钉。简言之，它是对资本主义工业文明的批判否定。这样的人道主义在苏联哲学中，在辩证唯物主义历史唯物主义中，没有立足之地。

苏联建构的辩证唯物主义历史唯物主义，在理论上完全正确，但它们只是反映了马克思的，也包括恩格斯的，一部分思想。马克思恩格斯具有鲜明人道主义色彩的论述在他们的著作中随处可见，但由于多种原因没有被吸收在苏联哲学之中。首先，集中体现马克思恩格斯人道主义思想的著作，主要是马克思的《1844年经济学哲学手稿》、马克思恩格斯的《德意志意识形态》，直到20世纪30年代初才公开问世，普列汉诺夫、列宁以及绝大多数苏联哲学家，对马克思恩格斯富有特色的人道主义思想几乎一无所知。其次，由于苏联哲学被当作官方哲学，成为教条，马克思恩格斯的哲学思想得不到客观、充分的研究，马克思恩格斯充满人道主义精神的思想与辩证唯物主义历史唯物主义理论之间的复杂关系，长时间未能得到准确把握。最后，更重要的是由于这些思想不是苏联社会的理论急需，所以马克思恩格斯具有人道主义色彩的思想长期处在苏联哲学家的视野之外。它们得不到关注，难以被理解，有时甚至还被当作马克思恩格斯思想尚未成熟时保留的资产阶级思想。苏联由封建沙皇专制制度脱胎而来，没有经过文艺复兴和启蒙运动的洗礼，东正教的影响充斥社会生活一切领域，国家的现代化刻不容缓。但是现代化需要大力发展科学技术，发展科学技术又必须弘扬科学理性，必须清除东正教对人的理性的压抑。苏联需要的是弘扬科学理性的"18世纪法国唯物主义"，而不是对科学理性的统治和工业文明进行批判的马克思恩格斯的人道主义。[①] 辩证唯物主义历史唯物主义是苏联版的"18世纪法国唯物主义"，就确立科学理性的指导地位而言，是苏联人的启蒙哲学。

西方发达资本主义国家的国情与苏联完全不同。进入20世纪，随着科学技术进步，西方国家物质生产力迅速发展，在物质生活水平提高的同时，物和科学理性对人的支配日益突出，人的异化触目惊心。这些国家的马克思主义者在阅读马克思恩格斯的著作时，弘扬科学理性的辩证唯物主义历史唯物主义引不起他们的兴趣，因为其基本精神在18世纪法国唯物主义者的著作中已经得到充分阐述，一百多年来在西方国家早已成为人们的常识。让他们产生浓厚兴趣一唱三叹的是马克思从人的立场出发对资本主义商品拜物教以及人的异化的批判，是

---

① 写于1922年被称作列宁"哲学遗嘱"的《论战斗唯物主义的意义》一文是对上述情况的最好说明。

第三章 弗罗洛夫新人道主义的历史背景

马克思对人摆脱物的支配后享有的那种自由的向往。在这样的情况下，西方国家的马克思主义哲学，即西方马克思主义，应运而生。这是一种把马克思主义，特别是它的哲学，做人道主义解读的理论思潮。到20世纪末，这种思潮蔚为大观，不论在世界的东方还是在西方，都成为最有影响的马克思主义理论。西方国家的马克思主义者中也有人坚持科学主义，反对把马克思主义人道主义化，例如阿尔都塞，但是西方马克思主义的主流，影响最大、最受关注并获得高度评价的，是高举人道主义旗帜的马克思主义。人们通常把人道主义视为西方马克思主义的基本特征。

最早对马克思主义哲学做出这种解释的是卢卡奇、柯尔施、葛兰西等欧洲国家马克思主义政党的领袖。其中影响最大的是卢卡奇，是他发表于1923年的《历史与阶级意识》一书。卢卡奇在这本书中提出了"物化"概念，强调随着科学技术向各个生产环节的渗透，随着运用科学理性进行利与害的"计算"成为普遍方法被运用于社会生活的一切方面，科学规律、资本逻辑对人的控制与支配无孔不入，全部社会关系都物化了——都要服从冷冰冰的客观规律，具有了自然界物与物的关系的性质。卢卡奇认为，马克思所批判的资本主义社会人的异化、拜物教，空前泛滥，以致无产阶级的阶级意识淡化了，无产阶级革命陷入新的危机。

卢卡奇的物化思想敏锐地抓住了以管理领域泰罗制的推行为标志的资本主义社会的新变化，在新的条件下发展了马克思的早期思想，虽然《历史与阶级意识》写作出版时卢卡奇还没有见到过马克思的早期著作。卢卡奇的思想在西方发达资本主义国家产生了巨大反响，影响之大远远超出卢卡奇本人的意料。

物化概念反映的是科学理性对人的支配、主宰和压制，这是物质生产规律和科学技术成果在物质生产和整个社会生活中越来越广泛深入的运用造成的，表现为无法抗拒的历史趋势，在20世纪的西方社会越来越严重。受卢卡奇的启发，西方国家的马克思主义者，以及一些不持马克思主义立场仅仅把马克思主义作为学术研究对象的马克思学家，高举人道主义旗帜，把马克思作为人道主义者，依据他的理论开始了对资本主义的新一轮批判。这是一种思潮，一种思想运动，运动中形成的理论，被统称为西方马克思主义。西方马克思主义派别众多，观点纷呈，互有出入，共同特点是依据马克思的思想对西方资本主义制度展开文化批判，批判中绝大多数人把人道主义作为批判的武器与旗帜。20世纪30年代初，马克思的早期著作《1844年经济学哲学手稿》、《德意志意识形态》，被遗忘近一个世纪后首次面世。这些著作浓厚的人道主义色彩使人惊呼：马克思作为人道主义者再次出场了。这些著作的问世极大地推动了西方马克思主义的发展。

在西方马克思主义中，队伍最庞大、成果最多、影响最广泛的是法兰克福学派。法兰克福学派因成员多出于法兰克福大学的社会研究所而得名。该所1923年创建于法兰克福大学，成员有哲学家、社会学家、经济学家、历史学家和心理学家。学派的代表性人物有M.霍克海默、T.W.阿多诺、W.本雅明、E.弗洛姆、H.马尔库塞、J.哈贝马斯等，主要工作是运用马克思早期著作中的异化概念和G.卢卡奇的"物化"思想，站在人道主义立场上对资本主义文化进而资本主义制度进行"彻底批判"。在批判实践中涌现出一系列各具特色的批判理论。法兰克福学派认为马克思主义就是人道主义，其成员从人道主义出发，不仅批判资本主义，斯大林主义以及苏联的官方哲学辩证唯物主义历史唯物主义也在批判之列。希特勒上台后法兰克福社会研究所的成员离开德国，先在日内瓦、巴黎落脚，第二次世界大战爆发后迁往纽约。战后部分成员返回联邦德国重建社会研究所。法兰克福学派人才辈出，成果众多，他们对马克思主义的人道主义解读以及对资本主义的批判，不仅成为欧美国家马克思主义理论的显学，而且在欧美哲学和社会学理论领域产生广泛影响，受到整个世界的关注。

第三章 弗罗洛夫新人道主义的历史背景

把马克思的哲学思想理解为一种人道主义，是西方马克思主义的基本特点。法兰克福学派重要代表人物弗洛姆说："与许多存在主义者的思想一样，马克思的哲学也代表一种抗议，抗议人的异化，抗议人失去他自身，抗议人变成物。这是一股反对西方工业化过程中人失去人性而变成自动机器这种现象的潮流。……他的哲学来源于西方人道主义的哲学传统，这个传统从斯宾诺莎开始，通过十八世纪法国和德国的启蒙运动哲学家，一直延续至歌德和黑格尔，这个传统的本质就是对人的关怀，对人的潜在才能得到实现的关怀。"[①] 由于从人道主义出发理解马克思，弗洛姆坚决反对用"唯物主义"概括马克思的哲学思想：

> 马克思的学说并不认为人的主要动机就是获得物质财富；不仅如此，马克思的目标恰恰是使人从经济需要的压迫下解脱出来，以便他能够成为具有充分人性的人；马克思主要关心的事情是使人作为人得到解放，克服异化，恢复人使他自己与别人以及与自然界密切联系的能力；用世俗的语言来说，马克思的哲学是一种精神的存在主义，它由于具有这种精神的特质，因而反对当代的唯物主义实践和那种伪装得不巧妙的唯物主义哲学。马克思的目标就是社会主义，它是建立在他关于人的学说之上的；用十九世纪的语言来说，这种社会主义基本上是一种预言式的救世主义。[②]

由于坚持马克思的哲学思想是人道主义，西方马克思主义哲学家们强调实践活动的重要性，强调自然辩证法纯属子虚乌有，只有人的实践活动引起的社会发展过程中才有辩证法存在。他们把社会批判作为主要任务。批判的对象首先是人的异化，此外还揭示并批判普遍存

[①]〔美〕E.弗洛姆：《马克思关于人的概念》，见《西方学者论〈1844年经济学哲学手稿〉》，上海：复旦大学出版社，1983年，第15页。

[②]〔美〕E.弗洛姆：《马克思关于人的概念》，见同上书，第23页。

在的物化现象,揭示科学技术对人的支配,提出科学技术具有了意识形态的功能。他们大声疾呼捍卫人的独立、尊严、自由。凡此种种清楚地显示出西方马克思主义的人道主义本质。

以人道主义为出发点,他们不仅批判资本主义制度,而且批判苏联模式的社会主义制度对人的蔑视。弗洛姆说:

> 马克思关于社会主义的概念是从他关于人的概念中推导出来的。现在已经很清楚,按照这个概念,社会主义**不是**一个把人严密地编组起来、像机器一样自动化的社会,不管在这个社会里收入是否平等,也不管他们是否吃得和穿得好。社会主义社会并不是一个个人从属于国家、从属于机器、从属于官僚政治的社会。即使作为一个"抽象的资本家"的国家是雇主,即使"社会全部资本都已经结合在一个资本家或一个资本家公司手中",这还不是社会主义。事实上,正如马克思在《经济学—哲学手稿》中十分清楚地指出的那样,"这样的共产主义不是人的发展的目的"。那么,社会主义的目的是什么呢?
>
> 显然,社会主义的目的是人。社会主义的目的就是去创造出一种生产的形式和社会的组织,在这种形式和组织中,人能从他的生产中、从他的劳动中、从他的伙伴中、从他自身和从自然中,克服异化;在这种形式和组织中,人能复归他自身,并以他自己的力量掌握世界,从而跟世界相统一。[①]

他还说:

---

① 〔美〕E.弗洛姆:《马克思关于人的概念》,见《西方学者论〈1844年经济学哲学手稿〉》,第69页。

第三章　弗罗洛夫新人道主义的历史背景

马克思等人的社会主义继承了先知的救世主义、基督教的千年王国派的理论、十三世纪的托马斯主义、文艺复兴时期的乌托邦主义和十八世纪的启蒙运动的传统。它是作为精神上的实现阶段的先知的基督教的社会思想和个人自由的思想的综合。正是由于这个原因，它反对教会，因为教会限制人的心智；它反对自由主义，因为自由主义把社会和道德价值分开。它反对斯大林主义和赫鲁晓夫主义，因为它们是独裁主义，因为它们忽视人的价值。[①]

高举马克思主义旗帜，依据马克思本人的哲学文本进行论述，是西方马克思主义的显著特点。这使它很容易引起苏联东欧及其他社会主义国家马克思主义者的兴趣，被他们接受，改变他们对马克思主义的理解。除此之外，苏联和东欧各社会主义国家实行对社会生活的高度集中控制，民主生活不健全，这些国家的知识分子普遍存在对民主、人权、个性自由的向往。西方马克思主义对苏联社会主义模式的批判说出了这些国家知识分子马克思主义者自己想说的话，与他们的诉求相契合，不可避免会产生思想共鸣。例如，前面曾经提到，南斯拉夫实践派于1963年创建"科尔丘拉夏令学园"，与西方马克思主义哲学家进行学术交流是学园的重要使命。从1963年到1974年，学园每年举行一次国际学术会议，前后有129名国外学者出席，其中有高举人道主义旗帜的东欧新马克思主义代表人物，还有布洛赫、马尔库塞、弗洛姆、列菲伏尔、哈贝马斯、哥德曼、赛日尔·马勒等西方马克思主义著名思想家。波兰哲学家科拉科夫斯基这样评价南斯拉夫实践派：

> 这个学术流派大概是当今世界上最活跃的马克思主义哲学家

---

① 〔美〕E.弗洛姆：《马克思关于人的概念》，见《西方学者论〈1844年经济学哲学手稿〉》，第77页。

学术圈,他们的主要目标是恢复马克思人道主义的人类学,并以此来彻底反对列宁主义的—马克思主义的"辩证唯物主义"。

"实践派"不仅在向南斯拉夫而且在向国际哲学界传播人道主义形态马克思主义的人道主义方面发挥了重要作用,他们对在南斯拉夫复兴哲学思想也做出了贡献,并且曾是这一国度在精神上抵制政府的专制和官僚体制的一个重要中心。①

在西方马克思主义以及其他西方哲学理论的影响下,同时出于国内生活现实的需要,东欧社会主义国家的马克思主义哲学迅速人道主义化。不少人接受了西方马克思主义的观点,与自己国家的政治当局保持距离,对官方哲学辩证唯物主义历史唯物主义持批判态度。除南斯拉夫以外,波兰、匈牙利、民主德国、捷克斯洛伐克等国都出现了新马克思主义学派,涌现出一批高举人道主义旗帜的马克思主义哲学家。著名波兰哲学家亚当·沙夫就是很好的例证。他明确提出:

> 社会主义的人道主义规定了社会主义理念的基本的社会内涵。我们可以用不同的方法来给社会主义下定义,指出它的各个方面和各种作用。但是对它的所有定义都从属于人的全面发展这一核心目标。人是社会主义的出发点和最终的目的,正是人的有目的的行动使社会主义思想得以实现。人道主义是这种把人类个体的全面发展作为人的活动目标的观点。社会主义的人道主义不同于其他立场的人道主义,它把这一目标的实现和社会主义的特殊的社会的和经济的目标联系在了一起。马克思主义也在这一点上与其他的人道主义区分开来,它在理论上和实践上都关怀的是人类

---

① 转引自衣俊卿:《东欧新马克思主义精神史研究》,黑龙江大学出版社2015年版,第241页。

第三章　弗罗洛夫新人道主义的历史背景

的事务。①

他还说：马克思主义的出发点就在于"人是最高的目的，而且为了推翻压制他的社会关系而战。这个出发点赋予了整个马克思主义体系以特殊性质，也赋予马克思主义以人道主义性质"②。

上述观点与西方马克思主义的联系是显而易见的。

西方马克思主义，以及深受西方马克思主义影响的东欧国家新马克思主义，是马克思主义内部的人道主义思潮，必然对一切坚持马克思主义信仰和奉行斯大林模式社会主义国家理念的知识分子产生冲击。在20世纪50、60年代的苏联，在1978年改革开放后的中国，这种情况十分明显。1978年以后，西方马克思主义研究迅速成为中国马克思主义哲学的显学，随后南斯拉夫实践哲学等东欧国家新马克思主义受到越来越多的关注，进入新世纪，后马克思主义又成为中国马克思主义哲学研究的热点。一套又一套的丛书问世，一批又一批的专家学者涌现出来，热度至今不减。弗罗洛夫的新人道主义不可能处在这种影响之外，他的思想历程清楚地表明了这一点。

我们知道，人道主义的基本精神是把人作为万物的尺度。在不同的时代人的生存状况不同，遇到的困境、挑战、痛苦、忧虑也不同，因而人从自身出发衡量事物的尺度、标准会有改变，他提出的人道主义诉求也会与时俱进。就是说，在不同的时代人道主义有不同的表现。文艺复兴和启蒙运动时期的人道主义针对的是封建专制制度和宗教对人的压制，是神对人的主宰，它肯定人追求现世幸福满足物质欲望的合理性，弘扬科学理性，为工业文明、现代化运动开辟了道路。马克思的人道主义针对的是资本主义工业文明在早期阶段显现出的阶级剥

---

① 转引自衣俊卿：《东欧新马克思主义精神史研究》，第268页。
② 转引自同上书，第270页。

削、工人阶级陷入绝对贫困以及人的异化等弊端与负面后果，谴责资本主义制度下物对人的奴役、人的本质丧失，表达了人的新的诉求。相对于文艺复兴时期的人道主义，马克思的人道主义思想已经是一种新的人道主义。西方马克思主义是西方社会发展新阶段的产物。进入20世纪，科学技术日益成为第一生产力，成为西方社会生活中的主要支配力量。工人阶级的物质生活得到改善，但异化现象在社会生活中更加普遍，而且有了新的表现。生产管理中泰罗制的问世与推行，凸显了科学理性对人的支配，"客观规律"的作用逐渐渗透到生活的方方面面。精神生活陷入委顿，人的个性日渐丧失。资本对人的奴役借助科学理性以客观规律的名义彻底剥夺了人的自由。科学技术具有了意识形态功能。马克思所批判的不人道现象有了新的表现、新的发展。不人道的生活产生对人道主义的呼唤，西方马克思主义应运而生。它是在新的历史条件下对马克思人道主义思想的丰富与深化。但是，科学理性对人的支配是工业文明发展的必然结果，任何追求工业文明的社会都不可避免，社会主义国家也不例外。物化现象也出现在苏联和东欧国家。西方马克思主义的人道主义诉求具有普遍性，它在社会主义国家的扩散、发酵无法避免。在它的影响下产生了东欧新马克思主义。在当时的社会主义阵营，东欧国家率先发出人道主义呼吁。除了这些国家自身的发展产生人道主义诉求以外，这一方面与它们在地理和文化传统、社会发展等方面比苏联更接近西方世界有关，另一方面也是因为斯大林模式的社会主义很大程度上是苏联从外部强加给它们的，很难在人们的心里扎根，更何况当时的苏联常常表现出强烈的大国沙文主义。东欧新马克思主义的兴起是20世纪人道主义思潮的东渐，是东欧国家对西方人道主义思潮的回应，是它们与马克思的人道主义思想在新的历史条件下的共鸣。

　　西方马克思主义和东欧国家高举人道主义旗帜的新马克思主义，对苏联哲学家产生了重要影响。1968年苏联军队镇压了"布拉格之春",但同时击碎了许多苏联哲学家用马克思的人道主义思想更新苏联官方哲学的希望,促使他们隐蔽地但是更为坚定地推动马克思主义哲学的人道主义化。这是上述影响的生动体现。弗罗洛夫不仅作为苏联哲学家的一员接受了西方马克思主义的影响,而且本人两次到布拉格工作,与东欧哲学家有直接的接触。东欧新马克思主义以及西方马克思主义,成为他接受人道主义思想的直接渠道。

我们应该看到,无论西方马克思主义还是东欧新马克思主义,都有自己的局限性。它们都是对社会发展带来的新问题的反应,都抓住了时代变化的某个方面。西方马克思主义抓住了科技理性对人的支配这一西方国家20世纪凸显出来的新变化,东欧新马克思主义抓住了斯大林模式忽视人的价值和苏联官方哲学见物不见人的弊端,都有合理性。但是它们都把自己的注意力局限在各个国家内部的社会事务上,没有全面反映时代的诉求。在20世纪,科学技术的革命性发展,生产力的急剧膨胀,产生了众多全球性问题,全人类毁灭成为人类从未遇到过的现实威胁。这是人类文明遇到的最新问题,也是最紧迫的问题,把产生前所未有的人道主义灾难的危险摆在人们面前。这种情况引起全世界无数科学家、思想家的重视与思考,遗憾的是它在西方马克思主义和东欧新马克思主义中没有得到应有的重视,没有成为哲学家关注的中心问题。弗罗洛夫与众不同之处在于他更敏感,比别人看得更深、更远,抓住了这一最新、最紧迫的问题,继承了马克思恩格斯的人道主义精神,但又立足时代的新变化,突破了西方马克思主义和东欧新马克思主义提出的课题的局限,转向全球性问题研究,进而形成了自己的新人道主义思想。

还应该指出,弗罗洛夫与东欧国家新马克思主义哲学家一样高扬人道主义,但他不是立足于对现实政治生活的批判,而是从全球性问题带来的全人类生存危机这一现实的、似乎是"中性的"问题出发,因而他的人道主义宣传在苏联具有了合法性,并且逐步得到党和政府的认可。

弗罗洛夫是时代的产物。科学技术革命、全球性问题的出现、西方马克思主义以及深受其影响的东欧新马克思主义，共同在新的时代背景下推动了人道主义思潮的兴起。这是弗罗洛夫哲学思想形成过程的重要背景。无数苏联与东欧社会主义国家的哲学家生活在这一背景之下，但是只有弗罗洛夫接受了西方马克思主义和东欧新马克思主义的影响，同时又超越它们，形成一种既坚持马克思主义基本立场，坚持马克思主义的人道主义传统，又对科学技术革命和全球性问题，对人类在新的历史条件下的人道主义诉求，做出深刻回应的新人道主义，十分难能可贵。

第四章　弗罗洛夫新人道主义的思想渊源

弗罗洛夫的新人道主义，新在从人道主义立场出发对科学技术革命引起的各种新问题，主要是全球性问题，做出深刻的反思与回应。他之所以能提出这样的新人道主义思想，当然与他哲学思想形成时的历史背景有关。任何思想家都是时代的产物。人道主义是弗罗洛夫那个时代的世界性潮流。但是弗罗洛夫的个性以及家庭对他的影响、他所接受的前人的理论成果，无疑也是形成他的新人道主义思想的重要原因。在这里，最重要的是前人的理论成果对他的影响。他的新人道主义有着深刻的思想渊源。首先是他对生物学的最新成果有深入研究，这一研究使他对全球性问题引发的人类生存危机，对科学技术革命的广泛影响，比其他人更为敏感。其次是他对西方学术成果有深刻把握。其中既有对西方哲学包括西方马克思主义的全面了解，也有对《罗素—爱因斯坦宣言》、罗马俱乐部的研究成果及赫胥黎和佩切伊等人有关思想的认识。再次是他深受马克思充满人道主义精神的早期哲学思想的影响。弗罗洛夫反复强调，他的新人道主义最重要的思想来源是马克思早期哲学思想。最后是思想深处根深蒂固的俄罗斯传统文化、传统哲学的影响。他毕竟是俄罗斯人，耳濡目染，俄罗斯文化从少年时起便在他心中扎根。在对全球性问题等现实问题的研究思考中，他从前人已有的理论成果中吸取有用的思想资源，用于全球性问题研究，并在研究中创造性地把它们结合在一起，形成了自己的思想。马克思的哲学思想和俄罗斯传统哲学、传统文化相结合，是其新人道主义思想的秘密所在。

新轴心时代与 И.Т.弗罗洛夫

一、回到马克思

弗罗洛夫的《新人道主义》一文，一开始便说："我国哲学的科学的、人道主义的基础，其确立与发展是在反对'兵营式共产主义'的思想与实践的艰苦而困难的斗争中进行的，这种共产主义，如马克思所说，否定人的个性。在60—80年代，人、个性、人道主义成为我国哲学领域最重要的问题。改革（1985—1991）开始以后，这一点表现得特别清楚。转而关注'本真的'马克思，关注他关于人和现实人道主义观念的学说，关注俄罗斯文化的人道主义传统（Л. Н. 托尔斯泰、Н. А. 陀思妥耶夫斯基等人的思想），最后，转而关注俄罗斯哲学家，即 В. С. 索洛维约夫、Н. А. 别尔嘉耶夫等人，取得了丰硕的成果，使得**新**人道主义观念有可能得到发展。"① 这是弗罗洛夫对自己新人道主义思想理论来源的简要说明，讲得很明确。否定了苏联"兵营式共产主义"之后转向"本真的"马克思，也即从苏联官方哲学回到马克思，回到马克思的早期著作和这些著作中的人道主义观念，是其新人道主义思想形成过程中的重要一步。马克思是他的新人道主义思想的重要来源。

弗罗洛夫毕生坚持马克思主义，包括马克思主义哲学，但他对马克思主义哲学的理解与苏联官方哲学大相径庭。前面提到，早在莫斯科大学哲学系学习时，他就在生物学研究方法问题上与米丁等苏联官方哲学家宣传的辩证唯物主义历史唯物主义产生分歧，认为这种哲学用必然性否定偶然性，夸大因果决定论，没有人的地位。他认真阅读西方马克思主义的著作，接受西方马克思主义哲学家对马克思的人道主义解读。苏共20大后，整个苏联哲学发生重大变化。谈到这一变

---

① *Фролов И.Т.* Новый гуманизм // Академик Иван Тимофеевич Фролов. С. 560. （И. Т. 弗罗洛夫：《新人道主义》，《伊万·季莫费耶维奇·弗罗洛夫院士》，第560页。）

化，弗罗洛夫在《哲学导论》中这样说：

> 在50年代后半期，特别是在60年代，出现了"人类学转向"：苏联哲学把注意力转向了人和人的问题。这一转变回应了时代的需要，通过马克思早期著作在思想上得到加强。1956年，反映马克思精神发展一个阶段的《1844年经济学哲学手稿》首次以俄文全文发表。这部著作的问世引起了极大的反响，因为它让人们看到了马克思主义哲学理论的真正源头。这个源头就是**人的问题**。在现代社会（资产阶级社会），按照马克思的观点，人的问题是作为**异化**问题被提出的：社会结构（劳动分工，私有财产）使得人的活动结果，劳动产品，与人异化了，变为主宰他们的力量，其结果导致了人与人的异化。不仅如此，劳动结果与人的异化还意味着人的类本质，他的具有普遍性的建设与创造能力，也以异化的形式出现，也即发生了人的自我异化。不克服异化并且掌握自己的类本质，人就不可能真正获得解放。按照马克思的意见，克服异化掌握自己的本质将是现实人道主义的体现。这样一来，在1844年的手稿中，传统上被人们作为学者和革命家接受的马克思，作为鲜明的人道主义者出现在世人面前。这些手稿十分生动地告诉我们，人道主义取向也贯穿在马克思建立的揭示了异化机制的政治经济学以及指出克服异化的道路的科学社会主义理论之中。
>
> 从50年代末起，人的问题、个性问题逐渐引起人们越来越多的关注。出版了许多著作，它们讨论个人与社会的相互关系，提出了现代哲学中的人的问题，对人道主义思想加以分析，做出规定，研究人的存在的社会道德问题。[①]

[①] Введение в философию / Под ред. И.Т.Фролов. М.: Республика, 2002. Издание второе, переработанное и дополненное. С. 305.（《哲学导论》，И. Т. 弗罗洛夫主编，莫斯科：共和国出版社，2002年补充修订第2版，第305页。）

新轴心时代与 И.Т.弗罗洛夫

这是对苏共 20 大后弗罗洛夫和许多人回到马克思，形成对马克思主义的人道主义解读的很好说明。俄罗斯哲学家科尔萨科夫指出："研究弗罗洛夫的创作道路，同时是对 20 世纪 50 年代到 90 年代我国科学哲学发展一般方向的揭示。……要想准确理解弗罗洛夫的思想，必须明白他的思想是我国哲学中人道主义的、创造性的马克思主义派别的发展。这种独特的派别完全是在 1950—1960 年独立产生的，它在与官方马克思列宁主义理论的激烈争论中为自己开辟道路，这种马克思列宁主义理论被抬高为意识形态，因此被极度地教条主义化了。"[1] 就是说，弗罗洛夫的思想转向，回到马克思，是在激烈的理论斗争中完成的。

弗罗洛夫是从苏联哲学，即辩证唯物主义历史唯物主义，回到马克思早期著作，主要是回到《1844 年经济学哲学手稿》的。他为什么要做这样的思想转向？深层原因，如我们前面所分析的，是因为自从 20 世纪 30 年代初《1844 年经济学哲学手稿》德文版问世以后，人道主义成为西方国家马克思主义者的一面旗帜。到 50 年代，批评斯大林时期的个人迷信，谴责 30 年代及其以后苏联的人道主义灾难，再加上西方马克思主义的影响和《1844 年经济学哲学手稿》俄文版的出版，在苏联也形成了日益强劲的人道主义思潮。就弗罗洛夫本人而言，除以上原因外，他以过人的敏锐抓住了生物遗传学研究中和核武器时代出现的新情况，比其他人更早、更深切地感受到了对人道主义理论的迫切需要。在苏联哲学界，发出人道主义呼吁的不仅仅是弗罗洛夫，还有 Э.В.伊里因科夫、А.А.季诺维也夫、Б.М.凯德洛夫、Н.В.柯普宁以及率先研究价值论问题的 В.П.图加林诺夫和对历史唯物主义做了人道主义解读的 В.Ж.凯列等一大批哲学家。他们不可避免地和苏联官方哲学辩证唯物主义历史唯物主义发生冲突，因为辩证唯物主义

---

[1] Корсаков С.Н. Иван Тимофеевич Фролов. С. 6.（С.Н.科尔萨科夫：《伊万·季莫费耶维奇·弗罗洛夫》，第 6 页。）

历史唯物主义，作为一种理论体系，没有人和人道主义的位置。弗罗洛夫"回到马克思"的要求，就在这种冲突中产生。

但是这里有一个需要首先加以讨论的问题：马克思的思想是人道主义吗？

马克思主义是不是人道主义，是长期以来苏联哲学以及中国等国马克思主义者与西方马克思主义以及马克思学研究者斗争的焦点，被认为是马克思主义与资产阶级哲学、社会主义与资本主义、无产阶级与资产阶级理论斗争的重要体现。苏联官方哲学的理论形态是辩证唯物主义历史唯物主义，它认为马克思主义哲学的产生是人类思想史上的一次革命，因为马克思恩格斯第一次实现了唯物论与辩证法的结合，形成一种用物质的辩证运动对整个世界做出科学解释的理论，哲学第一次成为科学。它认为马克思主义是唯一科学的哲学，政治经济学和科学社会主义建立在这种科学的哲学世界观之上，从而具有了科学性。作为科学的马克思主义理论，是马克思批判并战胜人道主义的产物。人道主义以抽象的"人道"评价与裁决事物，马克思由于揭示了"人的本质在其现实性上是一切社会关系的总和"而把所谓人道与社会发展规律联系在一起，从而克服了以往人道主义理论的抽象性缺点，形成自己关于人的科学理论。马克思主义与人道主义格格不入。这就是被人们普遍接受的传统观点，看似言之成理，实际上并不成立。

长期以来人们一直把辩证唯物主义历史唯物主义等同于马克思主义哲学，这种观点流行一百多年，至今仍然存在。其实辩证唯物主义历史唯物主义的确是马克思恩格斯的哲学理论，但是它不足以概括他们哲学思想的全部，尤其是不能概括马克思的哲学思想。马克思恩格斯本人从来没有说过他们的哲学就是辩证唯物主义历史唯物主义。不仅如此，他们终其一生没有对自己的思想做过全面系统的总结与阐述。马克思主义的三个组成部分，哲学、政治经济学、科学社会主义都是如此。我们今天对辩证唯物主义的理解，主要依据的是恩格斯的著作,例如《反杜林论》、《路德维希·费尔巴哈和德国古典哲学的终结》以及《自然辩证法》,在马克思本人那里几乎找不到这方面的直接论述。关于历史唯物主义,马克思恩格斯都有论述,但是这些论述从字面上看并不一致,它们如何统一,还是有待哲学家解决的问题。①人们常说《反杜林论》包含哲学、政治经济学、社会主义三编,是恩格斯对马克思主义的全面阐述,而且经过马克思本人的首肯。②如前面已经指出的,这种说法没有看到,在《反杜林论》1885年版的序言中恩格斯说:"本书所批判的杜林先生的'体系'涉及非常广泛的理论领域,这使我不能不跟着他到处跑,并以自己的见解去反驳他的见解。因此消极的批判成了积极的批判;论战转变成对马克思和我所主张的辩证方法和共产主义世界观的比较连贯的阐述,而这一阐述包括了相当多的领域。"③第一,恩格斯只是说《反杜林论》是对他和马克思思想的"比较连贯的阐述",而不是全面系统的阐述;第二,阐述比较连贯,是因为杜林的体系涉及非常广泛的理论领域,恩格斯作为其批判者不得不跟着他"到处跑",此处的连贯性不是马克思恩格斯本人思想系统性的体现。由此可见不能说《反杜林论》就是恩格斯对马克思主义的系统的、经典的阐述。事实上他和马克思有许多重要思想在

---

① 例如苏联和中国的教科书都把马克思在《〈政治经济学批判〉序言》中关于生产力决定生产关系、经济基础决定上层建筑以及社会革命的论述视为唯物史观的"经典表述",然而马克思曾说:"整个所谓世界历史不外是人通过人的劳动而诞生的过程,是自然界对人来说的生成过程。"(《1844年经济学哲学手稿》)恩格斯则说:"根据唯物史观,历史过程中的决定性因素归根到底是现实生活的生产和再生产。无论马克思或我都从来没有肯定过比这更多的东西。"(1890年致拉法格的信)马克思恩格斯自己称作"在劳动发展史中找到了理解全部社会史的锁钥的新派别"。第一种说法与后面的说法,从文字上看,显然并不统一。

② 恩格斯在《反杜林论》第二版序言中说:"本书所阐述的世界观,绝大部分是由马克思确立和阐发的,而只有极小的部分是属于我的,所以,我的这种阐述不可能在他不了解的情况下进行,这在我们相互之间是不言而喻的。在付印之前,我曾把全部原稿念给他听,而且经济学那一编的第十章(《〈批判史〉论述》)就是马克思写的……。"见《马克思恩格斯文集》第9卷,第11页。

③ 《马克思恩格斯文集》第9卷,第10—11页。

《反杜林论》中踪影全无。例如大家公认的马克思主义成熟著作《关于费尔巴哈的提纲》以及《德意志意识形态》的基本思想，集中强调实践活动的重要性，恩格斯在《路德维希·费尔巴哈和德国古典哲学的终结》结束时还把他和马克思称作"在劳动发展史中找到了理解全部社会史的锁钥的新派别"，然而相关思想在《反杜林论》中只字未提。辩证唯物主义历史唯物主义不是对马克思恩格斯哲学思想的科学概括。

提出辩证唯物主义思想（恩格斯的说法是"唯物辩证法"。按照苏联官方哲学，历史唯物主义是辩证唯物主义在社会历史领域的推广和运用，马克思主义哲学说到底就是辩证唯物主义世界观）并对它做了全面阐述的是恩格斯。马克思有相应思想，但从未做过专门表述，因为马克思唯一关心的是人的解放，而一种用物质及其运动解释包括人本身在内的整个世界的世界观，只是关于人的解放的理论的基础，并不是这种理论本身。[①]恩格斯的辩证唯物主义思想源自他对自然辩证法的研究。自然辩证法是指自然界本身的辩证运动规律，对唯物主义者来说，是物质自然界的运动规律。恩格斯通过研究自然辩证法形成的，是用物质的辩证运动解释一切的唯物主义世界观，即辩证唯物主义。它强调世界的物质性、物质世界的运动性及其运动规律的辩证性。这种世界观建立在19世纪自然科学成果的基础上，是自然科学家的世界观。它集中弘扬科学理性，把整个世界，万事万物，描绘为严格按照科学理性可以认识的客观规律进行运动的物质。这样的世界观为自然科学的发展提供了可靠的哲学基础，推动了社会的理性启蒙，适应了科学技术的发展和社会工业化、现代化的需要。在基本原理，即世界是物质的、物质世界是运动的、物质世界的运动是有规律的等方面，辩证唯物主义和18世纪法国唯物主义基本一致，主要区别在于，它在

---

① 安启念：《马克思与辩证唯物主义》，《北京行政学院学报》2014年第3期。

对物质运动方式的解释上用辩证法取代了后者的形而上学。[①] 对人的理解,二者也基本一致:18世纪法国唯物主义提出"人是机器",辩证唯物主义则强调生命是蛋白体的存在方式,意识是大脑的功能,大脑是物质自然界长期发展的产物。它们都用物质的运动解释人。严格地说,不论是东方国家还是西方国家,不论是资本主义国家还是社会主义国家,只要发动了社会的工业化、现代化运动,都需要有弘扬科学理性的哲学世界观提供理论支撑,只不过在西方资本主义国家,这样的世界观最初以18世纪法国唯物主义为代表,在苏联(以及中国和其他社会主义国家)则是辩证唯物主义历史唯物主义。从弘扬科学理性满足科学技术发展和工业生产的需要这样的角度看,辩证唯物主义历史唯物主义没有超出资本主义文明的范畴,原则上讲,它们也可以被资产阶级所接受。

马克思的哲学思想与此完全不同。1843年10月,马克思从落后的封建德国来到资本主义世界的中心之一法国巴黎,对工人阶级的非人生活有了直接了解,亲眼看到了资本主义制度下的人道主义灾难,与工人阶级和工人运动有了初步接触。这时,马克思开始把工人阶级与人类解放联系起来,自觉地反映工人阶级的诉求。在德国《莱茵报》时期,马克思用资产阶级民主革命思想对德国封建制度展开抨击,现在则转向了对资本主义的研究与谴责。他的哲学思想就是在这样的社会背景下形成的。与这一背景相适应,马克思的哲学思想宗旨不是像他在德国那样,努力弘扬科学理性扫除封建文化的影响,为社会的工业化、现代化开辟道路,而是针对资本主义工业文明和现代化运动带来的负面后果,具体说是针对无产阶级的苦难和普遍存在日益深刻的人的异化,展开理论批判。马克思的哲学思想是消灭资本主义实现人

---

① 对此,恩格斯在《自然辩证法》、《路德维希·费尔巴哈和德国古典哲学的终结》、《反杜林论》中都有论述。

第四章　弗罗洛夫新人道主义的思想渊源

类解放的无产阶级革命运动的组成部分。它关注的不是自然界，而是人；不是物质运动的辩证规律，而是资本主义社会的人道主义灾难；不是物质自然界冷冰冰的铁的必然性，而是人的本质、人的异化、人的实践活动和人的解放。马克思的哲学思想是世界观，他赞同辩证唯物主义，但他所特有的哲学思想不是从自然科学角度出发对世界的描绘，而是从人的角度出发对整个世界的理解。[①] 他的思想因此具有了鲜明的人道主义性质，是无产阶级和人类埋葬资本主义实现人的解放的理论武器。马克思的哲学思想是资产阶级无论如何不能接受的。[②]

任何理论都是现实需要的产物。辩证唯物主义世界观之所以成为苏联官方哲学，首先是因为它符合了苏联的国情。布尔什维克取得政权时，俄罗斯还是封建社会，列宁也说俄罗斯不是苦于资本主义太多，而是苦于资本主义太少。与在俄罗斯文化中占统治地位的宗教思想作斗争，对俄罗斯人进行理性启蒙，通过确立科学理性的权威而为国家的工业化、现代化扫清道路，是社会的迫切需要。列宁在被人称作其"哲学遗嘱"的《论战斗唯物主义的意义》一文中，大力呼吁党内外的唯物主义者以及自然科学家建立联盟，宣传无神论，开展批判宗教的战斗，正是俄罗斯需要理性启蒙的表现。相对于科学理性，俄罗斯还没有形成对理论形态的人道主义的迫切需要。人道、人权在当时的俄罗斯，可以说在世俗哲学领域还是奢侈品。

其次，马克思恩格斯的思想产生于19世纪，这是自然科学以及以自然科学成就为基础的工业文明高歌猛进的时代，大多数先进知识分子的头脑中弥漫着理性崇拜，认为科学无处不在，无所不能。许多人致力于把科学理性推广到自然科学以外的领域，探索其中的客观规律，

[①] 见马克思《关于费尔巴哈的提纲》第1条，《马克思恩格斯文集》第1卷，第499页。
[②] 恩格斯的哲学思想主要是在其中、晚期的著作中提出的，马克思的哲学思想主要见于他的早期著作，例如《1844年经济学哲学手稿》。在写作于1845年10月到1846年下半年的《德意志意识形态》之后，马克思再也没有回到专门的哲学研究上来。

建立科学的经济学、历史学、社会学、心理学等等，乃至依据对社会规律的认识发动旨在建立理想社会的社会实验。所谓马克思主义使社会主义从空想变为科学，便是这种科学乐观主义的表现。斯大林说：

> 显而易见，把哲学唯物主义原理推广去研究社会生活和社会历史，该有多么巨大的意义；把这些原理运用到社会历史上去，应用到无产阶级党的实际活动上去，该有多么巨大的意义。
>
> 既然世界可以认识，既然我们关于自然界发展规律的知识是具有客观真理意义的、可靠的知识，那么由此应该得出结论：社会生活、社会发展也同样可以认识，研究社会发展规律的科学成果是具有客观真理意义的、可靠的成果。
>
> 这就是说，尽管社会生活现象错综复杂，但是社会历史科学能够成为例如同生物学一样的精密的科学，能够拿社会发展规律来实际应用。
>
> ……
>
> 这就是说，社会主义从关于人类美好未来的空想变成了科学。
>
> 这就是说，科学和实际活动的联系、理论和实践的联系、它们的统一，应当成为无产阶级党的指路明星。①

这番话充满了科学理性崇拜与科学乐观主义。从斯大林的以及列宁的著作中可以看出，为了论证布尔什维克革命的以及以高度集中为特征的社会主义制度的合理性，俄国的马克思主义者需要科学理性提供帮助。最后，马克思的主要哲学著作，具有浓厚人道主义色彩的《1844年经济学哲学手稿》、《德意志意识形态》，只是在20世纪30年

---

① 《斯大林选集》下卷，北京：人民出版社，1979年，第435—436页。斯大林的这些思想直接来源于列宁。列宁的有关思想最早见于《什么是"人民之友"以及他们如何攻击社会民主党人》中对马克思相关思想的解释。

第四章　弗罗洛夫新人道主义的思想渊源

代初才首次面世，它们的俄文版则是在 1956 年才出版。在此之前，苏联哲学家在很长一个时期只能从恩格斯晚年的哲学著作中寻找思想资源，形成辩证唯物主义世界观。

凡是现实的都是合理的。现实生活永远在变化发展之中，因而现实的存在总有一天会丧失自己的合理性、现实性。马克思早期著作的出版在西方世界掀起一股马克思主义人道主义化的强大思潮。20 世纪 50 年代，当弗罗洛夫等"60 年代人"[1]登上理论舞台时，苏联社会发生了巨大变化。斯大林对人权的粗暴践踏，高度集中体制下人的异化[2]，苏联人文化教育水平的显著提高，国际交往的增加，从不同角度激发苏联人，首先是知识分子，对人权、个性自由、人道主义的渴望。马克思早期著作，西方马克思主义的作品，受到热切关注。在这种情况下，社会需要逐渐从科学理性转向人道主义，从集中阐述唯物辩证法的《反杜林论》等恩格斯著作转向高举人道主义旗帜的《1844 年经济学哲学手稿》等马克思的早期著作。虽然马克思早期著作是对资本主义社会的批判，但他所针对的人的异化，在苏联社会也普遍存在。弘扬科学理性的辩证唯物主义并未失去存在的理由，却再也无法提供苏联哲学家和整个社会迫切需要的思想资源了。苏联哲学家们必然突破它的局限，接受西方马克思主义的影响，把目光转向马克思，转向马克思的早期著作。回到马克思成为历史潮流。在共产党掌握权力并把辩证唯物主义奉为官方意识形态的苏联，人道主义思潮不可能不遇到官方意识形态的阻碍，因而回到马克思的思想转向，成为一场意识形态领域的激烈斗争。弗罗洛夫所经历的正是这种情况。

"回到马克思"之所以是弗罗洛夫等先进知识分子转向人道主义的

---

[1] 指在 20 世纪 60 年代完成思想转变、开始与官方意识形态告别的苏联知识分子。参见 A. A. 古谢伊诺夫：《俄罗斯 60 年代人哲学的人道主义背景》，《世界哲学》2015 年第 3 期。

[2] 按照苏联学者自己的说法，社会成为一架由苏共少数领袖控制的巨大机器，工会、妇联等社会组织充当了传输带，个人则成为机器上的螺丝钉。

主要形式，还因为在当时的情况下，马克思主义在意识形态领域的主导地位不可动摇，即使是已经背弃马克思主义的人，往往也只能在马克思主义的口号和旗帜下做文章。弗罗洛夫一生都是坚定的马克思主义者，回到马克思，发展马克思主义，是他开始批判苏联官方哲学时的自觉选择。

"回到马克思"是弗罗洛夫新人道主义思想形成中的关键环节，它是指回到马克思早期著作中的思想。马克思的早期著作，按照写作顺序，通常是指博士论文、《莱茵报》时期的著作、《黑格尔法哲学批判》、《〈黑格尔法哲学批判〉导言》、《论犹太人问题》、《1844年经济学哲学手稿》、《神圣家族》、《关于费尔巴哈的提纲》、《德意志意识形态》。它们几乎全部都是哲学著作。《德意志意识形态》的写作在1846年下半年基本结束，此后马克思一生再也没有从事专门的哲学研究和写作专门的哲学著作，可见他的哲学思想集中在早期著作之中。《〈黑格尔法哲学批判〉导言》和《论犹太人问题》写于1843年10月至1844年初，是马克思思想形成的起步阶段。《关于费尔巴哈的提纲》写于1845年春天，按恩格斯的说法，它是马克思历史唯物主义的起源。①这一提纲是马克思运用自己的唯物史观对费尔巴哈的批判，由此可见马克思最有价值的思想，把他与其他一切哲学家区分开来的思想，应该在写作《关于费尔巴哈的提纲》时已经形成。《关于费尔巴哈的提纲》核心概念是实践，结合此后写作的《德意志意识形态》，可以看到，用劳动实践活动解释世界及其变化，即唯物史观，是马克思哲学思想的主要标志。《神圣家族》基本上没有涉及劳动实践问题，但是在《1844年经济学哲学手稿》中有大量关于劳动实践活动的论述，而且已经明确地把劳动实践活动作为历史理论的基石，指出："对社会

---

① 参见《恩格斯致弗·雅·施穆伊洛夫》（1893年2月7日），《马克思恩格斯文集》第10卷，第647页。

第四章　弗罗洛夫新人道主义的思想渊源

主义的人来说，整个所谓世界历史不外是人通过人的劳动而诞生的过程，是自然界对人来说的生成过程，所以关于他通过自身而诞生、关于他的形成过程，他有直观的、无可辩驳的证明。"[1] 这表明，《1844 年经济学哲学手稿》包含了马克思哲学思想的精髓、核心，虽然尚未成熟，但对于理解马克思的哲学思想极为重要。《1844 年经济学哲学手稿》于 1932 年第一次全文发表，问世后石破天惊，西方学者惊呼马克思第二次降临世界。这一次马克思不是作为革命家，而是以人道主义者的面目出现在世人面前。西方国家的多数学者认为马克思是人道主义者，西方马克思主义与苏联哲学的分歧与对立更加激烈。不能否认的是，在苏联哲学界越来越多的人认可西方学者的观点，主要依据便是《1844 年经济学哲学手稿》。然而打开这部著作，人道主义扑面而来。关于共产主义，马克思说：

共产主义是对**私有财产**即**人的自我异化的积极的**扬弃，因而是通过人并且为了人而对**人的**本质的真正**占有**；因此，它是人向自身、也就是向**社会的**即合乎人性的人的复归，这种复归是完全的复归，是自觉实现并在以往发展的全部财富的范围内实现的复归。这种共产主义，作为完成了的自然主义，等于人道主义，而作为完成了的人道主义，等于自然主义，它是人和自然之间、人和人之间的矛盾的真正解决，是存在和本质、对象化和自我确证、自由和必然、个体和类之间的斗争的真正解决。[2]

通过"回到马克思"，马克思的早期著作对弗罗洛夫产生了深刻的多方面的影响。

---

[1] 《马克思恩格斯文集》第 1 卷，第 196 页。
[2] 同上书，第 185 页。

首先，弗罗洛夫的哲学思想完成了由关注物转向关注人的改变，人成为他的理论焦点，并且确立了贯穿其全部学术活动和政治活动的基本原则——人是万物的尺度。他强调："我们现在清楚地认识到，马克思主义主要是、首先是关于人类和人的发展与解放的科学。所有其他一切，包括对社会的经济的、政治的改造，包括阶级斗争，都是实现人类和人的解放这一主要的、绝对的目的的手段。"[1]这样理解的马克思主义与辩证唯物主义有极大的区别。辩证唯物主义是从物质及其运动出发解释世界，包括解释人，中心是物；弗罗洛夫所说的作为人类和人的解放的科学的马克思主义，中心是人，其他一切都要服从人的解放。所谓政治经济学研究、科学社会主义，阶级斗争，都服务于人的解放事业。弗罗洛夫全部理论从此聚焦于人的解放，归根到底是聚焦于人的问题，具有了明显的人道主义色彩。

人不仅是弗罗洛夫理论思维的焦点，而且在他的理论中是万物的尺度。他说："人道主义是一个精神价值的体系，在这个体系中，人的优先性是决定性的因素。人道主义在今天已经成为哲学、科学和整个文化中主要的、核心的概念。它被宣称为政治原则与社会发展的战略目标，因此搞清楚这一概念被赋予了什么样的内容非常重要。的确，人们在今天这样来接受古希腊哲学家普罗泰戈拉提出的原则'人是万物的尺度'，好像它不是诞生在两千年前，而是在当下、在现在诞生的。但是科学方法的特点在于，它不满足于容易使人迷惑的表面现象，而是引导研究者解释事物的本质。"[2]在苏联官方哲学辩证唯物主义历史唯物主义理论体系中，唯物主义和唯心主义的对立贯穿一切方面，

---

[1] *Фролов И.Т.* Перестройка: философский смысл и человеческое предназначение // Академик Иван Тимофеевич Фролов. С. 535.（И.Т.弗罗洛夫：《改革：哲学意义与人的使命》，《伊万·季莫费耶维奇·弗罗洛夫院士》，第535页。）

[2] *Фролов И.Т.* Новый гуманизм // Академик Иван Тимофеевич Фролов. С. 561.（И.Т.弗罗洛夫：《新人道主义》，《伊万·季莫费耶维奇·弗罗洛夫院士》，第561页。）

是否符合物质第一性原理及其运动规律事实上是判断是非得失的标准。在这样的背景中把人作为万物的尺度,弗罗洛夫哲学思想的人道主义性质显得十分突出。

人道主义产生于文艺复兴运动,是工业文明的产物。马克思的哲学思想与资产阶级人道主义哲学同样属于人道主义理论,都坚持"人是万物的尺度",然而在对这一尺度的理解上有重要不同。资产阶级哲学家理解的人是追求物质利益满足物质欲望的个人,所谓"人是万物的尺度"是指把最大限度地满足个人的物质需要、物质享受作为判断一切事物价值的标准。按照马克思的认识,追求物质欲望的满足是人的动物性的表现,因此资产阶级人道主义所说的人,其实是资产者,是没有彻底走出动物阶段的人,还不是真正意义上的人。这样的人道主义其实是对人的动物性的张扬。一旦人把追求物质财富和物质欲望的满足作为价值目标,他就不可能摆脱物对自己的支配,不可能从异化状态中获得解放,可见从满足人的物质需要、物质欲望出发的理论不是真正人道主义。马克思的人道主义把人的解放作为最终目标,他关注的不是个人,而是人类;不是人的物质欲望的满足,而是人的解放,即人摆脱物的支配,消灭异化获得自由。这样理解的人的解放,是指人彻底告别动物阶段,社会进入共产主义阶段,真正的人的历史开始。通过"回到马克思",弗罗洛夫突破了资产阶级的狭隘眼界,站到了全人类的高度,并且不是把人理解为追求物质欲望满足的个人,而是理解为摆脱了物对人的支配追求个性自由发展的人类。"回到马克思"使他成为人道主义者,而且使他的人道主义思想超越了一切资产阶级人道主义理论。

其次,追求科学性、现实性成为弗罗洛夫人道主义思想的基本特征。弗罗洛夫突出强调自己人道主义思想的现实性与科学性,他的新人道主义往往被表述为"新的(现实的)人道主义"。他认为,现实性是马克思人道主义思想的本质特征:"马克思主义是关于人和人类的解放与发展的科学,是现实的人道主义,它把'其他的一切'(革命、社会经济形态,等等),都当作实现这一人道主义目标的手段。"①他还说:

> 马克思把自己的全部学术活动、革命活动都用于探寻人的解放与发展的道路和方法。他在向共产主义的转变中找到了这样的道路和方法。他认为共产主义是一种新的文明,是真正的人的社会,在共产主义社会,人的自由、全面发展成为可能。由此,一种真正的人道主义,现实的、实际发挥作用的、新的人道主义,得到确立,它取代了旧的、乌托邦性质的、资产阶级的人道主义。
>
> 当然,如果我们回顾一下几乎在一个半世纪以前便被马克思主义人道主义发现并且在几十年中不断成为现实的那些思想理想和道德理想,那么我们把马克思主义人道主义称作新人道主义可能会显得有些奇怪。然而马克思主义人道主义的特点在于,它不仅存在于过去,也存在于今天,最主要的是它面向未来,是人类的实实在在的目标和理想,包括马克思主义人道主义在科技进步和人类文明的全球性问题日益尖锐的条件下的发展。②

他还进一步指出,新人道主义之所以是现实的,是因为它和无产阶级的阶级斗争以及全人类为自由公正的未来进行的斗争密切相关,与社会主义、共产主义的实践密切相关。他说:"我们把马克思主义人道主义称作新人道主义,因为它取代了旧的、资产阶级的人道主义;我们把它称作现实的人道主义,因为它具有实践的性质,能够实际地

---

① Иван.Тимофеевич Фролов // Философия России второй половины XX века. С. 516. (《20世纪下半叶俄罗斯哲学:伊万·季莫费耶维奇·弗罗洛夫卷》,第516页。)

② Фролов И.Т. Избранные труды Т.3. О человеке и гуманизме. С. 543. (И. Т. 弗罗洛夫:《И. Т. 弗罗洛夫著作选集》第三卷《论人和人道主义》,第543页。)

第四章　弗罗洛夫新人道主义的思想渊源

发挥作用，经过了社会主义和共产主义经验的科学论证。"①

马克思是人道主义者，这一点确定无疑；同时，马克思认为自己的人道主义是现实的、科学的人道主义，这一观点我们在马克思的早期著作中也看得很清楚。②正因为如此，弗罗洛夫通过阅读马克思的早期著作形成自己的人道主义思想时，一再强调它的现实性、科学性。弗罗洛夫的人道主义思想是不是现实的、科学的？它和马克思的思想究竟是什么关系？这些问题至关重要，本书将在第六章作专门分析。

在弗罗洛夫"回到马克思"的过程中，西方马克思主义的影响发挥了重要作用。其中应该特别指出的是哲学家埃里希·弗洛姆。本书在前面曾经提到，弗罗洛夫在1990年接受《莫斯科共青团员报》采访时曾说："和我与之斗争的米丁院士一类'伪马克思主义者'相比，我和弗洛姆有更多的共同之处。我总是说：'我和米丁在同一个党里，有什么意思？他以马克思和列宁的名字发誓的那些东西，对我有什么用？我和埃里希·弗洛姆，和尤尔根·哈贝马斯，更为接近。作为坚定的马克思主义者，我在他们身上得到的东西，比在那些除了《联共（布）党史简明教程》第4章以外什么都不知道的教条主义者身上得到的多得多。"③西方马克思主义，从其奠基人卢卡奇、柯尔施开始，一方面对马克思的哲学思想作人道主义解读，另一方面批判苏联哲学，甚至批判恩格斯。马克思的早期著作问世后，"回到马克思"是西方马克思主义的显著倾向。弗罗洛夫之所以特别强调弗洛姆对自己的影响，是因为弗洛姆在众多的西方马克思主义哲学家中具有鲜明的特点：

第一，西方马克思主义哲学家绝大多数是职业哲学家或者革命家，

---

① *Фролов И.Т.* О жизни, смерти и бессмертии // Иван Тимофеевич Фролов // Философия России второй половины XX века. C. 406.（И. Т. 弗罗洛夫：《论生命、死亡与永生》，《20世纪下半叶俄罗斯哲学：伊万·季莫费耶维奇·弗罗洛夫卷》，第406页。）

② 马克思与恩格斯在《神圣家族》全书一开始便称自己的理论为"真正的人道主义"。

③ 见 *Колсаков С.Н.* Иван Тимофеевич Фролов. C. 22-23（С. Н. 科尔萨科夫：《伊万·季莫费耶维奇·弗罗洛夫》，第22—23页）。

弗洛姆不同，他是出生于德国的心理学家，是一位开业的精神病医生，有几十年的用精神分析方法治疗病人的临床经验。他说，在他的著作中，"没有一个关于人的精神方面的结论不是建立在这一精神分析工作对人的行为所做的批判性的观察基础上的。我对社会行为的研究也是如此"[①]。精神病医生的实践使得弗洛姆对生物学，对人，予以特别的关注，而且是结合自然科学知识的关注。弗罗洛夫是从对生物学的研究方法和生物学哲学问题的关注开始自己的学术生涯的，这和弗洛姆的经历有相似之处，使他比较容易理解和接受弗洛姆的思想。

第二，与上一个特点有关，弗洛姆的思想在两个方面与众不同。首先，作为精神病医生，他对弗洛伊德主义有深入了解，进而有可能就弗洛伊德和马克思对人的理解的异同做出深刻对比，形成自己的独特思想。弗洛姆说：

> 他们两人（马克思和弗洛伊德。——本书作者）都相信，大多数人的意识、思维都是由位于背后的、人所不知道的力量所决定的；人阐明自己的行动是合理的或道德的，正是这些合理的说明（虚假的意识、意识形态）使人主观地得到了满足。但是，由于人受他所不认识的力量的驱使，人是不自由的。人只有通过对这些动力的逐步认识，即通过对现实的认识，才能获得自由，才能成为自己生活的主人（在现实的有限范围内），而不是盲目力量的奴隶。马克思与弗洛伊德之间的根本分歧表现在各自有关决定人的这些力量的本质概念中。弗洛伊德认为，这些力量本质上是生理学上的（力比多）或生物学上的（死本能和生本能）。马克思则认为，这些是历史的力量，这些力量在人类的社会经济发

---

① 〔美〕埃里希·弗洛姆：《在幻想锁链的彼岸》，长沙：湖南人民出版社，1986年，第8页。

第四章　弗罗洛夫新人道主义的思想渊源

展的过程中经历了一次演化。在马克思看来，人的意识是由他的存在决定的，人的存在是由他的生活实践所决定的。而人的生活实践又是由生产他的生活资料的方式决定的，即是由生产方式和社会结构以及由此而产生的分配方式和消费方式所决定的。

马克思和弗洛伊德的概念并不是互相排斥的。因为马克思是从现实的、能动的人出发，他的理论是以人的现实生活过程，当然也包括人的生物和生理条件为基础的。马克思承认，性欲存在于一切状况中，就形式和方向而言，这些状况是由社会条件来改变的。①

其次，大多数西方马克思主义哲学家把目光聚焦在对资本主义世界人的物化的批判上，批判科学理性对人的主宰，批判物对人的支配。他们关注的是社会问题，他们的理论是社会批判理论。弗洛姆同样对资本主义社会展开批判，但是他敏锐地发现并紧紧抓住了全球性问题及其对人类命运的巨大影响。他说：

> 自进入工业时代以来，几代人一直把他们的信念和希望建立在无止境的进步这一伟大允诺的基石之上。他们期望在不久的将来能够征服自然界、让物质财富涌流、获得尽可能多的幸福和无拘无束的个人自由。……
> ……
> 实际上，工业社会从来就未能兑现它的伟大允诺，越来越多的人认识到：
> ——无限制地去满足所有的愿望并不会带来欢乐和极大的享乐，而且也不会使人生活得幸福；

---

① 〔美〕埃里希·弗洛姆：《在幻想锁链的彼岸》，第117—118页。

新轴心时代与 И. Т. 弗罗洛夫

  ——想独立地主宰我们生活的梦想破灭了，因为我们认识到，大家都变成了官僚机器的齿轮；

  ——掌握着大众传播媒介的工业——国家机器操纵着我们的思想、感情和趣味；

  ——不断发展的经济进步仅局限于一些富有的国家，穷国和富国之间的差距越来越大；

  ——技术的进步不仅威胁着生态平衡，而且也带来了爆发核战争的威险，不论是前种危险还是后种危险或两者一起，都会毁灭整个人类文明，甚至地球上所有的生命。[①]

基于以上认识，弗洛姆对罗马俱乐部所做的工作予以高度关注。

  第三，弗洛姆通过对工业文明带来的社会问题、全球性问题的分析，提出应该加强对人的研究，着重培养新人，并从各方面对新人的性格结构作了详细说明。不仅如此，他还明确提出了新人道主义概念，指出新人道主义是对工业文明非人化做出的人道主义反抗，作为彻底的人道主义的马克思主义是新人道主义的重要思想来源之一。

  只要对弗罗洛夫本人的思想和弗洛姆的以上思想略作比较，便可清楚地看到二者有诸多相似之处，例如对马克思的人道主义解读、高度评价罗马俱乐部的工作、关注全球性问题、提出新人道主义概念、追求人的解放、呼吁建立人学加强对人的研究、探讨新人的培养，等等。弗洛姆是弗罗洛夫"回到马克思"的中介，他对弗罗洛夫思想的形成产生了重大影响。弗罗洛夫本人曾经对弗洛姆的思想作过详细的分析与评价[②]，这些分析与评价充分展现了他和弗洛姆之间的思想联系。

---

  ① 〔美〕埃里希·弗洛姆：《占有还是生存》，北京：生活·读书·新知三联书店，1989年，第 3—4 页。

  ② 参见 *Фролов И.Т.* О человеке и гуманизме. С. 76-79（И. Т. 弗罗洛夫：《论人和人道主义》，第 76—79 页）。

综上所述，弗罗洛夫的新人道主义理论是他在新的条件下离开甚至抛弃苏联官方哲学"回到马克思"的产物。弗罗洛夫毕生都是坚定的马克思主义者，"回到马克思"使他对马克思主义有了新的也可以说是更深入的理解，通过阅读马克思的早期著作以及西方马克思主义哲学家的作品，他把握了马克思主义的人道主义实质，他坚持的是人道主义的马克思主义。

二、俄罗斯哲学传统的延续

"回到马克思"毫无疑问是弗罗洛夫新人道主义思想得以形成的重要途径，然而早期马克思以及西方马克思主义并非弗罗洛夫新人道主义思想的唯一来源。前面提到，弗罗洛夫明确地说，转向俄罗斯文化的人道主义传统（Л. Н. 托尔斯泰、Н. А. 陀思妥耶夫斯基等人的思想），转向俄罗斯哲学家，即 Вл. С. 索洛维约夫、Ф. М. 别尔嘉耶夫等人，是他的新人道主义观念能够形成并发展的重要原因。其实我们完全可以说，他的新人道主义是俄罗斯哲学传统的延续。

弗罗洛夫多次指出，他是马克思主义者，又深受俄罗斯传统文化和俄罗斯哲学的影响。1999 年 8 月，即弗罗洛夫去世前三个月，俄罗斯《哲学问题》杂志发表了为纪念其 70 岁生日而作的对他的访谈。访谈中弗罗洛夫对自己的一生作了总结。这是一份对于研究弗罗洛夫、苏联哲学、戈尔巴乔夫改革和苏联解体后的俄罗斯哲学，具有重要价值的文献。访谈临近结束时他这样说：

> 我平静地、"哲学地"对待死亡，早在 20 年前就写过关于死亡的作品。教会我面对死亡的首先是我的母亲。她是一位具有浓厚宗教情结却又早逝的俄罗斯妇女，努力在基督教传统中培育我（要知道，我从童年起就熟知这些传统）。成年以后，（在许多个

月的患病中第三次"告别死亡"以及在多次全麻手术间歇期间）我仔细研究过的圣经文本对我产生了巨大影响，我重新阅读了那些"圣书"，它们中的许多内容给了我帮助。但是，当然了，过去对我影响最大现在仍然影响我的，是那些伟大哲学家的著作，是俄罗斯文学和俄罗斯科学——Л. Н. 托尔斯泰、Ф. М. 陀思妥耶夫斯基、А. П. 契诃夫、И. И. 梅奇尼科夫、И. И. 施马尔豪森，以及许多许多的其他人。①

他还曾经这样说："你们看，索洛维约夫是唯心主义者，而别尔嘉耶夫甚至是反共主义者。但我研究他们不仅是为了对他们有所了解，我喜欢他们这些思想家。"②

任何民族的存在都始终有自己的文化相伴随，但是只有当它的文化与其他文化发生冲突、交流时，这个民族才会在比较中对自己文化的特点有更为清醒的认识，形成文化自觉，进而更为自觉地培育和弘扬自己的文化。赫尔岑和别尔嘉耶夫都说过：俄罗斯用普希金的天才回答彼得大帝的改革。从这个意义上看，我们今天所面对的俄罗斯文化，是俄罗斯历史上彼得大帝改革的产物。17世纪末18世纪初彼得大帝发动的改革以铁腕排除阻力，引进西方国家的科学技术，具有浓厚资本主义色彩的西方文化大量涌入俄国。随后在德国出生并接受教育的俄国女皇叶卡捷琳娜二世，自称"伏尔泰的女弟子"，邀请法国启蒙运动的代表人物狄德罗访问俄国，引进西方国家的各种文化艺术形式，俄罗斯人的精神王国受到冲击。再往后，1812年卫国战争胜利后，

---

① Загадка жизни и тайна человека: поиски и заблуждения. Беседа с академиком И. Т.Фроловым // Иван.Тимофеевич Фролов // Философия России второй половины ХХ века.М.: РОССПЭН, 2010. C. 536. (《生命之谜与人的秘密：探寻与迷误——与И. Т. 弗罗洛夫院士的谈话》，见《20世纪下半叶俄斯哲学：伊万·季莫费耶维奇·弗罗洛夫卷》，第536页。)

② 同上书，第523页。

第四章　弗罗洛夫新人道主义的思想渊源

大批青年军官、俄国贵族进驻巴黎，亲身受到西方文化的熏陶。很快，俄国国内政治上出现了"十二月党人"，文化上诞生了 А. Н. 拉吉舍夫、П. Я. 恰达耶夫、西欧主义派与斯拉夫主义派，诞生了成为俄罗斯文化杰出代表的 А. С. 普希金。随之而来的则是 А. И. 赫尔岑、Н. Г. 车尔尼雪夫斯基、Ф. М. 陀思妥耶夫斯基、Н. В. 果戈理、Л. Н. 托尔斯泰，还有白银时代的一大批哲学家：Вл. 索洛维约夫、С. Н. 布尔加科夫、Н. А. 别尔嘉耶夫、Н. Ф. 费奥多罗夫、С. Л. 弗兰克……，以及灿若群星的艺术家。他们共同构成了今天世人熟知的俄罗斯文化。

俄罗斯文化产生于西方文化的冲击以及俄罗斯传统文化的回应之中，而且俄国思想家开始认真思考俄罗斯与欧洲的关系时，西方资本主义工业文明的各种弊端已经显现，甚至触目惊心。无产阶级的苦难，阶级斗争的残酷，社会道德的败坏，让人们看到物质财富增加的背后掩藏着怎样的污秽与灾难。三大空想社会主义理论广泛流行，马克思恩格斯的名字进入俄罗斯人的视野，1848 年革命即将开幕。俄罗斯是后发展国家，当西方资本主义工业文明显现危机时，俄罗斯刚刚开始踏上工业化现代化的道路，未曾经历文艺复兴和启蒙运动的洗礼，它的传统文化具有浓厚的中世纪色彩，具有宗教性。正因为如此，西方国家发展中显现的弊端，让尝试学习资本主义文明的俄罗斯人感到格外突出和醒目，引起俄罗斯进步知识分子的高度警觉。他们在探寻国家发展道路时，对这些弊端予以特别关注，怎样避免重蹈这些国家的覆辙，成为他们集中思考与争论的热点问题。

这些情况决定了我们今天熟知的俄罗斯文化自诞生时起便形成了对资本主义进行批判的基因。东方与西方的关系，俄罗斯与欧洲的关系，俄罗斯向何处去，是俄罗斯文化的基本问题，西方资本主义工业文明批判是俄罗斯文化的主题。在俄罗斯文学作品中尤其明显。陀思妥耶夫斯基的全部作品都以此为主题。托尔斯泰的作品主要涉及俄罗斯文化与西方文化的冲突，但他明显地偏爱、赞扬注重人的精神性的俄罗斯文化。此外，普希金对人的理解，П. Я. 恰达耶夫在批评俄罗斯的同时对西方文明的尖锐批判，他的俄罗斯救世主义情结，斯拉夫主义者对西方文明弊端的谴责以及关于尊重、回归、弘扬俄罗斯传统文化的呼吁，民粹派关于越过资本主义卡夫丁峡谷的思考与尝试，无不体现出对西方工业文明弊端的警觉与批判。

哲学是时代精神的精华。俄罗斯进步知识分子对西方工业文明的批判，集中体现在俄罗斯哲学之中。Вл. 索洛维约夫是历史上第一个创建哲学体系的俄罗斯人，对俄罗斯哲学、俄罗斯文化的发展产生了重大影响。他的第一部重要著作以《西方哲学的危机》(1874) 为名，该书提出：

> 在西方，群起反对专制教会和独裁国家并在其革命运动中战胜它们的民众和地方势力，本身并不能维持其统一和完整，而是分裂成许多敌对的阶级，然后还必然会分裂成敌对的个人。……在旧欧洲，人的生命一方面是从天主教那里，另一方面是从骑士封建主义那里，获得其观念内容。这种观念内容使旧欧洲具有相对的统一性和崇高的英雄主义力量，尽管它里边已经隐含着二元论的因素；二元论必然会导致后来旧欧洲的崩溃。革命彻底推翻了旧理想，这自然是必要的。但就革命的否定性质讲，它不可能提供新东西；它解放了个人，赋予他们以绝对意义，但也使他们的活动失去了必要的土壤和养料。因此我们看到，当代西方个人主义的恶性膨胀，直接导致其对立面——导致普遍的个性丧失和庸俗化。个人意识极度紧张，且找不到适宜的排解对象，便转化为所有人机会均等的、空虚的和卑微的利己主义。西方残留的唯一重大的人间差别和不平等，是富人和无产者之间的不平等；仍然保持现实力量的唯一一个庞然大物，即唯一至高无上的权力，是庞大资本的权力。……如果谈到公正性，那么就该马上承认，权力是物质财富赋予的（因为财

第四章 弗罗洛夫新人道主义的思想渊源

富被视为生活的最高目的）；那么财富和与之结合的权力属于它的生产者即工人，这难道不正确吗？不言而喻，资本，即以往劳动的成果，对作为现在的劳动的财富生产来说是十分必要的，但是任何时候都无人证明二者绝对分开的必要性，即一个人注定当资本家，而另一些人只能当工人。①

以上论述是索洛维约夫对西方资本主义工业文明所造成的社会分裂、社会对立的批判。这种批判普遍流行，也是当时（1874）马克思主义著作的中心内容。然而社会问题并不是索洛维约夫思想理论的主题，他关注的主要是人和人类的命运，是人的精神价值。他说：

> 西方文明则首先追求对不信神的人给予特殊的肯定；这个作为外在的和表面上的个体和现实的人，处在这种复杂境地的人，既被视为唯一的神，同时又被当作微不足道的原子：作为自为的神，即在主观上，他是神；但在客观上，就他与外在世界的关系讲，他是微不足道的原子。在无限的空间里，他是外在世界的一个单独的分子；在无限的时间里，他是暂时的现象。很清楚，这种人生产出来的一切东西，都将是细碎的、个别的、缺乏内在统一和绝对内容、仅限于外表、永远不能达到真正集中的东西。个人的私利，偶然的事实，细枝末节——生活中的原子论，科学中的原子论，艺术中的原子论——这就是西方文明的最后成果。……西方文明造就了生命的个别形式和外在材料，却没有赋予人类以生命本身的内在内容；它把单个的因素孤立起来，使它们达到只有个体才能达到的发展极限，但却使它们失去了与活生

---

① 〔俄〕Вл. 索洛维约夫：《西方哲学的危机》，杭州：浙江人民出版社，2000年，第178—180页。

生的精神的有机联系，致使所有这些财富都成了僵死的资本。①

因此，索洛维约夫针对西方文明对人的贬低与损害，主张用宗教和哲学补充、制约科学知识，实现宗教、哲学、科学的统一，建立完整的知识。

索洛维约夫对西方文明的批判以人为中心，主要针对西方文明用实证主义、物质主义理解人，使人片面化，丧失了精神价值，割裂了精神与物质、灵与肉的有机联系，使它们对立起来。这一批判体现出一种对人的更为全面的、更为高尚的理解，内含一种新的人道主义。这是各个领域俄罗斯文化代表人物的共同特点。他们不否认西方工业文明的成就，不否认科学理性的作用，也不否认人的物质需要、物质欲望，但是他们着重弘扬人的精神性、全面性，认为西方资本主义工业文明从追求人的幸福出发，把工业生产、科学理性作为实现人的幸福的主要途径，导致了物对人的支配，导致了人的个性、自由以及精神价值的丧失。人最宝贵的东西受到损害。资本主义工业文明从人道主义出发，结果却走到了自己的反面，贬低人，使人变成了物。俄罗斯知识分子的多数人，得出了这样的结论：为了恢复人的尊严，真正实现人的幸福，应当实现灵与肉的结合，由灵主导肉，为此人应当充分发扬宗教的积极作用，回归宗教。宗教所突出的、珍视的，不是物质欲望，而是人的精神价值。

对西方资本主义文明提出批评的绝不仅仅是索洛维约夫，这几乎是俄罗斯知识分子当时创作活动的共同主题。

俄罗斯文化的上述基本精神在别尔嘉耶夫的哲学中得到最集中、最生动的体现。1923年他出版了一部篇幅不大却十分重要的著作——《历史的意义》，其中用大量篇幅讨论了欧洲文艺复兴及其产物人道主

---

① 〔俄〕Вл.索洛维约夫：《西方哲学的危机》，第187页。

第四章 弗罗洛夫新人道主义的思想渊源

义的历史命运。别尔嘉耶夫说：

> 近代史的终结，特征是在其一切领域内，在其一切成果中，都经历着极为深刻的失望，即对近代史上所有主要意图、心愿和幻想的失望。在近代史的每个方面我们都能找到这种失望，无论在认识领域，即在科学和哲学中，也无论在艺术创作领域、国家生活领域、经济生活领域、对自然界的实际统治领域，人们的意图一个都没有实现。那些在文艺复兴时期使人受到鼓舞和感到自豪的愿望，都破灭了。人变得平庸。人不得不以某种特殊的方式苟且偷安。人抱着无限制地认识世界的梦想，结果却认识到了认识是有界限的，认识到科学无力洞悉存在的奥秘。[1]

他的结论性的意见是："事实已经证明并告诉我们：抱着人道主义的态度不信神，导致了人道主义的自我否定，人道主义变成反人道主义，自由变成强制。"[2]

别尔嘉耶夫还对文艺复兴时期的人道主义如何走到自己的反面作了具体说明。他指出：

> 我想，机器的胜利出现是人类命运中最重大的革命之一。我们还没有对这一事实予以充分的评价。生活中一切领域的转变都始于机器的出现。人仿佛从自然界挣脱出来，整个生活节奏发生变化。从前，人和自然界有机地联系在一起，人的社会生活是适应自然界的生活而形成的。机器使人和自然界的这种关系发生了

---

[1] *Бердяев Н.А.* Смысл истории、Новое средневековье. М.: КАНОН+ ои реабилитация, 2002. С. 174.（Н. А. 别尔嘉耶夫：《历史的意义、新中世纪》，莫斯科：КАНОН+ ои реабилитация 出版社，2002 年，第 174 页。）

[2] 同上书，第 177 页。

极大的变化。它处于人和自然界之间,它不仅在表面上使自然力屈服于人,而且也征服了人自身;它在一个方面使人获得解放,但又以新的方式奴役人。如果说人从前依赖自然界,如果说人的生活由于这种依赖而显得简陋,那么机器的发明和与之伴随的生活的机械化,一方面使人的生活变得富裕,但另一方面又造成了新的依赖和奴役,而且要比人直接依赖于自然界而感受到的依赖和奴役强烈得多。①

别尔嘉耶夫的以上论述是从人、人类的命运以及人道主义出发对资本主义工业文明的有力抨击,主要思想是面对现实生活中物对人的支配,捍卫人的自由、尊严和价值。他提出,为了恢复人的自由、尊严和价值,应该回到中世纪。他说:随着人道主义走向自己的反面,

> 近代史终结了,另外一段历史,按照类比的方法,我把它称作新中世纪,开始了。在新中世纪,为了恢复自己的全面性,人应该重新约束自己;为了不彻底毁灭自己,人应该重新使自己服从于最高存在。为了人重新获得个性,为了基督教对人的形象所做的工作——在世界历史中这一工作构成了人的命运中的非常重要的时刻——得以继续,必须以新的方式在某些方面回到中世纪的禁欲主义。②

就是说,人应当重新以某种精神性的因素制约、束缚自己的物质欲望,当然也包括约束服务于这些欲望的科学理性和对自然界的征服行为。

---

① *Бердяев Н.А.* Смысл истории、Новое средневековье. C. 148.(Н. А. 别尔嘉耶夫:《历史的意义、新中世纪》,第 148 页。)
② 同上书,第 177 页。

第四章　弗罗洛夫新人道主义的思想渊源

这是俄罗斯文化，特别是俄罗斯哲学的最基本的思想，也是俄罗斯文化的与众不同之处。必须指出的是，放眼世界，资本主义工业文明的批判者比比皆是，但大多数人局限于对资本主义的社会批判，着重揭示其阶级对立、社会不公与道德沦丧，揭示劳动者的苦难，关注社会改造。相比之下，俄罗斯思想家要深刻得多。他们更多地关注个人，关注人的自由、尊严和整个人类的命运。俄罗斯文化的浓厚宗教色彩使他们站在上帝的高度俯瞰世界，以把人类从西方工业文明的苦难中解救出来为己任，表现出强烈的救世主义。不仅如此，俄罗斯思想家没有把人的非人处境归结于社会，而是在人自身寻找原因。他们手中有一把解剖人的灵魂的手术刀，对人性加以深刻剖析。主张在人的灵魂深处唤起对神的敬畏，用精神、道德控制肉体以及物质欲望，否则人就会失去自己最宝贵的东西——自由，受到物的奴役。这是俄罗斯文学、俄罗斯哲学最重要的与众不同之处，也是它们的价值所在。由于这一特点，它们对西方工业文明的批判达到了他人难以企及的深度。

在这一方面，陀思妥耶夫斯基最具有代表性。

陀思妥耶夫斯基不是通常意义上的哲学家，没有写过专门的哲学著作，他的哲学思想主要存在于他的小说之中。他的小说以心理分析见长，把人的隐秘的内心世界、人性的美好与丑恶，赤裸裸地暴露出来。他认为自由是人的本质，人之所以为人，只在于它是自由的。人们普遍认为，人在自然规律面前是不自由的，二二得四这样的规律不能反对，"大自然根本不管你们的愿望如何，也不管你们喜不喜欢它的规律。你们必须照样接受它，因此也得接受它的一切结论。墙就是墙……如此等等"[①]。在小说《地下室手记》中，陀思妥耶夫斯基借主人公之口说："我的老天爷，当我由于某种原因对于自然规律和二二得四并不喜欢的时候，自然规律和算术于我又有什么关系呢？当然喽，

---

① 〔俄〕陀思妥耶夫斯基：《地下室手记》，北京：商务印书馆，1995年，第23页。

假如我真的没有力气用脑袋撞开这堵墙，我就不去撞它，可是我也不会跟它妥协，那仅仅是因为我面前有一堵石墙，而我的力气还不够碰它罢了。"① 陀思妥耶夫斯基在《卡拉马佐夫兄弟》中把耶稣基督作为自由的象征，对"自由是人的本质"这一思想作了进一步的肯定。别尔嘉耶夫说："自由是陀思妥耶夫斯基世界观的中心。"② 自由是人内在地具有的，因为人在其精神深处有着非理性的东西，有本能、意志、愿望、爱或恨。

出于对人的本性的以上理解，陀思妥耶夫斯基对损害人的自由的西方工业文明作了无情的批判。扼杀人的自由的科技理性，是他的重要批判对象。他坚决反对为了某种目的强迫人按照客观规律行事。他说："人类向地球上的一切突进的目的也许只不过是为达到目的而经过的连绵不断的过程，换句话说，是生活本身，而其实并不是目的，这目的当然应该不外乎是二二得四，就是说这个公式，但先生们，须知二二得四已经不是生活，它已经是死亡的开始了。……二二得四毕竟是很讨厌的东西。二二得四——依我看来，那只不过是耍无赖。二二得四它横眉竖目、双手叉腰站着挡住了你们的去路并吐着唾沫。我同意二二得四是很高超的东西；可是既然一切都得称赞一番，那么二二得五在有的时候也就是非常可爱的东西啦。"③ 陀思妥耶夫斯基还说："理性是个好东西，这用不着争辩，但理性终究不过是理性，它只能满足人的理智的能力，但意愿却是整个生活的表现，即整个人的生活连同理性、连同一切内心骚动的表现。……我完全自然地想为满足我的全部生活能力而生活，可并不是为了仅仅满足我的理性的能力，即我

---

① 〔俄〕陀思妥耶夫斯基：《地下室手记》，第23、25页。

② Бердяев Н.А. Миросозерцание Достоевского. М.: Издатель И. Захаров. 2001. C. 47.（Н.А. 别尔嘉耶夫：《陀思妥耶夫斯基的世界观》，莫斯科：出版人，И. 扎哈罗夫，2001年，第47页。）

③ 〔俄〕陀思妥耶夫斯基：《地下室手记》，第65、67页。

第四章 弗罗洛夫新人道主义的思想渊源

的全部生活能力的一个二十分之一。"[①] 人只要照着理性的指引,按规律办事,就可以得到很多好处,但是人们往往愿意去做各种对自己有害的、愚蠢的甚至是最愚蠢的事情,为什么?"因为无论如何它都能给我们保存最主要的和最宝贵的东西,即我们的个性和我们的特性。有些人会说,这事实上对于人确实是最宝贵的;意愿这东西,假如愿意的话,当然是能够同理性相一致的……可是意愿却很经常而且甚至大部分是同理性完全地和固执地抵触。"[②] 陀思妥耶夫斯基批判科技理性,目的是要说明人毕竟是人,不是工具,不是物,有着精神性的甚至非理性的需要。资本主义工业文明恰恰是以物质利益为诱饵,用科学理性扼杀人的自由、个性。他说:如果人学会像理智和科学所指示的那样去行动,"科学本身将告诉人(我认为这简直已经是奢侈了),无论意志或者任性,实际上在他身上都不存在了,而且是从来不曾有过,他自己不过是类似钢琴的琴键或风琴上的销钉罢了;除此之外,世界上还有自然规律;所以一切他所做的,完全不是按照他的意愿,而是自然而然地按照自然规律完成的。因此,人只要去发现这些自然规律,就无须去为自己的行为负责,他也将非常轻松地生活。人的一切行为到那时不消说将按照这些规律计算出来,按照数学方式,像对数表那样,直到108000,并载入到历史书里去;要是更好些的话,那将出现某些像现在的大百科辞典那样用意良好的出版物,将会把一切都如此准确地计算和标示出来,于是世界上便不再有失误和意外事故了"[③]。

在小说《卡拉马佐夫兄弟》中,陀思妥耶夫斯基精心设计了耶稣基督与中世纪西班牙某地宗教裁判所一位宗教大法官的对话,即著名

---

① 〔俄〕陀思妥耶夫斯基:《地下室手记》,第53页。
② 同上书,第55页。
③ 同上书,第46—47页。

的"关于宗教大法官的传说"。耶稣基督把自由给了人,认为自由高于一切;宗教大法官则为了人们的所谓幸福而剥夺了人的自由,强迫他们按照他设计的方式生活。宗教大法官对基督说:

> 我们会使他们相信,他们只有在把他们的自由交给我们并且服从我们的时候,才能成为自由的人。……那时我们将给予他们平静而温顺的幸福,软弱无力的生物的幸福,——因为他们天生就是那样的生物。……他们会胆小起来,望着我们,害怕地紧偎在我们的身边,就像鸡雏紧偎着母鸡。他们会对我们惊讶,惧怕,而且还为了我们这样强大、聪明,竟能制服住有亿万头羊的骚乱羊群而自豪。他们对于我们的震怒将软弱地怕得发抖,他们的思想会变得胆小畏缩,他们的眼睛会像妇人小孩那样容易落泪,但是只要我们一挥手,他们也会同样容易地转为快乐而欢笑,变得兴高采烈,像小孩子似的嬉笑歌唱。是的,我们要强迫他们工作,但是在劳动之余的空闲时间,我们要把他们的生活安排得就像小孩子游戏一样,……他们不会有一点秘密隐瞒我们。我们可以允许或禁止他们同妻子和情妇同房,生孩子或不生孩子,——全看他们听话不听话,——而他们会高高兴兴地服从我们。压在他们良心上的一切最苦恼的秘密,一切一切,他们都将交给我们,由我们加以解决,而他们会欣然信赖我们的决定,因为这能使他们摆脱极大的烦恼,和目前他们要由自己自由地作出决定时所遭受的可怕的痛苦。这样,所有的人,亿万的人们,除去几十万统治他们的人以外,全将享受幸福。[①]

---

① 〔俄〕陀思妥耶夫斯基:《卡拉马佐夫兄弟》上卷,北京:人民文学出版社,1994年,第388页。

第四章　弗罗洛夫新人道主义的思想渊源

为什么会出现这种情况？因为物质利益的诱惑。宗教大法官对基督说："你看见这不毛的、炙人的沙漠上的石头么？你只要把那些石头变成面包，人类就会像羊群一样跟着你跑，感激而且驯顺。"[①]为了面包，"他们一定会把他们的自由送到我们的脚下，对我们说：'你们尽管奴役我们吧，只要给我们食物吃。'他们终于自己会明白，自由和充分饱餐地上的面包是二者不可兼得的"[②]。这就是说，最根本的原因是，人们总是把满足物质需要放在第一位，为此可以牺牲一切。

在这里我们可以看出，陀思妥耶夫斯基极力反对的不是哪一种具体的制度，而是打着人的幸福的旗号从外部把一种秩序、制度强加在人的头上从而扼杀人的自由这种做法，他反对的是整个西方工业文明。这种秩序和制度可以是某种关于社会主义社会的设想，也可以是早期资本主义鼓吹的市场自由、政治民主，还可以是20世纪发达资本主义国家普遍存在的"作为意识形态的技术与科学"对人的支配。不论资本主义制度还是社会主义制度，都相信只要依靠科学技术大力发展物质生产力，建立适应生产力需要的制度并以它规范人的行为，人类就可以享受幸福。这是整个工业文明的普遍特点，因为一切都要服从获得更多的物质财富的需要，而为此又必须服从科学理性的安排，包括不惜使人沦为工具。这是工业文明的实质。早在《卡拉马佐夫兄弟》问世之前30多年马克思就已经通过对日益严重的异化现象的揭示，对人在资本主义社会的工具地位进行了深刻批判。自从马克斯·韦伯提出价值合理性与工具合理性的关系以来，批判工具理性对人的支配，成为20世纪西方马克思主义甚至西方哲学的主题：存在主义哲学、卢卡奇的物化理论、霍克海默等人的支配理论、马尔库塞的"单向度的人"、哈贝马斯所说的"作为意识形态的技术与科学"，乃至后现代主

---

① 〔俄〕陀思妥耶夫斯基：《卡拉马佐夫兄弟》上卷，第378页。
② 同上书，第378—379页。

义，都是对人为了得到物质财富而安于充当机器的附庸所作的揭露与批判。

索洛维约夫是理论形态的俄罗斯哲学的奠基人，与作为文学家的陀思妥耶夫斯基在思想上殊途同归。他认为人类社会有三种基本形态、三个阶段："第一个阶段——经济社会——主要具有物质的意义，第二个阶段——政治社会——主要表现出形式特征，最后即第三个阶段——精神社会——应当具有完整的和绝对的意义；第一个阶段是外在基础，第二个阶段是中介，只有第三个阶段才是目的。"[①] 他说：

> 社会领域的经济社会主义，知识领域的实证主义，创造领域的功利主义的唯实主义，这些就是西方文明的最新成就。这是否同时又是整个人类发展的最高水平呢？这种发展的不可抗拒的规律，作出了否定的回答。就其一般性质讲，西方文明只是人类有机发展过程中的第二个阶段，即过渡阶段；要想遍历该过程，就必须有第三个阶段。
>
> ……
>
> 如此狭隘和渺小的西方文明最新成果，只能满足同样狭隘和渺小的头脑和心灵。只要人类还有宗教感情和哲学求知精神，只要人类还有追求永恒和理性的意向，那么迄今为止，神秘、纯艺术、神学、形而上学和教会，就仍然是不可动摇的，尽管低级阶段不断取得成功，且贪得无厌，但它们的传播者只不过是智力和道德上的 vulgus（拉丁文：乌合之众）。这些低级阶段之所以不能取代高级阶段，其原因正如：动物要求得到满足，不能取代精神要求的满足，庸俗的爱神不能拥有天上的爱神的桂冠。[②]

[①] 〔俄〕索洛维约夫：《西方哲学的危机》，第163页。
[②] 〔俄〕索洛维约夫：《西方哲学的危机》，第186—187页。

第四章 弗罗洛夫新人道主义的思想渊源

陀思妥耶夫斯基和索洛维约夫的思想是整个俄罗斯宗教唯心主义哲学的基础，此后，至今令俄罗斯哲学界感到骄傲的白银时代俄罗斯哲学家，从不同的角度发挥了这些思想。白银时代俄罗斯哲学家中影响最大的是别尔嘉耶夫。他是陀思妥耶夫斯基和索洛维约夫思想的伟大继承者，对资本主义工业文明提出激烈批评：

> 人本想使用机器，发展物质的生产力来掌握自然力，可是不但不能达到此目的，反而成为他所创造的机器和他所创造的物质社会环境的奴隶。资本主义已经暴露出这一点，未来的社会主义也将表明这一点。[1]

出路何在？别尔嘉耶夫认为必须对人加以改变，回到中世纪，靠精神的力量、神的力量遏制欲望：

> 已经证明并且表明，抱着人道主义的态度不信神，致使人道主义自我否定，人道主义蜕变为反人道主义，自由转化为强制。近代史就这样结束了，而开始另一段历史，我称之为新的中世纪。在这个时代，人应当重新约束自己，以期收拢自己，人应当重新把自己置于至高者的统辖之下，以期不要彻底毁灭自己。[2]

俄罗斯哲学家的上述思想，焦点是批判工业文明依靠科学理性借助科学的力量改造自然追求物质利益、物质享受的价值取向。他们认为这是人的自我奴役、自我毁灭。为了人的生存，必须改变价值目标，用精神力量遏制自己的欲望，制衡科学理性。

---

[1] 〔俄〕别尔嘉耶夫：《历史的意义》，第146页。译文有改动。
[2] 〔俄〕别尔嘉耶夫：《历史的意义》，第145页。译文有改动。

新轴心时代与 И.Т.弗罗洛夫

这种思想在陀思妥耶夫斯基《卡拉马佐夫兄弟》一书"宗教大法官的传说"中得到经典的表述。前面已提到,陀思妥耶夫斯基在书中设计了宗教大法官与耶稣基督会面的场景。基督要给人以自由,告诉他们人并非只靠面包生活,精神生活更有意义;宗教大法官则强调人本性贪婪、忘恩负义,为面包相互争夺,因此他认为,只有剥夺人的自由用强制的力量把他们组织起来,社会才会有秩序,有充足的面包,人才会感到满足和幸福。大法官是一位老者,他把正在广场上现身救助苦难者的基督作为囚犯抓起来,关入牢房。天黑后他进入牢房,想与基督,也即被他关押的"囚犯"对话。大法官长篇大论,基督一言不发。会面这样结束:

> 当宗教法官说完后,他等待了好一会儿,看那个囚犯怎样回答。他的沉默使他感到痛苦。他看见犯人一直热心地静静听着他说话,直率地盯着他的眼睛,显然一句也不想反驳。老人希望他对他说点什么,哪怕是刺耳的、可怕的话。但是他忽然一言不发地走近老人身边,默默地吻了他那没有血色的、九十岁的嘴唇。这就是全部的回答。老人打了个哆嗦。他的嘴角微微抽搐了一下;他走到门边,打开门,对犯人说:"你去吧,不要再来,……从此不要来,……永远别来,永远别来!"说罢就放他到"城市的黑暗大街上"去。于是犯人就走了。
>
> 老人呢?
> 那一吻在他的心上燃烧,但是老人仍旧保持着原来的思想。[①]

这番话高度概括了俄罗斯哲学界关于工业文明带来的问题的思考。面包还是自由?这个问题困扰着俄罗斯哲学家。二者缺一不可,但工

---

① 〔俄〕陀思妥耶夫斯基:《卡拉马佐夫兄弟》上册,第392—393页。

业文明造成的理性和物欲对人的奴役又的确是人无法忍受的。如何是好？基督吻别宗教大法官，他不会放弃自己的观点，但也没有反驳以面包的名义剥夺人的自由的宗教大法官。陀思妥耶夫斯基本人的答案很明确，要自由，要人的尊严。他反对哪怕用受苦孩子的一滴眼泪来换取世界的永恒和谐。这里体现的思想之深刻，震撼人心。其实这也是所有传统意义上俄罗斯哲学家的观点。

通过以上对俄罗斯文化、俄罗斯哲学传统的分析，我们可以看到，弗罗洛夫在儿童时期就已开始的与俄罗斯传统文化和传统哲学的接触中，接受到的是什么样的影响。他的新人道主义与这一传统的联系清楚地显示出来：第一，它们都表现出强烈的救世主义。第二，它们都是对西方工业文明的批判。第三，批判中它们都把注意力集中在科学理性与人的精神世界的冲突上。第四，它们都十分注重对人的研究，或者说它们的研究工作最后都聚焦在人的问题上。弗罗洛夫与前辈俄罗斯知识分子面对的都是西方工业文明带来的负面影响，只是因为在不同的历史阶段这种负面影响有不同的表现，他们研究的具体问题与形成的理论才有所区别。

传统是一种非常稳固的文化存在，以各种形式流传并顽强地表现出来。继承19世纪和白银时代俄罗斯文化传统的不仅仅是弗罗洛夫，他的新人道主义能够得到大多数苏联民众的认可，说明作为俄罗斯人，他们身上有与弗罗洛夫相同的文化基因。俄罗斯不是资本主义最发达、资本主义造成的负面现象最严重的国家，但是在全世界率先发动了以埋葬资本主义给人以自由为宗旨的社会主义革命，建立了第一个社会主义国家。俄罗斯幅员辽阔，资源丰富，生态、资源、环境、人口等全球性问题并不严重，但是产生了弗罗洛夫这样的哲学家和他的新人道主义理论，集中关注全球性问题，把全人类的命运扛在自己的肩上，并且出现了戈尔巴乔夫和他领导的改革运动，致力于实践弗罗洛夫的新人道主义。这些现象只有用俄罗斯拥有的独特的以拒斥资本主义文明为特征的文化传统才能解释。产生广泛影响的新人道主义的提出者弗罗洛夫是俄罗斯人，不是偶然的。他的新人道主义是俄罗斯哲学传统在 20 世纪后半叶新的历史背景下的延续。

三、马克思哲学思想与俄罗斯哲学在新时代的结合

弗罗洛夫是马克思主义者，但是他认为马克思主义哲学与俄罗斯哲学传统并不矛盾，相反，今天需要的是把它们结合起来。1997 年，在回顾自己的思想历程时，他说：

> 新思维思想和新人道主义思想在我国获得普遍发展，人们认识到，全球性问题的解决本身，以及人类的未来，直接取决于人类的人道主义目标、意识与道德。
>
> 与此密切相关，人道主义思想在 60—80 年代的我国哲学中得到发展。在这里我们依赖于俄罗斯文化（托尔斯泰、陀思妥耶夫斯基等人）和俄罗斯哲学（索洛维约夫、别尔嘉耶夫等人）的人道主义传统，并且从马克思的人道主义社会理想和关于人是历史的"目的本身"这一观念出发，从马克思的现实人道主义思想出发。[①]

新人道主义，按照弗罗洛夫本人的说法，依赖于俄罗斯文化和俄罗斯哲学的人道主义传统，同时又从马克思的现实人道主义思想出发。从这里我们可以看出，他的新人道主义其实是马克思的思想与俄罗斯文化、俄罗斯哲学的结合。

---

① Академик Иван Тимофеевич Фролов. С. 571.（《伊万·季莫费耶维奇·弗罗洛夫院士》，第 571 页。）

第四章 弗罗洛夫新人道主义的思想渊源

在绝大多数人看来，这种结合是完全不可能的。要知道马克思是唯物主义者，是一切宗教的批判者，而俄罗斯文化、俄罗斯哲学浸透了东正教思想，充满宗教唯心主义，而且公开批判马克思和马克思主义。长期以来人们普遍认为，二者是截然对立的。实际上，这只是问题的一个方面，是问题的表面，问题还有另外的、更深一层的方面：它们有不少共同或相似之处，它们的结合是完全可能的。

第一，它们都是人道主义理论。马克思是人道主义者，对此我们在前面已有论述。马克思以实现共产主义为毕生奋斗目标，而共产主义是"为了人、通过人而对人的本质的重新占有"。如弗罗洛夫所说，马克思的其他理论，如阶级斗争、社会形态学说等等，都是实现人道主义目标的手段。马克思曾把自己的思想明确称作"现实的人道主义"、"真正的人道主义"①，他还说："无神论是以扬弃宗教作为自己的中介的人道主义，共产主义则是以扬弃私有财产作为自己的中介的人道主义。只有通过扬弃这种中介——但这种中介是一个必要的前提——积极地从自身开始的即积极的人道主义才能产生。"② 马克思批判资产阶级人道主义，不是因为它是人道主义，而是因为它是抽象的、不现实的人道主义。马克思认为自己的人道主义是现实的，因为他揭示了资产阶级人道主义理想沦为空想的原因——资本主义社会存在着生产资料私有制，而只要有生产资料私有制就不可能实现人道主义。这也就意味着找到了使人道主义成为现实的途径，即消灭私有制。我们知道，人道主义是在文艺复兴时期通过批判宗教诞生的，人道主义与宗教似乎天然对立。实际上，俄罗斯文化和俄罗斯哲学具有浓厚的宗教色彩，恰恰是为了借宗教文化弘扬人的精神价值，捍卫人的尊严。它们不是要否定人道主义，而是要借助宗教思想关怀现实生活中

---

① 《马克思恩格斯文集》第 1 卷，第 253 页。
② 《马克思恩格斯文集》第 1 卷，第 216 页。

的人的精神生活。它们把自己理解的人摆在高于一切的地位，把东正教中对人的精神价值的肯定发展为一种独特的、批判西方文明对人的精神和个性的贬低的人道主义。陀思妥耶夫斯基为了弘扬人的精神价值，强调人的个性的重要，宁愿承认"二二得五"。索洛维约夫呼吁实现宗教、哲学、科学三者结合，构成"完整知识"，他不否定科学以及西方人道主义的价值，但认为它们把人片面化了。20世纪初俄国流行的"新宗教意识"，激烈批判"历史上的基督教"用"灵"否定"肉"，主张发扬光大陀思妥耶夫斯基对肉体的神圣性的肯定，把"灵"和"肉"结合起来。В. В. 罗赞诺夫甚至直接赞扬性行为的合理性、神圣性，他的论著让人想起文艺复兴运动中的《十日谈》。别尔嘉耶夫呼吁"回到中世纪"，并不是要否定人道主义，而是因为文艺复兴运动中产生的人道主义过于夸大了人追求物质欲望满足的积极意义，夸大了科学理性的价值，使人道主义走向反面，造成了对人的新的奴役。"回到中世纪"是为了实现精神与肉体的结合，实现精神对肉体的统帅。实际上别尔嘉耶夫是在呼吁一种新的人道主义。俄罗斯传统哲学是宗教哲学，宗旨是用宗教对人的个性以及精神世界的高度肯定，匡正西方现代化运动中走到自己反面的人道主义。

在对人的关注上，马克思和俄罗斯的思想家是一致的，他们的理论都属于人道主义。人道主义理论的根本特征只有一个，即把人作为观察一切的出发点，坚持人是万物的尺度。人道主义的具体表现多种多样，不同的人道主义理论可以并存，虽然只有马克思的人道主义思想建立在对历史规律的科学认识之上，因而是可以成为现实的、真正的、科学的人道主义。

第二，它们都对资本主义工业文明造成的人道主义灾难予以强烈谴责。马克思的思想和俄罗斯文化、俄罗斯哲学不仅都属于人道主义理论，而且产生于共同的背景——资本主义批判。再具体些说，都产生于对资本主义工业文明造成的人道主义灾难的批判。别尔嘉耶夫说

第四章　弗罗洛夫新人道主义的思想渊源

文艺复兴运动中产生的人道主义虽然促进了物质生产力的发展，带来了物质生活的丰裕，但也导致物质扼杀精神，物支配人，人丧失了自己最宝贵的东西，因而它走向了自己的反面。这是俄罗斯文化、俄罗斯哲学与马克思主义的共同思想。在马克思那里，人对人的剥削是不道德的，他毕生对这种现象加以谴责。在马克思的早期著作中，除了谴责人剥削人以外，他的主要注意力放在对人的异化的分析批判上。他理解的异化是人的类本质的丧失，而人的类本质，第一是劳动实践，即人的自由，第二是社会性，即人的友爱合作。在追求物质欲望满足这一动物本能的驱使下，人不得不服从物质生产增长的内在规律，让渡自己的自由和相互间的友爱合作，接受分工、私有财产、科学理性对人的支配，划分为阶级，陷入你死我活的斗争。就是说，对物质财富的追求和由此而来的对科学技术的屈从，使人异化了。马克思正是因为看到资产阶级人道主义走向自己的反面，人道主义丧失了，才通过对异化进行无情揭露，对消除异化、回归人的本质、实现真正的人道主义的道路不懈探索，提出科学共产主义理论。马克思的理论是一种新的人道主义。它和以往的人道主义理论一样以人为中心，把人作为万物的尺度，但是克服了旧人道主义对人的片面理解，在肯定人追求物质丰裕的合理性的同时，把实现人的自由、合作友爱作为最重要的价值目标，并找到了实现人道主义理想的现实道路。

俄罗斯文化和俄罗斯哲学在这方面与马克思的思想非常相似。它们没有使用马克思惯用的异化概念，不过它们揭露和批判的现象，如社会阶级分化、劳动者的悲惨处境、科学理性及其运用（即机器）对人的支配、人的自由的丧失、人与人友爱精神的缺失，正是马克思作为人的本质的异化予以揭露和谴责的东西。

第三，它们都有强烈的救世主义情怀。认为俄罗斯承担着把人类从西方工业文明苦海中解救出来的使命，是俄罗斯文化和俄罗斯哲学的重要特征。1453年，被称作"第二罗马"的拜占庭帝国灭亡，尚未

新轴心时代与 И.Т.弗罗洛夫

彻底摆脱蒙古人统治的莫斯科公国便宣称自己是基督教使命的继承人，提出"莫斯科是第三罗马"的说法，并且说：前两个罗马衰落了，第三个罗马挺立于世，而第四个罗马不会再有。俄罗斯人把自己视为上帝的选民，世界的拯救者。此后救世主义成为俄罗斯根深蒂固的传统。即使19世纪30年代因发表《哲学书简》对俄罗斯落后于西方国家提出激烈批判而被沙皇称为"疯子"的П.Я.恰达耶夫，也对西方社会提出批评，并且说：

> 我认为，我们走在别人之后，是为了比他们做得更好，是为了不重蹈他们的错误、他们的迷雾和迷信。……我们负有使命，要去解决社会层面的大部分问题，要去实现旧社会中生成的大部分思想，要对人类面临的一些最重要的问题做出回答。我常常说道，我也乐于重申一遍：万物之自然赋予我们以使命，我们将成为真正的、有良心的法官，判决人类精神和人类社会的伟大法庭所面临的诸多诉讼。①

俄罗斯救世主义，在此后的俄罗斯文学、俄罗斯哲学中始终存在，在民粹派的理论和布尔什维克的理论与实践中也可以非常清楚地看到。布尔什维克夺取政权仅仅一年多，在苏维埃政权还在为自己的生存苦苦战斗时，列宁便于1919年3月主持成立了以推动和领导世界各国无产阶级革命解放全人类为使命的"第三国际"，目的是建立"世界苏维埃共和国"。"第三国际"让人想起"第三罗马"。救世主义是俄罗斯文化和俄罗斯哲学的传统。

马克思是无神论者，但是同样具有救世主义情结。救世主义也是马克思本人和整个马克思主义理论的重要特征。马克思主义的著名口

---

① 〔俄〕恰达耶夫：《哲学书简》，作家出版社1998年版，第208—209页。

第四章 弗罗洛夫新人道主义的思想渊源

号"全世界无产者,联合起来"、"只有解放全人类,无产阶级才能最后解放自己",充满救世主义精神。马克思高度关注工人阶级及其解放斗争,但这并不意味着他仅仅是工人阶级利益的代表。他的全部事业,宗旨是解放全人类,只是因为在他看来工人阶级的诉求与人类解放的历史趋势一致,才把工人阶级视为人类解放必须借助的物质力量。他的共产主义学说是救世主义精神的集中体现。

救世主义是犹太教、基督教的基本思想,俄罗斯人笃信东正教,信奉救世主义在情理之中。马克思是无神论者,救世主义思想从何而来?同样来自宗教,来自犹太教、基督教。别尔嘉耶夫这样描述马克思的社会主义思想:

> 社会主义想要取代基督教,想要用自己代替基督教。它同样浸透着救世主义的热情,希望带给人们把人类从一切不幸和苦难中解救出来的福音。社会主义是在犹太教的土壤上产生的。它是古代犹太人锡利亚主义[①]的世俗形式,是对以色列人的可以感受到的尘世王国和尘世极乐生活的向往。马克思是犹太人并非偶然。他保留了对于与犹太人拒绝的耶稣基督不同的未来救世主的期待。不过对马克思来说,上帝的选民,负有救世使命的人,是无产阶级。[②]

应该说别尔嘉耶夫的这一看法非常深刻,表现出了过人的思想敏锐。马克思的思想的确是从基督教脱胎而来。在马克思思想的形成过程中,他并非简单地否定和抛弃基督教,而是对它的基本精神有所继承。在中学时马克思曾经说:

---

① 古犹太人关于基督第二次降临世界后遵守教规的人将生活在"千年王国"的信仰。
② *Бердяев Н.А.* Миросозерцание Достоевского. С. 101-102.(Н. А. 别尔嘉耶夫:《陀思妥耶夫斯基的世界观》,第 101—102 页。)

新轴心时代与 И.Т.弗罗洛夫

在考察基督同信徒结合为一体的原因和实质及其作用之前,我们应当弄清,这种结合是否必要,它是否由人的本性所决定,人是否不能依靠自己来达到上帝从无中创造出人所要达到的那个目的。

我们如果把目光投向历史这个人类的伟大导师,那么就会看到,在历史上用铁笔镌刻着:任何一个民族,即使它达到了最高度的文明,即使它孕育出了一些最伟大的人物,即使它的技艺达到了全面鼎盛的程度,即使各门科学解决了最困难的问题,它也不能解脱迷信的枷锁;无论关于自己,还是关于神,它都没有形成有价值的、真正的概念;就连伦理道德在它那里也永远脱离不了外来的补充,脱离不了不高尚的限制;甚至它的德行,与其说是出于对真正完美的追求,还不如说是出于粗野的力量、无约束的利己主义、对荣誉的渴望和勇敢的行为。

……

各民族的历史就这样教导我们,同基督结合为一体是必要的。

即使当我们考察各个人的历史,考察人的本性的时候,我们虽然常常看到人心中有神性的火花、好善的热情、对知识的追求、对真理的渴望,但是欲望的火焰却在吞没永恒的东西的火花;罪恶的诱惑声在淹没崇尚德行的热情,一旦生活使我们感到它的全部威力,这种崇尚德行的热情就受到嘲弄。对尘世间富贵功名的庸俗追求排挤着对知识的追求,对真理的渴望被虚伪的甜言蜜语所熄灭,可见,人是自然界唯一达不到自己目的的存在物,是整个宇宙中唯一不配做上帝创造物的成员。[①]

[①]《马克思恩格斯全集》第1卷,北京:人民出版社,1995年,第449—450页。这里所说的"任何一个民族,即使它达到了最高度的文明,即使它孕育出了一些最伟大的人物,即使它的技艺达到了全面鼎盛的程度,即使各门科学解决了最困难的问题,它也不能解脱迷信的枷锁;无论关于自己,还是关于神,它都没有形成有价值的、真正的概念;就连伦理道德在它那里也永远脱离不了外来的补充,脱离不了不高尚的限制;甚至它的德行,与其说是出于对真正完美的追求,还不如说是出于粗野的力量、无约束的利己主义、对荣誉的渴望和勇敢的行为",与20世纪人类遇到的问题高度吻合,不可能不引起弗罗洛夫的共鸣。

第四章 弗罗洛夫新人道主义的思想渊源

这段话高度肯定了基督教在道德生活以及人的完善中不可取代的决定作用。

当然，这不是成熟马克思的观点，但是对此后马克思关于基督教的论述略加考察我们会发现，后来马克思之所以批判基督教，不是因为否定了它的价值追求，而是因为他认识到基督教未能找到实现其价值理想的现实道路，提供的只是"虚构的花朵"，不可能使人真正获得解放。他说：

> 废除作为人民的**虚幻**幸福的宗教，就是要求人民的**现实**幸福。要求抛弃关于人民处境的幻觉，就是**要求抛弃那需要幻觉的处境**。因此，对宗教的批判就是**对苦难尘世 —— 宗教是它的神圣光环 —— 的批判的胚芽**。
>
> 这种批判撕碎锁链上那些虚构的花朵，不是要人依旧戴上没有幻想没有慰藉的锁链，而是要人扔掉它，采摘新鲜的花朵。对宗教的批判使人不抱幻想，使人能够作为不抱幻想而具有理智的人来思考，来行动，来建立自己的现实；使他能够围绕着自身和自己现实的太阳转动。宗教只是虚幻的太阳，当人没有围绕自身转动的时候，它总是围绕着人转动。
>
> 因此，**真理的彼岸世界**消逝以后，**历史的任务**就是确立**此岸世界的真理**。人的自我异化的**神圣形象**被揭穿以后，揭穿具有**非神圣形象**的自我异化，就成了为历史服务的**哲学**的迫切任务。于是，对天国的批判变成对尘世的批判，**对宗教的批判**变成**对法的批判**，**对神学的批判**变成**对政治的批判**。[①]

这些常常被作为马克思成熟宗教思想来引用的论述，无可置疑地

[①] 《马克思恩格斯全集》第 3 卷，北京：人民出版社，2002 年，第 200 页。

告诉我们，马克思不反对基督教的价值理想，他只是认为基督教无力把这些理想变成现实，因而致力于寻找实现它们的现实道路，即实际地改造现实生活——把"对天国的批判变成对尘世的批判，对宗教的批判变成对法的批判，对神学的批判变成对政治的批判"。马克思是要用新鲜的、现实的花朵取代宗教虚构的花朵，他对基督教的继承是很明显的。

以上引文还让我们看到，马克思早在中学时期就对科学技术发展和物质财富丰裕带来道德滑坡、物质欲望支配人提出批评，似乎对资本主义世界日后的现实已有预见。这里体现的正是与恰达耶夫、斯拉夫派和陀思妥耶夫斯基等人相似的思想。马克思和俄罗斯思想家一样具有来自基督教的救世主义情结，区别只在于他们指出的救世途径不同。俄罗斯思想家求助于宗教，特别是东正教，马克思则诉诸历史发展规律和无产阶级的阶级斗争。

马克思关于基督教的论述非常少，但是他关于德国古典哲学的论述很多，因为他自己是在德国古典哲学的滋养下成长起来的，大学期间曾参加青年黑格尔派的活动，青年黑格尔派的不少人曾是他的朋友。我们都知道，德国古典哲学是马克思哲学思想最重要的来源，其中对他影响最大的是黑格尔和费尔巴哈。黑格尔哲学的诞生地《精神现象学》，描绘了人的意识从最简单的感性认识如何一步一步发展为绝对观念。绝对观念实现了主客体的统一，实际上就是无处不在、无所不包的上帝。他的哲学是另一种形式的基督教。黑格尔是站在上帝的高度俯瞰世界的。费尔巴哈猛烈抨击基督教和黑格尔哲学，把现实的肉体的人作为自己哲学体系的基石，但是他所说的人并不是现实的社会关系中的人，而是作为所谓"类存在物"的人，以至于施蒂纳认为其实是和神，和黑格尔的绝对观念一样的抽象存在。黑格尔和费尔巴哈不仅为马克思提供了唯物主义和辩证法思想，而且使马克思在自己哲学思想历程起步时便站在与基督教同样的高度，关注人类的命运、人

第四章　弗罗洛夫新人道主义的思想渊源

与自然界的和谐、人的自由与解放。①

　　黑格尔、青年黑格尔派、费尔巴哈，实际上都是在探索人类的发展、解放之路。马克思曾经置身于他们之中，与他们分手后创建马克思主义哲学，只是因为他找到了劳动实践这一人类解放的科学的、现实的道路。基督教对人的关怀被马克思唯物主义地改造了，这种关怀并没有在马克思身上消失。

　　以上论述表明，马克思的思想与俄罗斯文化、俄罗斯哲学有重要的相似之处。这种相似意义重大。正是因为有这种相似性，马克思的思想很容易在落后的俄国获得共鸣。1846年，马克思的唯物史观哲学思想刚刚形成，写完《德意志意识形态》，俄国人 П. В. 安年科夫就开始向马克思请教问题，马克思在那封著名的回信中对唯物史观思想作了首次比较全面深入的说明。②1867年《资本论》第一卷出版后的第二年，俄国立即有人计划翻译，终于《资本论》的第一个俄文译本，也是它的第一个外文译本，1872年在彼得堡问世。也是因为有这种相似性，民粹派中不少人遭遇挫折后纷纷向马克思请教，其中一些人成为俄国最早的马克思主义者，落后的俄国能够在全球率先完成社会主义革命，也和二者的这些相似之处有关。这种相似性是弗罗洛夫把马克思主义与俄罗斯传统文化、传统哲学结合起来，提出新人道主义的重要原因。

　　弗罗洛夫是如何实现这一结合的？

　　科学的发展，不论自然科学还是社会科学，总是从问题开始。社会实践中，包括自然科学实验，出现原有理论无法解释的新的现象，

---

　　① 马克思说："黑格尔的《现象学》及其最后成果——辩证法，作为推动原则和创造原则的否定性——的伟大之处首先在于，黑格尔把人的自我产生看做一个过程，把对象化看做非对象化，看做外化和这种外化的扬弃。"（《马克思恩格斯文集》第1卷，第205页）

　　② 《马克思致帕威尔·瓦西里耶维奇·安年科夫（12月28日）》，见《马克思恩格斯文集》第10卷。

迫使科学家、思想家提出新概念、新思想，形成新的理论，对新现象作出合理解释。科学理论就是这样随着社会实践的发展而不断发展。在形成新概念、新思想、新理论的过程中，思想家的思维创造至关重要，是理论发展的决定性因素，但是在进行思维创造的过程中思想家必然要利用、借鉴自己拥有的一切思想资源。这些来源不同的思想资源被思想家创造性地结合在一起，融合在新理论中。

弗罗洛夫的新人道主义主要形成于20世纪70年代，他需要回应的现实问题是苏联国内和国外日益高涨的人道主义思潮，是西方马克思主义对原有马克思主义理论的挑战，以及科学技术革命和全球性问题对人类生存造成的威胁。苏联原有的马克思主义主要突出阶级斗争和无产阶级专政的意义，马克思主义哲学则以辩证唯物主义历史唯物主义的形式成为唯一合法的官方哲学。阶级斗争和无产阶级专政理论在十月革命中得到证明；辩证唯物主义历史唯物主义弘扬科学理性适应了十月革命的需要，适应了建立在封建沙皇俄国基础上的苏联进行工业化和建立计划经济的需要，但是面对凸显人道主义的意义的新科学技术革命和全球性问题，则显得捉襟见肘。为了回应这些问题的挑战，弗罗洛夫寻找一切有用的思想资源，他作为苏联马克思主义者，通过把马克思主义哲学和俄罗斯哲学、俄罗斯文化结合在一起，形成了自己的新人道主义，对新出现的问题作了回答。

弗罗洛夫的新人道主义是马克思主义与俄罗斯哲学、俄罗斯文化的结合，既体现了马克思主义、主要是马克思本人的哲学思想的影响，也体现出俄罗斯传统文化、传统哲学的影响。我们在他写于20世纪70、80年代的众多著作中看到，新人道主义对马克思思想的吸收运用比比皆是。弗罗洛夫一再强调他的新人道主义是马克思人道主义思想的体现、运用或发展。除本书第二章引用过的论述以外，我们还可以看看弗罗洛夫下面这番话。他说：

第四章　弗罗洛夫新人道主义的思想渊源

由于和人以及社会的发展相联系，科学技术进步成为全球性问题之一。今天我们既在科学本身内部（这表现为科学的跨学科综合、相互作用和整合），也在包含社会——伦理以及人道主义诸多"范式"的科学的社会发展中，看到越来越明显的全球化。这里同样有一个"学会按新方式思维"的问题。这意味着从整体上转向新的时代精神、新的人道主义。这种新的时代精神、新的人道主义在理论上由马克思主义表现出来，在实践上在建设新的共产主义文明以及与它相适应的科学的过程中得到实现。因此科学的进一步发展不仅与它的理论和方法论改造有关，而且与它对人的态度有关：它需要以科学——价值——人道主义处于辩证统一和相互作用之中这样的结构为前提。这将是新的科学，它在今天更多地是作为理想和目标显现出来的。

新的时代精神和新的人道主义，前提条件是把人、人的自由全面发展作为自己的中心；它们包含着人越来越清楚地感觉到自己是人类不可分割的一部分，感觉到个体和托尔斯泰所说的"群居生活"的联系，包含着作为一切形式的利己主义和宗教狂热的对立面的人性的崇高理想。由于这种原因，在人道主义对科学的态度中理解人道主义，意义越来越大。这种态度强调反对宗教狂热和极权主义，确立个人拥有科学创造的自由以及科学家们对真理和人所负有的责任。正是因为有这样的意义，新的时代精神和新的人道主义对于在全球性问题日益尖锐和人类向"自由王国"共产主义迈进的条件下对科学和科学家们的活动发挥了最大的刺激作用。[1]

---

[1] *Фролов И.Т.* Перспкктивы человека. С. 146-147.（И. Т. 弗罗洛夫：《人的前景》，第146—147页。）

新轴心时代与 И. Т. 弗罗洛夫

新人道主义与马克思的联系十分清楚。但是，在弗罗洛夫 20 世纪 70 年代和 80 年代大部分时间的著作里，我们几乎看不到他对新人道主义与俄罗斯传统文化、传统哲学的联系的论述。为什么会这样呢？

这和这一时期苏联的政治氛围有关。在苏联，集中体现俄罗斯传统文化、传统哲学的陀思妥耶夫斯基，长期被认为是最反动的人物[①]，白银时代宗教唯心主义哲学家索洛维约夫、布尔加科夫、别尔嘉耶夫等人，在苏联时期被斥为反动作家，不少人上了列宁亲自圈定的反革命知识分子名单，1922 年被驱逐出境。他们的著作不能公开阅读，他们的思想只能充当批判对象。

这并不妨碍苏联哲学家，包括弗罗洛夫，从批判对象那里吸取思想营养，只不过这一切只能在暗中进行。苏联时期，尤其是 1968 年勃列日涅夫镇压"布拉格之春"以后，苏联出现了人们私下阅读的"厨房文学"及各种手抄本、地下出版物，出现了下班以后交流思想和从事官方不允许的活动的"夜间人"。

2014 年，在《哲学问题》编辑部主持的一次学术讨论会上有这样一段对话：

В. А. 列克托尔斯基：我从 1957 年起就在哲学研究所工作。我可以告诉你们，亲爱的朋友们，早在 60 年代我们大家就都在阅读俄罗斯宗教哲学家的著作。哲学研究所的图书馆有他们的书，我们借回家阅读。我们都在读这些书。

А. А. 叶尔米切夫：弗拉季斯拉夫·亚历山大罗维奇（即列克托尔斯基。——本书作者）让我们想起，1922 年以前俄罗斯出版的所有著作在列宁格勒大学图书馆都有，可以自由借阅。我自己

[①] 苏联解体以后，原苏联国家图书馆，列宁图书馆，门前的小广场上树立了一座作痛苦沉思状的陀思妥耶夫斯基坐像，他被作为民族精神的象征备受推崇。

第四章　弗罗洛夫新人道主义的思想渊源

就记得，作为大学生，我读了《路标》。后来一位历史学家问我（已经在很多很多年以后了）："怎么，萨沙，不怕他们把你抓起来吗？你一面在哲学系走廊上溜达，一面读《路标》。"

А. И. 阿廖申：在50年代莫斯科的旧书店里，实际上可以买到十月革命前思想家们的所有著作。

В. А. 列克托尔斯基：我买了很多。①

列克托尔斯基与弗罗洛夫是长达数十年的志同道合的朋友，是苏联哲学在认识论领域最有影响的专家，人道主义思潮的重要代表。这番话足以说明，从20世纪60年代起，阅读俄罗斯宗教唯心主义哲学家的著作实际上已经十分流行。我们有理由相信，弗罗洛夫也积极参与其中，并且从这些著作中汲取了有助于他形成自己新人道主义思想的思想资源。

弗罗洛夫步入政界以后，1986年，身为苏共中央理论刊物《共产党人》主编，他致信苏共中央建议出版长期遭禁的白银时代俄罗斯宗教唯心主义哲学家布尔加科夫、别尔嘉耶夫等人的著作。建议被采纳，苏联开始出版这些人的著作，包括书信。1987年弗罗洛夫成为戈尔巴乔夫的助手，所做第一件事就是建议苏共与东正教教会和解。1988年戈尔巴乔夫会见了东正教全俄罗斯牧首及圣公会成员。弗罗洛夫以实际行动说明了自己在思想上与俄罗斯传统文化、传统哲学的紧密联系。

1991年苏联解体，政治氛围彻底改变，针对知识分子的思想禁锢解除。弗罗洛夫也从政治舞台回归学术，他可以畅所欲言了。1993年，他在与日本《朝日新闻》记者的谈话中，对自己的生平和思想作了总结回顾。他在谈话中把自己与俄罗斯传统的联系摆在十分突出的

---

① Конференция – "круглый стол" "Философия России первой половины XX века" // Вопросы философии. 2014. №7. С. 15.（《圆桌会议：20世纪上半叶俄罗斯哲学》，《哲学问题》2014年第7期，第15页。）

位置。① 他坦承，不论在学术研究中，还是在投身戈尔巴乔夫改革以后，陀思妥耶夫斯基、别尔嘉耶夫等人代表的俄罗斯文化、俄罗斯哲学，始终是他最重要的思想来源之一。

谈话一开始弗罗洛夫就用大量篇幅强调，只有在俄罗斯文化、俄罗斯哲学的背景下，才能理解戈尔巴乔夫改革。关于他自己，他说：

> 我总是，对我来说是最主要的，把俄罗斯的命运与陀思妥耶夫斯基所说的"人类对全世界的、普遍的团结一致的要求"联系在一起。这是我的基本思想。我认为，俄罗斯的命运，不论过去、现在还是未来，只有像陀思妥耶夫斯基表达得这样，即和"人类对全世界的、普遍的团结一致的要求"相联系，才能得到解决与确认。这一点非常重要，因为这就与今天不断增长着的把俄罗斯与某些其他国家对立起来的民族—爱国主义倾向划清了界限。②

他又说：

> 在陀思妥耶夫斯基的《卡拉马佐夫兄弟》里有这样一个说法，我非常喜欢。记得吧，伊万·卡拉马佐夫说，如果我拒绝这张通往美好未来的门票，那是因为，假如在那条路上有孩子的一滴眼泪，我也不能跨过它。……
>
> 或者再看看托尔斯泰论艺术的文章。他应该证明，对人来讲，主要的和起决定作用的是道德哲学问题。他想说生命的意义，等等。他需要不断地解决这些问题。不然他活不下去。可是，记得吧，他这样说："人不是死于肝病，不是死于心脏病，甚至不是死

---

① 见附录：《回首改革——И.Т.弗罗洛夫与日本〈朝日新闻〉记者的谈话》。
② 《回首改革——И.Т.弗罗洛夫与日本〈朝日新闻〉记者的谈话》，见本书附录，第380页。

第四章 弗罗洛夫新人道主义的思想渊源

于炸弹,他死亡是因为他没有活下去的理由了,他不知道为什么活着。"这不是科学方法,但是是强有力的文学方法。这是非常典型的俄罗斯式的思维。

为什么我反对简单地抛弃马克思主义、马克思主义观点?在给大学生讲课时,我对他们说:"陀思妥耶夫斯基说:'如果在路上哪怕有孩子的一滴眼泪,我也不能跨过去。'或者是生活在物质满足中,而他一样要杀死自己,如果他不能回答'生活的意义何在?'这样的问题。"……当有人指责马克思主义不把这些问题、生命的意义等等,当作主要的东西,那么可以这样说,马克思主义关心的是广大人民群众,是为了他们能享有现实的幸福,享有现实的繁荣,而不是关心精英。因为马克思主义在寻求怎样使所有的人都幸福等等问题的答案。可能马克思主义找到的答案不正确,这是另外一回事,但是不能以此就认为马克思主义是反人道主义。为什么?我想的是人民的大多数,而您是精英,只关心和您类似的人。[①]

这些论述已经清楚地告诉我们,弗罗洛夫的新人道主义是俄罗斯传统文化中的人道主义思想与马克思主义的结合。

不仅如此,他还认为整个马克思主义都与俄罗斯文化传统有着深刻的内在联系。他说:

……别尔嘉耶夫,在他的另外一本书《俄罗斯共产主义的由来与意义》里指出(他对共产主义持否定态度),共产主义在俄罗斯有着深刻的民族基础。它是俄罗斯文化的一部分,它和俄罗

---

① 《回首改革——И. Т. 弗罗洛夫与日本〈朝日新闻〉记者的谈话》,见本书附录,第390—391页。

斯文化发展中的革命路线，包括"西欧主义"路线，有着深刻的继承性联系，从拉吉舍夫、赫尔岑、车尔尼雪夫斯基、别林斯基等人开始到列宁。民粹派，然后是列宁。深刻的历史联系，导致列宁说（这是一个非常深刻的思想）："俄罗斯历经痛苦获得了马克思主义。"俄罗斯不是简单地从西方接受了马克思主义，而是从深处接受了它，好像是俄罗斯生出了马克思主义。马克思的思想落在已经准备好了的土壤上。因此马克思主义就是俄罗斯文化历史的一个部分，有着深刻的历史根源。普列汉诺夫、列宁在后来的出现，是非常自然的事。他们都是俄罗斯知识分子。普列汉诺夫起初是作为民粹派，也就是革命民主主义者登上舞台的，后来接受了马克思主义。这是俄罗斯知识分子历史的脉络之一。[①]

弗罗洛夫其实是在说他自己的思想形成脉络。对他来说，马克思主义和俄罗斯文化是无法分开的，它们都是俄罗斯大地的产物。

前面曾经提到，任何科学理论的发展都是科学家思想家对现实生活中涌现出的新问题的回应。当出现了新的、已有理论无法解释的经验事实时，为了对这些经验事实作出科学解释从而消除它们和理论的矛盾，科学家思想家就会利用各种可能的思想资源，开动脑筋理论创新，提出新的理论。弗罗洛夫新人道主义思想的形成，马克思主义与俄罗斯传统文化传统哲学的结合，也是在对前面作为新人道主义的背景提到的新科学技术革命和全球性问题提出的挑战的回应中完成的。

14世纪欧洲兴起的文艺复兴运动，用人取代神作为社会生活的中心，肯定了人依靠自己的力量追求现世幸福的正当性，产生人道主义。人的现世生活的幸福与物质财富的占有紧密相关，从事物质生产和贸

[①] 《回首改革——И. Т. 弗罗洛夫与日本〈朝日新闻〉记者的谈话》，见本书附录，第383—384页。

易活动的积极性被激发出来，而物质生产力的发展又离不开对自然界的认识，科学技术由此迎来春天，逐渐起飞。在启蒙运动中，科学理性成为最醒目的旗帜，极大地促进了科学技术的发展。几百年来，"知识就是力量"成为现代化运动中最响亮的口号之一。科学技术的革命性发展使得它在物质生产中的作用越来越重要，以致成为最重要的生产力，或者说成为第一生产力，显著地提高了物质生产力水平，使人的物质生活变得丰裕起来。

但是另一方面，科学技术的发展造就了工业革命和机器的普遍使用，机器的使用又造成大量工人失业，财富和贫穷在资本家和工人两极迅速积累，社会出现了严重的两极分化两极对立。此外，人们运用科学技术获取物质利益，以对科学规律和科学理性的服从为前提。换一个角度看，这是人们为获取物质利益"出卖"了自己的自由，甘愿接受科学规律的支配，造成人的普遍异化。作为对人的尊严以及公平正义的捍卫，19世纪产生了马克思主义，也产生了大量批判资本主义工业文明的文学艺术作品和宗教、政治理论，其中包括陀思妥耶夫斯基和俄罗斯宗教唯心主义哲学。许多思想家提出自己的救世良方，资本主义制度得到改良，一大批社会主义国家诞生，绝对贫困和你死我活的阶级对立得到极大缓和。尽管不同制度下人们的政治理念不同，但是对人类的未来，人们充满希望，信心十足，认为随着科学技术的进一步发展，物质生产力的进一步提高，人道主义理想一定会变为现实。《罗素—爱因斯坦宣言》和罗马俱乐部的《增长的极限》等报告振聋发聩，使人们看到，不仅现实生活中贫困、剥削、战争、异化等等仍然存在，而且出现了资源、环境、生态、气候、大规模杀伤性武器的使用、基因工程等众多的新问题。这些问题给人类带来的危害远远超过以往任何时候，它们造成的不再是贫困、阶级斗争、人的不自由等等，而是威胁到整个人类的生存。人道主义遇到了崭新的空前严重的危机。重要的是，危机的产生不是因为科学技术和生产力不够发达，相反是因为科学技术的盲目的过度的发展。几百年来各种社会问题都是通过科学技术和物质生产力的进一步发展得到解决或者缓和的，现在这条思路行不通了。

无论对崇尚科学理性的资产阶级自由主义者，还是对俄罗斯传统哲学，乃至对马克思主义者，这些问题都是前所未有的挑战。问题如何解决？需要人们开动脑筋对它作出深入的分析概括，然后运用已有的知识寻找出路，提出新的理论，制定新的方案。自由主义者一如既往地坚持依靠科学技术进步；另外一些人，包括崇尚俄罗斯哲学思想的人，以及罗马俱乐部和宗教界的某些人士，认为关键在通过教育宣传，通过道德说教，改变人，改变人心；马克思主义者会立即想到马克思，想到他的异化理论、拜物教思想、人的类本质即人的自由以及自由人的联合体，等等。作为深受俄罗斯传统文化熏陶的俄罗斯人，马克思主义者，弗罗洛夫除了想到马克思的思想以外，很自然地会想到陀思妥耶夫斯基的名言"二二得四就是死亡的开始"，不能把人当作风琴上的销钉，想到他的"关于宗教大法官的传说"；想到索洛维约夫把宗教、哲学与科学结合起来的"完整知识"；想到别尔嘉耶夫的重要著作《人的奴役与自由》[1]，等等。他设想的解决问题的方案，把科学技术发展的积极作用、人的价值和人对自由的追求、马克思的共产主义理想，结合在一起。他说："马克思指出，在社会生产力发展的一定阶段科学变为'直接的生产力'[2]，而人的全面发展则是生产力充分发展的条件。这种情况（生产力、科学和技术的发展同人的发展相联系）或许最大程度地强调了马克思列宁主义科学技术革命观念的特点和本质特征，同时给出了一个既是整个社会发展的也是科学技术发展

---

[1] 《人的奴役与自由》，别尔嘉耶夫著，1939年，巴黎。贵州人民出版社，1994年中文第一版。书中强调人的本质是自由，但在现实生活中受到各种各样的奴役，包括来自科学技术的奴役。

[2] 参见《马克思恩格斯全集》第31卷，北京：人民出版社，1998年，第94页。

第四章　弗罗洛夫新人道主义的思想渊源

的稳定的'测量依据'，即社会和科学的以人的自由、全面发展为目标的方向。"[①] 在这里，弗罗洛夫遵照唯物史观和马克思的思想，把科学技术发展作为人的发展的推动因素，同时把人的发展与解放，人获得自由，作为科学技术与社会进步的判断标准，从根本上确定了科学技术和人的发展的关系。这和陀思妥耶夫斯基的"二二得四就是死亡的开始"异曲同工，生动地体现了俄罗斯传统文化与马克思主义的结合。从这样的认识出发，弗罗洛夫很自然地要用人的尺度衡量科学技术，提出科学技术伦理学化。也就是说，人要自觉控制掌握科学技术的发展与运用，保证它们服务于人的利益和需要，而不是相反。弗罗洛夫高度重视《罗素—爱因斯坦宣言》，赞同该宣言提出的原子弹出现以后科学家身负重大的道德责任，主张科学家必须保证自己的科学研究及其成果的运用不会危害人类的生存。提倡"新思维"，把全人类共同利益作为考虑问题的重要角度，是马克思主义与俄罗斯传统哲学关于科学技术与人的关系的思想相结合的生动反映。

从弗罗洛夫对戈尔巴乔夫改革的总结也可以看出他的思想与俄罗斯哲学传统以及马克思主义哲学的关系。

在总结戈尔巴乔夫改革的教训时，弗罗洛夫这样说：

> 我想把注意力转向陀思妥耶夫斯基《卡拉马佐夫兄弟》中的"关于宗教大法官的传说"。大家知道，在小说中是伊万·卡拉马佐夫讲述这个传说的。传说提出一个重要的两难论题：人的自由和他的物质丰裕。故事发生在宗教裁判时期的西班牙。基督再次现身。人们把他投入监牢，他和宗教大法官进行了一次谈话。宗教大法官对基督说："你在我们面前现身，给人们带来自由，说人不是单靠面包活着，他应该是自由的。"接下来说："在15个世纪

---

① *Фролов И.Т.* Перспективы человека. С. 96.（И. Т. 弗罗洛夫：《人的前景》，第96页。）

中，人们为这个自由而吃苦头。现在我们夺走了他们的自由，但是他们活得很好。他们有面包。"于是就出现了一个两难选择：或者是自由，或者是面包。因为，如宗教大法官所认为的，人自己就其本性而言，是暴乱者。应该把他驯服。当你驯服他，也就是剥夺他的自由的时候，他就开始工作，开始过好日子。于是宗教大法官说："我们纠正你的事业，为了给人们自由而献身的基督的事业。你离开了高傲的人们，回到驯顺的人这里。你离开了高傲的人们，来到吃饱了的人们这里，因为我们纠正了你，消灭了自由。现在我们不需要你。甚至即便你是真正的基督，我们也不需要你。我相信你真的是基督，但我们明天将把你作为异教徒烧死，因为你使人们成为不幸的。"

离开上面的说法，不能理解俄罗斯。这是一个自由和物质丰裕的两难论题，它贯穿俄罗斯的全部历史。我认为，离开这个两难论题，也不能理解我们今天发生的事。没有它，不能理解改革在我国历史中的地位和作用。在某种意义上，戈尔巴乔夫处在基督的地位上，与改革一道，他带来了自由。但是您看，这是怎么收场的。叶利钦，像是恶魔或者敌基督。但是他和戈尔巴乔夫联系在一起。他继续了戈尔巴乔夫开始的过程。他们是统一的，虽然一个消灭了另一个，叶利钦消灭了戈尔巴乔夫。

您看，现在俄罗斯有许多人，就像宗教大法官那样说话：当改革和戈尔巴乔夫从我们这里夺走了面包，也就是物质丰裕的时候，为什么我们还需要它们带来的自由？不错，在改革和戈尔巴乔夫之前，在停滞的年代和斯大林时期，没有自由，有残酷的镇压，等等。但是，不管怎样，我们过得比现在好。很遗憾，这也是现代思想的一个非常重要的轴心。我认为，离开它不可能懂得俄罗斯当前的情况。这不是抽象的哲学思考，这是政治斗争的中心问题。这不是抽象议论，因为如果这个两难论题的解决得出我

第四章　弗罗洛夫新人道主义的思想渊源

们需要面包不需要自由的结论，那就可能会有内战。

十月革命后就是这种情况，同样的情况也可能在现在存在。政治家们想，不论现在的政治家还是过去的政治家，是他们在决定俄罗斯的命运。但俄罗斯的命运是由其历史发展的普遍的命定结果决定的。俄罗斯的命运来自历史发展的一般趋势，来自那些俄罗斯社会、俄罗斯文化所饱含的思想。正是这种情况，不论西方，还是日本，应该搞清楚。完全不是金钱，不是借贷，不是物质的东西，在决定着俄罗斯现在的状况及其未来命运。不如说是相反：这些物质的东西是由某些植根于文化中，俄罗斯文化中的东西决定的。[1]

弗罗洛夫的新人道主义实现了马克思主义与俄罗斯哲学的结合，既有客观原因，也有主观原因。就客观原因看，他的新人道主义是科学技术革命和全球性问题、苏联社会自身在斯大林去世后发生的变化产生的人道主义诉求的必然结果，是全球性问题与马克思早期哲学思想、西方马克思主义、俄罗斯传统哲学发生共鸣的必然结果。

除此而外，新人道主义的产生还有深刻的主观原因。

科学技术革命和全球性问题的出现，苏联社会出现的人道主义诉求，以及马克思早期思想、西方马克思主义、俄罗斯传统哲学，都是客观存在，但是之所以是弗罗洛夫，而不是其他人，扮演了把俄罗斯文化俄罗斯哲学与马克思哲学思想结合起来的角色，提出新人道主义从而对现实生活的需要作出回应，还与弗罗洛夫个人的许多特点有关。

首先是弗罗洛夫的个性。弗罗洛夫不是苏联哲学家中知识最渊博的人，但是整个苏联时期的哲学家中，弗罗洛夫有两点是他人所不能及的。

---

[1] 《回首改革——И. Т. 弗罗洛夫与日本〈朝日新闻〉记者的谈话》，见本书附录，第380—382页。

第一是他的学术敏感和深刻洞察力。苏联是全世界最强的核大国之一，对核武器的巨大威力学术界不会陌生，但苏联学者中只有弗罗洛夫对《罗素—爱因斯坦宣言》做出快速反应，深刻理解其历史性意义，几十年如一日不厌其烦地研究和宣传。苏联幅员辽阔资源丰富，并没有在环境、资源、人口等问题上感受到巨大压力，弗罗洛夫却以过人的敏锐目光看到了全球性问题对人类历史的巨大影响，他主持的《哲学问题》杂志在罗马俱乐部的第一个报告《增长的极限》面世后不到半年就做出反应，召集多学科专家讨论，并且不断扩大规模，使苏联在这一领域的研究处于世界领先地位，在整个苏联社会产生重大影响。他对死亡、生命的意义等问题的研究开苏联哲学这一领域研究的先河，他提倡的对人的综合研究在今天看仍然具有超前性，他一手创建的"人研究所"和杂志《人》，即使在全世界范围内来看，也是令人敬佩的学术创举。

第二是他出众的组织领导能力。他罕见地把学者和社会活动家以及学术研究组织领导者三种不同的角色完美地结合在自己身上。他有极高的情商，善于处理各方面的关系。他在学术界、政界朋友众多，成功地组织了无数的圆桌会议、理论讨论会，乃至世界哲学大会。他慧眼识人，一大批优秀哲学家在他的帮助、提携下显露头角并日益成长为哲学领域的中坚和领袖人物，成为苏联哲学人道主义化的代表。一些人至今仍是俄罗斯哲学界的重要角色。这些优秀的个性特征使弗罗洛夫比别人站得更高、看得更远、想得更深，更具创造性、更有影响力和凝聚力，不仅自己个人学术研究成绩斐然，而且开辟了苏联哲学研究的新方向，创造并领导了强大的苏联哲学人道主义化运动，对全球性问题研究和人的研究做出了至今令人难忘的成就。他有眼光、有魄力，也有能力，把俄罗斯文化、俄罗斯哲学与马克思的思想结合起来，提出新人道主义，并使全球性问题研究在苏联蔚成风气。

其次是他多年从事生物学哲学问题研究。这一研究不仅使他比其他苏联哲学家更关注自然科学哲学问题，而且使他对一切与人以及人的生命相关的成果、动向更为敏感。各种全球性问题涉及核武器、资源、环境、人口、粮食等等具体问题，但是这些问题的焦点很明确，这就是人的生存危机、人类的命运。弗罗洛夫这样的生物学哲学专家很容易充分理解科学技术新成果和全球性问题对人的影响，因而抓住科学技术革命和全球性问题不放，并从哲学的角度对它们迅速做出反应。

如果从马克思主义哲学发展史的角度看，我们可以说，弗罗洛夫把俄罗斯文化、俄罗斯哲学与马克思早期著作中的哲学思想结合起来，提出新人道主义，是马克思主义俄国化的新尝试。马克思主义在世界各地的发展从来都是通过不同国家、不同时代的马克思主义者对马克思恩格斯思想的选择完成的。基督教的《圣经》只有一部，但是在东罗马帝国和西罗马帝国，由于国情的不同，人们对《圣经》进行了不同的解读，形成天主教和东正教。受到文艺复兴运动影响的人，16世纪时因对《圣经》形成既不同于东正教也与天主教有别的理解，天主教中又进一步分裂出基督教新教。马克思主义的发展与此非常相似。马克思主义俄国化的第一个阶段以普列汉诺夫和列宁为代表。本书已经指出，在他们那个时代，俄罗斯还处在封建沙皇统治之下，国家迫切需要理性启蒙，社会则处在激烈的阶级对立之中。这决定了普列汉诺夫和列宁这些俄国第一代马克思主义者从马克思恩格斯的思想中选择了恩格斯阐发的辩证唯物主义历史唯物主义和阶级斗争学说，在政治领域则把马克思的阶级斗争思想与俄国民粹派的思想结合起来，强调阶级斗争、暴力革命的作用，最终在苏联时期形成马克思主义正统——苏联官方意识形态。到20世纪中期，苏联社会产生了重新认识和肯定人的尊严与价值的需要，全球性问题使全人类的生存受到巨大威胁。面对人的问题凸显，苏联官方意识形态失去对现实生活的解释能力。为了回答现实问题，弗罗洛夫代表的具有创新精神的苏联马克思主义者，在马克思早期著作中找到了自己需要的思想资源，同时

新轴心时代与 И.Т.弗罗洛夫

发现了俄罗斯文化和俄罗斯哲学突出人的价值以及批判科技理性对人的支配所具有的现实意义,他们努力运用这些来自不同领域的思想资源,研究解决现实问题,逐渐形成新的马克思主义。新人道主义就是这种努力的产物。它是马克思主义与俄罗斯国情在20世纪下半叶再次结合的尝试。①

在这里需要特别强调的是,全球性问题的出现对于弗罗洛夫新人道主义思想具有特殊的意义。一方面,紧紧抓住全球性问题不断拓展自己的视野,是弗罗洛夫新人道主义的特点所在,赋予了这一思想以时代特征和最主要的理论价值。另一方面,人道主义在苏联是十分敏感的问题,Э.В.伊里因科夫、А.А.季诺维也夫以及其他许多人都因宣传人道主义而遭到批判,因为他们对人道主义的宣传暗含着对苏联现实生活不人道的指责,暗含着对辩证唯物主义历史唯物主义的批评否定,有与西方世界对苏联的恶意攻击相呼应的嫌疑。从全球性问题出发对人道主义的宣传与此不同。它的出发点是马克思本人的相关思想,依据的是可以用自然科学的确定性加以描述的客观事实,涉及的是超越民族、阶级差别的普遍性问题,进一步说,涉及的不是人的利益,而是人的生存,全人类的生存,因此而具有了"绝对命令"的性质。此外,它的宗旨不是对苏联的现实生活加以批判,而是为苏联的发展和共产主义的胜利在新的条件下作建设性尝试。弗罗洛夫一再强调新人道主义属于马克思主义理论范畴,更使得它不仅合理,而且具有了合法性。弗罗洛夫的新人道主义之所以能够在苏联严酷的意识形态环境中生存并且被越来越多的人接受,甚至成为苏联共产党的理论指导,上述特点是重要原因。

---

① 在弗罗洛夫之前大约一个世纪,19世纪末,当时还是马克思主义者的 С.Н.布尔加科夫就在自己的政治经济学研究与教学中对马克思主义与俄罗斯文化的结合作了尝试。见 *С. Н. Бургаков*. Сочинения. в двух томах. Т.1. М.: Наука, 1993(С.Н.布尔加科夫:《布尔加科夫著作选》(两卷集),第一卷,莫斯科:科学出版社,1993年)。

第五章 弗罗洛夫新人道主义的社会影响

弗罗洛夫的哲学思想，他的新人道主义，是20世纪下半叶苏联社会和整个时代的产物，反过来又有力地推动了苏联社会和时代的发展，产生了广泛、深刻的影响。这一影响在戈尔巴乔夫改革中得到集中体现。通过戈尔巴乔夫改革，弗罗洛夫的新人道主义极大地改变了苏联的历史命运。研究弗罗洛夫新人道主义不能不研究戈尔巴乔夫改革；同样，研究戈尔巴乔夫改革和苏联社会的巨大变化，也必须研究弗罗洛夫的新人道主义。

一、弗罗洛夫与苏联哲学的人道主义化

从斯大林去世直到苏联解体，人道主义化是苏联哲学发展的基本趋势。斯大林去世后仅仅五个月，苏共中央机关刊物《共产党人》1953年第12期，发表题为《人民是历史的创造者》的文章，提出："近几年来在我们的宣传工作中，对个人在历史上的作用问题的宣传脱离了马克思列宁主义。在宣传中不是正确地解释共产党这一领导力量的作用，而是常常陷入个人迷信，结果降低了党和党的领导核心的作用。"这里已经可以明显地看出对斯大林自我神化和制造个人迷信做法的批判。这是俄罗斯历史发展中的又一次启蒙运动，是人的解放的呼声。随后，苏联哲学中突出人的主体作用和论述人的价值的著作不断涌现，哲学家的视野日益扩大，人的问题越来越热。俄罗斯著名哲学家 A. A. 古谢伊诺夫这样描述上述变化：

这是一种具有启蒙性质的哲学运动。它的座右铭可以表述如下："人可以也应该靠自己的头脑生活。"

……

就其人道主义内容部分，可以把它称作精神解放的开始，即个人生活的解放，而在某种程度上也是人们的社会行为从党的机构和安全组织全面控制下的解放。形成于30—40年代和斯大林的名字联系在一起的苏联社会制度模式，离不开那种把党和国家最高机构表述的国家利益、社会利益放在相对于个人利益、团体利益具有无条件优先地位的意识形态的支持。那些构成新智力运动的哲学家们不认同这种意识形态。他们扩大对斯大林个人迷信的批判，直至提出必须把个人尊严与地位归还给每一个人，人首先应该拥有智力——道德上的成熟性和思想与行为的独立性。[①]

按弗罗洛夫自己的说法："在60—80年代，人、个性和人道主义问题成为我国哲学中最受人关注的问题。随着改革（1985—1991）的开始，这一点在我国表现得特别明显。"[②] 价值是人对世界的评价，以人为出发点，但在苏联哲学中长期无人问津。1960年，В. П. 图加林诺夫的专著《论生活和文化的价值》出版，价值论进入哲学界的视野。1964年4月和1965年3月、10月，苏联举行了三次关于价值论问题的学术讨论会。从60年代起，人和人的个性问题成为哲学家的研究对象。关于人的个性形成的社会条件、个性的结构、个性的发展、个性中的社会因素和生物因素的关系等问题，得到深入研究。就连人的贪婪、物质主义、消费主义、酗酒、虚度时光等等不合理需要的社会

---

① А. А. 古谢伊诺夫：《俄罗斯六十年代人哲学的人道主义背景》，《世界哲学》2015年第3期。
② Академик Иван Тимофеевич Фролов. С. 560.（《伊万·季莫费耶维奇·弗罗洛夫院士》，第560页。）

根源和实现条件，都有人探讨。"自然辩证法"让位于科学技术哲学，对社会、历史、文化等因素在科学技术发展中的作用的重视，取代了对物质运动辩证规律的关注。五卷本的《苏联哲学史》详细列出了1967—1982年，即所谓"发达社会主义"阶段，在人的问题上哲学界研究的具体问题：

（1）人的个性形成中的社会因素；

（2）在社会主义社会中科学技术革命的影响下，人的协调发展这一共产主义理想的具体实现途径；

（3）社会主义社会、资本主义社会人的个性形成的一般条件；

（4）人的协调发展和劳动在这一过程中的作用；

（5）社会微观、宏观环境对个人发展的影响；

（6）个性的结构、个性中的生物性因素和社会性因素；

（7）马克思主义价值理论中关于人的研究；

（8）个性全面发展的道路与形式；

（9）马克思主义人的观念中的自由问题；

（10）社会主义社会人的责任问题，个人与社会；

（11）社会主义人道主义的源泉和本质，它所固有的科学性与革命性、能动性的统一，爱国主义和国际主义的统一；

（12）革命暴力问题；

（13）人与人的生活方式。[①]

这些问题充分说明了苏联哲学对人的问题的肯定与重视，是人道主义在苏联哲学中凸显的具体表现。

在苏联哲学人道主义化的过程中最重要、最具有标志性的，是辩证唯物主义历史唯物主义领域的变化以及全球性问题研究的兴起。

[①] Институт философии, Философский факультет МГУ. *История философии в СССР*. М.: Наука, 1985. С. 476-478. (《苏联哲学史》第五卷，苏联科学院哲学研究所、莫斯科大学哲学系编，莫斯科：科学出版社，1985年，第476—478页。)

辩证唯物主义是用物质的辩证运动解释一切的世界观，它认为生命是蛋白体的存在方式，意识是大脑这种特别复杂的物质的功能，辩证法是物质运动的普遍规律。这种世界观是物质本体论，人也是可以用原子、分子等物理学概念解释的物质存在。人所共知，马克思曾这样批评旧唯物主义，他说："从前的一切唯物主义（包括费尔巴哈的唯物主义）的主要缺点是：对对象、现实、感性，只是从**客体**的或者**直观**的形式去理解，而不是把它们当作**感性的人的活动**，当作**实践**去理解，不是从主体方面去理解。"[1] 马克思把自己的哲学思想称作"新唯物主义"。马克思的新唯物主义与辩证唯物主义并不矛盾，但是对于二者的关系以及一致之处，苏联哲学界始终没有作过认真研究。因此在苏联，任何弘扬人的主体性、能动性的理论，任何人道主义思想，都往往要对辩证唯物主义以及历史唯物主义提出批评。

在苏联，对辩证唯物主义世界观的挑战是由莫斯科大学哲学系 50 年代初的两场论文答辩开始的。1953 年，斯大林去世几个月后，西方哲学教研室研究生 Э. В. 伊里因科夫通过了副博士论文答辩，论文的研究对象是《资本论》中从抽象到具体的辩证法。一年以后，逻辑教研室的研究生 А. А. 季诺维也夫同样以关于马克思《资本论》中从抽象到具体的辩证法问题的论文通过副博士论文答辩。他们提出了科学理论的建构与发展中的逻辑与方法问题，以及理论知识与经验知识、研究的逻辑与阐述的逻辑的相互关系等问题，极大地拓展了苏联哲学的研究空间，打破了以研究物质本体为唯一对象的辩证唯物主义世界观的局限。列克托尔斯基院士认为："实际上是形成了哲学研究的新问题，是与整个官方辩证唯物主义历史唯物主义教条相对立的。"[2] 1954

---

[1]《马克思恩格斯文集》第 1 卷，第 499 页。

[2] *Митрохин Л.Н.* Мои философские собеседники. Санкт-Петербург: Издательство Русской Христианской гуманитарной академии. 2005. С. 396. (Л. Н. 米特罗欣：《我的哲学与谈人》，圣彼得堡：俄罗斯基督教人文科学院出版社，2005 年，第 396 页。)

年，已经留校工作的 Э.В.伊里因科夫和另一位青年教师 В.И.科罗维科夫共同提出了名为《哲学与关于处在历史发展过程中的自然界和社会的知识的相互联系》的提纲。提纲认为："由于自己的纯粹理论性质和抽象性，辩证法的规律只有被哲学作为逻辑范畴，作为辩证思维的规律，才能加以研究并被揭示出来。只是因为把理论思维和认识过程作为自己的对象，哲学才把存在的最普遍的特性纳入自己的考察范围，而不是像人们常常描述的那样与此相反。哲学是关于科学思维、科学思维的规律与形式的科学。"[1] 实际上提纲是对哲学对象作了新的理解。作者认为，哲学不可能直接研究物质存在及其辩证运动规律，它只能研究在人的思维中观念地表现出来的现实世界，是对认识的认识和对思维的反思。列克托尔斯基说："要知道思维规律是存在规律的'摄影'，正是在思维中存在规律才以纯粹的形式呈现出来。研究思维的时候，我们正是在研究世界的客观规律。……当然，存在是有的，不依赖于思维。但是存在的普遍性性质与思维方法相吻合。在思维中与存在不相吻合的东西，是心理学、心理病理学的研究对象，不过这已经不是哲学的对象了。"[2] 伊里因科夫的副博士论文把《资本论》的逻辑作为研究对象，他和科罗维科夫的提纲是这一思想的延续与发展，与把物质存在及其规律作为哲学对象的传统观念严重对立，充分体现了对人的主体作用的重视。列克托尔斯基这样说：

按照这样的理解，科学认识问题和知识问题不仅不和各种人道主义问题相对立，而且与它们直接联系在一起。因此，伊里因

---

[1] Иллеш Е.И., Лекторский В.А., Раскин И.А. Эвальд Ильенков, Валетин Коровиков. Страсти по Тезисам о предмете философии. М.: Канон +, 2016. С. 146.（Е. И. 伊尔列什、В. А. 列克托尔斯基、И. А. 拉斯金：《艾瓦尔德·伊里因科夫、瓦列金·科罗维科夫：因哲学对象提纲而来的苦难》，莫斯科：Канон + 出版社，2016 年，第 146 页。）

[2] 同上书，第 11 页。

科夫哲学思想的发展后来把他引向诸如观念的东西的本质以及个性问题、创造问题、活动问题、想象问题、幻想问题、马克思早期著作中的问题，不是偶然的。他对心理学、教育学、伦理学、美学感兴趣也很自然。①

伊里因科夫的思想在青年哲学家中引起巨大反响。哲学家 B. M. 梅茹耶夫说：

> 在 1950—1960 年的战后苏联哲学中，伊里因科夫是最引人关注、名气最大的哲学家。他对我们这些当时在莫斯科大学哲学系学习和刚刚开始独立学术生涯的人，产生了决定性的影响，这一影响在很大程度上决定了我们随后对自己在哲学界的立场与位置的选择。在当时，几乎每个想在哲学中展现自己的人都不能绕开他。②

列克托尔斯基这样评价伊里因科夫和季诺维也夫的影响：

> 回顾过去，我特别清楚地看到伊里因科夫和季诺维也夫 50 年代中期与后期所做的工作对我国哲学产生的革命性作用。问题不仅仅在于他们是某个哲学领域一些饶有兴味的学术派别的缔造者。我认为，他们的思想与纲领是整个我国哲学发展中的重要界线和新起点。就像我们把德国哲学分为前康德哲学和后康德哲学以及

---

① *Митрохин Л.Н.* Мои философские собеседники. С. 398.（Л. Н. 米特罗欣：《我的哲学与谈人》，第 398 页。）

② Философская оттепель и падение догматического марксизма в России. Москва · Санкт-Петербург: Нестор-История. 2017. С. 269.（《哲学解冻与教条马克思主义在俄罗斯的衰落》，莫斯科—圣彼得堡：涅斯托耳—历史出版社，2017 年，第 269 页。）

第五章　弗罗洛夫新人道主义的社会影响

把俄罗斯文学分为前普希金、前果戈理文学和后普希金、后果戈理文学一样，我们可以把战后苏联哲学分为前伊里因科夫、前季诺维也夫哲学和后伊里因科夫、后季诺维也夫哲学。[①]

伊里因科夫和季诺维也夫的思想得到许多青年学生的赞同，但遭到来自党中央的批判。批判者指责伊里因科夫把哲学的对象归结为认识论，否认辩证唯物主义是关于世界本体的理论。他们把伊里因科夫的思想称作认识论主义，伊里因科夫提出的上述提纲被称作"认识论提纲"，伊里因科夫和他的追随者或与他观点相似的人被称作认识论派。伊里因科夫的观点极大地弘扬了人的主体性，提升了人在马克思主义哲学中的地位，是马克思主义哲学内部对苏联官方辩证唯物主义哲学的第一次冲击。

伊里因科夫的思想在苏联哲学界引起一场持久的理论对立与斗争。他开设的专题讨论课受到许多学生的热捧，影响日益扩大，但同时引起了坚持从物质本体论出发解释马克思主义哲学的正统派哲学家和官方的忧虑、警惕与不满。保守派哲学家把伊里因科夫的观点称作"从背后捅向辩证唯物主义的一把刀子"[②]。伊里因科夫和他在莫斯科大学哲学系的志同道合者В.И.科罗维科夫遭到批判。后者被赶出莫斯科并剥夺了从事哲学工作的权利，前者被迫离开讲台，调往苏联科学院哲学研究所工作。

认识论派和本体论派（即坚持用物质本体论解释马克思主义哲学的正统派哲学家）在哲学对象问题上长期对立。本体论派坚持：如果哲学概念"不能为我们提供存在于我们的意识活动之前、之外并不依

[①] Митрохин Л.Н. Мои философские собеседники. С. 397.（Л. Н. 米特罗欣：《我的哲学对话人》，第 397 页。）

[②] Эвальд Ильенков – Валентин Коровиков. Страсти по тезисам. О предмете философии. С. 98.（《艾瓦尔德·伊里因科夫、瓦列金·科罗维科夫：因哲学对象提纲而来的苦难》，第 98 页。）

赖于我们的意识和活动的那些客体的信息,那么客观辩证法的理论也就名不副实了"[1]。马克思主义哲学首先应当研究"物质及其特性和规律,它的自我运动和自我发展"[2]。认识论派坚决反对马克思主义哲学包含本体论,反对哲学要研究物质本体的存在形式与规律。他们的重要理由是,马克思恩格斯把思维与存在的关系,而不是存在本身,作为哲学基本问题。他们说:"人们称为本体论的那个东西是指对存在自身的考察,是指把存在看作在人的思维对它的关系以外的东西。本体论提出的不是关于人怎样认识和改造世界的哲学问题,而是完全不同的问题:这个世界作为其所是的那样是以什么形式自在地存在的。"[3]列宁说过:在《资本论》中,逻辑、辩证法和唯物主义的认识论三者同一,不必要三个词,它们是同一个东西。[4]这也是认识论派的理论依据。他们据此提出,人只能以自己对世界的认识为中介认识世界,直面存在于人的认识之外的世界是不可能的。

上述对立和争论围绕对辩证唯物主义的认识展开,涉及哲学的对象、哲学与具体科学的关系、马克思主义哲学的社会功能等问题,但是它们所反映的最直接、最基本的问题,是如何看待人的地位、人的作用的问题。认识论派认为,把马克思主义哲学归结为物质本体论使它沦为与黑格尔哲学甚至基督教类似的理论,因为它们都是用在人以前、人以外、人以上的某种抽象存在解释世界,包括解释人本身。认识论派的观点显然是对人的价值的呼吁,赋予了马克思主义哲学以人

---

[1] *Константинов Ф. В., Марахов В. Г.* Материалистическая диалектика. В 5 томах, Т.1. М.: Мысль, 1981. С. 47. (Ф. В. 康斯坦丁诺夫、В. Г. 马拉霍夫:《唯物辩证法》五卷本,第 1 卷, 莫斯科: 思想出版社, 1981 年,第 47 页。)

[2] *Ильин В.В.* Диалектика материального мира. Л.: ЛГУ, 1985. С. 9. (В. В. 伊里因:《物质世界的辩证法》, 列宁格勒: 国立列宁格勒大学出版社, 1985 年, 第 9 页。)

[3] *Кедров Б.М.* Как изучать книгу В.И. Ленина «Материализм и эмпириокритицизм» (Изд. 4-е). М.: Политиздат, 1983. С. 243. (Б. М. 凯德洛夫:《怎样研究列宁的〈唯物主义和经验批判主义〉》第 4 版, 莫斯科: 政治出版社, 1983 年, 第 243 页。)

[4] 列宁:《哲学笔记》, 北京: 人民出版社, 1974 年, 第 357 页。

第五章 弗罗洛夫新人道主义的社会影响

的面孔，体现了人道主义精神。虽然本体论派的观点一直得到苏联官方的支持，是哲学教科书的基本观点，但认识论派的观点并未消失，两派的争论一直持续到 80 年代中期。笑到最后的是认识论派。1985 年，《共产党人》第 1 期发表了题为《马克思主义现实主义的革命辩证法 —— 纪念列宁〈谈谈辩证法问题〉发表 60 周年》的编辑部文章，指出："仅仅被当作本体论的、与认识论相对立的辩证法，必然变成某种杜林式的'世界模式'。因此对于马克思主义者而言，辩证法实际上也就是认识论和逻辑。"[①] 一些持本体论观点的哲学家虽然对此提出批评，但是这一年 3 月戈尔巴乔夫就任苏共中央总书记，此后人道主义成为苏共的公开旗帜，辩证唯物主义历史唯物主义日益退出哲学舞台，很快，本体论派连立足之地都没有了。[②]

伊里因科夫和季诺维也夫的学位论文，是人道主义在苏联哲学界觉醒的标志，是对用物质及其运动解释一切的辩证唯物主义的冲击。它没有终结辩证唯物主义的官方哲学地位，但是动摇了它的理论基础，培养出了以各种方式追求人道主义理想的整整一代青年哲学家，改变了众多苏联哲学家的价值取向和关注焦点，开启了苏联哲学领域的人道主义运动。

这一运动在历史唯物主义领域也有表现，哲学家 В. Ж. 凯列的著作及其命运就是很好的例证。

1974 年凯列和他人合作出版了《马克思的遗产和社会经济形态理论》一书，强调《1844 年经济学哲学手稿》等马克思早期著作中异化概念的重要意义，体现出人道主义倾向。很快，苏共中央社会科学

[①] Коммунист. 1985 г. № 1.（《共产党人》1985 年第 1 期。）
[②] 列克托尔斯基这样概括两派的对立与斗争："在那些年，我国哲学界的'认识论派'和'本体论派'不是作为不同理论观念的代表而相互对立的，相互对立的是那些想要研究实际的哲学问题的人和那些没有能力做也不想这样做而只关心宣示自己的'意识形态坚定性'的人。" Митрохин Л.Н. Мои философские собеседники. С. 407-408.（Л. Н. 米特罗欣：《我的哲学对话人》，第 407—408 页。）

院、马克思列宁主义研究院等机构召开联席会议，对该书提出严厉批判，指责它是对马克思主义社会经济形态理论的冲击，是资产阶级思想家和修正主义者对这一理论的篡改。1980年《哲学问题》第7期发表了凯列和 М. Я. 科瓦尔宗合著的文章《社会哲学研究方法论的几个最重要的方面》，提出：历史唯物主义是认识历史过程的方法论，应用历史唯物主义研究历史，应当包括三个方面。第一是自然历史方面。这一方面重在对历史规律的揭示，说明社会发展是一个自然历史过程。人们过去对历史唯物主义的理解就是从这个方面出发的。第二是活动方面，即要把社会历史当作人们活动的过程和结果来分析。从这一方面出发，分析的对象是历史的创造主体本身和该主体影响历史进程的方式方法。从这一角度认识社会历史，是在突出主体在社会历史中的作用，肯定人的思想目的、思想动机等因素在社会历史中的重要位置，以克服"目中无人"的倾向，防止把历史当作赤裸裸的自然规律作用的产物。第三是人道主义方面。从这一方面出发，要求把历史作为人自身发展的历史来看待，作为人道主义不断光大、人的本质不断丰富的历史来看待。提出历史唯物主义方法的人道主义方面有双重意义。首先，它实际上包含了一种社会评价的标准，即人道主义标准。作者指出，对资产阶级生活方式产生的个人问题进行分析，是批判当代资本主义的一个重要方面，今天对每一种社会制度的评价，归根到底都要看它为人做了些什么。社会主义和共产主义是真正的人道主义，因为它们不仅是物质生产发展的必然结果，而且能逐步使每一个个人都得到自由的和全面的发展。其次，它提供了一种对于人文科学具有特殊意义的方法论原则。历史的发展也就是个人的发展，因此在研究个人及其发展时，不可能不研究各种社会的东西向个人的东西的转化，不可能不研究人的历史文化环境。凯列和科瓦尔宗认为，要想全面分析历史过程，必须把上述三个方面综合起来，"社会的认识史令人信服地表明，不论是通过把社会规律归结为自然规律的办法，还是通过否定人的积极性的意义和社会主体作用的办法,将第一个方面绝对化都会导致用宿命论的观点看待历史,从而把人变成某种自然力或非自然力的傀儡,并导致庸俗的社会学观点"[①]。

以往的历史唯物主义理论,强调社会历史与自然界一样是一个自然历史过程,受不以人的意志为转移的铁的规律的支配。凯列和科瓦尔宗承认社会历史是有规律的,但是指出这些规律是人的活动的结果,历史是人创造的,而且历史发展同时也是人的发展过程,是人道主义发扬光大变为现实的过程。这些观点使历史唯物主义具有了强烈的人道主义色彩。文章遭到苏联科学院资产阶级意识形态批判委员会主任米丁等哲学家有组织的严厉批判,但得到大多数苏联哲学家的支持。

辩证唯物主义历史唯物主义是苏联官方哲学的核心理论,人道主义在这一领域发起的冲击成为苏联哲学人道主义化的代表或标志。从50年代中期起,人道主义呼声在苏联哲学界一浪高于一浪。尽管辩证唯物主义历史唯物主义的官方哲学地位不可撼动,但是事实上人道主义已经逐渐成为哲学界的主流,为绝大多数哲学家所接受。人道主义渗透到认识论、价值论、科学技术哲学、伦理学、美学、哲学史研究之中,深入到苏联哲学家的内心深处。

1968年,情况发生变化。这一年春天,在知识分子人道主义运动的推动下,捷克斯洛伐克共产党提出建设"具有人的面孔的社会主义",也即人道的民主的社会主义,以期完善、发展社会主义制度。受到党中央政策转变的鼓舞,人道主义、自由、民主的呼声在社会上迅速高涨,出现所谓的"布拉格之春"。这一年8月,苏联坦克无情地碾碎了捷克斯洛伐克人的梦想,"布拉格之春"遭到粗暴镇压。在苏联,"解冻"期间想要通过弘扬人的主体地位创新发展马克思主义哲学

[①] 转引自《苏联哲学家论辩证唯物主义和历史唯物主义问题》,北京:人民出版社,1985年,第212页。

并且给社会主义制度注入人道主义精神的苏联知识分子，他们的人道主义梦想随着"布拉格之春"被镇压而彻底破碎。列克托尔斯基说："从 70 年代开始，新哲学运动发生重大变化。在政治方面对这一变化发生影响的是 1968 年苏联坦克进入捷克斯洛伐克。苏联坦克不仅终结了布拉格之春，而且终结了在苏联革新社会主义的希望。新哲学运动的许多参加者，对 50 年代末和 60 年代使他们受到鼓舞的幼稚的唯科学主义感到失望，逐渐把人类学问题作为独立的而不是从认识论方法论研究中派生出来的问题而提到首要地位。"[1] 此前弘扬人道主义的哲学思潮在苏联的主要代表人物伊里因科夫和季诺维也夫，很快离开舞台中心。1968 年弗罗洛夫就任《哲学问题》主编，《哲学问题》成为哲学创新和宣传人道主义的核心阵地，弗罗洛夫作为杂志主编则成为苏联哲学人道主义化的主要推动者。70 年代初罗马俱乐部登上舞台之后，弗罗洛夫借全球性问题引发的苏联哲学家对人类命运的普遍关切高高举起研究全球性问题的大旗，提出新人道主义，迅速成为苏联哲学人道主义化的旗手，进而成为苏联哲学的领袖人物。到 80 年代中期戈尔巴乔夫改革开始时，苏联哲学已经彻底人道主义化了。最能说明这一点的，是一次对苏联哲学加以全面总结的会议。

1987 年 1 月苏共中央"一月全会"正式吹响了改革的号角，三个月后，《哲学问题》编辑部和编委会召集了名为"哲学与生活"的积极分子会议。会议历时三天，有 60 多位来自全国各地的哲学家出席。会议在戈尔巴乔夫提出的"民主化、公开性"口号声中举行，与会者发言踊跃，畅所欲言，所提问题之尖锐、深刻，前所未有。

---

[1] Лекторский В.А. Философия Росии второй половины XX в. Как социально-культурный феномен. Проблемы и дискуссии в философии России второй половины XX в.: современный взгляд. М.: РОСПЭН, 2014 г. С. 31.（В. А. 列克托尔斯基：《作为社会文化现象的 20 世纪下半叶俄罗斯的哲学》，载《20 世纪下半叶俄罗斯的哲学问题与争论：从今天的角度看》，莫斯科：РОССПЭН 出版社，2014 年，第 31 页。）

《哲学问题》主编 B. C. 谢苗诺夫首先对苏联哲学存在的问题作了系统的分析。他认为存在五个方面的问题：

第一个方面是 20 世纪 30 年代表现出来的简单化和粗俗化的路线。这条路线是和斯大林的《辩证唯物主义和历史唯物主义》一书的问世相关的。该书在阐述极端复杂的和多义的辩证唯物主义和历史唯物主义问题（即马列主义哲学的全部实质）时，采用了过分简单化和粗俗化的方法。1953 年以后，这种方法遭到了批判。哲学发展出现了转折，它在不同程度上涉及哲学的各个领域。但是在我看来，这种对哲学问题所持的简单化立场的明显后果，在大量哲学著作和哲学教学中，依然残留着并不断表现出来。因为粗浅地讲解和叙述哲学是比较方便和省力的。

第二个方面是哲学和社会科学其他领域在其发展中存在的"以权威自居"状况。这种尽人皆知的局面实际上是斯大林开始一个人替所有人思考和讲话时形成的，而其他人主要就是听他讲和为他讲的东西作注释。从这一时期起，注释之风开始盛行，教条式的引经据典占了上风，息事宁人的态度加重了。总之，对哲学材料进行专断解释的做法占了优势。

第三个方面是哲学看风使舵的性质增强了。生活中随时都会涌现一些新的现象和新的变化，它们要求哲学给予公正的说明。然而，对这些变化人们却常常是按照"上边"的解释加以阐述的。一种"先宣布后解释"的机制开始起作用。上边的权威人士先讲原则性的意见，学者们立刻开始从"学术上"加以解释。学术问题就这样提出来了，于是我们就开始为之作注释，进行解释，并为此而搜寻相应的事实，这样就使许多原则性的看法变得并不完全脱离现实生活了。但是，这些问题因此也就失去了其在现实生活中应有的辩证法和复杂性，而成了"被迫"适应原则性意见的一种形式。我看，不少所谓的哲学"新作"往往就是这么出笼的。

第四个方面是哲学阐述上的某种规范主义、应付差事和教条主义性质不断增强，这对哲学现状发生了严重影响。人们不是不偏不倚地和有根有据地研究现实生活本身及其中发生的变化，而是越来越经常地为官方关于现实生活的立场单纯地作注释。也就是说，关于社会，科学中所讲的并不是实际存在的东西，而是官方讲过的东西。因此在社会理论（即历史唯物主义和科学共产主义）中经常讲的是社会应当怎样，就是不谈社会中发生的复杂的矛盾过程，仿佛现实的社会生活根本不存在似的。即是说，人们得出的是一种想当然的、一厢情愿的，因此在很大程度上是虚假的现实生活面貌。似乎是下述原则在起作用，即实存的东西并不重要，重要的是口头上的东西。

因此在哲学中，首先是在历史唯物主义中，占首要地位的是阐述那些好像注定会起作用的规律。从一个规律又引出另一个规律，一个范畴引出另一个范畴。结果在历史中、在真实的实践中，好像没有人，也没有活动一样。В. Ж. 凯列和 М. А. 科瓦尔宗正确地指出了这一点。这样，哲学发展观失掉了自身的本质，即失掉了人民的创造，失掉了社会和历史主体的变化。

正在变成宿命论的这种规范主义，我看是哲学认识和实践的某种割裂造成的结果。人们常常忘记必须使用两种认识方法：从具体向抽象转化，即从经验向对某些问题的概括转化，然后再从抽象到具体，即把这些个别概括和个别抽象，综合为统一的、完整的和综合性的理论。人们不这样做，而是常常使转化单纯从一些抽象变成另一些抽象，这就使认识过程失掉了实践依据和实践检验。其结果是使观念有了经院哲学的性质。这就使哲学思维的教条主义愈演愈烈。今天教条主义正在遭受批判，这样做是合情合理的和有充分根据的，因为教条主义是创造性哲学的主要敌人。

第五章 弗罗洛夫新人道主义的社会影响

再有就是第五个方面,即最后一个方面。这就是,由于所有这些在哲学中不断得到加强的"转变"和变化的结果,哲学开始具有庸俗化和好为人师的性质。哲学已不再是(像它理应所是的那样)认识现实、认识一切现象和过程的科学的、辩证的武器,而是在很大程度上变成了表面上严整有序,但却是形式化的体系,这个由某些刻板公式构成的体系影响了人们的大众意识,并受命充当关于自然、社会和思维的受官方赞许的观点。[①]

这番论述对苏联哲学作了全面批判,其力度之大前所未有。

谢苗诺夫的发言着眼于对苏联哲学的宏观评价,从具体的思想理论的角度看,苏联哲学问题何在?与会者多数人观点相近,即主要问题是苏联哲学中没有人的地位。著名哲学家 Л.П.布耶娃在发言中对此作了说明:

目前迫切需要批判教条主义,使唯物辩证法的创造性革命精神发扬光大。这一需要的实现不是简单的事情。我不想面面俱到,只想提一些我认为需要特别加以注意的问题。首先要谈的是"人的问题"目前在哲学中所占的地位。这个问题目前所处的地位不仅与马列主义哲学的人道主义本质不相适应,而且与社会主义社会的人道主义理想和目的不相适应。在"经典的辩证唯物主义"中,人的问题可以说暂时还以"扬弃的形式"存在,作为抽象的主体和在物质发展的一定阶段产生出来的意识而存在。至于规律和范畴的表述,那么在这种"辩证唯物主义"中,"人的问题"充其量不过是作为事例出现的。在"历史唯物主义"中情况也好不

[①] 转引自《当代学者视野中的马克思主义哲学·俄罗斯学者卷》,北京师范大学出版社 2008 年版,第 3—4 页。

了多少。在这里，人或者"消融"在生产力中，或者"消融"在各种同一性中，只是在结尾处才出现社会和个人相互作用的章节。在整个社会的发展中人的因素的作用不断增长，人的个性潜力和能动性愈益必不可少，现代哲学应该适应这种情况，更加鲜明地表现出"人的面貌"。人道主义问题是马克思主义活的灵魂。而对哲学重建的要求是对人与世界、自然和人自身的关系的人道主义化的社会要求的反映。目前无论在哲学认识中，还是在各门具体科学认识中，对人的作用和"人的问题"的比重必然要提高的意识正在加强，这是令人欣慰的。

不仅对哲学来说，而且对各门科学的发展来说，这都会改变社会及认识的情境，或许还会创造出新的科学范式和模式，在这种范式和模式中，人将成为优先的和普遍的认识对象，成为优先的和普遍的活动目的。这时，研究的重心可能要从作为客体和"物中之物"的人转到作为主体的人。研究人的创造潜力和能力，以及人的主观力量和通过社会条件使主观力量能动化的途径的领域，将获得特殊的意义。新的范式会改变自然科学、社会科学和人文科学之间的相互关系。在这种情况下，不仅对人学的建设性实践观点要得到加强，各门关于人的自然科学和社会科学的"保护功能"也会提高。人和自然界一样需要保护。正是人和人的福利应该在比今天更大得多的程度上，直接地而不是间接地成为科学效能的现实价值尺度。这些需要使科学的伦理方面的发展、科学进步及其成果应用的道德指向具有现实意义。①

哲学研究所所长 Н. И. 拉宾对苏联哲学的未来发展作了展望：

---

① 转引自《当代学者视野中的马克思主义哲学·俄罗斯学者卷》，第52—53页。

形成我国哲学研究发展的远景构想，首先必须以现时代社会需要的哲学认识为前提。对于我们这个时代所提出的要求，我们暂时还没有形成多少是一致的或者是内容一致说法不同的哲学认识，但我认为时代的要求应当有三个层次：

第一，整个人类层次：在核时代人类继续生存的要求具有头等意义。对增加生活方式的多样性与人道主义化的要求十分重要。对新思维（政治的、生态的，等等）的要求具有全人类的性质。还有别的要求。

第二，个人层次：现代的人的问题以新的方式极其尖锐地提出了对于个人的自由和全面发展的要求，因为个人的自由发展乃是一切人的自由发展的先决条件。

全人类和个人这两个层次必须通过第三个层次——社会才能反映出来。为了成为人类在其历史的转折阶段的先锋队，社会主义社会应当通过自己体现出人类文明发展的要求和作为这种文明的毫无疑义的精髓的人的发展的要求。

就哲学本身发展的任务而言，正处在调整之中的各种层次的社会要求，普遍期待马列主义哲学获得新的现代的形式，即完全符合科技革命的成就和符合即将踏入第三个千年的社会发展现实的形式。要实现这种期待，就必须克服前面指出的在我们哲学思维中形成的问题的惰性综合征，并积极地解决这些问题。这就是说：

——我们的全部哲学都要把人视为社会进步的最终目的，视为最高的价值和一切事物的尺度，也就是说，要使哲学人道化（但这并不是陷入人本主义哲学的片面性，也不是把事情归结为突出关于人的个别问题）。

——揭露教条主义思维的认识论根源和社会政治根源。这种思维乃是那些官僚主义化和以权威自居的居民阶层（首先是管理领域）的切身利益和思想趋向的表现。要揭露这种类型的思维，以证明其在方法论上是没有根据的，要把它清除到受人尊敬的哲学范围之外。

——恢复和推行活生生的辩证法、辩证唯物主义和历史唯物主义的原理与范畴的辩证本性，以及它们的体系完整性和在解决科学与社会实践中的总体任务时的启迪价值。

——积极动员哲学家参加解决从哲学上建构综合和概括的世界（自然和社会）图景的任务。解决这个任务要依靠所有科学（社会科学、自然科学和技术科学）的最新成就；该项任务是知识分子、劳动人民和所有自由思考的人们的先进阶层的世界观目标。

——要建构世界哲学史过程的完整的、逻辑—理论和具体历史图景，以使人们能够比较确切地估价我们现在的研究工作在这个过程中所占的地位，能够比较正确地确定我们的研究的前景和方向。

——归根结蒂要形成马列主义哲学的新的现代的结构，要重建辩证唯物主义和历史唯物主义这个统一的、完整的、具有许多新优点的哲学，从而能够在世界哲学思想中实际上使自己的阵地日益得到加强。①

拉宾没有否定辩证唯物主义历史唯物主义，但作为第一位的任务提出的，是"使哲学人道化"。

《哲学问题》编辑部对会议作了总结，关于苏联哲学的未来发展，指出：

会议认为必须提出有关我国哲学研究发展前景的观念。这首先涉及的是：加强对人的问题的研究，使人（作为社会进步目的

---

① 转引自《当代学者视野中的马克思主义哲学·俄罗斯学者卷》，第8—9页。

第五章　弗罗洛夫新人道主义的社会影响

本身）的问题成为贯穿哲学全部内容的东西。会议指出，今天需要从根本上改变哲学参与我国困难重重的实际事务的方式。为此，哲学家应当对以释放蕴含在人的因素中的巨大潜能为目的而采取的那些行动，作出理论上的论证。……①

上述内容让我们清楚地看到，到20世纪80年代中期，戈尔巴乔夫改革开始的时候，苏联哲学尽管表面上仍在坚持辩证唯物主义历史唯物主义，实际上，不说全部，起码是绝大多数苏联哲学家，早已汇集到了人道主义大旗之下，而且他们的思想深受弗罗洛夫全球性问题研究及其新人道主义的影响。

苏联哲学的上述变化有两个重要表现。

其一是《哲学导论》的问世。1988年，受苏共中央书记处的委托，弗罗洛夫组织编写新的高校哲学教材，新教材于1989年以《哲学导论》为名出版。它反映了苏联哲学人道主义化取得的成果，完全突破了官方的辩证唯物主义历史唯物主义体系，被弗罗洛夫称为"我们的教材"。该书分上下两编，上编《哲学的产生及其文化历史类型》，讲世界哲学史。下编《哲学的理论基础：问题、概念、原理》，共12章：（1）存在；（2）物质；（3）自然；（4）人；（5）意识；（6）认识；（7）活动；（8）社会；（9）文化；（10）科学；（11）个人；（12）未来。这些内容是阐述哲学基本原理的，其中心显而易见不是物质，而是人。前三章似乎与辩证唯物主义的唯物主义世界观类似，实则有重大区别。例如，第一章《存在》分析了存在问题的生活根源和哲学含义，对"有"和"存在"作了区分，讨论了人化自然的存在、人在物的世界中的存在、人的存在的特点、个体化精神的存在、客体化了的精神存在等等问题，其中同样洋溢着人道主义精神。该教材出版后获

---

① 转引自《当代学者视野中的马克思主义哲学·俄罗斯学者卷》，第59页。

得哲学界高度评价，进入 21 世纪，仍然是高等学校最有影响力的哲学教科书。[①]

其二是一批以人的研究为宗旨的机构与刊物涌现出来。在弗罗洛夫的努力下，1989 年苏联科学院主席团下属"全国人的科学跨学科研究中心"成立，杂志《人》问世；1990 年，莫斯科大学哲学系创建了"哲学人类学和人的综合研究教研室"；1991 年，苏联科学院主席团通过决议组建"人研究所"。这些机构和刊物的涌现，是苏联哲学人道主义化得到全社会认可与支持的体现，弗洛罗夫本人则分别担任了中心主任、杂志主编、教研室主任和研究所所长的职务。

从 1953 年斯大林去世学术界出现关于"人民群众是历史的主人"的呼吁，到 1990 年前后与人的研究相关的各种机构、刊物的问世，以及具有鲜明人道主义色彩的哲学教科书《哲学导论》的出版，这段历史清楚地告诉我们，人道主义化是苏联哲学发展的基本趋势，到苏联的最后时期，人道主义已经在哲学界占据了主导地位。

二、弗罗洛夫新人道主义与苏联社会的人道主义思潮

苏联哲学的人道主义化不是孤立的现象，它是斯大林去世以后整个社会强大人道主义思潮的一部分。弗罗洛夫及其新人道主义思想在苏联社会人道主义思潮的兴起中发挥了重要作用。

苏联人道主义思潮的推动力量主要是三件大事：斯大林去世（1953）和苏联共产党的两次代表大会——苏共 20 大（1956）和 22 大（1961）。其中最重要的是后两件事，即苏共 20 大和 22 大。人们常常用"解冻"称呼斯大林去世到 1964 年赫鲁晓夫下台和 1968 年苏

[①] 该书的重要作者列克托尔斯基院士曾明确对本书作者说，如果由他来做主编，第一章不会是"存在"，而是"实践"。

第五章　弗罗洛夫新人道主义的社会影响

联出兵捷克斯洛伐克之间苏联在意识形态领域的变化，它的主要特点是批评对斯大林的个人迷信，要求思想解放，它所体现的是对人道主义的呼唤。我国著名苏联历史专家马龙闪说：解冻思潮"发源于苏联社会历史的深处，是由数十年社会生活条件积淀而成，而由个人崇拜筑起的高坝蓄积起来的"[①]。事实的确如此。斯大林去世有如高坝轰然崩塌，长期专制统治和对人权的践踏蓄积的全社会对人道主义的渴望喷涌而下，一泻千里。

"解冻"在苏联社会的上层和下层都有反映。1953年3月5日斯大林去世，3月9日安葬。在两天后的苏共中央主席团会议上，苏共中央书记、苏联部长会议主席马林科夫提出："我们认为，个人崇拜政策必须加以制止。"3月19日《文学报》主编西蒙诺夫在社论中号召苏联作家"以最大的气魄、最丰满的造型，给当代人和未来世代子孙塑造出千秋万代各族人民最伟大的天才——斯大林的不朽形象"。赫鲁晓夫为此感到愤怒，声称因为这篇社论，必须撤掉西蒙诺夫的主编职务。在同年的苏共中央七月全会上，马林科夫说："斯大林同志的个人崇拜在日常实际领导中达到了病态的地步，集体领导方法被抛弃，在我们最高领导层中完全缺乏批评与自我批评。……这种丑恶的个人崇拜导致武断的个人决定，近年来开始给党和国家的领导工作造成了严重的损害。"[②]

马林科夫和赫鲁晓夫在当年都是苏共中央重要领导人物。苏共领导层对斯大林个人迷信的批判在社会下层引起强烈反响，不同在于，领导人主要着眼于批评斯大林制造的个人迷信和独裁专断，但普通人的兴奋点不在这里，他们关注的是他们自己在斯大林独裁专制下的命

---

① 马龙闪：《苏联文化体制沿革史》，北京：中国社会科学出版社，1996年，第223页。顺便指出，该书对整个苏联时期的文化体制以及文化领域的历史作了全面分析论述，不仅材料翔实，而且对问题的分析深刻、准确，是苏联历史研究方面的一本难得的佳作。

② 马龙闪：《苏联文化体制沿革史》，第224、225页。

运，是人，人的尊严、权利与自由。1953年底至1954年上半年，文学界讨论文学的真诚问题，呼吁作家凭良心写出"生活的真实"。马龙闪先生这样说："与文学的真诚、真实问题相联系，同时也提出了一个面向人的问题。说具体一点，就是文学要不要把有关人的描写放在第一位，敢不敢真实地发掘人的内心世界，承不承认人有个人生活权利的问题。"[①] 他说：

> 过去总是以"警惕的目光"盯着文学界的"道德家"，立即对这样提出问题表示"愤慨"，其中一个人曾经这样写道："在伟大卫国战争年代，苏联爱国者对蛋糕、晚会和儿女私情，连想也不曾想过，他们的全部身心都集中于我们可爱的祖国，可爱的军队和伟大而英明的统帅约·维·斯大林。"可是许多在前线经历过出生入死的战斗的人，却有不同的看法。一个来自塔林的老战士争论说：在战场上，当然也有人的感情，但"战争中的爱情，往往（如果不总是这样的话）是种'痛苦'、'担忧'和'醋意的不安'，总得同这种感情作斗争。你们不妨同在前线经历过4年伟大卫国战争熔炉锻炼的前苏联军人，推心置腹地谈一谈，就会知道这一点"。有一个读者甚至写道，他不能接受"爱大炮胜过妻子"的英雄。
>
> 在关于面向人、人该不该有个人生活权利的争论中，一种把个人生活权利理解为取决于个人内心自由权利的观念，尤其在青年人中间得到了共鸣。这样就开始了一个内心精神世界解放的过程。[②]

我们在这里看到的不是对斯大林的政治批判，而是活生生的人道

---

① 马龙闪：《苏联文化体制沿革史》，第228页。
② 同上书，第228—229页。

主义，是人道主义思潮的萌动。这种萌动也正是我们在伊里因科夫和季诺维也夫的学位论文以及随后的"认识论提纲"中所看到的。

1956年召开的苏共20大给了这种人道主义以有力的推动。赫鲁晓夫在苏共20大的秘密报告中，批判了对斯大林的个人迷信和斯大林在30年代阶级斗争扩大化滥杀无辜的行为，会后立即引发前所未有的人道主义运动。从30年代初开始直到斯大林去世，数以百万计的无辜者死在斯大林枪口下，同样有数以百万计的人在监狱、集中营，甚至在日常生活中，饱受苦难。对斯大林的个人迷信和斯大林的专制独裁阻挡了受害者、受害者亲属和无数正直的人的不满与愤怒，苏共20大在专制独裁的体制上打开了缺口，人们的不满情绪和对人的生命、尊严、自由的渴望，喷涌而出，人道主义思潮掀起巨浪。

苏共20大后，波兰、匈牙利出现社会动荡，其他东欧国家也局势不稳。在苏联军队的武力弹压与威慑之下动荡逐渐平息，人道主义思想却在此后不可遏止地发酵，涌现出众多高举人道主义旗帜的哲学家和文学艺术家。在苏联，赫鲁晓夫的"秘密报告"对斯大林的批判打开了平反冤假错案的闸门。大量政治犯被释放，几百万人从监狱、集中营、流放地回到家乡，难以计数的无辜受害者得到昭雪。车臣等民族，在第二次世界大战时被斯大林强行从世世代代的居住地整体驱赶到西伯利亚，苏共20大后返回故乡。文学艺术是社会思想的晴雨表，在斯大林时期它们同时也是政治迫害的重灾区，从30年代初开始，大量作家、艺术家受到批判甚至被镇压，许多作品被禁止出版。借苏共20大批判斯大林的东风，文学界十分活跃。一些在30年代被迫害致死的作家的作品问世，一批批判官僚主义的作品涌现出来。Б.帕斯捷尔纳克的《日瓦戈医生》被偷运出国，1957年在意大利出版，第二年获诺贝尔文学奖。30年代以来受到迫害的哲学家和其他领域的学者得到重新评价。思想文化领域的解放潮流，再加上东欧国家的政局动荡和人道主义呼声，让苏共领导人看到了有悖自己批判斯大林初衷的后果,"解冻"政策开始收紧,一些作家受到批判,帕斯捷尔纳克得到将被驱逐出境的警告,被迫声明拒绝接受诺贝尔奖。

1961年召开的苏共22大再次改变政治风向。22大通过的新党纲提出具有鲜明人道主义色彩的口号:"一切为了人,一切为了人的幸福。"为了巩固自己的地位,彻底清除斯大林的影响,防止亲斯大林势力复辟,赫鲁晓夫在苏共22大上集中火力批判斯大林的个人崇拜。苏共莫斯科市委第一书记杰米切夫说,虽然在斯大林迷信时期的无法无天和专横霸道的现象已是过去的事情了,但人们不能够对此保持沉默。大会决定把在列宁墓永久保存的斯大林遗体移出。这一决定被连夜执行,斯大林的遗体在克里姆林宫红墙外下葬。很快,苏联全国掀起清除斯大林个人崇拜的高潮。斯大林的纪念碑被移除,用斯大林名字命名的城市、街道、广场、工厂、集体农庄改名,30、40年代被迫害致死的人,名字频频见诸报端,许多人获得平反后发表回忆录,控诉对自己的迫害。各个学术领域也迅速作出反应。哲学界开始公开研究价值理论、文化理论、人的问题,1947年哲学讨论会及会后对自然科学的粗暴干涉受到批评,在遗传学和哲学领域均造成恶劣影响的科学骗子李森科被彻底揭露,成为小丑。经济学、历史学领域许多禁区被打破。文学领域,А. И. 索尔仁尼琴描写集中营非人生活的小说《伊万·杰尼索维奇的一天》,由赫鲁晓夫亲自批准,在1962年11月《新世界》杂志发表,产生巨大轰动效应。"当时,对这部小说到处街谈巷议,数万册《新世界》杂志和印刷的小说单行本,旋即销售一空。小说的传播甚至使许多政治和社会新闻黯然失色。据回忆,连参加苏共中央全会的中央委员们也跑遍书店,为购小说奔忙;会上会下几乎每个人腋下都挟着红、兰两本书:红的是全会文件,兰的是《新世界》杂志。不久,索尔仁尼琴同一题材的小说《克里切托夫卡车站的小事》和《玛特辽娜的一家》又分别在《真理报》和《新世界》发表。这一事态的发展,使文艺界又放出了一系列尖锐题材的作品,一刹时'解

第五章　弗罗洛夫新人道主义的社会影响

冻'的潮流汹涌澎拜……。"[1]

在苏联，人道主义已经汇集成一股几乎席卷一切领域的社会思潮了。

前面提到，赫鲁晓夫和其他苏共领导人批判斯大林的个人迷信、个人崇拜，目的是反对他的个人独裁专制，但是他们的举措，苏共20大和22大对斯大林的批判，在社会上掀起的却是一股人道主义思潮，是千千万万普通人捍卫自己人的尊严的呐喊。呐喊中可以听出对苏联整个制度的指责，赫鲁晓夫和苏共其他领导人意识到知识分子竭力宣传的人道主义包含的潜在威胁，思想很快转向。1962年12月，赫鲁晓夫参观先锋派艺术家的画展，与画家发生语言冲突，出言不逊，粗暴地责骂他们。也是在1962年12月，在接见几百名文艺界知名人士的公开场合，赫鲁晓夫把他自己作为苏共最高领导与文艺界的不和，比作将军和上校之间的争论：上校"很有说服力地讲述了一切，讲得很有说服力"，"将军听啊听着，也仿佛没有什么反驳的话要说。他听烦了上校的话，站起来发话了：'喂，就是这么回事，你是上校，我是将军。向后转，齐步走！'上校必须向后转，开步走——去执行命令！就是这么回事。你们都是上校，而我呢，很对不起，是位将军。向后转，齐步走！请"[2]。雕塑家恩斯特·涅伊兹维斯特尼说赫鲁晓夫不懂艺术，赫鲁晓夫反驳说：

> 对于艺术，我当矿工那会儿，我是不懂。当我是党的基层干部时，也不懂；在我按步升迁的每一级上，我都不懂。而今天我是部长会议主席和党的领袖，现在我肯定能够理解事物了，不是吗？[3]

---

[1] 马龙闪：《苏联文化体制沿革史》，第234—235页。
[2] M.罗姆：《同赫鲁晓夫的四次会见》，转引自马龙闪：《苏联文化体制沿革史》，第249页。
[3] 马龙闪：《苏联文化体制沿革史》，第250页。

这里充分显示出了赫鲁晓夫的恼怒与无奈,折射出了艺术领域的人道主义对党的领导的巨大压力。

文艺家们,更不用说普通民众,迫于赫鲁晓夫的权势不能不对他表示服从,但心中已经苏醒的人道主义诉求不会因此消失。因为它产生于社会发展的客观需要,又从苏共中央那里获得一定的生存空间。苏共 20 大之后的人道主义思潮已经培养出了整整一代的知识分子,他们逐渐在苏联社会生活中扮演越来越重要的角色。B. C. 斯焦宾院士说:"50 年代末到 60 年代初,是苏联哲学历史中的转折点。这个'赫鲁晓夫解冻'时期培育出了新一代的哲学家,他们决定了我国哲学在随后几十年的发展。"[①] 对于如何解释"戈尔巴乔夫现象",即作为苏共中央总书记的戈尔巴乔夫从体制内抛弃原来的官方观点,弗罗洛夫这样说:

> 这很简单,正如我已经说过的,我们大家是同一代人,是在 20 大的岁月中成长起来的。许多人说,20 大的影响力很快就耗尽了。事情并非如此。它的影响留在了我们当中每个人的心里。我们仍然怀有过去那样的希望与信念,哪怕走的道路有所不同。可能会有人说,我们中的许多人接受了党在赫鲁晓夫下台后的路线,在这条路线上工作,这也是戈尔巴乔夫的工作方向。这种说法不对:如果你们把他在这些年的讲话、文章拿来看看,就会发现它们是建立在与党的路线不同的基础之上的。必须等待有利的时机。[②]

[①] Проблемы и дискуссии в философии России второй половины XX в.: современный взгляд. М.: РОССПЭН, 2014. С. 91.(《20 世纪下半叶俄罗斯哲学的问题与争论:从今天的角度看》,第 91 页。)

[②] Академик Иван Тимофеевич Фролов. С. 341.(《伊万·季莫费耶维奇·弗罗洛夫院士》,第 341 页。)

第五章　弗罗洛夫新人道主义的社会影响

这段话不仅告诉我们苏共 20 大后兴起的人道主义思潮在人们心中深深地扎下根，而且指出一个重要现象：在苏共中央把赫鲁晓夫赶下台并竭力扭转意识形态领域的人道主义方向之后，人道主义仍然留在人们的心里，只是这些人在表面上不得不与党中央保持一致，表达人道主义的手法发生了改变。

事情的确如此。勃列日涅夫执政时期，基本特征是"停滞"。赫鲁晓夫尽管处事鲁莽，缺少深思熟虑，常常在新旧事物之间左右摇摆，但他毕竟认为苏联社会必须有所变革，他在不断尝试、探索。随着他的下台，政治、经济以及意识形态领域的改革很快终止。在意识形态领域，勃列日涅夫的观点与政策不断向斯大林时期回摆，但苏联社会的人道主义思潮没有停步，只是变化了自己存在与发展的形式。一方面出现了"夜间人"、"厨房哲学"、"厨房文学"，许多人在工作岗位上与党中央保持一致，虚与委蛇说假话，下班后回到家里，朋友们在厨房聚会时说真话，交换各种小道消息和国外新闻，议论批评斯大林和苏共领导。另一方面出现了持不同政见者。作家 А. И. 索尔仁尼琴和哲学家 А. А. 季诺维也夫，作为持不同政见者分别于 1974 年和 1978 年被苏联政府驱逐出境。物理学家，苏联"氢弹之父"А. Д. 萨哈罗夫，因维护人权于 1980 年被逐出莫斯科，流放高尔基市。他们的思想都可以在人道主义上聚焦。持不同政见者运动的出现和活跃是人道主义思潮不断发展的很好证明。运动始于 1965 年。这年秋天，两位持不同政见的作家因在国外发表批评苏联现实的作品而被逮捕，12 月，200 多人在莫斯科的普希金广场举行示威集会，要求尊重宪法。1966 年 2 月，这两位作家分别被判处 5 年和 7 年徒刑，引起知识界强烈反响，被认为是向斯大林时期的严重倒退。近 200 名作家写信抗议，为首的两个人因此事于 1967 年被捕。他们的被捕激起了进一步的抗议，多达 700 人签名写信抗议。抗议、抗议者被捕、引发新的抗议、又有新的抗议者被捕，恶性循环，直到 1968 年与对苏联出兵镇压高举人道主义旗帜的"布拉格之春"的抗议汇合,形成高潮。持不同政见者甚至出版了自己的刊物。作为回应,苏共采取了严厉措施。持不同政见者和他们大量的支持者受到制裁。许多人被开除党籍、开除公职。一些人被捕,更多的人受到训斥、警告。进入70年代,多数人陷入沉默,也有人因各种原因流亡国外,还有少数人自觉加入持不同政见者运动,与当局对抗。总体而言,在1968年苏联镇压"布拉格之春"之后,"解冻"结束。

勃列日涅夫打击人道主义思潮,扼杀了"解冻"运动,但人道主义毕竟来自社会生活的需要,因此,即使是勃列日涅夫,也不自觉地从另一个角度给了苏联人道主义思潮有力的推动。在1967年苏共纪念十月革命50周年的大会上,勃列日涅夫提出苏联已经进入发达社会主义,踏上步入共产主义社会的最后一个台阶,而共产主义将于80年代初在苏联变成现实。1971年,他在苏共24大上提出,培养共产主义新人是进入共产主义的重要环节,哲学界必须对人的问题展开认真研究。接受了党中央布置的任务,哲学界掀起了研究人的问题的高潮。人的动物本质、社会本质,人的个性,人的精神生活和发展规律等问题得到认真研究。各个高等学校纷纷制定对学生的共产主义教育计划,对学生在校期间每一周的思想教育活动从主题、目的、组织者、监督者等各个方面,都作了详细规定。人的价值、人的全面发展,其重要性得到全社会的理解与认可。虽然在勃列日涅夫时期人道主义不止一次地成为批判对象,但对人的问题的深入研究事实上成了来自官方的对人道主义思潮发展的有力推动。

除了持不同政见者以外,一些人在马克思主义和社会主义的旗帜下研究、宣传人道主义;还有人"阳奉阴违",在意识形态问题上保持沉默,但早已成为坚定的人道主义者。人道主义思潮在苏联的发展始终没有停下脚步。

进入80年代,人道主义已经成为苏联意识形态领域事实上的主

第五章　弗罗洛夫新人道主义的社会影响

流。弗罗洛夫认为1982年接替勃列日涅夫就任苏共中央总书记的安德罗波夫，是自己思想上的同道。他说：安德罗波夫就任苏共中央总书记，虽然时间短暂，还不到一年半，但却是苏联走向变革的第一步，"对我而言，他关于马克思的文章与我的观点非常接近，这篇文章就是变革的信号"[①]。1983年6月，在安德罗波夫主持召开的苏共中央六月全会上，К. У. 契尔年科发言说："没有人本身的改变就不可能对社会进行革命性改造。我们党的出发点是：培养共产主义新人不仅是最重要的目标，而且是共产主义建设必不可少的条件。"[②] 当然了，最能说明问题的是戈尔巴乔夫改革，改革的目标是在苏联建成人道的、民主的社会主义，人道主义不仅走到前台，公开亮相，而且成为苏联共产党高高举起的旗帜。至于学术界，人道主义思潮取得胜利的标志是人研究所的成立和杂志《人》的问世。为了筹备人研究所，苏联召开了一次全国人文社会科学教研室主任会议，到会的有800多人。

在苏联社会人道主义思潮的发展中，弗罗洛夫及其新人道主义发挥了十分重要的作用。

如前所述，人道主义思潮发轫于1953年斯大林去世后立即出现的对个人迷信的批评，此后形成席卷社会生活一切方面的广泛思潮，但直到60年代末，引领这一潮流的不是哲学家，而是文学家。"解冻"口号由文学家提出，号召说真话、反思历史、批判官僚主义、直接呼吁尊重人的尊严、抨击苏联时期对人权的践踏、举起人道主义旗帜的，是文学作品。索尔仁尼琴、帕斯捷尔纳克的文学著作是这些作品的代表。他们的作品是人道主义的呐喊，震撼了苏联社会，也震撼了整个世界。获取诺贝尔文学奖已足以说明他们的思想产生了多么巨大的影

[①] Академик Иван Тимофеевич Фролов. С. 341.（《伊万·季莫费耶维奇·弗罗洛夫院士》，第341页。）

[②] *Фролов И.Т., Белкина Г.Л.* Марксизм и Гуманизм. С. 22.（И. Т. 弗罗洛夫、Г. Л. 别尔金娜：《马克思主义与人道主义》，第22页。）

响。苏联的持不同政见者运动也是由两位作家1965年被捕引发的。

在苏联的人道主义思潮中，哲学家没有缺席，但在50、60年代，哲学界的人道主义旗手不是弗罗洛夫。

苏联哲学始终处在官方意识形态的控制之下，其中相对而言离政治较远的学科，例如哲学史、逻辑学和科学哲学，享有较大发展空间，因而在60—80年代取得了丰硕成果。苏联的认识论研究与科学方法论密切相关，也可以从科学哲学的角度对它予以考察。列克托尔斯基说：

> 从60年代起，从赫鲁晓夫的"解冻"运动中涌现出整整一代哲学家（当时他们都是年轻人），他们认真从事对马克思一系列思想进行科学的和人道主义的解释。对他们而言，把一切放在科学认识基础上是改变他们所不满的社会现实的唯一可能的、唯一可靠的方法。哲学被他们理解为认识论，准确地说，理解为科学认识的理论。……他们的领袖人物起初是Э. В. 伊里因科夫和А. А. 季诺维也夫。[①]

通过研究马克思《资本论》，最早弘扬人的主体性并提出"认识论提纲"对苏联哲学产生重大影响的伊里因科夫，是弗罗洛夫的师兄，弗罗洛夫本科毕业时伊里因科夫是莫斯科大学哲学系的青年教师。后来形成"认识论派"在哲学对象问题上向"本体论派"发起批判，向教科书体系辩证唯物主义历史唯物主义发动冲击的，除伊里因科夫等青年哲学家以外，还有老一辈哲学家Б. М. 凯德洛夫、П. В. 柯普宁。多年担任俄罗斯科学院哲学研究所所长的В. С. 斯焦宾院士指出，在

---

① Лекторский В.А. Философия не кончается... Из истории отечественной философии. XX век: В 2-х книгах. М.: РОССПЭН, 1998. С. 3-4. (В. А. 列克托尔斯基主编：《哲学没有终结……。从20世纪俄国哲学史看》下册［1960—1980年代］，莫斯科：РОССПЭН出版社，1998年，第3—4页）。

第五章　弗罗洛夫新人道主义的社会影响

当时的苏联，科学哲学逐渐成为成就最大、威信最高的哲学领域之一。50年代末到60年代前半期，在自然科学哲学、逻辑学和认识论方面做出重大贡献的主要是 Б. М. 凯德洛夫、П. В. 柯普宁和 М. Э. 奥梅里扬诺夫斯基。斯焦宾认为，凯德洛夫、柯普宁、奥梅里扬诺夫斯基是当时向教条化的官方哲学发起冲击的主要代表人物。其中重要原因在于，他们都是苏联科学院院士，都在科学院担任有影响的行政职务。①

凯德洛夫、柯普宁和奥梅里扬诺夫斯基不是人道主义问题的研究者，但是他们的思想中体现出明显的人道主义精神。例如，凯德洛夫通过研究门捷列夫周期律的发现过程指出，在科学认识过程中逻辑—方法论方面和社会—心理方面是联系在一起的，新知识的产生离不开逻辑—方法论因素、心理因素、社会文化因素以及个人因素的相互作用。与辩证唯物主义的反映论相比，科学认识明显地具有了人的色彩。柯普宁重视活动—实践在认识过程中的作用，认为研究认识过程应该考虑历史因素，强调认识对象和认识方法的相互适应。奥梅里扬诺夫斯基区分了"客观现实"、"经验现实"、"抽象现实"这样三个关于现实的范畴。第一个指在科学中被研究的客观世界；第二个指现实的那些在现象水平上以经验知识的形式（观察和事实）被给予人的方面；第三个指关于被研究客体的本质关系和系统—结构的观念，这些观念是由一些理论规律和模型确定的。

同样研究科学哲学的弗罗洛夫，主要精力集中在研究生物学中的哲学问题，包括生物学的方法论，批判对象是李森科。批判李森科固然重要，但不是苏联哲学的核心区域。在60年代提出价值论问题、社会学问题、人的问题、科学技术哲学的也不是弗罗洛夫。他在苏联哲学界的崛起，是在1968年以后。

---

① 见 Проблемы и дискуссии в философии России второй половины XX в.: современный взгляд. С. 91 （《20世纪下半叶俄罗斯哲学的问题与争论：从今天的角度看》，第91页）。

新轴心时代与 И. Т. 弗罗洛夫

从 50 年代到 60 年代末，苏联哲学各个领域都有不少的人在呼吁重视人的问题，呼吁人道主义，但他们之中没有核心，没有旗手，更没有领袖。这种情况从 60 年代末 70 年代初起逐渐发生变化，因为弗罗洛夫在 1968 年担任了影响力巨大的《哲学问题》杂志的主编，站到了苏联哲学舞台的中心。他利用这一平台组织了大量的圆桌会议以及其他学术活动，不断发出明确的人道主义呼吁。从 60 年代末起，弗罗洛夫在学术界日益引人注目，他的思想逐渐被苏联社会各界普遍接受，影响与日俱增。他不仅成为哲学界的，而且是整个苏联社会的人道主义思潮的代表性人物。他的新人道主义思想逐渐形成，其影响向四面八方扩散。

弗罗洛夫去世后，俄罗斯哲学的许多重要人物都对他在这一思潮中的领袖地位加以肯定。斯焦宾院士说：

> 那些有意研究 20 世纪下半叶我国历史复杂时期的科学史家和哲学史家，必定要对 И. Т. 弗罗洛夫的名字予以特别的注意。最近几十年来，他是我国哲学中最重要的人物之一。他对我国哲学的发展做出了巨大贡献。
>
> 他属于 60 年代的知识分子，在最近半个世纪，这些人在很大程度上决定了苏联以及俄罗斯的精神变化与政治变化。他是天生的领袖。他以思维的宏大气魄，善于把局部性的问题纳入全人类的背景之中而显得与众不同。他一生创造性研究的阶段，在很大程度上决定了 20 世纪下半叶我国哲学发展的阶段。
>
> ……
>
> 恢复哲学与科学的联系需要各种力量的团结，这就意味着需要保证这种团结的领袖。在 60 年代这样的领袖是 Б. М. 凯德洛夫、М. Э. 奥梅里扬诺夫斯基和 И. Т. 弗罗洛夫。……
>
> 在 70 年代，弗罗洛夫成为大家公认的领袖，他领导了我国哲

第五章　弗罗洛夫新人道主义的社会影响

学家和最著名的自然科学家们的一系列合作研究。①

在这番话之后，斯焦宾还以自己的切身经历说明了弗罗洛夫把人的尺度引入科学研究有多么重要。俄罗斯科学院院士米特罗相说：

> 我国的哲学思想（不，是整个人文学科的思想）没有在斯大林《联共（布）党史简明教程》的教条主义重压下彻底毁灭，并且取得了被世界同行专家高度评价的成果，无可争辩地都是 И. Т. 弗罗洛夫的功劳。可以说得再明确些：60 年代中期以后，我国哲学生活中所有的有影响的事件、成就，不论是前景看好的新的研究方向、研究纲领（哲学家和自然科学家的富有成效的合作，全球性问题研究，"遗传学"、"科学—社会—人"以及"人的基因"的研究方案），还是《哲学问题》杂志取得的成就和哲学界的勃勃生机，乃至哲学家们的工作调动和影响巨大的教育创举（教科书《哲学导论》、电视节目"哲学谈话"、白银时代宗教哲学家著作的出版，等等）都和 И. Т. 弗罗洛夫的决定性的行动与支持直接相关。②

以上论述发表在 2001 年，同样在这一年，列克托尔斯基院士说：

> 我想，正是 И. Т. 弗罗洛夫揭示新问题域的能力在许多方面影响了我国整个哲学的思想进展，这些进展发生在最近 30 年，它们

---

① *Степин В. С.* Развитие философии и личность философа // Академик Иван Тимофеевич Фролов. С. 104-106. （В. С. 斯焦宾：《哲学发展与哲学家的个性》，《伊万·季莫费耶维奇·弗罗洛夫院士》，第 104—106 页。）

② *Митрохин Л.Н.* Жизнь и судьба // Академик Иван Тимофеевич Фролов. С. 279. （Л. Н. 米特罗欣：《生活与命运》，《伊万·季莫费耶维奇·弗罗洛夫院士》，第 279 页。）

新轴心时代与 И. Т. 弗罗洛夫

决定了我国哲学今天的面貌。①

从 20 世纪 60 年代末开始，弗罗洛夫逐渐成为苏联哲学界的领袖人物，成为苏联社会人道主义思潮的代表，这是已经得到哲学界公认的客观事实。他为什么能够扮演这样的角色？我认为至少可以列出如下理由。

第一，首先必须承认，还是与弗罗洛夫的个性有关。苏共 20 大后成熟起来的 60 年代的知识分子中，有许多人是哲学家，弗罗洛夫成为领袖，因为他有多方面的杰出能力。其一，他有大无畏的理论勇气。在 50 年代初敢于向遗传学权威李森科的伪科学挑战，敢于冲击教条化了的辩证唯物主义理论，敢于肯定西方遗传学、西方马克思主义，这需要相当大的勇气。此后他顺应自然科学的发展开辟一个又一个的研究领域，把自己的理论运用于政治实践，协助戈尔巴乔夫推进改革，都是在向旧理论、旧体制发动进攻。正因为如此，老一辈哲学家 Т. И. 奥伊泽尔曼院士和戈尔巴乔夫都竭力称赞他是"勇敢的人"。

其二，弗罗洛夫不仅勇敢，而且有百折不挠的毅力，矢志不渝。开拓必然遇到阻力，从 50 年代起弗罗洛夫就承受了由此而来的巨大压力。他入党比较晚，副博士论文答辩极不顺利，1962 年以前在《哲学问题》编辑部受到压制，哲学界的权威人物视他为另类，有人给党中央打小报告揭发他，投入政治后每走一步都要克服重重阻力，尤其是在《真理报》遇到保守派的激烈抵制，改革失败后更是经受了来自四面八方的指责、攻击、嘲讽，连戈尔巴乔夫也在思想上离他而去。但他一往无前，不为所动，不改初衷，直到生命结束依然高举人道主义、

---

① Лекторский В.А. Иван Тимофеевич Фролов и отечественная философия 60-90 годов XX столетия // Академик Иван Тимофеевич Фролов. С. 103. （В. А. 列克托尔斯基：《伊万·季莫费耶维奇·弗罗洛夫与我国 20 世纪 60—90 年代的哲学》，《伊万·季莫费耶维奇·弗罗洛夫院士》，第 103 页）。

第五章　弗罗洛夫新人道主义的社会影响

马克思主义旗帜，公开声明自己是马克思主义者。哲学家科尔萨科夫说："人道主义和为科学的（现实的）人道主义奠定哲学的、科学的基础，是弗罗洛夫最后的文章与演讲的主要题目。可以毫不夸张地说：人道主义问题贯穿弗罗洛夫的全部学术创作，在他的思想中越来越具有决定性的意义。"[1]

其三，在对事物的感知方面，他有过人的敏锐。正因为有敏锐的观察力、感悟力，他在苏联哲学界率先认识到全球性问题的巨大意义，并且从中觉察出人类历史发展面临的重大转折。这一点是大家一致承认的。与思维的敏锐相关，弗罗洛夫是苏联时期哲学界最有创造性的哲学家之一。由于抓住了意义重大前景广阔的全球性问题，他不断提出新问题、新思想，引领了哲学界和全社会的思想潮流。

其四，弗罗洛夫有出众的社会活动能力和组织能力。弗罗洛夫是科学院院士，是众望所归的学者，但并非埋首书斋的书虫，他同时也是众口一词人人叹服的伟大组织者。他善于组织各种学术活动，通过这些活动宣传自己的思想，推动社会思潮的发展。例如他入主《哲学问题》后召集的各种"圆桌会议"，从各方面看都取得了巨大成功。

其五，弗罗洛夫有极高的情商。一方面，他有强大的人格魅力，总能在自己周围吸引一批朋友、同道和追随者；另一方面，他作为一名坚持独立思考的学者，在大学读书期间就对得到官方支持的李森科的伪科学以及辩证唯物主义理论表示了不同意见，此后在人道主义问题上，在西方马克思主义、东欧新马克思主义、宗教、俄罗斯传统哲学等一系列问题上，看法与官方意识形态都不尽一致，但是他总能在苏联共产党的领导层中找到自己的支持者，与他们建立亲密关系，让他们充当自己的保护伞。正是以上各种出众的能力，使他成功地经历

---

[1] *Корсаков С.Н.* Иван Тимофеевич Фролов. C. 510.（С. Н. 科尔萨科夫：《伊万·季莫费耶维奇·弗罗洛夫》，第 510 页。）

了社会发展的大浪淘沙，虽然阻力重重，却始终没有被剥夺学术研究的自由，而且在学术上取得巨大成就，甚至在政治上步步高升，直到进入苏共的权力中心。

在弗罗洛夫个人的上述种种与众不同的能力中，最难得的是后面两种。像他一样勇敢、执着、敏感的学者在苏联不乏其人，但是这些人往往或者把自己关在书斋里，与世隔绝，或者孤军奋战，无法保护自己，因言获罪，沦为意识形态斗争的牺牲品。这些人不要说扩大自己的影响改变社会了，连正常的生活都成为问题。这样的事例在苏联哲学家中不胜枚举：В. Ф. 阿斯穆斯、М. М. 巴赫金、Б. М. 凯德洛夫、П. В. 柯普宁、М. А. 里夫希茨、М. К. 彼得罗夫、С. Л. 鲁宾施坦、В. А. 斯米尔诺夫、Г. П. 谢德罗维茨基、Э. Г. 尤金、Г. С. 巴季谢夫、В. С. 比布列尔、А. А. 季诺维也夫、Э. В. 伊里因科夫、А. Ф. 洛谢夫、М. К. 马马尔达什维利、В. Ж. 凯列、А. П. 阿古尔佐夫。这个名单集中了大部分今天俄罗斯哲学界公认的苏联时期最有成就的哲学家，他们无一例外全都遭到过理论批判、出版封杀、开除党籍、开除公职，或者被迫流亡国外。像弗罗洛夫这样具有全面个性，大胆创新、坚持原则却又能免受重大迫害从未失去正常工作机会的哲学家，在苏联时期绝无仅有。

第二，担任《哲学问题》主编在他的事业中起了重要作用。《哲学问题》创刊于1947年，属于苏联科学院，一直是苏联最重要最有影响的哲学刊物，不仅哲学家人人必读，社会各界也对它抱有浓厚兴趣。1968年6月弗罗洛夫被任命为《哲学问题》的主编。这一任命有一点戏剧性。这一年弗罗洛夫的重要著作《遗传学与辩证法》问世，勃列日涅夫的助手 В. А. 戈利科夫立即组织力量在报刊上对它横加指责。但正是这个戈利科夫，刚刚把勃列日涅夫的签名章加盖在任命弗罗洛夫为《哲学问题》主编的苏共中央决议上。弗罗洛夫说："如果我的这

第五章　弗罗洛夫新人道主义的社会影响

本书在盖章以前面世，就永远不会有对我的任命了。"①《哲学问题》成为弗罗洛夫施展才能的绝好舞台。在长达9年的时间里，他开辟新栏目，引入新问题，创造了新的讨论方式，把自己的新思想不断推向社会。让人耳目一新的是，他把开展围绕各种紧迫、尖锐理论问题的对话、争论作为推动哲学发展的重要方式，为哲学界注入活力。由于杂志的内容总是走在时代的前列，杂志本身和作为其主编的弗罗洛夫在苏联社会树立起很高威望。曾经担任《哲学问题》主编22年（1987—2009）的列克托尔斯基院士说：

> 弗罗洛夫在《哲学问题》的历史上的作用十分特殊。他当主编的那些年（1968—1977）对我国的哲学和整个文化非常重要。在这一时期，《哲学问题》成为一个独特的中心，它吸引了许多知识分子，其中不仅仅是哲学家。《哲学问题》与一批最著名的自然科学家建立了密切联系，例如 П. Л. 卡皮察、М. А. 马尔科夫、В. А. 恩格尔哈特、Д. К. 别利亚耶夫，等等。他们不仅在《哲学问题》上定期发表文章，而且积极参加《哲学问题》举办的数不清的讨论会、圆桌会议。《哲学问题》这时不仅讨论涉及对自然科学新思想进行哲学思考的问题，而且讨论范围广泛的与当时重要世界观探索相关的文化、教育、历史等方面的问题。②

俄罗斯哲学家科尔萨科夫说，弗罗洛夫成了"苏联哲学的真正意

---

①　Загадка жизни и тайна человека: поиски и заблуждения. Беседа с академиком И.Т.Фроловым // Вопросы Философии. 1999. №8.（《生命之谜与人的秘密：探寻与迷误：与И. Т. 弗罗洛夫院士的谈话》，《哲学问题》1999年第8期。）
②　Лекторский В.А. И.Т.Фролов и отечественная философия 60-90 годов XX столетия // Академик Иван Тимофеевич Фролов. С. 103.（В. А. 列克托尔斯基：《伊万·季莫费耶维奇·弗罗洛夫与我国20世纪60—90年代的哲学》，《伊万·季莫费耶维奇·弗罗洛夫院士》，第103页。）

义上的领袖"①。

1977 年，在杂志编辑部内外保守势力的高压之下，弗罗洛夫被迫辞去《哲学问题》主编一职，再赴布拉格担任《和平和社会主义问题》杂志责任秘书，两年后返回莫斯科。

第三，弗罗洛夫在学术领域和政治领域占据的位置起了重要作用。《哲学问题》主编是由苏共中央任命的干部，但这只是起步。以此为起点，弗罗洛夫对苏联哲学和苏联社会的影响力越来越大。在苏联实行的以高度集中为特征的斯大林模式下，没有权力是万万不能的。有了权力才有调动各种社会资源的可能，才有展现自己才能的舞台和左右苏联哲学发展的力量。弗罗洛夫在苏联国内外担任了许许多多的职务，其中有两个职务最为重要。其一是担任 1980 年 2 月组建的隶属于苏联科学院主席团（从 1992 年起隶属于俄罗斯科学院哲学、社会学、心理学、法学部）的"'科学和技术的哲学、社会问题'综合研究科学委员会"主席。他担任这一职务直到去世。斯焦宾认为，弗罗洛夫的这一职务和他担任主编的《哲学问题》极大地拓展了苏联哲学的研究领域。② 科学委员会的主要职责是协调苏联各个学科对"科学和技术的哲学、社会问题"的研究。这一职务使他拥有了在全国范围组织一切学科协同研究科学技术哲学及社会问题的权力。他不负所托，利用这一委员会及其办事机构在苏联国内外举办了一系列会议。围绕科学技术哲学问题、科学技术方法论问题、科学技术的人道主义调控问题的大型会议每年都举办，有时一年举办两次，参加者往往达到四五百人。会议有时在莫斯科，有时在俄罗斯其他城市或者苏联的其他加盟共和

---

① Корсаков С.Н. Иван Тимофеевич Фролов. С. 109.（С. Н. 科尔萨科夫：《伊万·季莫费耶维奇·弗罗洛夫》，第 109 页。）

② Степин В.С. Философия науки в России второй половины XX в // Проблемы и дискуссии в философии России второй половины XX в.: современный взгляд. М.: росспэн, 2014. С. 89.（В. С. 斯焦宾：《20 世纪下半叶俄罗斯的科学哲学》，《20 世纪下半叶俄罗斯哲学的问题与争论：从今天的角度看》，第 89 页。）

第五章　弗罗洛夫新人道主义的社会影响

国举行。弗罗洛夫还通过这一科学委员会积极开展国际合作，宣传苏联哲学在科学技术哲学方面的成果，向全世界呼吁对科学技术的发展加以人道主义调控。比较典型的是1981年4月在莫斯科科学家宫举行的第三届全联盟现代自然科学哲学问题会议。根据苏联科学院主席团的决议，会议由弗罗洛夫领导的科学委员会一手筹备，历时一年半，有超过800名哲学家和自然科学家参加，在全国产生重大影响。在和《知识就是力量》杂志合作完成的访谈中，弗罗洛夫对会议作了总结。他明确提出，未来的任务是使科学以及科学家人道主义化，使它们具有人文主义因素："科学的人道主义化和人文化是科学的内在需要，因为它没有其他途径可以解决自己的任务。这也是迫切的社会需求，因为科学继续沿着以往的方向发展能够把人类引向灾难。"[1]

进入政界担任领导职务后，手中的权力进一步增强了弗罗洛夫的号召力、影响力。一方面他在意识形态领域举足轻重，人们对他的思想趋之若鹜，另一方面他的思想通过戈尔巴乔夫变为国家的方针政策，深入人心，他在学术界和全社会的影响如日中天。万众瞩目的政治地位使他有了更大的力量组织学术活动，研究和宣传自己的思想。1993年8月在莫斯科举行的第十九届世界哲学大会就是最好例证。弗罗洛夫在1987年就提出要在莫斯科举办一次世界哲学大会，1993年时苏联已经解体，完全是依赖他的个人影响这次大会才得以顺利举行。大会的名称是"处于转折阶段的人类：哲学前景"，有1000多人出席。显而易见，这次大会仍然是弗罗洛夫本人思想的体现。

1986年，弗罗洛夫作为苏共中央机关刊物《共产党人》的主编，致信苏共中央，建议出版白银时代俄罗斯宗教哲学家的著作。建议被采纳后，大批因宣传宗教唯心主义、抽象人道主义在苏联长期被禁的

[1] *Корсаков С.Н.* Иван Тимофеевич Фролов. С. 203-204.（С. Н. 科尔萨科夫：《伊万·季莫费耶维奇·弗罗洛夫》，第203—204页。）

新轴心时代与 И.Т.弗罗洛夫

著作得以面世，阅读研究这些著作立即成为热潮。1988年2月，他建议苏共中央在宗教工作领域开展改革，改善与宗教特别是东正教的关系。经过他的安排，这一年的4月戈尔巴乔夫接见了俄罗斯东正教主教公会的成员，实现了苏联党和政府与东正教教会的和解。会见后很快有大约800座教堂获得开放。苏联时期东正教持不同政见者 C.马尔库斯在给朋友的一封信中这样评价弗罗洛夫：

> 弗罗洛夫是那些以自己的思想对戈尔巴乔夫产生了巨大影响的人之一。他出席了戈尔巴乔夫在克里姆林宫和东正教教会领导人的会见。我是在因宣传东正教文化而坐牢（1984—1986）的时候开始阅读弗罗洛夫的。如果您想了解改革和宗教的联系，您就研究弗罗洛夫吧。您可以读他的《人的前景》一书。他真正是一位改革哲学家。比戈尔巴乔夫身边的任何人都要重要得多的人物。弗罗洛夫的主要思想之一是，马克思主义应该是开放的而不是封闭的体系。教条主义的马克思主义看不到世界的现实情况。马克思主义者应该认真研究 Вл. С.索洛维约夫和 П.德日进[①]这些基督教作家的著作。[②]

第四，最根本的原因是弗罗洛夫抓住了苏联社会乃至人类文明迫切需要解决的现实问题，而且这些问题与俄罗斯文化以及俄罗斯传统哲学产生共鸣。或者换个说法，他把握住了时代精神。这是弗洛罗夫本人和他的新人道主义能够得到苏联社会大多数人认同，引领苏联社会前进的主要原因。弗罗洛夫的全部思想，核心是人道主义。他高举人道主义旗帜，首先是准确反映了苏联人民的政治诉求。前面提到，

---

① 德日进（Pierre Teilhard de Chardir, 1881—1955），法国古生物学家、哲学家和神学家。
② *Корсаков С.Н. Иван Тимофеевич Фролов. С. 323-324.*（С. Н. 科尔萨科夫：《伊万·季莫费耶维奇·弗罗洛夫》，第323—324页。）

第五章 弗罗洛夫新人道主义的社会影响

斯大林去世以后，人道主义逐渐成为苏联社会广大民众的政治诉求，虽几经曲折，人道主义呼声仍一浪高过一浪。一方面，如前所述，这是因为斯大林从20世纪30年代起伴随社会主义改造大搞阶级斗争扩大化，数百万人被镇压、流放、劳改，欠下了骇人听闻的人道主义"债务"。随后的平反运动势在必然，与此相伴要求尊重生命、人权的人道主义诉求必定日甚一日，不可阻挡。另一方面这也是苏联社会发展的必然产物。在十月革命时，广大工人农民为了生存，为了铲除封建特权，大量使用革命暴力，但和英国、法国、美国的资产阶级革命一样，流血冲突背后体现的是反对封建专制制度的人道主义精神。在30年代的社会主义建设和战后的经济恢复中，就苏联的普通民众而言，他们忘我劳动、热情奉献同样是人道主义的体现，因为在落后国家生存权是最基本、最重要的人权，经济的高速发展是保障和改善广大人民物质生活的必不可少的条件。到60年代，苏联人民的基本物质需要得到保障，与此同时随着文化教育事业飞速发展，他们的文化水平极大提高，精神生活日渐丰富，暴力和忘我奉献的要求失去合理性，对尊严、自由以及平等、法制和自我全面发展的渴望成为他们的内在要求。作为对社会变化的反映，苏共22大（1961）提出"一切为了人，一切为了人的幸福"，24大（1971）提出积极培养共产主义新人，进一步促进了苏联社会的人道主义呼声。人道主义成为苏联社会的时代精神，弗罗洛夫紧紧把握住它，他本人及其思想被广大民众接受并成为一面旗帜，势在必然。

其次，更重要的是，如前面已经提到的，弗罗洛夫以过人的敏锐认识到科学技术发展蕴含的与人的价值的潜在冲突，认识到刚刚显露出来的全球性问题对人类生存的威胁。在苏联，弗罗洛夫是最早意识到这些问题的哲学家。1972年罗马俱乐部第一个报告《增长的极限》问世，几个月以后，他便在《哲学问题》编辑部组织各界学者进行跨学科讨论。全球性问题对人类生存的威胁日益严重，科学技术发展与

新轴心时代与 И.Т.弗罗洛夫

人的价值之间的潜在冲突越来越清楚地显示出来，弗罗洛夫天才般的智慧和先知般的预言自然被越来越多的苏联人承认和接受，令他们折服。还应当注意的是，批判科技理性对人的支配、奴役是俄罗斯文化和俄罗斯传统哲学的基本特征。19世纪60年代初陀思妥耶夫斯基一句"二二得四就是死亡的开始"，惊世骇俗，事实上道尽了20世纪西方马克思主义的基本精神。此外，俄罗斯文化具有根深蒂固的救世主义情结，把关心全人类的命运作为自己的使命。救世主义植根于俄罗斯人的东正教信仰之中，在19世纪，面临资本主义带来的人道主义灾难，在斯拉夫派、民粹派和布尔什维克的思想中进一步彰显。弗罗洛夫对科学技术伦理学的研究，对人类面临的全球性威胁的关注和对人类命运的关怀，与俄罗斯文化、俄罗斯传统哲学的上述特点深度吻合，强烈共鸣。他能够成为苏联社会思潮的领袖，他的新人道主义在俄罗斯大行其道，人道主义能够从50年代起逐渐成为苏联最主要的社会思潮，这是最重要的原因。

斯焦宾这样说：

> 在70年代和80年代初，我国形成了各种不同的哲学派别。在这一过程中许多思想明显地越出了辩证唯物主义规范的框架。弗罗洛夫持续不断地发展这种思想与方法的多样性，依靠这种多样性，我们在许多哲学领域的研究水平提升到崭新的高度，获得了世界级的成果。
>
> 我想特别强调，弗罗洛夫的科学思想和学术研究在这一过程中发挥了重要作用。我们不应该忘记，今天已经处于哲学话语中心的许多问题，正是由弗罗洛夫在那个时期提出来的。关于全球性问题，关于科学技术进步人道主义化的必要性，关于对当代科学活动加以伦理学控制的极端重要性，关于必须用综合的、跨学

第五章　弗罗洛夫新人道主义的社会影响

科的方法研究问题，都是由他最先提出和写作的。[1]

第五，他是坚定的马克思主义者，他的新人道主义是作为对马克思哲学思想的概括与阐释出现的。弗罗洛夫远远不是苏联时期态度最坚决、旗帜最鲜明的人道主义者，但是那些公开拒绝马克思主义甚至与它相对立的人道主义者，或者在苏联无以立足流亡国外，或者转入地下，销声匿迹。弗罗洛夫始终高举马克思主义旗帜，直到生命结束都是真诚的马克思主义者，而且不是出于伪装的需要。他始终把自己的人道主义思想作为全球化时代的马克思主义哲学加以宣传，始终努力与苏联共产党在政治上保持一致，为它服务。正是这一点，保证了他和他的思想能够在苏联社会生存并逐步被苏联共产党接受，在社会生活中发挥重要作用。苏联共产党内具有人道主义色彩的学者也有很多，例如著名哲学家凯德洛夫、柯普宁、伊里因科夫、凯列，人道主义思想没有给这些人带来社会声誉、职务升迁，反而使他们常常遭到批判。因为他们的批判矛头指向的是作为苏联官方哲学标志的辩证唯物主义历史唯物主义。弗罗洛夫的人道主义，主要是他对科学伦理学和全球性问题的研究，没有把苏联官方哲学的标志性理论作为主要批判对象，而是与对资本主义的批判以及对社会主义必将战胜资本主义的信念紧密联系在一起，因此能够被苏共中央接受，具有了与众不同的命运。

综上所述，弗罗洛夫及其新人道主义思想在苏联社会发展中产生重要影响是多种因素综合作用的结果。

这是一个充分体现辩证法的过程。苏联社会自身对人道主义的呼吁以及科学技术与人的价值的关系问题和全球性问题的凸显，构成弗

---

[1] Стёпин В.С. Развитие философии и личность философа // Академик Иван Тимофеевич Фролов. С. 106.（В. С. 斯焦宾：《哲学发展与哲学家的个性》，《伊万·季莫费耶维奇·弗罗洛夫院士》，第 106 页。）

罗洛夫人道主义思想和苏联社会人道主义思潮的社会基础，促进了它们的产生与发展；弗罗洛夫人道主义思想的发展反过来又为苏联学术界关于科学技术伦理学和全球性问题的研究，为苏联社会人道主义思潮的崛起，提供了新的动力。在这种相互作用中，苏联社会的人道主义思潮，苏联哲学界对科学技术伦理学和全球性问题的研究，与弗罗洛夫在苏联哲学界的地位，他的新人道主义思想的完善成熟，交替发展。弗罗洛夫本人由此逐渐成为苏联哲学的领袖人物，对苏联社会产生了越来越大的影响，直至登上国家政治权力的顶峰。

苏联哲学的人道主义化是苏联社会人道主义思潮发展的组成部分，弗罗洛夫所做的工作，他对苏联社会人道主义思潮的影响，是苏联哲学人道主义化的一个重要阶段。苏联哲学人道主义化开始于20世纪50年代初伊里因科夫和季诺维也夫的学位论文答辩，特别是紧随其后伊里因科夫"认识论提纲"的提出。这是对从物出发解释一切的辩证唯物主义世界观的冲击，是令苏联哲学家警醒的"午夜枪声"，一如恰达耶夫19世纪30年代的《哲学书简》[①]。今天俄罗斯哲学家怀念并高度评价伊里因科夫是理所当然的。但是伊里因科夫的工作只是斗争的开始，它的主要价值不在从理论上战胜或者超越了辩证唯物主义，这是它无力胜任的，而在于启发了一代青年哲学家，帮助他们把注意力从物转到人。伊里因科夫毕生关注认识论、科学方法论、逻辑问题、伦理学和美学问题，他的视野不够开阔，论著过于学术化，很难产生重大的社会影响。20世纪70年代以后，人们对认识论、科学方法论、逻辑问题的兴趣逐渐淡化，全球性问题成为苏联哲学家关注的焦点，伊里因科夫很快被苏联社会的人道主义思潮以及受他影响转向人的研

[①] П. Я. 恰达耶夫（1794—1856），俄国贵族，禁卫军骠骑兵军官，《哲学书简》的作者。1836年在俄国公开发表《哲学书简》中的第一封信，在与西方资本主义国家的对比中对俄罗斯的贫穷落后提出激烈批评。该信观点大胆，语言辛辣，给充满民族自豪感的俄国人带来极大震撼，被称作"午夜枪声"。恰达耶夫因此被沙皇关进疯人院。

究的学生或同行的工作超越了。伊里因科夫本人也因此在晚年倍感失落，于1979年自杀身亡。弗罗洛夫的工作是苏联哲学人道主义化的新阶段。他紧紧抓住了全球性问题这一令每个俄罗斯人乃至全人类高度关注的问题，从人类生存受到威胁这一客观现实出发，高高举起人道主义旗帜，把马克思主义、俄罗斯哲学传统与现实问题的研究结合在一起，视野开阔立意高远，社会影响不可阻挡。弗罗洛夫成为无可争议的苏联哲学人道主义化的代表、领袖，他使人道主义思潮在苏联展现出前所未有的深度、规模与影响力，进入崭新的阶段。参与戈尔巴乔夫改革更使得人道主义成为苏联政治生活和整个社会发展的目标，改变了俄罗斯社会的发展进程。见物不见人的苏联官方哲学辩证唯物主义世界观最早受到伊里因科夫和季诺维也夫学位论文的冲击，然而使它彻底终结的，是弗罗洛夫《哲学导论》一书的出版（1989）。就社会影响而言，弘扬人道主义的苏联哲学家中，伊里因科夫享有道路开辟者的殊荣，但最重要的角色，是弗罗洛夫。

三、弗罗洛夫新人道主义与戈尔巴乔夫改革（一）

弗罗洛夫新人道主义最重要的社会影响体现在戈尔巴乔夫发动和领导的改革中。

说到戈尔巴乔夫改革，除了主角戈尔巴乔夫，人们很快会想到叶利钦、利加乔夫、雅科夫列夫、谢瓦尔德纳泽、雷日科夫等等名字，能想起弗罗洛夫的人不会很多。他是政治舞台上的新手，是思想家，没有处在舞台的中心，而总是站在戈尔巴乔夫身后，因为他作为戈尔巴乔夫的助手，要为戈尔巴乔夫准备文件、发言稿，掌管宣传舆论阵地，苏共终止活动前一年才进入苏共中央政治局。但实际上，弗罗洛夫是戈尔巴乔夫改革中最值得人们重视的角色，因为他从思想上对戈尔巴乔夫产生了重大影响，而思想上的影响才是最深刻、最重要的，

新轴心时代与 И.Т.弗罗洛夫

它决定了改革的方向与路线。关于这种影响，弗罗洛夫自己说：

> 我成为戈尔巴乔夫的助手之前整整一年[①]，关于我和他的关系，已经有许多人说："伊万，你怎么，秘密地给他当助手了？""怎么这么说？""因为你的书里，你的文章里，有的内容常常一字不差地出现在他的发言里——'全球性问题'、'人类共同价值'。"的确，这些都是我的术语。人们开始给我打电话，他们猜测我真的是在为他工作。实际上，这些都是没有的事。他的助手们把所有属于我的东西列了个清单。我的东西是他们那时著作的基本源泉。这是我的书，《人的前景》。它出版于1983年，第二版。戈尔巴乔夫关于全球性问题、全人类价值所写的全部东西，基本上都出自这本书。
>
> 戈尔巴乔夫自己不隐瞒（他对我说）他早就通过《哲学问题》杂志，通过我的书，追踪我的著作。他了解这些著作，在我到他那里工作之前利用这些著作。[②]

就是说，弗罗洛夫认为戈尔巴乔夫有关全球性问题、全人类价值的思想是从他这里得到的，当时苏联学术界的许多人也都这样认为。不仅如此，弗罗洛夫还非常明确地指出，被戈尔巴乔夫奉为改革目标的"人道的、民主的社会主义"这一概念是他首先提出来的，随后才被戈尔巴乔夫采用。[③]

---

① 1986年弗罗洛夫被戈尔巴乔夫任命为苏共中央机关刊物《共产党人》的主编，1987年开始担任戈尔巴乔夫的助手。1994年本书作者曾在俄罗斯科学院人研究所向弗罗洛夫当面提问：为什么戈尔巴乔夫言论中经常出现你的学术用语。弗罗洛夫回答说："戈尔巴乔夫很善于把别人的东西变成自己的。"

② 《回首改革——И.Т.弗罗洛夫与日本〈朝日新闻〉记者的谈话》，见本书附录，第403页。

③ 《回首改革——И.Т.弗罗洛夫与日本〈朝日新闻〉记者的谈话》，见本书附录，第407页。

第五章　弗罗洛夫新人道主义的社会影响

2001年，在拍摄关于弗罗洛夫的纪录片时，曾有记者采访戈尔巴乔夫，希望他谈谈他和弗罗洛夫的关系。下面是谈话记录的片段：

记者：米哈伊尔·谢尔盖耶维奇（即戈尔巴乔夫。——本书作者），请回忆一下你和伊万·季莫费耶维奇·弗罗洛夫是怎样认识的，你们认识的那个时间，那个时刻。

戈尔巴乔夫：首先，在回答这个问题之前我想说几句开场白……。您要知道，当您说到弗罗洛夫的时候，说到一个独一无二的人、与众不同的人、大写的人、一个学者、真正的学者的时候，你会想，很好，在生活中遇到这些人，有了他们，就会做成一件事。没有这样一些人，一个人很难做成什么事。我从自己的生活经验中知道，遇到一些善于理解问题的人有多么重要。我遇到的不仅是一些有理解能力的人，而且是能够支持你，能够做事，能够承担责任、勇于冒险的人。弗罗洛夫就属于这个范畴，就属于这样的人。……当我们谈论弗罗洛夫的时候，应该说，这是一个有非常坚定的道德原则的人。如果他点了头，那就意味着他经过深思熟虑了。因此，在回答您的问题时，我这样说：起初我和弗罗洛夫是未经谋面认识的，通过《哲学问题》杂志[①]认识的，因为我们家里有这份杂志。赖莎·马克西莫夫娜[②]毕生在大学从事哲学教学，当然我们订了《哲学问题》。这很有意思，"弗罗洛夫时期"。在这个时期，大体上说，《哲学问题》极大地开拓了那些喜欢思考的人的视野。这是指那些争论，那些关于全球性问题的圆桌会议……。关于全球性问题！您想过吗？

记者：三十年前！

[①] 1968—1977年弗罗洛夫担任《哲学问题》主编。
[②] 戈尔巴乔夫夫人。

戈尔巴乔夫：是的、是的、是的！这对我很重要。我个人作为政治家，这让我很感兴趣。因此，你看，《哲学问题》……。应该说，《哲学问题》上刊登了很多让人感兴趣的东西……。这都是在和他见面"前"的事。我到莫斯科工作的时候，已经了解他了。我开始与学者们见面，这是我的习惯。毕竟政治需要对许多问题作出评审鉴定。

记者：请说一说，米哈伊尔·谢尔盖耶维奇，什么时候权力、政治突然需要哲学家了？

戈尔巴乔夫：啊，您知道，直接说："这里需要哲学家"，或者那里需要数学家，不是的。这是我和学者们的会面和交换意见，它们按时举行。当然了，我先阅读这些或那些学者的著作，因为他们不是随便就到我这里来的。院士塔吉亚娜·扎斯拉夫斯卡娅和阿甘别吉扬就是这样。您知道，我先了解了他们在科学院新西伯利亚分院的工作情况，他们在那里研究什么问题。这样，我明白了，那里有一些不落俗套的人，他们在思想上非常独立，他们的研究与我们的生活、我们的问题深刻相关。于是，他们就出现在我的身边了。弗罗洛夫也是这样来到我身边的。他成为与我会见的学者中的一员，因为我了解《哲学问题》这本杂志，并且可以说在很多年成了他的读者和仰慕者。不过，要知道，最主要的是……。当我们开展改革的时候，应该在思想观念上为它提供保障。一切始于头脑的变革，头脑的革命先于一切其他改变。但是我们没有完成头脑革命，一切问题都由此而来。由于这个原因，我们在很多方面失败了……。要知道，我们俄罗斯人的心理特征植根于自己的历史之中，我们的历史中有农奴制、沙皇制度、集权政治。极权政治可不是那么简单的事。一些人对人们说——"你们是自由的，去做你们想做的事去吧"。可是人们不知道做什么……。过去就是这样的。甚至一些优秀的人也是这样。要知

第五章　弗罗洛夫新人道主义的社会影响

道，人们支持自由，精神上感觉到了自由，直觉地感受到了自由，可是做什么？怎样生活？不知道。因此需要研究这些问题。就在这个时候，弗罗洛夫出现了。当时《共产党人》杂志的负责人是科索拉波夫，马克思主义原教旨主义者。在契尔年科当政的时候我就与他见过面，那时正在举行著名的 1984 年 12 月意识形态问题会议，我应该在会上作报告。本来应该契尔年科作报告，可是他当了第一书记，总书记，我接手了他分管的事，因此我就负起了作报告的责任。一场斗争开始了！因为苏共的侧翼正在被人勘察。有一些人想要不仅打开百叶窗通过空调换气，而是把通道开得再大些，给新鲜空气、新鲜思想提供空间，不这样做就不能前进。我作了题为《社会主义是鲜活的群众创造》的报告，提出了许多问题。以前的意识形态家们准备的报告，准备的材料，我认为不能用。于是我组建了自己的班子，开始工作……。

我现在告诉你，我是怎么和弗罗洛夫见面的……。第一次见面，我请他来，对他说：我想请你担点责任，主持《共产党人》杂志。……。[①]

戈尔巴乔夫没有公开说自己的哪些思想来自弗罗洛夫，但从他的说法中可以看出，当 20 世纪 70 年代初他在弗罗洛夫主编的《哲学问题》上初次读到全球性问题这一概念时，深受震撼。因为这本杂志，很多年中他成了弗罗洛夫的读者，甚至仰慕者，以致改革之初便把苏共中央机关刊物《共产党人》交给弗罗洛夫，让他改变人们的观念，解放人们的思想，为改革扫清思想障碍。直到八十多岁高龄时戈尔巴乔夫仍密切关注着全球性问题，他还成为罗马俱乐部的成员。这些事实说明，戈尔巴乔夫完全承认弗罗洛夫在思想上对自己的重大影响。

---

① http://www.frolov-it.ru/mem1.html.

新轴心时代与 И.Т. 弗罗洛夫

作为著名哲学家，弗罗洛夫对戈尔巴乔夫的影响主要在理论问题上。1986 年 2 月弗罗洛夫就任《共产党人》主编，一年之后又成为戈尔巴乔夫的助手，负责处理意识形态、科学、教育、文化方面的问题。在担任助手的两年多中，弗罗洛夫向戈尔巴乔夫提出的建议，没有一次遭到拒绝。弗罗洛夫的主要工作是为戈尔巴乔夫起草报告、发言以及苏共中央的重要文件。其中包括：1987 年戈尔巴乔夫在纪念十月革命 70 周年纪念大会上的报告，该报告总结了苏共历史，论述了改革的必要性和基本方针，可以说是改革的宣言书；1988 年苏共第十九次全国代表会议上戈尔巴乔夫的报告，报告强调了社会主义的人道主义本质，提出"人道的民主的社会主义"概念[①]；1989 年 10 月 9 日戈尔巴乔夫在《真理报》上的文章《社会主义思想与革命性改革》，文章针对在改革问题上苏共党内的思想分歧和社会上普遍存在的对改革中出现的新问题的疑虑，阐述了改革的宗旨与意义、它和社会主义理论的关系、改革过程中的实际经验，通过展望社会主义的未来回答了苏联社会向何处去的问题；苏共 28 大后在戈尔巴乔夫领导下，作为起草小组副主任实际主持起草了苏共新党纲草案。由此可见，戈尔巴乔夫改革期间发表的众多激动人心的报告，其实所阐述的是他和弗罗洛夫共同的思想，甚至就是弗罗洛夫的思想。

弗罗洛夫对戈尔巴乔夫的影响是多方面的，其中最重要的是有关全球性问题的思想。从前面的论述可以知道，在苏联最先提出并带领苏联学术界认真研究全球性问题的是弗罗洛夫，戈尔巴乔夫也明确承认，自己是通过弗罗洛夫的著作和他主编的《哲学问题》杂志才知道全球性问题的存在，他欣赏弗罗洛夫的思想，成为他的仰慕者。"新思维"是戈尔巴乔夫改革的核心观念之一，在被他自己称作"改革首创

---

① 这次会议极为重要。戈尔巴乔夫称："改革的局面直到全苏第十九次党代表会议才出现真正的转折，此后改革才开始具有不可逆转的性质。"（[苏联]米·谢·戈尔巴乔夫：《戈尔巴乔夫回忆录》，北京：社会科学文献出版社，2003 年，第 430 页）

第五章　弗罗洛夫新人道主义的社会影响

人的宣言"的《改革与新思维》(1987)一书中,他这样说:

> 我们时代的另一个十分明显的现实是:产生了所谓全球性问题,这些问题日益尖锐,它们对于人类文明的命运同样具有迫切的意义。这里说的是保护自然、环境、大气层和海洋的情况危急,地球上的传统资源原来并不是取之不尽的。
>
> ……
>
> 我们从这里发现了我们的相互依赖性,发现了世界的整体性,发现了人类迫切需要把自己的力量联合起来,以便保护人类自身,以便造福于今天、明天和未来。
>
> ……
>
> 人类将被消灭多少次,这一从逻辑上讲是不可能的事在技术上已是可能的了。现有的核武库给地球储备了能够把每个居民周围的大片土地烧为灰烬的弹药。目前一艘战略核潜艇拥有的毁灭性力量就相当于第二次世界大战。而这样的潜艇竟有许多艘。
>
> 在军备竞赛中取胜,就像在核战争中取胜一样是不可能的。军备竞赛在地球上继续着,而且还扩展到了宇宙,从而加速了本来就已相当疯狂的积蓄和完善核武器的速度。世界局势可能出现政治家无法控制的局面。它将受偶然性左右。我们大家面临着必须学会在这个世界上和平地生活,制定新的政治思维,因为今天的条件与三四十年前完全不同了。[1]

苏联解体13年后,戈尔巴乔夫又说:

---

[1]〔苏联〕米·谢·戈尔巴乔夫:《改革与新思维》,北京:新华出版社,1987年,第172—173页。

新轴心时代与 И. Т. 弗罗洛夫

当核武器出现的时候,顺便说一句,是著名的爱因斯坦最先指出,所有的人都面临着一个共同的问题:摆脱核武器,因为人类会灭亡的。因此,不要把不属于我的荣誉,即最先发现全人类的利益和价值的荣誉这件事强加于我。存在着各种各样的利益:集团利益、阶级利益、民族利益,这是谁也取消不了的。但是现在该是个人利益服从更高利益即全人类利益的时候了,也就是说要服从保护人类,使其免遭致命的核武器的威胁及可能发生的全球性的生态灾难的利益。[①]

我们知道,在苏联最早大力宣传全球性问题以及《罗素—爱因斯坦宣言》的正是弗罗洛夫。

以上论述不仅说明戈尔巴乔夫新思维思想来自弗罗洛夫,而且说明弗罗洛夫对他的影响直到今天仍然清晰可见。弗罗洛夫还具体指出,戈尔巴乔夫关于全球性问题、全人类价值所写的全部东西,基本上都出自他的《人的前景》一书。该书初版于1979年,1983年出第二版。

我们知道,全球性问题在弗罗洛夫的思想中不是孤立的存在,它是弗罗洛夫新人道主义思想的基础与由来,是它的关键与核心。就精神实质而言,弗罗洛夫给予戈尔巴乔夫的影响归结起来看就是他的新人道主义。弗罗洛夫的新人道主义主要建立在对全球性问题的研究之上,他对全球性问题的宣传,宗旨也在弘扬新人道主义。承认全球性问题就是直面人类的生存危机,结论必然是把全人类的利益放在优先的高于一切的地位,也就是高举人道主义旗帜。高举人道主义旗帜,意味着人道主义成为一种普照的光,一个观察评价一切问题的角度、标准。正因为如此,从20世纪70年代起,弗罗洛夫利用一切机会呼吁在苏联社会实行人道主义,强调社会主义的本质就是人道主义,强

[①] 〔俄〕鲍里斯·斯拉文:《尚未结束的历史:戈尔巴乔夫访谈录》,北京:中央编译出版社,2006年,第195—196页。

第五章 弗罗洛夫新人道主义的社会影响

调马克思主义,尤其马克思本人的思想,是现实的人道主义。就任《共产党人》主编后,弗罗洛夫组织了各种各样的辩论、讨论,哲学家科尔萨科夫说:"《共产党人》在弗罗洛夫领导下组织的一切辩论、讨论,都指向社会主义的新的人道主义的面貌,指向人的优先地位。"[①] 上任不久他就组织了苏联各加盟共和国共产党理论政治刊物主编的圆桌会议,会议主题便是"最主要的问题——人"。

弗罗洛夫宣传的全球性问题哲学以及他关于马克思主义和社会主义人道主义本质的一再阐述,促进了人道主义思潮的崛起,必然对一切苏联人,包括戈尔巴乔夫,产生深刻影响。从 1986 年就任《共产党人》主编,尤其是 1987 年成为戈尔巴乔夫助手以后,弗罗洛夫的新人道主义思想以各种渠道直接影响戈尔巴乔夫,常常以戈尔巴乔夫的报告、发言、著作的形式出现。从戈尔巴乔夫改革开始到苏联解体,戈尔巴乔夫的全部重要讲话,包括苏共 28 大通过的新党纲,几乎都是在弗罗洛夫的主持下起草的。弗罗洛夫对戈尔巴乔夫的影响,除主要涉及对外政策的新思维以外,更多地在戈尔巴乔夫改革的各种对内政策上体现出来。1989 年弗罗洛夫出版了《论人和人道主义》一书,对自己长期坚持的思想作了总结。该书第二章的标题为"人与人的世界。通往现实人道主义的社会,通往新人——理性的人道的人"。弗罗洛夫说:"改革和社会主义问题,我对未来的社会主义、未来社会等等的看法,都在这一章。这非常重要。美国出的版本中没有这一章。我交给戈尔巴乔夫的东西,我写在党的文件中的思想,都在这一章,我把它们作为自己的知识产权,收集在这里。"[②] 我们不妨对这一章的重要思想作一简要考察。

---

① *Корсаков С.Н.* Иван Тимофеевич Фролов. С. 299.(С. Н. 科尔萨科夫:《伊万·季莫费耶维奇·弗罗洛夫》,第 299 页。)

② 《回首改革——И. Т. 弗罗洛夫与日本〈朝日新闻〉记者的谈话》,见本书附录,第 398 页。在谈话中弗罗洛夫还指出:《论人和人道主义》这本书里的新的文明、全人类价值优先等等思想,在很早以前就得到充分发展了,特别是在《人的前景》(1979)一书里。

新轴心时代与 И.Т.弗罗洛夫

在这一章,弗罗洛夫首先论述了马克思主义和社会主义的人道主义实质,然后以此为出发点对斯大林建设的以个人迷信为突出特征的社会主义和勃列日涅夫时期的"发达社会主义"作了激烈批判,指责它们是"兵营式的共产主义",在其中主宰一切的是以行政指挥的方式控制国家的"官僚独裁体系"。在这个体系里人处于极端的异化之中,"被马克思称为造成人的异化的基本原因的生产资料私有制,就其产生的危害而言甚至不能与被个人迷信强化了的官僚独裁关系相提并论"①。他由此提出:

> 从人道主义的观点来看,没有任何理由("历史的"或其他的理由)可以为它辩护。我认为,这应该是在这些问题上最基本的哲学人类学的立场。一切在这里寻找某种妥协甚至辩解的企图都是根本站不住脚的,在伦理道德的角度上,它们应该作为反人类的东西,也是反社会主义的东西而被抛弃。**社会主义和人道主义是不可分割的。**②

他还说:

> 社会的民主化是我们今天最最重要的任务,它不是政治活动家或者国家领导人发明的,而是由人的个性的新维度决定的。对我们来说,现在特别重要的是,人的个性不能被贬低,不能被压制,是克服还普遍存在的人的个性被忽视、被异化的现象。③

---

① Фролов И.Т. О человеке и гуманизме. 1989. С. 108. (И.Т.弗罗洛夫:《论人和人道主义》,第108页。)
② 同上书,第109页。
③ 同上书,第112页。

第五章 弗罗洛夫新人道主义的社会影响

基于这样的认识,他强调,改革是现实的、实践的人道主义道路,是社会主义的更新,是对异化的克服和理性的、人道的新人的发展。①

弗罗洛夫的这些思想在戈尔巴乔夫的论述中得到充分的体现。

1985年3月戈尔巴乔夫就任苏共中央总书记,4月召开中央全会,提出加速苏联社会和经济发展的方针。1986年2月苏共27大召开,正式亮出改革的旗帜。但是改革究竟应当如何进行,到这时为止并不明确。1987年1月苏共召开"一月全会",在这次会议上,改革的基本方针得到确定,这就是民主化、公开性。戈尔巴乔夫在"一月全会"上说:"民主不是一个简单的口号,而是改革的实质。"②他进而提出,实现民主的根本一条是完善选举制度,加强人民群众对各级干部的监督,普遍开展批评与自我批评,因此,必须实行公开性原则。公开性,就是指取消新闻舆论的检查控制,人民有权知道一切,批评一切。他说,在苏联,人民应当知道一切,自己判断一切,什么事都要管,因为这是他们的国家,"在苏联社会不应当有不能批评的禁区"③。

戈尔巴乔夫认为,人民群众享受充分的民主是社会主义制度优越性之所在。社会主义与资本主义的主要区别是劳动人民当家作主,正因为劳动人民当家作主,他们才能焕发出资本主义制度下不可思议的劳动积极性和组织纪律性。社会主义国家物质生产以及整个社会的发展速度应该远远高于资本主义国家,70年代苏联经济和社会陷入停滞,是因为社会主义制度的优越性没有得到发挥,具体说,是因为广大人民群众没有感到自己是国家的主人,因而缺少劳动热情,缺乏组织纪律性。之所以如此,又是因为苏联社会长期以来民主不充分,人

---

① 参见 *Фролов И.Т.* О человеке и гуманизме. С. 119(И. Т. 弗罗洛夫:《论人和人道主义》,第112页)。
② 〔苏联〕戈尔巴乔夫:《关于改革与党的干部政策》,莫斯科新闻出版社1987年中文版,第26页。
③ 同上书,第32页。

民群众享受不到主人应有的权力。各级干部是人民的仆人,长期以来仆人的权力太大,反倒变成人民的主人。要让人民群众成为社会的主人,必须发扬社会民主,让他们能够通过民主程序选择、监督、罢免各级干部。为了发扬民主,人民有权知道一切,不能由仆人决定哪些是主人应该知道的,哪些是主人不能知道的。必须实行公开化方针,人民有权知道一切。民主化公开性是改革的基本方针。

作为改革基本方针的民主化、公开性实际上以人为出发点。戈尔巴乔夫说:"通过改革赋予社会主义以新的活力,揭示社会主义制度的潜在力量,克服物质财产、生产资料、政治生活、政权、文化等对人的异化。我认为,这是真正的马克思主义的提法,它的中心是人。我们打算如何实现这一构想呢?答案就在上述构想本身之中,即:通过民主化和公开性,通过改造所有制关系和我国社会的政治结构,通过道德领域和全部精神生活的健康化。一句话,通过把人看作目的而不是手段。"[1]

再进一步的分析告诉我们,戈尔巴乔夫之所以在推进改革时要把人作为中心的一环,深层的原因又在于他对社会主义制度作了人道主义的理解。他在 1988 年 6 月召开的苏共第 19 次全国代表会议上说:"我们把社会主义看作一种真正的、现实的人道主义制度,在社会主义制度下,人在实际上成为'一切事物的尺度'。社会的一切发展,从经济到精神—意识形态,目的都在于满足人的需要,都在于促进人的全面发展。……当谈到作为向共产主义迈进的一个重要阶段的我国社会的崭新状况时,我们所指的正是社会主义的这种民主的、人道的面貌。"[2] 戈尔巴乔夫在 1989 年这样评价苏联的社会主义制度:"斯大林

---

[1] *Горбачев М.С.* Двигать вперёд экономическую реформу // Правда.1989. 30 октября. (М. С. 戈尔巴乔夫:《把经济改革推向前进》,见 1989 年 10 月 30 日《真理报》)。

[2] Материалы 19 конгресса КПСС. М.: политиздат, 1988. С. 87, 88. (《苏联共产党第 19 次代表会议材料》,莫斯科:政治出版社,1988 年,第 87、88 页)。

对社会主义的歪曲使得马克思、列宁对社会主义的理解中最主要的东西不复存在了,这就是:人是目的而不是手段。取代每一个人的自由发展是一切人自由发展的条件这一思想的,是把人作为党和国家机器上的'螺丝钉'的思想,是把劳动人民作为这一机器的'传送带'的思想。"[1] 这番话洋溢着灼人的人道主义热情,突出地表现出当戈尔巴乔夫思考改革的战略方针时人道主义在他心目中占有何等重要的地位,同时他的这番话也让我们清楚地看到了站在他背后的弗罗洛夫的身影。

四、弗罗洛夫新人道主义与戈尔巴乔夫改革（二）

弗罗洛夫的新人道主义对苏联社会,特别是对戈尔巴乔夫以及他发动领导的改革,产生了巨大影响。然而人所共知,戈尔巴乔夫改革导致了苏联剧变,因而认识与评价弗罗洛夫新人道主义,它和苏联剧变的关系是无法回避的重要问题。

苏联剧变本身是一个中性的比较模糊的概念,是对戈尔巴乔夫改革在苏联引发的一系列剧烈变化的概括。这些变化主要包括:长期作为社会主义旗帜和社会主义阵营领袖同时也是建立在沙俄帝国基础上的超级大国苏联,轰然解体,不复存在;列宁亲手缔造的领导国际共产主义运动大半个世纪的苏联共产党突然消失;曾经令无数人向往的苏联社会主义制度遭到激烈批判并最终被推翻;随着苏联解体,马克思主义失去在俄罗斯的主导地位。这些变化还引发了东欧各国和整个世界格局的重大改变,国际共产主义运动陷入前所未有的困境。20多年来,人们从各种角度评价了这些变化。美国等与苏联长期对抗的资本主义国家认为,苏联剧变是资本主义的历史性胜利,他们为此弹冠

---

[1] Горбачёв М.С. Социалистическая идея и революционная перестройка // Правда. 1989. 26, ноября. （М. С. 戈尔巴乔夫:《社会主义理念与革命性改革》,见 1989 年 10 月 26 日《真理报》。）

新轴心时代与 И.Т.弗罗洛夫

相庆；在某些共产党人看来，苏联剧变意味着资本主义复辟，为之痛心疾首；在众多的俄罗斯民众看来，苏联解体又是国家衰落的标志，是对俄罗斯人民族自豪感和民族自尊心的巨大伤害，激动心情至今未能平复。与评价的多样化相关，对苏联剧变原因的认识也众说纷纭。许多人指责戈尔巴乔夫是苏联解体的罪魁祸首，是马克思主义和苏联共产党的大叛徒。总书记叛变，苏共和苏联焉能不垮？甚至有人提出，是戈尔巴乔夫与反苏势力里应外合搞垮了苏联。也有人强调原因是美国的和平演变政策，或者是因为美国等资本主义国家通过意识形态渗透、军备竞赛、操纵石油价格、金融战争从经济上击垮了苏联。还有人认为关键在于苏联长期没有彻底解决民族问题，民族分裂主义是剧变的根源，并且把这归罪于列宁给予了苏联各加盟共和国过多的独立性，包括了退出联盟的自由。[①] 此外一些人认为，苏联解体是历史的进步，是民主战胜了专制统治，是不可抗拒的历史规律的体现。种种说法，不一而足。对苏联发生的这场急剧变化，人们用不同的说法作概括，在中国最常使用的说法是"苏联解体"。这一说法的字面含义与人们赋予它的内涵不尽相符。人们更多地赋予它意识形态色彩，强调它标志着苏联社会主义制度终结、共产党下台、马克思主义失去社会生活中的主导地位。但从字面上看，它表示的主要是苏联这个多民族国家解体为十五个独立国家，完全看不出有什么意识形态含义。本书使用"苏联剧变"的说法，是因为引起人们不同评价的种种事件都可以称之为"剧变"，使用这一说法能够尽可能对这些事件作客观的描述，以涵盖更多的内容。

不论从什么角度概括这场重大的社会动荡，苏联改革的发动者、领导人，时任苏联共产党中央委员会总书记的戈尔巴乔夫都有不可推卸的责任，都是主角。弗罗洛夫身为戈尔巴乔夫的助手，被戈尔巴乔

[①] 俄罗斯总统普京持这种看法。

第五章 弗罗洛夫新人道主义的社会影响

夫一手提拔由普通哲学家迅速上升为苏共中央政治局委员，他的新人道主义思想被戈尔巴乔夫接受并在改革中发挥了重要作用。这从根本上决定了研究弗罗洛夫的哲学思想，他的新人道主义，必须与戈尔巴乔夫领导的改革进而与苏联剧变联系起来。

苏联这一超级大国的解体深深伤害了俄罗斯人的民族自尊心，戈尔巴乔夫被许多人视为民族罪人。他的政治生命彻底终结，多次努力"东山再起"，均徒劳无功。苏联解体对俄罗斯人民族自尊心的伤害也影响到对于弗罗洛夫及其哲学思想的评价。苏联解体后，俄罗斯哲学界在弗罗洛夫问题上情况比较微妙。一方面，人们在抛弃戈尔巴乔夫的同时，对于在改革期间叱咤风云、对戈尔巴乔夫施加了重要影响的弗罗洛夫，尤其是他的充满人道主义色彩的哲学理论以及对社会民主不遗余力的宣传呼吁，保持距离，冷静反思。即使是当年弗罗洛夫的"战友"、严肃的学者、哲学家斯焦宾，也于2005年对造访俄罗斯科学院哲学研究所的中国哲学家代表团成员说：看来当时我们把社会民主问题看简单了。也有人对弗罗洛夫及其思想理论侧目而视，认为他对于苏联解体难辞其咎。但是，另一方面，现实生活中越来越多的具体事例为弗罗洛夫的理论提供支持，全球性问题不仅依然存在，而且更加突出，因而人们很难否定它。此外，哲学界许多重要人物都曾极力宣传弗罗洛夫的新人道主义，批判弗罗洛夫在一定程度上意味着对自己的否定，况且不少人在弗罗洛夫的权势如日中天时得到过他的提携。由于以上复杂情况，1999年弗罗洛夫去世，2001年哲学界出版了纪念他的专门文集《伊万·季莫费耶维奇·弗罗洛夫院士》，此后他在俄罗斯不再受到关注，甚至很少有人提及。哲学界既没有人研究称赞他，也听不到对他的公开批评。弗罗洛夫似乎被"封存"了，除了在他的妻子别尔金娜女士积极推动下每年举办一届的"纪念弗罗洛夫报告会"以外，他的名字很少被人提及，即使在谈到戈尔巴乔夫改革期间被弗罗洛夫的光环笼罩的苏联哲学时，也是如此。

这是很不正常的现象。其原因与苏联解体有关，而苏联解体，在本书作者看来，是个十分复杂的问题。弗罗洛夫不应该被忘记。对弗罗洛夫的新人道主义思想作出恰如其分的评价，有益于我们深入认识苏联这场剧烈变化和人类当前面临的重大问题，同时也是还弗罗洛夫一个公道。下面从戈尔巴乔夫改革导致的苏联剧变这一特定角度出发，对弗罗洛夫新人道主义思想发挥的社会作用和应当承担的责任，加以简要考察。从理论的角度对新人道主义的评价，将是下面两章的内容。

前面提到，迄今为止对苏联剧变及其原因的认识五花八门，仔细分析可以看出，这些认识或者由于受民族主义和意识形态的遮蔽，或者由于使用方法的不当，都有些简单化。它们各自都有一定的合理性，但又都比较片面。或者各执一端，不及其余；或者貌似全面，实则空泛。有的学者罗列出十几种观点，但没有揭示出这些观点相互间的联系，分析深度也有欠缺。苏联剧变的原因深刻而又众多，它们相互作用、相互缠绕，需要仔细梳理。

在对苏联剧变的认识上，最主要的不足，是没有对戈尔巴乔夫为什么要改革和改革为什么会失败进而导致苏联剧变这两个问题加以区分。为什么需要改革和改革为什么会失败，是两个密切联系又有所不同的问题。苏联剧变是戈尔巴乔夫改革的结果，而戈尔巴乔夫改革是一个连续过程。迄今为止对戈尔巴乔夫改革的研究众声喧哗，难以深入，没有区分出为什么需要改革和改革为什么会失败这样两个问题，并对它们分别予以考察，是重要原因。从解释原因、总结教训的角度看，上述研究方法非常重要。不作这种区分，会用苏联这个国家解体的教训否定改革的合理性、必要性；或者因坚持改革的合理性和必要性而看不到国家解体并非历史必然，从而否认戈尔巴乔夫个人对此应负的责任。下面我们对这两个问题分别加以考察。

苏联为什么需要改革，涉及对自 20 世纪 30 年代起主宰苏联社会半个世纪的社会主义制度的认识，换言之，涉及对社会主义制度斯大

第五章　弗罗洛夫新人道主义的社会影响

林模式的评价。一种观点坚决捍卫斯大林模式，认为它是社会主义制度的同义语，由此出发得出的必然结论便是戈尔巴乔夫是大叛徒。以自上而下集中管理和生产资料公有制、计划经济、按劳分配为基本特征的苏联制度是好的，改变这一制度是因为身为苏共中央总书记的戈尔巴乔夫背叛了马克思主义、苏联共产党、社会主义制度，意图通过改革搞垮社会主义苏联。总书记的背叛使苏联社会背离了正确的发展方向，造成经济倒退、社会分裂，直至苏共垮台国家解体。另一种观点针锋相对，认为斯大林模式有悖于马克思、恩格斯、列宁的社会主义设想，是要建立一种专制独裁的封建制度，它的垮台是历史的进步，历史的必然。

这两种观点看似截然对立，却在方法论上惊人地相似。它们都脱离了辩证法，不懂得要对问题作具体分析。黑格尔有一句名言：凡是现实的，都是合理的。恩格斯对它作了精彩阐释：

> 黑格尔的这个命题，由于黑格尔的辩证法本身，就转化为自己的反面：凡在人类历史领域中是现实的，随着时间的推移，都会成为不合理性的，就是说，注定是不合理性的，一开始就包含着不合理性；凡是在人们头脑中是合乎理性的，都注定要成为现实的，不管它同现存的、表面的现实多么矛盾。按照黑格尔的思维方法的一切规则，凡是现实的都是合乎理性的这个命题，就变为另一个命题：凡是现存的，都一定要灭亡。
>
> ……辩证哲学推翻了一切关于最终的绝对真理和与之相应的绝对人类状态的观念。在它面前，不存在任何最终的东西、绝对的东西、神圣的东西；它指出所有一切事物的暂时性；在它面前，除了生成和灭亡的不断过程、无止境地由低级上升到高级的不断过程，什么都不存在。[①]

[①] 《马克思恩格斯文集》第4卷，第269—270页。

对斯大林模式的社会主义制度也应该作如是观。

斯大林模式的基本特点是高度集中。这种模式好不好？20世纪30年代是斯大林模式社会主义制度初步建成和发挥作用的时期，这时苏联社会经济高速发展，整个社会，文化、教育、医疗卫生，蒸蒸日上，与20年代末30年代初席卷全球资本主义国家的经济危机形成鲜明对照。[①] 苏联人，包括十月革命后因反对苏维埃政府而流亡国外的"白俄"，也为此感到自豪。当然，这一制度缺少社会民主，与经济、社会高速发展相伴随的还有严重的阶级斗争扩大化，几百万人死于非命。但是在如此不民主、不人道的制度下社会能获得高速发展，广大人民的物质生活水平和享受的文化教育程度极大提高，共产党、斯大林能得到多数苏联人的拥护，这一事实表明，斯大林模式的社会主义制度在当时具有合理性，符合苏联的国情。恩格斯曾以普鲁士政府为例说："如果说它在我们看来终究是恶劣的，而它尽管恶劣却继续存在，那么，政府的恶劣可以从臣民的相应的恶劣中找到理由和解释。当时的普鲁士人有他们所应得的政府。"[②] 恩格斯是对的。俄罗斯人1917年才推翻了封建沙皇的专制统治，多数人是文盲，生活在带有原始社会特点的农民村社中，市场经济没有得到充分发展，社会没有经过自己的文艺复兴和启蒙运动。在这样的国家，面包比民主更重要，强制推行西方式的民主只能带来灾难。对国家进行高度集中的管理是苏联社会当时发展阶段的必然要求，是唯一现实、合理的政治选择，这已经被历史证明。

正因为斯大林模式的社会主义制度是现实的和合理的，它在20世

---

① "在西方经济确实是一团糟的同时，苏联正在继续进行经济发展方面的独特实验。虽然五年计划伴有严厉的压制和民众的贫穷，但实质上是成功的。苏联从一个以农业为主的国家迅速上升为世界第二大工业强国。这种前所未有的成就具有国际的影响，尤其是因为当时种种经济困难正使西方陷入困境。"（〔美〕斯塔夫里阿诺斯：《全球通史：1500年以后的世界》，上海：上海社会科学院出版社，1992年，第683—684页。）

② 《马克思恩格斯文集》第4卷，第268页。

第五章 弗罗洛夫新人道主义的社会影响

纪 30 年代直至第二次世界大战结束,充满活力,带来了苏联经济和社会的高速发展,保证了卫国战争的胜利,其表现明显优于西方国家的资本主义市场经济。其原因是,这时科学技术还没有成为第一生产力,按照苏联学者的说法,生产还没有成为科学技术的运用,经济具有粗放性,其发展主要靠投入的增加。高度集中的计划经济能够有效增加积累,增加资金投入;政治宣传让劳动者看到了社会主义制度的优越,相信自己是社会的主人,从而焕发出冲天的劳动热情,投身"斯达汉诺夫运动"[1],鼓足干劲,力争上游,不计报酬,极大地增加了活劳动的投入。这是资本主义制度无论如何不可能做到的。苏联在 20 世纪 30 年代至战后恢复时期社会团结、政治稳定和经济高速发展的局面,就是这样形成的。

但是,第二次世界大战结束后,斯大林模式逐渐失去了自己的现实性、合理性,社会主义和资本主义的竞争中,形势发生逆转。苏联曾经的许多优势逐渐变成劣势,高度集中的管理模式陷入困境。造成这一改变的根本原因,正在于我们一再提到的科学技术革命。

科学技术革命改变了生产模式,促使粗放经济让位于集约经济。此时经济的发展不再取决于投入的增加,而是取决于科学技术进步。科学技术成为第一生产力,生产成为科学技术的运用。一种社会体制的优劣,第一看它能不能最大限度促进科学技术创新,第二看它能不能以最快速度把科学技术创新成果转化为直接生产力。正是在这里,计划经济曾经的优势变为劣势。科学技术创新是知识分子的创造性脑力劳动,高度集中的管理模式通过政治的、思想文化的控制,以及劳动管理的方式,限制了他们的思想自由,甚至人身自由,科学技术创新举步维艰。即使有了科学技术创新成果,由于企业和科研机构分属

---

[1] 斯达汉诺夫是顿巴斯煤矿工人,1935 年 8 月 30 日创造了超过定额 13 倍的采煤纪录,被树为劳动模范,苏联全国开展了以提高劳动效率为主要内容的"斯达汉诺夫运动"。

279

不同的社会系统，没有直接联系；由于企业没有自主权，以完成上级交给的产值计划为宗旨，缺少尽快把科技创新成果用于生产的积极性；此外在高度集中的管理模式下，为采用新的生产技术和工艺，企业需要层层请示，公文旅行路途漫长，官僚主义又往往使企业的请示石沉大海。除此而外，随着官僚主义的滋生以及相应的干部特权与社会腐败的日趋严重，政治思想工作对广大民众劳动热情以及组织纪律性的动员能力逐渐减弱。在上述各种因素的作用下，从20世纪60年代起，苏联经济的活力逐渐丧失，经济增长率日趋下降，广大民众，首先是众多知识分子，与当政者离心离德，出现了持不同政见者运动。苏联社会在勃列日涅夫时期，尤其是在70年代，陷入停滞。"凡是现存的，都一定要灭亡。"科学技术革命使曾经具有明显优势的斯大林模式失去合理性，改革成为苏联的历史必然。

与苏联形成对照的，是西方资本主义国家。在第二次世界大战以前，资本主义国家刚刚经历了史上最严重的经济危机，工人运动风起云涌。世界大战的爆发更表明资本主义已经进入帝国主义阶段，似乎呈现出死亡前的疯狂。相对于社会主义思想和运动在全球的兴起，相对于社会主义苏联取得的令人惊叹的成就，资本主义气息奄奄，朝不保夕。然而新科学技术革命为它注入新的活力。新科学技术革命兴起之后，市场竞争主要表现为生产工艺技术创新的竞争，这为资本家集中力量组织新技术开发提高企业竞争力提供了源源不竭的动力。生产资料的私有制使得资本家在企业管理中拥有绝对的权力，一旦获得新的科技成果，不必请示任何人，他可以立即拍板把它们用于生产，转化为直接生产力。市场竞争和个人享有的自由，给了资本主义国家知识分子巨大的科学技术及一般知识的创新空间与动力。在科技创新与成果运用方面，从而在物质生产力的发展方面，资本主义表现出比斯大林模式更高的效率。昨天的劣势变成优势；昨天的优势逐渐丧失。20世纪70年代以后，西方资本主义国家先后完成经济转型，走上集约式发展道路，社会焕发出新的生机。苏联与它们之间本来日渐缩小的差距逐渐拉大。

于是，科学技术成为第一生产力，使得改革不仅成为苏联的，而且成为一切社会主义国家的历史必然，舍此无以发展经济、增强国力、提高人民生活水平，简言之，无以立足于世界。1978年以来，全世界所有的社会主义国家都先后以不同形式、在不同程度上走上改革之路。斯大林模式走到了历史尽头，世界历史充分证明了这一点。

斯大林模式的命运也与苏联社会自身的发展有关。高度集中的管理模式得以存在并发挥积极作用，与民众的教育程度以及总体生活水平有关。十月革命时，俄国人口多数是农民，其中又有多数人是文盲，笃信东正教。整个国家发展程度很低，物质生活水平不高，许多人温饱尚未解决。斯大林模式能够在苏联形成并且发挥积极作用，是因为它被大多数苏联人所接受，适应了苏联社会和民众的物质生活与文化教育水平。到20世纪60年代，苏联全民普及八年制义务教育，高等教育普及率进入世界先进国家行列，与此同时物质生活水平极大提高。这些变化使得苏联人的自我意识、主体性极大提高，对精神生活的追求空前强烈。整个社会迅速兴起的人道主义思潮使苏联人对人的价值，对自己的价值目标，有了新的认识，相应地他们希望自己的个性得到尊重，希望拥有更多的社会民主，希望在现世享受幸福，而不是为某个遥远的高尚目标、为子孙后代，牺牲自己。革命理想的教育鼓舞作用日趋淡化，民主呼声逐渐高涨，民众的"动员"状态难以为继。这从另一个角度侵蚀了斯大林模式的生命力。戈尔巴乔夫就任苏共总书记的当天便发出感慨：再不能这样生活了，必须有所改变了。这是苏联社会多数人的心声。

苏联改革是必然的，在这个问题上，全盘肯定和全盘否定斯大林模式的人，在思想上都表现出简单化的形而上学的毛病。那种无视斯大林模式在历史上曾经发挥积极作用因而对它予以彻底否定的看法，与把斯大林模式和社会主义画上等号视为圣物不容触碰的观点同样体现出对辩证法的无知，同时表现出了政治立场上的反动，即逆历史潮流而动。生产力永远处在变化发展之中，这从根本上决定了任何生产关系、上层建筑都必然经历产生、发展、退出历史舞台的过程。苏联改革具有必然性。

不仅是苏联，所有的社会主义国家都是按照斯大林模式建设社会主义的，因此在 70 年代以后都面临着改革的历史任务。改革是必然的，但是放弃共产党的领导、改变社会主义方向甚至导致国家解体，并不是必然的。斯大林模式失去生命力，注定要退出舞台，这样的变化是历史的必然，然而以什么形式完成这一变化，具有偶然性。中国共产党在全世界的社会主义国家中率先发动了全面改革，改革的基本内容就是告别社会主义的斯大林模式。但是中国共产党对斯大林模式不是抛弃，而是扬弃，改革中始终坚持公有制为主体和按劳分配为主要的分配方式，坚持党和政府对经济生活的全面领导。中国共产党没有放弃马克思主义和社会主义的基本原则，而是着力建设有中国特色的社会主义，建设社会主义市场经济、法治社会、中国式民主。必须看到，在苏联剧变问题上，作为苏联党和国家的主要领导人，戈尔巴乔夫负有不可推卸的责任。他的责任不在发动改革，而在领导失误，执行错误的改革路线，导致改革失败。改革的结果与他的初衷相反：国家解体、苏联共产党不复存在、作为国家总统和共产党总书记的戈尔巴乔夫政治生命终结、广大民众的生活水平一落千丈。

苏联剧变的发生，原因是戈尔巴乔夫在改革中执行了一条错误的路线。正是在这里，在戈尔巴乔夫身后，我们可以看到弗罗洛夫新人道主义的影响。

关于戈尔巴乔夫改革失败的原因，国内外学术界作了长期研究，相关成果汗牛充栋。戈尔巴乔夫本人以及弗罗洛夫的新人道主义究竟应该承担什么责任，需要认真研究。通常的研究方法是，首先把研究

第五章　弗罗洛夫新人道主义的社会影响

者自己认定的原因罗列出来，然后加以论证。本书想把这种思路颠倒过来，先从苏联剧变这一结果开始，一层一层追究，探讨其原因，以期再现事件本身的复杂逻辑。

　　人所共知，1991年8月19日，苏联副总统、政府总理、国防部长、克格勃主席等苏共内部的实力派保守力量成立"国家紧急状态委员会"，为了结束社会混乱，挽救国家，宣布中止戈尔巴乔夫履行总统职务，强调改革已无路可走，国家和人民的命运处在极其危险的时刻。由于得不到民众的支持，"国家紧急状态委员会"的"政变"8月21日便宣告失败。8月23日俄罗斯总统叶利钦发布命令，停止苏联共产党的活动，取消苏共在俄罗斯军队、克格勃等机构中的存在，暂停苏共中央机关报《真理报》等苏共报刊的出版。其他一些加盟共和国也作出类似的决定。8月24日，戈尔巴乔夫宣布辞去苏共中央总书记职务，建议苏共中央"自行解散"。"8·19"以前，立陶宛、拉脱维亚、爱沙尼亚、格鲁吉亚已经宣布独立，脱离苏联；从8月25日至12月16日，乌克兰、白俄罗斯、摩尔多瓦、阿塞拜疆、乌兹别克斯坦、吉尔吉斯斯坦、塔吉克斯坦、亚美尼亚、土库曼斯坦、哈萨克斯坦等加盟共和国也先后宣布独立。12月25日戈尔巴乔夫宣布辞去苏联总统职务，苏联国旗随即从克里姆林宫上空徐徐降下，苏联正式解体。

　　为什么会出现上述剧变？因为戈尔巴乔夫和苏联共产党已经无法控制局面。《独立报》说："是戈尔巴乔夫造成了苏联的混乱，混乱毁灭了这个必遭灭亡的帝国。他在试图消除极权主义时枪杀了共产主义。他在试图将自由引入国家时枪杀了国家。他在试图使社会习惯于民主时破坏了这个社会。他在希望在帝国原有的界限内解放帝国时，既打破了界限，也摧毁了帝国，也就是苏联。"[①] 事实的确如此。1989

---

① 转引自王正泉、姚渭玉编：《苏联演变与"人道的、民主的社会主义"》，中国人民大学东欧中亚研究所内部资料，1997年，第99页。

年8月,爱沙尼亚、拉脱维亚、立陶宛三国出现大规模的公开反苏反共要求国家独立的社会运动。11月7日,十月革命纪念日、苏联的国庆节,莫斯科的群众游行队伍中出现这样的口号:"反对一切形式的专制制度!"、"取消宪法第6条!"①、"十月政变②——俄罗斯的灾难!"、"伟大的十月成了伟大的欺骗!"、"永恒的光荣属于最早的改革者——1921年喀琅斯塔得的水兵们!"③ 在敖德萨,有人在游行中高举标语牌:"为苏联共产党送葬!"进入90年代,社会主义制度和苏联共产党威信扫地。1990年,苏联第三次人民代表大会取消了规定苏联共产党执政地位的宪法第6条;大批苏共党员退党;反共旗手叶利钦在人民代表大会上公开羞辱苏共中央总书记戈尔巴乔夫。社会调查指出:1990年,32%的苏联人认为苏联应以美国为榜样,同样有32%的人主张以日本为榜样,此外还分别有17%和11%的人认为苏联的榜样应该是德国和瑞典(有4%的人主张以中国为榜样进行改革)。④ 就是说,有超过90%的苏联人主张走西方国家的资本主义道路。显而易见,戈尔巴乔夫和苏联共产党已经丧失执政的社会基础。

很明显,苏联剧变是因为戈尔巴乔夫失去了控制国家的能力,局面失控了。他不能控制苏共,更不能控制反苏反共的叶利钦。为什么会如此?这又是因为他彻底失去了社会的支持,广大民众与苏共离心离德。旨在挽救苏联和苏联共产党的"8·19"政变,虽然出动军队包

---

① 该条款规定苏联只能由苏共一党专政。1990年被取消。
② 指十月革命。
③ 这些水兵于1921年初发动反对苏维埃政府的叛乱,很快被镇压。以上材料引自 А.Авторнанов Ленин в судьбе России. М.: Посев, 1990. С. 468-469(А.阿夫托尔纳诺夫:《俄国命运中的列宁》,莫斯科:波谢夫出版社,1990年,第468—469页)。
④ Новости, 1995. 13. Октября.(1995年10月13日《消息报》。)当日《消息报》披露的材料还表明,苏联解体以后,由于民主派西化实践的失败,到1992年,只有13%的俄罗斯人崇拜美国模式,12%崇拜日本模式,7%崇拜德国模式。1995年末,认为西方模式适合于俄罗斯的人总共不到25%。

围了叶利钦，但军队本身又被民众所包围，政变领导人犹豫、动摇，不愿采取果断措施，因而迅速失败，是苏共失去民心的最好证明。不仅是民众，军队中也是支持叶利钦的民主派占多数。

那么，为什么苏共会失去民众的支持？这与戈尔巴乔夫在改革中奉行的方针路线有直接关系。

我们知道，戈尔巴乔夫认为改革的实质是实行社会生活民主化，而实现民主的根本途径是完善选举与监督制度。为此，他主张必须实行公开性原则，也即让民众知道一切。要让民众知道一切，又必须取消党和政府对新闻出版和社会舆论的管控。他说：共产党自称是人民的仆人，世界上哪有这样的道理：主人可以知道什么、不可以知道什么，要由仆人来决定？民主化、公开性方针一问世，很快掀起了一场以揭露阴暗面为特征的历史反思运动。一方面，形形色色的反苏、反共、反社会主义力量抓住机会发动宣传攻势；另一方面，对广大群众而言，正面宣传早已耳熟能详，倒是关于社会主义苏联 70 年历史中阴暗面的种种传闻更具刺激性和新鲜感，揭露历史"真相"的出版物不断问世，分外畅销。一时间，广播、电视、电影、报纸、杂志、书籍，乃至学术会议、课堂、教研室活动，无不为批评社会主义制度和马克思列宁主义的内容所充斥。

民主化、公开性方针引起了苏联社会的一系列深刻变化，启动了一条一旦启动任何人都无法改变或阻止的逻辑链条。经过推行公开性原则的四年时间，到 1991 年，社会主义和苏联共产党威信扫地，苏联社会人心思变。反共旗手叶利钦就任俄罗斯总统，意在拯救社会主义苏联的"8·19"政变昙花一现。政坛上的右派、左派和广大民众，都远离戈尔巴乔夫而去。戈尔巴乔夫虽然是苏共中央总书记、苏联总统，但成为孤家寡人，根本无力控制政治局势，被反共反苏的叶利钦取代不可避免。苏联解体，是民主化公开性启动的逻辑链条的最后一环。

如果再进一步思考，戈尔巴乔夫为什么要搞民主化、公开性？在这个问题上，清楚地显示出弗罗洛夫新人道主义的影响。

戈尔巴乔夫提出这样的方针，是因为他把民主视为改革的实质，而这样做，原因是他的思想深处存在强烈的人道主义。他在1988年说："我们把社会主义看作一种真正的、现实的人道主义制度，在社会主义制度下，人在实际上成为'一切事物的尺度'。社会的一切发展，从经济到精神意识形态，目的都在于满足人的需要，都在于促进人的全面发展。……当谈到作为向共产主义迈进的一个重要阶段的我国社会的崭新状况时，我们所指的正是社会主义的这种民主的、人道的面貌。"①前面曾经提到，1989年戈尔巴乔夫这样评价苏联的社会主义制度："斯大林对社会主义的歪曲使得马克思、列宁对社会主义的理解中最主要的东西不复存在了，这就是：人是目的而不是手段。取代每一个人的自由发展是一切人的自由发展的条件这一思想，是把人作为党和国家机器上的'螺丝钉'的思想，是把劳动人民作为这一机器的'传送带'的思想。"②基于这样的观点，他提出："通过改革赋予社会主义以新的活力，揭示社会主义制度的潜在力量，克服物质财产、生产资料、政治生活、政权、文化等对人的异化，我认为，这是真正的马克思主义的提法，它的中心是人。我们打算如何实现这一构想呢？答案就在上述构想本身之中，即：通过民主化和公开性，通过改造所有制关系和我国社会的政治结构，通过道德领域和全部精神生活的健康化。一句话，通过把人看作目的而不是手段。"③读到这些论述，人道主义热情扑面而来。

戈尔巴乔夫的人道主义思想又从何而来？通过前面几章的论述，

---

① Материалы 19 конгресса КПСС. С. 87, 88.（《苏联共产党第19次代表会议材料》，第87、88页。）

② Горбачёв М.С. Идея социализма и революционная перестройка // Правда.1989. 26. Ноября.（М. С. 戈尔巴乔夫：《社会主义理念与革命性改革》，见1989年10月26日《真理报》。）

③ 见 Правда. 1989. 30, Октября（1989年10月30日《真理报》）。

我们知道很大程度上来自弗罗洛夫的影响。一方面从 70 年代初开始戈尔巴乔夫便是弗罗洛夫的仰慕者，对弗罗洛夫的新人道主义欣赏有加，另一方面戈尔巴乔夫的许多报告、著述，包括上面的几段引文，都出自弗罗洛夫的手笔。"人道的、民主的社会主义"这一被戈尔巴乔夫视为改革目标的提法就来自弗罗洛夫本人，是弗罗洛夫率先提出，戈尔巴乔夫认同并采用的。

由此可见，直接造成苏联剧变的是戈尔巴乔夫，但作为戈尔巴乔夫的思想库和"文胆"的弗罗洛夫，对于苏联剧变也有着难以推卸的责任。苏联解体后许多人闭口不谈弗罗洛夫，是因为广大民众以及哲学家们很清楚，弗罗洛夫的思想是合理的、甚至是高尚的，但他毕竟是戈尔巴乔夫团队的重要成员，应该对改革失败、国家解体负有责任。爱国主义情怀使他们对弗罗洛夫难以原谅。

西方谚语说："上帝的归上帝，恺撒的归恺撒。"对于俄罗斯和国际共产主义运动，苏联剧变无疑是一场灾难。这场灾难的原因比较复杂。斯大林模式失去生命力是新科学技术革命造成的结果，具有历史必然性；应该追究责任的是，为什么这一变化没有像中国一样保持社会稳定，在社会主义框架中进行，而是导致社会剧变。我们已经看到，其中的确有弗罗洛夫新人道主义的责任，但是如果全面客观地分析这个问题，必须承认，主要责任不在哲学家弗罗洛夫，而在共产党的总书记戈尔巴乔夫。

第一，尽管戈尔巴乔夫在思想上受到弗罗洛夫的巨大影响，但是在改革期间弗罗洛夫毕竟只是他的助手，大政方针的决定权在戈尔巴乔夫。

第二，戈尔巴乔夫是政治家，而弗罗洛夫是学者，两人的社会角色有很大不同。学者思考的是理论，是"应该"，至于思考理论如何变成现实，即思考如何具体操作使"应该"成为现实，是政治家的责任。弗罗洛夫本来是一位成果卓著的哲学家，是戈尔巴乔夫一手把他拉入政界，最终提拔到苏共中央政治局委员的高位。我们不能要求哲学家弗罗洛夫具有政治家看问题的角度以及把理想变为现实的政治智慧。指出方向，告诉大家应该越过面前这条河，是哲学家的事；寻找过河地点，或者架设桥梁，是政治家的责任。踏入政治是弗罗洛夫犯下的基本错误，但让他踏入政治的是戈尔巴乔夫，并非弗罗洛夫的自觉选择。全球性问题已经对全人类的生存构成威胁、必须从人道主义出发对科学技术加以控制、人类结成了命运共同体，弗罗洛夫的这些基本思想错了吗？没有，它们的真理性、迫切性至今丝毫未减。人道的、民主的社会主义好不好？好极了，直至今天也无可指责。人道、民主本来就是社会主义的本质特征，是人类的美好向往，马克思、恩格斯、列宁都给予了高度肯定。弗罗洛夫提出这一思想是正确的，尽管当时苏联的国情决定了这一思想还不可能直接变成现实。错误的是政治家戈尔巴乔夫，因为他不顾苏联实际情况，致力于立即把弗罗洛夫的哲学思想变为现实，提出并强行推行民主化、公开性方针，导致了社会失控。这是政治家的幼稚。

哲学家和政治家的区别还有别的表现。苏联剧变发生后，弗罗洛夫曾经这样谈论他和戈尔巴乔夫的不同：

> 到最后，戈尔巴乔夫的观点发生了显著的改变。但是，我认为这不仅是在发生了政变、暴乱以后。在此之前他的观点就很明显地改变了。和我有了分歧。他的观点离我而去。他离开了我，采取了另外的观点。我觉得他已经对使用"共产主义"、"社会主义"这些词感到难为情，虽然"关于列宁的话"他说得还和过去一样。
>
> 我们的区别在于：我，如有些人所说，是"教条主义者"，比较教条、保守，等等。要是有人喜欢这样认为，那就请便吧。可戈尔巴乔夫，是那样的灵活、善变。雅科夫列夫比戈尔巴乔夫

第五章 弗罗洛夫新人道主义的社会影响

还要灵活、善变。总的说来，雅科夫列夫咒骂一切：自己的过去、党、历史。他不仅抛弃了斯大林主义，而且抛弃了马克思主义。事实上在雅科夫列夫和其他人的影响下，戈尔巴乔夫身上也发生了这样的变化。但实际上区别并不在这里。

我和戈尔巴乔夫之间的区别在下面所说的情况。我是作为学者，哲学家，对待所有这一切的。对我来说，这些观点是我的全部生命得来的。我学习，探索，写了大量著作，在这些著作中我从事研究。这是我的主要工作。可能在一些年里是我唯一的工作。我研究遗传学、伦理学问题、优生学……。基本上是作为学者、哲学家在工作。在某个时候我与戈尔巴乔夫有了共同点，从了政。他想要用哲学文本等东西填充政治。然而在我国，与日本不同，政治总是和意识形态联系在一起。现在他们说，应该有政治的意识形态化。我们就是在思想的基础上建设社会主义的。

可是戈尔巴乔夫和我不一样，他主要是政治家。因此这些观点不是他的毕生事业。虽然他真诚地相信这些观点。但是在政治家那里和在思想家那里，所有这一切是以不同方式呈现出来并被接受的。看起来，它们在戈尔巴乔夫那里没有扎根。我经过一番痛苦才获得它们，而他在斯塔夫罗波尔边疆区工作，是边疆区党委书记，从事农业和工业。这个时候我是在读书。他既没有读过黑格尔，也没有读过弗洛姆，所有这些人他都没有读过。他需要我是为了用唯理智主义填充他的路线。他感觉到了我的价值，他是个非常聪明的人。

政治家选用了一个研究思想、科学的人，他自己不会为思想而赴汤蹈火。他只不过或者改变这些观点，或者更换它们。那么多的人就是这样做的。他们曾经是共产党人，马克思主义者，可现在——时过境迁了。戈尔巴乔夫是个极端的例子，看得很清楚。他占据了国家的最高位置，其他人是小人物，在研究所工作，

新轴心时代与 И.Т.弗罗洛夫

在科学院等地方工作。您知道他昨天是怎样大喊大叫鼓动所有人的。可是今天他放弃了。戈尔巴乔夫身上发生的就是类似情况。我们的区别就在这里。我现在没有和戈尔巴乔夫在一起，秘密就在这里。因为他作为政治家，改变了自己的观点。他没有去赴汤蹈火。①

作为学者、哲学家，弗罗洛夫至死都坚持自己从学术研究中获得的观点，表现出了学者的良心。他没有改变自己的观点，因为这些观点是从诚实的学术研究中得出的结论，属于哲学理论。戈尔巴乔夫起初无条件接受弗罗洛夫的思想，不考虑具体条件，把它们直接变为指导改革实践的基本方针，表现出政治上的轻率和幼稚。改革后期形势不利时又摇身一变，简单地放弃或者说抛弃了原先的方针，不敢坚持自己的立场，随波逐流，失去了最高领导人应有的政治担当。改革开始时戈尔巴乔夫把弗罗洛夫的新人道主义理论变成民主化公开性等具体政策，无视苏联的社会实际，是错误的；改革后期形势不利时，他惊慌失措，丧失原则放弃斗争，犯了更大的错误。如果说改革之初看问题简单操之过急是左倾，改革后期放弃斗争则是右倾。戈尔巴乔夫左右摇摆，结果是左右都不讨好。他彻底失去社会支持，成为孤家寡人，走向失败是意料之中的事情。

弗罗洛夫是理论家，比别人站得更高，看得更远。在理论家面前，历史时空被压缩了，遥远的未来似乎近在眼前。遗憾的是，作为理论家，他"越界了"，涉足了许多本来应该由政治家解决的实际问题，提出了不少处理具体问题的政策性意见。他是一个知识分子，一个读书人，在政治上和戈尔巴乔夫一样的幼稚，不懂得实事求是，不懂得

---

① 《回首改革——И.Т.弗罗洛夫与日本〈朝日新闻〉记者的谈话》，见本书附录，第432—434页。

第五章　弗罗洛夫新人道主义的社会影响

寻找实现理想、到达目的地的切实可行的途径、方法、手段，比构建某种理想更困难也更重要。哲学家弗罗洛夫犯这样的错误可以理解，不能深责，但政治家戈尔巴乔夫，超级大国苏联的掌舵人，犯这样的错误，让人匪夷所思，不可原谅。把戈尔巴乔夫的错误算在弗罗洛夫头上，是不公平的，不符合实际的。

第三，弗罗洛夫认为，戈尔巴乔夫的懦弱性格是酿成苏联剧变的重要原因。弗罗洛夫说：在苏联剧变即将发生的最后关头，戈尔巴乔夫"应该怎么做？叶利钦禁止共产党活动，戈尔巴乔夫应该说：'我不同意，我抗议。'这意味着赴汤蹈火。要是这样做了，他现在就是一个伟大的政治人物。因为党会获得重生，在戈尔巴乔夫的旗帜下获得重生。这个党会很快成为人数最多的党，而戈尔巴乔夫会是一面旗帜。还不仅仅是旗帜，这会成为他的政治支柱。这是他的错误，要受惩罚的"[①]。前面曾经说过，改革斯大林模式是必然的，改革失败导致苏联剧变不是必然的。如果戈尔巴乔夫性格坚强，有担当，如弗罗洛夫设想的那样做，他可以总结经验教训修正自己改革初期的幼稚做法，面向苏联实际情况，但同时坚定自己的政治方向，勇于斗争，他的确会因此而成为一面旗帜，把大多数共产党员团结在自己的周围，从而避免苏联剧变的发生。

不能说弗罗洛夫的新人道主义思想与苏联剧变没有关系，但是如果说苏联剧变是弗罗洛夫的新人道主义造成的，也与事实不符，把问题简单化了。

苏联剧变是弗罗洛夫新人道主义通过戈尔巴乔夫改革曲折地表现出的社会影响的一个方面，同时也是我们认识和评价这一理论的角度之一。但是仅仅从这个角度出发评价弗罗洛夫的新人道主义是远远不

[①]《回首改革——И. Т. 弗罗洛夫与日本〈朝日新闻〉记者的谈话》，见本书附录，第434页。

够的，我们还应当对它从哲学理论的角度加以评价。即使是从社会影响的角度评价弗罗洛夫的新人道主义，也有必要深入到哲学理论的层次，在这个层次上，才能深刻理解弗罗洛夫的新人道主义为什么能产生那样的社会影响。弗罗洛夫的新人道主义思想是一种崭新的理论，新就新在体现着对人类未来和人类文明走向的深切关怀。要从哲学理论的层次理解并评价这一理论，我们必须站在人类历史和人类文明未来命运的高度对它加以审视。一旦站在这样的高度，我们立即可以看到，这是一个崭新的相当复杂的问题，是弗罗洛夫新人道主义研究最重要的内容，值得高度关注。

第六章　抽象人道主义？现实人道主义？

一、弗罗洛夫的新人道主义与马克思恩格斯的共产主义理论

从哲学理论的层面评价弗罗洛夫的新人道主义，是一件十分复杂的事情。

新轴心时代的到来，是弗罗洛夫哲学思想的总体背景。对于现代化运动带来的种种问题，尤其是20世纪下半叶出现的全球性问题，许多思想家，包括自然科学家、哲学家、社会学家，都作过回应。马克思恩格斯早在19世纪40年代就深刻揭示了资本主义国家普遍存在的异化现象，对资本主义及其发动的现代化运动作了深刻批判，提出了人类走向自由王国的道路——实现共产主义。进入20世纪，马克斯·韦伯在世纪初提出工具合理性和价值合理性的关系问题，捍卫人的价值追求。存在主义揭示和抨击了人在现代社会的不自由，号召人们与之对抗。西方马克思主义批评科学技术向社会生活的全面渗透以及由此而来的人和社会生活的物化。霍克海默和阿多诺于1947年出版《启蒙辩证法》，他们提出，启蒙批判神话，鼓励人们运用理性追求幸福，结果理性成为人类生活的新主宰，启蒙自己成为神话。法兰克福学派提出，技术和科学成为控制人的思想和行为的意识形态，人丧失对现实生活的批判功能，单向度化了。20世纪60年代，后现代主义在欧洲兴起，它是对现代性的反叛，是对科学技术理性奴役人抹煞人的主体性和人性的丰富性的抗议。70年代兴起的政治哲学，反对以追求物质利益为宗旨体现科学技术理性精神的政治制度，主张从人的需

要出发对政治制度加以自觉设计。《罗素—爱因斯坦宣言》指出科学家要意识到自己面对全人类所负有的道德责任，强调人们要学会新思维，即超越民族、阶级、意识形态的局限，从整个人类的利益出发思考问题。宣言主要是针对核武器的巨大破坏力而言，它涉及到全人类的共同命运，但是并没有揭示它的产生根源，更没有就如何解决核武器带来的威胁提出切实可行的方案。在当时的情况下，宣言的思想基本上只是得到少数知识分子的重视，在社会政治生活中，在普通民众中，没有产生重要影响。

　　罗马俱乐部的成立和《增长的极限》等报告的问世，提出了资源、环境、粮食、人口和大规模杀伤性武器的使用等全球性问题，并且指出，这些问题的存在威胁到全人类的生存，就是说，人类能不能继续生存有史以来第一次成为严重的紧迫的问题。罗马俱乐部还指出，产生威胁的原因与物质生产规模的无限扩大有关，而这又是因为人失去了对科学技术发展的控制，科学技术异化了。罗马俱乐部的报告振聋发聩，在全世界引起极大震动，产生广泛讨论。讨论中许多人把全球性问题归结为发展是否可持续的问题，至于发展本身，依然是人们追求的目标。因而多数人从技术的角度考察可持续发展，讨论科学技术发展能否解决能源、环境、粮食等方面遇到的问题。也有人认为全球性问题的解决需要进行社会的、政治的改革。还有人提出科学家的道德责任以及如何实行对科学技术发展的控制等问题。有的人思考比较深入，认为全球性问题的解决与人的素质有关，不仅是科学家的素质，而且是全人类的素质。例如罗马俱乐部的创始人 A. 佩切伊。他提出，全球性问题的出现表明威胁人类生存的灾难随时可能发生，人类已处在不得不改变自己的十字路口。灾难的原因是人类在地球上地位的变化——寿命延长、人口爆炸、物欲增长、失去对科学技术的驾驭。人类利用科学技术在各个领域成为主宰者，事实表明，现代人缺乏与其新处境相一致的责任感。为避免灾难，人类必须从自身寻找原因，提高全人类的素质。基于这样的认识,佩切伊提出新人道主义概念,赋予它三个特点:全球性意识、对正义的热爱、对暴力的憎恶。他的结论是,爱是联结每一个人的纽带,是真正有意义的东西。

近半个世纪以来,世界上出现了一些研究"新轴心时代"、"第二次轴心时代"甚至"第三次轴心时代"的著作。它们都是对当前人类文明面临的危机的回应,但是这些著作或者只着眼于文化创新,或者诉诸宗教解决问题。

由上所述可以看出,20世纪世界上出现了大量批评现代化运动负面效应的思想和理论,我们甚至可以说这种批评事实上成为20世纪人类哲学思想的基本内容。但令人遗憾的是,这些批评往往就事论事。或者寄希望于用科学技术解决各种具体的全球性问题,或者从社会主义资本主义意识形态斗争的角度理解和批判现代化的负面效应。至于佩切伊的新人道主义,把全球性问题的解决寄希望于人类相互之间的"爱"。这种新人道主义与宗教没有多少区别,面对物质利益对人的诱惑,显得抽象、苍白、无力。批评现代化的负面效应的学者中不乏拥有世界影响的哲学家,但是从总体上看,他们的思想缺乏历史的高度,视野不够开阔,理论深度不足,没有深刻揭示全球性问题的根源和解决途径,基本上没有涉及人类文明的未来走向。这些学者普遍没有意识到:现在不是人类文明的某个具体环节或者局部出了问题,而是价值目标和发展道路遇到挑战,整个人类文明面临着重大的历史性转折,人类历史进入了新的轴心时代。他们都没有把握住时代的脉搏,没有抓住人类文明转折这个根本问题。

真正与众不同把握住了时代脉搏的,是伊万·季莫费耶维奇·弗罗洛夫,是他的新人道主义理论。

弗罗洛夫从来不从纯技术的角度考察全球性问题,他的出发点只有一个,这就是人,而且不是个人,是人类,是人类的未来。他关注的焦点是,人类应该如何应对全球性问题,人类文明出路何在。早在

新轴心时代与 И.Т.弗罗洛夫

70年代，他就对全球性问题的影响作了系统回应，发表论文讨论人类未来问题，1979年出版了《人的前景》一书。在该书中，关于自己的新人道主义，他说：

> 社会主义社会的人道主义是共产主义人道主义的一个形成阶段，而共产主义人道主义是真正的新人道主义。这种新人道主义与人类所处的新的条件相适应，包括与全球性问题日趋严重出现了对人和人类的生存本身的现实威胁相适应。今天人们正在作各种尝试，以便制定出考虑了这些新条件的人道主义形式……
>
> 因此，当我们谈论共产主义文明新人的新人道主义时，我们所说的是科学的、现实的人道主义，它在19世纪中期就被马克思提出来了，在今天，它与正在向共产主义转变的社会主义实践以及当代人类发展的普遍规律，包括在全球性问题领域的规律，紧密联系，在这种联系中不断发展。在这个意义上，它确实是新的人道主义，因为它面向未来，并且不仅在实践的意义上面向未来，而且在理论的意义上面向未来——科学的发展将为我们对人道主义的理解增加更多的内容，而这将保证马克思主义人道主义不断创新，具有吸引力、生命力和实践效能。[①]

弗罗洛夫的新人道主义是回应人类生存的新条件即全球性问题而提出的人道主义，在这一点上它和佩切伊的新人道主义以及其他许多学者的思想是一致的。它的特殊之处在于：弗罗洛夫把全球性问题出现后人类文明的新的发展道路与马克思的共产主义思想，与马克思的人道主义思想联系起来，认为马克思的人道主义是面向未来的，随着科学的发展不断增加新的内容，获得新的面貌，他自己的新人道主义

---

① Фролов И.Т. Перспективы человека. С. 300.（И.Т.弗罗洛夫：《人的前景》，第300页）。

是马克思人道主义思想在新的即全球性问题出现后的条件下的发展。弗罗洛夫还强调，人类文明向共产主义的转变是历史发展的客观规律，自己的新人道主义与人类文明向共产主义的转变密切相关，是未来共产主义社会新人道主义形成过程中的一个阶段。

把自己的新人道主义与马克思的人道主义思想联系在一起，从而与人类文明向共产主义社会的转变联系在一起，是弗罗洛夫新人道主义最重要的特点。这一特点使他的新人道主义，甚至使作为哲学家的弗罗洛夫本人，站在了其他哲学家以及他们批判现代化负面效应的理论无法企及的高度，具有了重大的历史价值。

我们知道，几乎在现代化运动兴起的同时，欧洲就出现了对它的批判。这种批判在19世纪问世的马克思主义理论中达到高潮。马克思恩格斯不仅在经济上、政治上对资本主义制度提出激烈批判，而且以过人的敏锐，以他人难以企及的深刻思考，提出自己的共产主义理论，把对资本主义的批判提升到对生产资料私有制的否定和对私有观念的批判，提升到人类获得解放最终告别动物阶段开辟历史新纪元的高度。马克思恩格斯的共产主义思想十分丰富，它认为，由于生产资料私有制的存在，人的本质异化了。人的本质是劳动实践，劳动实践是人的自由的创造性的活动，是人与人通过相互合作进行的活动，因此人的自由、人与自然的和谐、人与人的互助合作，是人的本质的内在需要，是人道主义的基本内容。但是在存在生产资料私有制的条件下，尤其是在其最高形式资本主义社会，劳动成为被迫进行的、人必须奴隶般地从事的活动；自然界成为被人征服、破坏对象；他人成为自己的竞争对手或者斗争对象，就是说，人的本质异化了。对此，马克思有大量论述。

关于劳动，马克思说：

> 因此，工人在这两方面成为自己的对象的奴隶：首先，他得到**劳动的对象**，也就是得到**工作**；其次，他得到**生存资料**。因此，

>他首先是作为**工人**,其次是作为**肉体的主体**,才能生存。这种奴隶状态的顶点就是:他只有作为**工人**才能维持自己作为**肉体的主体**,并且只有作为**肉体的主体**才能是工人。
>
>……
>
>首先,劳动对工人来说是**外在的东西**,也就是说,不属于他的本质;因此,他在自己的劳动中不是肯定自己,而是否定自己,不是感到幸福,而是感到不幸,不是自由地发挥自己的体力和智力,而是使自己的肉体受折磨、精神受摧残。……他的劳动不是自愿的劳动,而是被迫的**强制劳动**。因此,这种劳动不是满足一种需要,而只是满足劳动以外的那些需要的一种**手段**。劳动的异己性完全表现在:只要肉体的强制或其他强制一停止,人们就会像逃避瘟疫那样逃避劳动。①

在共产主义社会,物质生活资料极大丰富,生产资料私有制消亡,劳动成为人的自我实现,成为人的第一需要。

在人与自然的关系上,马克思强调二者不是对立关系,而是和谐统一的关系。他说:

>人和动物相比越有普遍性,人赖以生活的无机界的范围就越广阔。从理论领域来说,植物、动物、石头、空气、光等等,一方面作为自然科学的对象,一方面作为艺术的对象,都是人的意识的一部分,是人的精神的无机界,是人必须事先进行加工以便享受和消化的精神食粮;同样,从实践领域来说,这些东西也是人的生活和人的活动的一部分。人在肉体上只有靠这些自然产品才能生活,不管这些产品是以食物、燃料、衣着的形式还是以住

---

① 《马克思恩格斯文集》第1卷,第158—159页。

房等等的形式表现出来。在实践上，人的普遍性正是表现为这样的普遍性，它把整个自然界——首先作为人的直接的生活资料，其次作为人的生命活动的对象（材料）和工具——变成人的**无机的**身**体**。自然界，就它自身不是人的身体而言，是人的**无机的身体**。人靠自然界生活。这就是说，自然界是人为了不致死亡而必须与之处于持续不断的交互作用过程的、人的**身体**。所谓人的肉体生活和精神生活同自然界相联系，不外是说自然界同自身相联系，因为人是自然界的一部分。①

关于人与人的关系，马克思认为劳动实践是人的类本质，而劳动实践活动只有在互助合作、互相服务中才能进行，因此相互合作、相互友爱是人的类本质的重要内容。生产资料私有制的存在使劳动异化，从而造成劳动产品、劳动活动、人的类本质的异化，以及人与人的异化。他说：

> 人同自己的劳动产品、自己的生命活动、自己的类本质相异化的直接结果就是人同人相异化，当人同自身相对立的时候，他也同他人相对立。
> ……
> 通过异化劳动，人不仅生产出他对作为异己的、敌对的力量的生产对象和生产行为的关系，而且还生产出他人对他的生产和他的产品的关系，以及他对这些他人的关系。……他也生产出不生产的人对生产和产品的支配。②

---

① 《马克思恩格斯文集》第1卷，第161页。
② 同上书，第165页。

就是说，私有财产产生异化劳动，异化劳动导致人与人的对立。

对于资本主义生产资料私有制的消灭和共产主义的实现，马克思恩格斯没有仅仅从两种社会形态的更迭，而是从更高的历史高度加以审视。他们指出，共产主义取代资本主义不是人类社会形态的简单更迭，它是整个人类文明发展的重大的历史性的转折。马克思说：一旦资本主义灭亡，"人类社会的史前时期"就以此而告终。[①] 恩格斯说：共产主义取代资本主义以后，"人在一定意义上才最终脱离了动物界，从动物的生存条件进入真正人的生存条件"[②]。获取物质生活资料满足物质欲望是动物的本能，几乎是它生活的全部。我们通常说，学会制造工具是人类诞生的标志，其实这只是人告别动物的开始，这种告别是一个漫长的过程。人学会了制造工具，但他利用工具只是为了获取更多的物质生活资料，更好地满足自己的物质欲望，就此而言人并未脱离动物阶段。现代化运动极大地改变了人的生活，然而归结起来看，这些变化只是人的物质欲望内容更丰富了，获取物质资料、物质财富的动机更自觉了，借助科学技术及其发展的力量，改造自然界获取物质财富的工具更先进更有效了。共产主义社会的到来才标志着人最终脱离动物界，因为这时物对人的支配结束了，人进入自由王国，即人不再以追求物质财富为目的，因而人的物质生活精神生活，以及社会的各个方面，不再服从于获取更多物质财富的需要，人可以按照兴趣从事自己喜爱的活动。一旦物质财富不再是人的追求目标，人与人也就不再有利益冲突，人们结成真正的共同体；自然界也不再是人的征服对象，成为人的无机身体。于是，科学技术如何发展，其成果如何运用，物质生产如何组织，物质生产产品如何分配使用，都处于联合起来的个人的自觉控制之下，有计划地、在"最无愧于和最适合于他

---

① 马克思：《〈政治经济学批判〉导言》。
② 恩格斯：《反杜林论》。

们的人类本性的条件下来进行"（马克思语）。

对马克思恩格斯的以上思想略加分析便可看出，共产主义取代资本主义，不仅是资本主义制度终结了，而且人不再以追求物质财富物质享受为目标，不再把科学技术作为获取更多物质财富的手段，市场竞争中私有者之间的契约关系，自由、平等、法制观念，也都不复存在。人类的价值目标从物质财富转向人自身的和谐友爱和全面发展，人从物对人的支配下解放出来。科学技术的发展和物质生产力的发展都要处在人的自觉控制之下，都要服从于人的自由、全面发展。

追求物质欲望的满足是一切动物的本能。资本主义工业文明，现代化运动，把这种追求视为人的本性，视为人道主义的基本内容，变为人的自觉行为，并且把科学理性作为人获取更多物质财富满足自己物质欲望的工具。正是文艺复兴运动以后人道主义和科学理性的结合造就了现代化运动，极大地发展了人类的物质生产力，直到在20世纪下半叶造成威胁人类生存的全球性问题。共产主义社会是工业文明、现代化运动的终结，是人身上遗留的追求物质欲望满足这种动物性的终结。人不再以无限地追求物质财富、物质享受为目的，科学技术也就不再是人类改造自然获取物质财富的工具，全球性问题将得到彻底解决。共产主义的实现将为人类提供一条崭新的发展道路。这是人类历史的又一次重大转折，是人的动物阶段的真正终结，是人类文明新阶段的开启。它意味着建立在轴心时代文化成果基础上的现代化运动将退出舞台。

新的价值目标、发展道路、生活方式的探索与确立，必然伴随着新的文化的诞生与繁荣，这一转折正是人类历史的新的轴心时代。马克思恩格斯的学说以实现共产主义为中心、为目标，他们没有使用新轴心时代这一概念，但是在他们的相关论述中，包含了关于新轴心时代的虽然简略但闪耀着天才光芒的思想。

弗罗洛夫的新人道主义把全球性问题的解决与共产主义的实现联

系起来，意义极为重要。我们环顾世界，可以看到，在全球性问题的研究者中，弗罗洛夫站得最高，想得最深，看得最远；只有他体现出宏大的历史气魄，站在人类文明发展历史的高度，把握住了时代潮流，为全球性问题的解决指出了正确的方向，体现了新轴心时代的需要。他之所以能够超越同时代的众多思想家，是因为他站在巨人马克斯恩格斯的肩上，吸收运用了马克思恩格斯的共产主义思想。

马克思恩格斯的共产主义思想提升了弗罗洛夫新人道主义的思想境界，反过来弗罗洛夫的新人道主义也使马克思恩格斯的共产主义思想与全球性问题联系在一起，具有了当今时代的气息，并且结合全球性问题，为共产主义的历史必然性提供了新的最有说服力的论证。弗罗洛夫在新的历史条件下创造性地发展了马克思主义。

同时，我们也必须看到，弗罗洛夫的新人道主义并没有真正解决新轴心时代需要解决的问题，它本身还存在许多不足。弗罗洛夫是新轴心时代的先知，他只是新轴心时代研究的开拓者，他的研究工作是对时代变化的鸟瞰，提出的只是天才的猜测，许多具体细节有待深入探讨。不过这不是最值得我们关注的问题。在人道主义问题上，自古以来最大、最关键也是最难解决的问题，是人道主义的现实性问题。古今中外无数思想家提出过具有人道主义性质的理论，令人遗憾的是，绝大多数人的理论虽然高尚、诱人，但都只是一种美好的愿景，缺少现实性，就是说找不到使它变为现实的具体方法和具体途径，它们都没有跳出抽象人道主义的陷阱。弗罗洛夫的新人道主义如何？是现实人道主义还是抽象人道主义？这是认识评价其新人道主义理论时遇到的首要问题，也是需要首先回答的问题。对弗罗洛夫新人道主义的分析评价，我们将集中在这一思想的现实性或者抽象性问题上。我们不能简单地一言以蔽之弗罗洛夫的新人道主义是抽象人道主义，但是又不得不承认，他的新人道主义明显地带有抽象性。在这个问题上，我们需要对弗罗洛夫新人道主义的性质加以仔细辨析。

二、抽象人道主义

哲学人道主义是现代文明的产物，在文艺复兴运动中产生，在现代化运动中完善并得到广泛传播。在很长一个时期它都是资产阶级哲学以及文学艺术的基础。资产阶级思想家高扬天赋人权，主张人与人生而平等，享有自由，每个人都具有追求个人幸福的权利，主要是追求物质欲望的满足的权利。这些权利是每个人都具有的，与生俱来不可剥夺，一切经济、政治、法律制度都必须以承认并尊重人的这些权利从而满足人的需要为基本准则。在很长一个历史时期，这种资产阶级人道主义以各种各样的形式流行于世界，得到广泛的认可与称赞。

马克思主义问世以后，情况发生了变化。

马克思认为，这种人道主义是资产阶级的理论，是虚假的抽象的不现实的。资产阶级宣扬人生而平等，认为每个人都有追求幸福满足个人物质欲望的权利。但在现实生活中，人与人事实上不可能生而平等：人们相互之间在体力、智力、意志品质、成长环境、社会机遇等众多方面不可能相同，他们在追求各自利益的过程中不可避免地相互竞争，因而其结果必然是有人成功有人失败，他们在生产关系和社会中的地位也就不同，物质生活水平千差万别。人与人不仅不平等，而且会划分为阶级，一些人受另一些人的剥削压迫，过着非人的生活。资产阶级的人道主义是为资本主义制度合理性辩护的欺骗性的理论，是为资产阶级剥削压迫工人阶级和其他劳动人民的行为作粉饰和辩护的理论。它所标榜的自由、平等、人权不具有现实性，它是抽象的人道主义。

马克思就是通过批判这种人道主义的抽象性，找到实现人道主义理想的现实途径并创建了马克思主义。马克思和恩格斯曾把他们自己的理论称作真正的、科学的、现实的人道主义。他们发现，自由是人的本质，每个人都有追求幸福生活的权利，但是人的本质在其现实性上是一切社会关系的总和，而社会关系中最基本的是生产关系，生产关系在随着生产力的发展不断发展变化。因此，人道主义的实现程度、实际表现要受生产力生产关系发展状况的制约，具有历史性。相对于封建社会或奴隶社会，资本主义社会承认人的独立性、主体性和追求幸福的权利，是历史性的进步。这一进步不是资产阶级学者宣传其人道主义理论的结果，而是物质生产力和生产关系发展的产物。但是资本主义社会里人道主义并没有得到实现，因为那里存在生产资料私有制。只要有生产资料私有制存在，人就会一味追求物质财富，像动物一样进行生存竞争，弱肉强食，人就不能真正成为人，人道主义就不能真正成为现实。要使人道主义理想变成现实，必须消灭生产资料私有制，实现共产主义。

早在马克思恩格斯以前就有不少人提出了共产主义理想，但是他们的共产主义理想仅仅是理想而已，不可能变为现实。因为他们把共产主义的实现或者诉诸理论批判、道德教化，或者诉诸英雄人物、革命暴力。马克思恩格斯的共产主义理想建立在历史唯物主义基础上。他们认为，人类社会的发展不是取决于人们的思想观念，而是取决于物质生产力和生产关系的发展。在社会生活中，生产力决定生产关系，生产关系构成社会的经济基础，经济基础决定思想、观念、理论以及政治法律制度等等上层建筑。生产资料私有制是生产力发展到一定阶段的产物，它随着生产力的发展表现出不同的历史形态。当物质生产力发展到新的历史高度时，物质财富极大丰富，私有财产成为物质生产力进一步发展的桎梏，生产资料私有制才失去其历史合理性，人才有可能消灭它。也就是说，只有在这时，共产主义才能成为现实，人类的人道主义理想才能成为现实。实现共产主义是一个漫长的历史过程，在此之前人仍然处于动物阶段，与动物一样依靠趋利避害的本能生活，还不是真正意义上的人。这样理解的人道主义才是真正的科学的人道主义。如果无视生产力生产关系的实际状况，从人道主义理念出发强行裁剪现实、改造现实，不仅人道主义理想不能实现，而且会破坏生产力和生产关系，造成社会灾难。

通过以上思想，马克思恩格斯建立了一种科学的现实的人道主义，即建立在历史唯物主义基础上以实现共产主义为目标的马克思主义。以马克思主义的问世为标志，人类思想史上第一次出现了现实的科学的人道主义，以及它与资产阶级抽象人道主义的分野与对立。抽象人道主义的欺骗性及其在社会实践中的虚假性、有害性，已经为无数历史事实所证实。

抽象人道主义是马克思主义哲学使用的独特概念，因为只有马克思主义哲学掌握了历史发展规律，建立了唯一科学的历史哲学——历史唯物主义，从而为判断一种关于人或者社会的理论是否具有科学性提供了标准。凡是不具备在生活中变为现实的客观条件的理论，都是不科学的、抽象的。历史唯物主义认为历史发展有着不以人的意志为转移的客观规律：生产力决定生产关系、经济基础决定上层建筑，或者说社会存在决定社会意识；生产力的进步推动着生产关系、社会制度以及人们思想观念的进步，也即社会的发展。人们的思想是其生活方式、生产方式的积淀与反映，有什么样的生产方式和生活方式，就会产生什么样的思想观念和理论需要。某一种思想理论能否在现实生活中扎下根来，变为现实，唯一的决定因素是看它是不是符合当时社会关系、生产关系的需要，再进一步说，是不是符合生产力的需要。只有符合历史规律的才能被实现，表现出现实性、科学性，否则就是空想，就是抽象理论。

这为判别一种打着人道主义旗号的理论是科学的、现实的人道主义还是抽象的人道主义提供了标准。马克思强调，人的本质在其现实性上是一切社会关系的总和。人道主义属于思想观念上层建筑，能否实现、实现到什么程度、以什么方式实现，都取决于人所处的社会关系，其中主要是生产关系，由于生产力决定生产关系，所以最终而言取决于生产力水平。有现实生产关系、社会关系为基础的人道主义理论具有现实性、科学性,能够变为现实,否则便属于抽象人道主义。一切宗教理论都基于对人之上的存在物也即神的崇拜,同时也都包含对人的关怀。例如基督教,它把人置于神的主宰之下,但它提出所有的人都是神的创造物,相互平等,"四海之内皆兄弟",人与人应当相互友爱。两千多年来,它竭尽全力劝人向善,努力消除人间苦难,关怀被奴役、被遗弃、身陷痛苦或者不义的人。无数虔诚的人信仰并践行神的教诲,甚至献出生命,但是人们清楚地看到,世间的罪恶、不公、丑恶并未消失,战争从未绝迹,同一宗教不同教派之间的斗争有时似乎比民族、阶级之间的冲突还要残酷。基督教包含了对人的关怀,但它不是人道主义理论,更不是科学人道主义理论,因为它把人的美好未来寄托在人们践行神的教导的意愿之上,看不到生产力和建立在生产力基础上的生产关系、社会关系对人的决定作用。

真正意义上的人道主义产生于文艺复兴运动之中。神并不存在,人是万物的尺度,追求现世幸福是人生的目的。这种人道主义无疑是美好的、令人鼓舞的,激起无数人为之奋斗。资本主义文明就是以它为基础建立起来的。法国大革命时期的各种思想、理论,特别是那份《人权宣言》,以其人道主义精神而令人激动,影响了整个世界。然而现实如何?西方有一种说法:播下的是龙种,收获的是跳蚤。宣传与践行这种人道主义的人,他们的真诚毋庸置疑。至于结果,马克思曾经告诫工人不要被资产阶级的人道主义口号迷惑,指出:一旦资产阶级的利益受到威胁,它就会"把共和国的'自由、平等、博爱'这句格言代以毫不含糊的'步兵、骑兵、炮兵!'"[①]这种说法令人震撼。人所共知的情况是,在资本主义社会,自由、平等是真实的,但这不过是私有者之间相互竞争的自由与平等,由于每个人的身体、智力、机

---

① 《马克思恩格斯文集》第 2 卷,第 509 页。

遇不同，自由与平等竞争的结果是人与人在经济、政治方面事实上的不平等，是压迫、剥削、阶级斗争。

历史唯物主义之所以能够提供判别一种人道主义理论是否具有现实性、科学性的标准，最深层的原因在于它对人的存在以及历史的前提的理解。马克思恩格斯说：

> 我们首先应当确定一切人类生存的第一个前提，也就是一切历史的第一个前提，这个前提是：人们为了能够"创造历史"，必须能够生活。但是为了生活，首先就需要吃喝住穿以及其他一些东西。因此第一个历史活动就是生产满足这些需要的资料，即生产物质生活本身，而且，这是人们从几千年前直到今天单是为了维持生活就必须每日每时从事的历史活动，是一切历史的基本条件。[①]

"为了生活，首先需要吃喝住穿以及其他一些东西"，马克思恩格斯认为，这是由人的生理构造决定的："全部人类历史的第一个前提无疑是有生命的个人的存在。因此，第一个需要确认的事实就是这些个人的肉体组织以及由此产生的个人对其他自然的关系。"[②] 人的生理构造决定了满足吃喝住穿等需要的物质生活资料是人最重要、最基本的需要，而且决定了这些物质生活资料只能是人通过改造自然的劳动活动制造出来的，因为人的生理特性使人不可能像动物一样适应自然环境，不能在自然界直接获取自己所必需的生活资料，只能在自己营造的环境中生存。除此而外，人作为动物，像动物一样拥有尽可能地获取更多更好的物质生活资料的本能。这种情况进而决定了在物质生活资料极

---

① 《马克思恩格斯文集》第1卷，第531页。
② 同上书，第519页。

大丰富、人的合理需要能够得到充分满足以前，人的全部生活都要以服从物质生产的需要为原则加以组织。由此诞生了马克思主义的历史唯物主义，即物质生产力成为社会生活的决定性因素，生产力决定生产关系，经济基础决定上层建筑，生产力的发展将引起全部社会生活的改变——一旦有了新的生产力，主要是新的生产工具，人就有了获得更多更好的生活资料的可能；使用新的生产工具需要相应的新的分工和建立在新分工基础上的新的社会关系，也就是人与人在物质生产和全部社会生活中的相对位置；获得更多更好的物质生活资料是人的本能，因而服从由生产关系决定的社会分工是人无法抗拒的"绝对命令"——"为了不致丧失已经取得的成果，为了不致失掉文明的果实，人们在他们的交往方式不再适合于既得的生产力时，就不得不改变他们继承下来的一切社会形式。"[1] "人的本质在其现实性上是一切社会关系的总和"，马克思这句话成为对人的现实本质的经典概括。奴隶制和封建制，以及一度充满阶级压迫、阶级剥削、阶级冲突的资本主义制度，都曾经是与生产力的水平与性质相适应的社会制度，因而也是在当时条件下能最大限度地满足人类总体需要的制度。这些制度并不人道，却是在当时条件下追求人道主义理想所能获得的唯一现实的制度。

由此可见，人道主义是历史的产物，它的实现要取决于历史的条件。这是历史唯物主义最基本的道理。马克思恩格斯说："没有蒸汽机和珍妮走锭精纺机就不能消灭奴隶制；没有改良的农业就不能消灭农奴制；当人们还不能使自己的吃喝住穿在质和量方面得到充分保证的时候，人们就根本不能获得解放。'解放是一种历史活动，不是思想活动……'。"[2]

根据马克思主义的历史唯物主义理论，弗罗洛夫的新人道主义是

---

[1]《马克思恩格斯文集》第10卷，第43—44页。
[2]《马克思恩格斯文集》第1卷，第527页。

第六章 抽象人道主义？现实人道主义？

不折不扣的抽象人道主义。它的抽象性主要表现在两个方面，第一是所谓"新思维"。

新思维是弗罗洛夫新人道主义的重要内容。这里所说的"新"，是针对几千年来，甚至自从人在进化历程中与猿猴分手以来，人们一直奉行的思维方式。这种思维方式总是把思想者自己所属的集体——氏族、部落、民族、国家的利益，特别是把阶级的利益，摆在第一位。这是几千年的历史事实。新思维的特点在于突破任何上述集体的限制，站在全人类的立场上思考问题，把全人类的共同利益放在个人的以及上述任何一种集体的利益之上，予以优先考虑。弗罗洛夫的新思维来自1955年发表的《罗素—爱因斯坦宣言》，该宣言提出新思维，是因为大家目睹了1945年原子弹爆炸的巨大破坏力量以及此后十年间原子弹制造技术在全球的扩散，以及氢弹的问世，意识到人类有史以来第一次掌握了一种可以毁灭整个地球的力量，因而也是开天辟地以来第一次出现了全人类的共同利益——全人类的生存。为了这个共同利益，人们，尤其是手握科学技术的科学家们，必须抛弃传统的思维方式，把阶级的、民族的、国家的利益放在第二位，而把全人类的共同利益放在首位，即一事当前首先要考虑全世界的安全、全人类的生存。弗罗洛夫的新思维建立在他所理解的马克思主义基础上，但基本精神与《罗素—爱因斯坦宣言》的新思维完全一致。

这种新思维把全人类的利益摆在个人所属的阶级、国家、民族的利益之上，毫无疑问是人道主义的体现，站在了无可置疑的道德制高点。弗罗洛夫的新思维主张，为了解决全球性问题，走出人类文明所处的困境，苏联应该放弃与美国为首的资本主义世界的意识形态对立，缓和国际局势，裁减军备，加强在解决资源、环境、生态、人口等问题上的国际合作。弗罗洛夫认为自己的这些主张符合历史发展趋势，符合全人类的利益，能够得到美国和资本主义世界的积极回应，成为现实。然而他没有看到：第二次世界大战后开始的冷战，造成了社会主义制度和资本主义制度在全球的对立。在社会主义国家来说，它追求的不是个别人或少数人的利益，而是无产阶级和劳动人民的利益，马克思主义者本来就以解放全人类为宗旨，新思维与自己的奋斗宗旨不仅一致，而且可以说就是这一宗旨的体现；在美国和其他资本主义国家，资本的本质是无限扩张，资本家只是人格化的资本，与社会主义国家对抗是资产阶级利益的需要，所谓全人类利益是与其阶级利益相对立的。从历史唯物主义理论的角度讲，不断扩张直到统治全世界是资本主义生产关系的本质特征，科学技术和生产力的发展只是为资产阶级提供了迅速扩张获取更多利益的工具与手段。

由于以上原因，弗罗洛夫极力宣传的新思维很快被戈尔巴乔夫和苏联共产党以及广大苏联民众接受，变为国家的实际政策，但是在美国则完全没有实行的可能。与宗教说教一样，它美丽动人却苍白、空洞、无力，只能充当摆设，甚至连摆设都不如。为全人类利益而接受新思维放弃冷战只是美国的欺骗手段。美苏两国曾达成协议：苏联从东欧各国撤军，美国领导的北约不东扩。然而当苏联军队从东欧国家撤出后，北约立即东扩到苏联国境线，对其存在构成严重威胁。不仅如此，美国利用戈尔巴乔夫改革，在意识形态领域，在经济领域，尤其是在金融领域，大举进攻。新思维提出不到5年，苏联和东欧发生剧变——苏联解体，东欧放弃社会主义；华约解散，北约几乎一统欧洲。

历史事实表明，弗罗洛夫的新思维完全是一种抽象的人道主义。

其实弗罗洛夫本人对此并不是完全没有意识到。1994年12月，俄罗斯科学院哲学研究所曾举行过一次关于全球性问题的内部研讨会。弗罗洛夫主持会议，报告人和提问者都从全人类的共同利益出发，为全球性问题造成的人类文明的困境深感忧虑，提出各种解决全球性问题走出困境的设想。弗罗洛夫在总结发言中说：大家说得都很对，全球性问题的解决已经刻不容缓，但是我们谁有本事能够让美国的资本

第六章　抽象人道主义？现实人道主义？

家们为了全人类的利益控制生产、减少资源消耗和环境污染呢？言语中透出十足的无奈。①

　　弗罗洛夫新思维的抽象人道主义性质在苏联解体以后体现得更为充分。失去社会主义苏联的制约，资本和资本主义制度无限扩张的本性在美国身上得到淋漓尽致的表现。在不到30年的时间里，美国在伊拉克、阿富汗、利比亚、叙利亚等国发动一场接一场的战争，在苏联、东欧、中东、北非众多国家制造颜色革命；对迅速崛起的后发展国家中国，发动贸易战、金融战、舆论战以及军事包围，扶持中国西藏、新疆、台湾、香港的分裂势力；疯狂进行军事扩张，对中国、俄罗斯进行武力威胁，掀起新一轮的军备竞赛；美国还退出一个又一个的国际条约，特别是退出了戈尔巴乔夫在新思维主导下为缓和国际局势与美国签订的"中导条约"，退出了世界各国为控制全球气候变暖历经千辛万苦签订的"巴黎气候协定"。2020年新冠病毒肆虐全球，到当年11月全球已经有超过7千百万人感染，许多科学家警告很可能接着发生更大规模的爆发。美国不是积极防治，而是借机攻击中国，制造事端。美国的所作所为都是出于称霸世界的需要，这是帝国主义的本性使然。希望它以全人类利益为重，无异于与虎谋皮。新思维的说教，在今天显得十分可笑。

　　全球性问题的出现凸显了全人类共同利益的存在，凸显了全人类的生存所面临的重大危机。思想家们必须关注这些问题，而这种关注具有鲜明的人道主义色彩，这是没有疑问的。寻找这些问题的解决途

---

①　戈尔巴乔夫竭力推行弗罗洛夫的新人道主义，他和弗罗洛夫在苏共党内遭到批评。从批评的内容看，明显的区别是，他们从人道主义原则出发，批评者基本上是从事实际工作的人，从苏联的实际情况出发。苏联解体后弗罗洛夫对戈尔巴乔夫多有批评，二人的分歧也显示出从事理论研究的哲学家和国家领导人戈尔巴乔夫之间思想路线的不同。哲学家高瞻远瞩，从理论原则出发谈论"应当"，而不是从现实出发研究"可能"，这是弗罗洛夫新人道主义抽象性的重要表现。参见本书附录《回首改革——И. Т. 弗罗洛夫与日本〈朝日新闻〉记者的谈话》。

径，需要人类付出艰苦努力。迄今人类还没有成功经验，本书更无法对它加以描绘。但是在探寻解决途径的过程中，有两点必须肯定。第一，必须与罔顾人类共同利益的帝国主义势力展开斗争。在今天，首先是与奉行"美国优先"的美帝国主义斗争。只有经过斗争才可能制衡、遏制美国沿着资本主义现代化道路一味征服自然、征服他人使自己的利益最大化的行为，也只有在斗争中才能使一切真正关注全人类利益的力量团结起来。第二，被认为是20世纪最伟大历史学家的英国历史学家汤因比，在其20世纪70年代出版的《人类与大地母亲》中曾经说，人类浪费资源污染环境的行为是在杀死赋予自己生命的大地母亲，很可能人类只有经历一次自己的行为酿造的重大灾难，才能记取教训结束这种弑母行为。他的说法很有道理。经过一场重大灾难，痛定思痛，人们才能警醒，认识到资本主义生产方式不仅已经成为生产力的破坏力量，而且确实威胁到人类的生存；才能深刻认识到文艺复兴运动发轫的资本主义现代化运动走到了历史尽头，全球性问题才能真正引起重视，得到解决。这样的灾难会是什么？希望不是核大战。其实2020年爆发的全球性新冠疫情就是足以让全人类惊醒的"重大灾难"。瘟疫已经造成全球将近5000万人感染[①]，而且还在继续快速蔓延之中。瘟疫是全球性的，整个人类却至今没有为了与它斗争而联合起来，各个国家各自为战。美国还出于不可告人的目的，破坏可能的国际合作，把疫情变为获取利益的工具。这将带来什么后果，至今难以预料。但是，这是一场全球性灾难是确定无疑的。新冠病毒造成的瘟疫是人类生产方式、生活方式全球化的产物，是全球性问题，它充分说明，即使仅仅从与瘟疫斗争的需要出发，人类也必须捐弃前嫌，以共同利益为重，团结起来。希望汤因比的说法不能成立。但是，无论如何只靠高举新人道主义旗帜是不能解决瘟疫问题的，因为解决瘟疫

---

① 2020年11月的数据。

第六章 抽象人道主义？现实人道主义？

这种全球性问题，同样涉及人的利益。从实际出发开展对话，特别是与各种阻碍人类联合抗击疫情的力量进行斗争，以期实现全人类的团结合作，才是人类战胜瘟疫和解决其他全球性问题的可靠途径。怎样进行这样的斗争，取决于疫情本身的以及各个国家的众多方面的实际情况，特别是取决于人们对新冠疫情给人类健康造成危害实际情况的认识，在这里仅仅宣传新人道主义是无济于事的。生活现实告诉我们，离开从实际出发与错误认识和有害力量的斗争，新人道主义只能是一种美好但苍白无力的愿望。

弗罗洛夫新人道主义抽象性的第二个重要表现是他提出的建设"人道的、民主的社会主义"的思想。这是其新人道主义理论抽象性最主要的表现。

民主是弗罗洛夫新人道主义的主要内容之一。他说："新人道主义的基本观点是，这些目标只有在民主和自由的条件下才能实现，民主和自由是重大价值，没有这种价值就不可能有人类的进步。"[①] 新人道主义是弗罗洛夫对全球性问题的回应，但是全球性问题只是赋予了他的人道主义思想某些具体内容、具体形式，人道主义是他始终如一的追求，在他看来也是马克思主义的本质特征。关于自由，他没有做进一步论述，他论述较多的是民主。实现民主是新人道主义的重要内容，一方面是因为只有在充分民主的基础上，才能真正把全人类的利益而不是某些个人的利益或者某个阶级的利益置于人类利益至上，才能真正解决全球性问题；更重要的是，他强调马克思主义就是人道主义，而且是不同于资产阶级人道主义的新人道主义；他自己的新人道主义只是在全球性问题出现以后的马克思主义人道主义；消灭生产资料私有制，建立超越资产阶级民主的更普遍的民主是共产主义社会的重要

---

① *Фролов И.Т.* Новый гуманизм // Академик Иван Тимофеевич Фролов. С. 566-567. （И.Т. 弗罗洛夫：《新人道主义》，《伊万·季莫费耶维奇·弗罗洛夫院士》，第 566—567 页。）

特征。基于这样的认识，他的新人道主义与社会生活的民主化紧密联系在一起，尤其与他本人积极投身其中的戈尔巴乔夫改革联系在一起。

为了实现新人道主义理想，弗罗洛夫一再强调社会生活民主化是改革的主要内容。他提出把建立人道的、民主的社会主义作为改革的目标，并且这一提法被戈尔巴乔夫接受，作为苏联改革的指导方针。此外他在自己主持起草的各种苏共中央文件中，在他于改革期间发表的众多学术著作中，反复呼吁建立真正的民主制度。在他的影响下，戈尔巴乔夫提出：民主是改革的实质，多一分民主，多一分社会主义。

弗罗洛夫强调社会生活民主化，与他对苏联社会的认识有直接关系。例如，他认为，十月革命后苏联建立的是"早期社会主义"，缺少民主，这时资本主义世界社会民主也不充分。苏联经过几十年的发展，没有多大变化。但是在此期间，"资本主义在苏联的社会主义榜样的影响下，在工人运动、民主运动和生产力领域深刻革命的推动下，发生了重大改变。现在苏联不得不与之竞争的正是这样的资本主义。这种情况把社会主义的更新，赋予它新的面貌，作为一个尖锐的问题提了出来。'早期社会主义'的社会模式已经不能胜任与改变了的当代资本主义的竞争，不能适应现代资本主义国家广大民众的期待。"[①] 这使得发达资本主义国家的进步力量在争取社会主义的斗争中遇到巨大困难，并给马克思主义带来危机，虽然实际上危机只是奉行行政指挥模式的社会主义的危机。资本主义世界的变化主要是劳动人民物质生活水平的提高和社会民主的普及与落实。因此，为了在与这样的资本主义的竞争中立足并取胜，弗罗洛夫把实现符合现代生产需要的、真正"成熟的社会主义"作为改革的任务，民主自然是成熟社会主义必不可少的内容。

---

① *Корсаков С.Н.* Иван Тимофеевич Фролов. С. 291.（С. Н. 科尔萨科夫：《伊万·季莫费耶维奇·弗罗洛夫》，第 291 页。）

第六章 抽象人道主义？现实人道主义？

他还认为，改革开始以前，苏联的各种缺点都是由于"领导失误"造成的，社会主义建设中领导人主观因素的作用被夸大了。只有通过社会体制的民主化，通过保证人民切实当家作主，才能扭转这种情况，对领导的作用加以制衡。在他看来，改革前的苏联，人民群众热情高涨，是因为把人和务实的、平和的、理性的、人道的活动割裂开来了。这种热情高涨并不表明不存在异化，相反，它是宗教狂热的变种，总是与社会主义建设中产生的异化因素相伴随。弗罗洛夫把反对宗教狂热、反对威权主义视为哲学的使命。群众热情高涨一方面说明他们受到了人道主义理想的影响，要独立参与决定国家的命运；另一方面也说明他们被作为工具来对待，社会主义被曲解为消费社会，被和物质福利画上等号。因此弗罗洛夫把克服由于异化而形成的惰性作为改革的任务，这种惰性没有随着社会主义革命的胜利而消失，它还保存了很长时间，而且能够以官僚主义和行政指挥管理方式等形式一次又一次地产生出来。

弗罗洛夫对苏联民主状况的批评并非没有依据。从对斯大林的个人迷信到勃列日涅夫向斯大林制度的倒退，加强高度集中管理模式，在意识形态领域实现严格且粗暴的管控，苏联社会的民主状况与马克思恩格斯列宁的论述，与广大人民的期望，有明显差距，这是客观事实。然而在如何看待与克服这种不足的问题上，充分显示出弗罗洛夫新人道主义的抽象性。[①]

1851年12月，拿破仑的侄子路易·波拿巴依靠农民的支持发动政变，废除共和，复辟帝制。马克思在《路易·波拿巴的雾月十八日》中对此作了深刻分析。他说：

小农人数众多，他们的生活条件相同，但是彼此间并没有发

---

① 弗罗洛夫关于苏联社会缺少民主、存在异化的论述与思想，参见 *Корсаков С.Н. Иван Тимофеевич Фролов*. C. 291（С. Н. 科尔萨科夫：《伊万·季莫费耶维奇·弗罗洛夫》，第291页）。

生多种多样的关系。他们的生产方式不是使他们互相交往，而是使他们互相隔离。这种隔离状态由于法国的交通不便和农民的贫困而更为加强了。他们进行生产的地盘，即小块土地，不容许在耕作时进行分工，应用科学，因而也就没有多种多样的发展，没有各种不同的才能，没有丰富的社会关系。……这样，法国国民的广大群众，便是由一些同名数简单相加而形成的，就像一袋马铃薯是由袋中的一个个马铃薯汇集而成的那样。数百万家庭的经济生活条件使他们的生活方式、利益和教育程度与其他阶级的生活方式、利益和教育程度各不相同并互相敌对，就这一点而言，他们是一个阶级。而各个小农彼此间只存在地域的联系，他们利益的同一性并不使他们彼此间形成共同关系，形成全国性的关系，形成政治组织，就这一点而言，他们又不是一个阶级。因此，他们不能以自己的名义来保护自己的阶级利益，无论是通过议会或通过国民公会。他们不能代表自己，一定要别人来代表他们。他们的代表一定要同时是他们的主宰，是高高站在他们上面的权威，是不受限制的政府权力，这种权力保护他们不受其他阶级侵犯，并从上面赐给他们雨水和阳光。所以，归根到底，小农的影响表现为行政权支配社会。①

面对路易·波拿巴由民主向专制独裁倒退，马克思没有从理论原则出发予以简单谴责，而是依据唯物史观分析他得到法国农民支持的原因。马克思的结论是，法国民主制度的倒退有着不以人的意志为转移的客观基础。这就是：当时的法国农民占人口多数，而农民的生产方式从而他们的生活方式，决定了他们缺少自觉的阶级意识，因而把自己的诉求、幸福寄托在高于自己、高于社会的神或者君王、英雄人

---

① 《马克思恩格斯文集》第 2 卷，第 566—567 页。

第六章　抽象人道主义？现实人道主义？

物身上。显然，不改变农民的生产方式、生活方式就不能改变农民，不改变农民就不可能有真正的民主。民主是市场经济的产物，因为市场经济才能培养出人的独立性、主体性以及对自由、平等、民主的内在要求。弗罗洛夫认为缺少民主的苏联与建立了民主制度的发达资本主义国家竞争，由于不能显示出社会主义制度的优势对广大民众缺少吸引力而处于劣势，所以苏联社会制度必须民主化。他的民主诉求立足点是人的愿望、需要，与马克思立足于生产力生产关系的变化对农民思想的深刻改造，截然不同：一个从"应该"出发，从人的意愿出发，另一个从社会存在及其对人的决定作用出发。从人道主义角度看这种区别，很清楚：弗罗洛夫不明白，苏联的社会民主，尤其是斯大林时期，与马克思恩格斯和列宁设想的社会主义民主有明显差距，但它是苏联的国情决定的，是唯一现实的选择。如哲学家B.梅茹耶夫所说，任何人都不可能比布尔什维克做得更多、更好。尽管他们是以不民主的手段在俄罗斯传统的动员性经济制度中行事的。[①] 在社会民主问题上，充分显示出弗罗洛夫的人道主义是抽象的人道主义。

在异化问题上弗罗洛夫人道主义思想的抽象性也十分明显。马克思早在《1844年经济学哲学手稿》中就一再强调，资本主义社会的异化现象是生产资料私有制的产物，只有消灭生产资料私有制以后，异化现象才能最后消除，不仅如此，异化在人的解放过程中还具有积极的意义。他说："自然科学却通过工业日益**在实践上**进入人的生活，改造人的生活，并为人的解放作准备，尽管他不得不直接地使非人化充分发展。"[②] 马克思对人的异化的非人道主义性质始终持强烈的批判态度，然而他明白，异化是物质生产力发展到一定阶段的必然产物；在

[①] Российская философия продолжается: из XX века в XXI. М.: РОССПЭН, 2010. С. 119-120.（《俄罗斯哲学在继续：从20世纪到21世纪》，莫斯科：РОССПЭН出版社，2010年，第119—120页。）

[②] 《马克思恩格斯文集》第1卷，第193页。

这一历史阶段，异化的出现适应生产力的水平，因而对于生产能力的发挥、发展以及社会的发展起着积极的作用。只有生产力发展到新的更高的阶段，异化才能不仅仅是在道德上、理论上受到批判，而且丧失了自己相对于生产力和社会的合理性、现实性，从而被消灭。这里充分体现了马克思人道主义思想的现实性。

弗罗洛夫认为，只要认识到苏联时期存在着人的异化现象，异化使人成为增加物质财富的工具，无法制约官僚主义，也就是说认识到异化依然存在而且是不道德、不合理的，就可以通过改革消除它。弗罗洛夫看不到苏联社会存在异化现象的客观原因，不懂得不可能仅凭改变思想观念就消除异化。这里所体现的人道主义思想，显然与马克思的思想不同，属于抽象的人道主义。

弗罗洛夫新人道主义的抽象性在戈尔巴乔夫改革中得到最充分的表现。

弗罗洛夫的新人道主义事实上是戈尔巴乔夫改革的指导思想。根据这一思想，戈尔巴乔夫提出民主是改革的实质，把建设人道的民主的社会主义作为改革的目标。马克思早就指出，确立社会民主是资产阶级革命需要完成的任务。[①] 这是因为，在他看来"商品是天生的平等派"（《资本论》），商品所有者相互之间具有平等的政治地位，享有捕捉商机四处推销自己的商品的自由，为了保证公平交易，大家都必须签订契约，契约则要接受法律的约束，严格奉行法制原则，并受到法律保护。这一切决定了自由、平等、民主、法制成为资产阶级最主要的政治诉求。封建制度建立在自给自足的自然经济基础之上。封建社会的主体是农民，农民从事个体劳动，缺少市场经济中的相互联系以及适应市场竞争需要并必然在商品所有者身上培育出的独立性、主

[①] 参见马克思《莱茵报》时期的著作以及《论犹太人问题》，《马克思恩格斯文集》第1卷。

第六章 抽象人道主义？现实人道主义？

体性、能动性，以及自由、平等、民主、法制等观念。如马克思所说，农民的生产方式和生活方式，决定了他们需要有一种在自己之外、自己之上的存在，如神、皇帝、英雄等等，管理自己，为自己做主。总而言之，没有市场经济就没有真正的社会民主。西方国家的民主制度就是随着市场经济的发展逐步建立起来的。

沙皇俄国政治上奉行封建专制，市场经济不完善，绝大多数人是农民，与此相适应，社会没有建立起真正的民主制度。1917年布尔什维克推翻封建沙皇统治，直到1922年苏维埃政权才真正站稳脚跟，1928年就启动了农村的合作化运动，1936年宣布建成社会主义制度。有史以来俄国一直都没有经历过充分发展的市场经济，在这个时候苏联只能建成以高度集中为特点的社会主义制度。这种制度可能不完全符合马克思恩格斯以及列宁关于社会主义制度的设想，具有封建色彩。但是必须看到，斯大林模式的社会主义是由苏联国情决定的唯一具有现实性的社会主义制度。梅茹耶夫说，对于俄国的现代化，任何人都不可能比布尔什维克做得更多、更好。这一说法是有道理的。到20世纪80年代，苏联共产党意识到改革势在必行，但是苏联在半个多世纪的历史上一直拒斥市场经济，苏联人，十月革命以后没有经历过市场经济的熏陶培育，大多数人缺少独立性、主体性以及自由、平等、民主意识，习惯于服从上级命令，接受领导指挥。在这样的条件下，想要依靠政权的力量一夜之间把民主交到苏联人的手中，建设人道的民主的社会主义，纯属空想。

我们已经知道，戈尔巴乔夫以雷霆手段鲁莽地打碎了苏共使用多年并有效管控了苏联社会的高度集中的管理体制，他想要的西方式民主没有建立起来，反倒使苏联社会陷入无休止的混乱、动荡，直至国家解体。把戈尔巴乔夫改革放在俄罗斯历史中看，可以看到，这是一场没有资产阶级的资产阶级革命。戈尔巴乔夫想要完成俄国资产阶级没有完成的历史任务，在苏联建立全面的市场经济和资本主义国家三

319

权分立式的民主制度，但是 1985 年的苏联根本没有资产阶级存在。他的改革只能沦为一场少数知识分子煽动起来的闹剧，变成对历史规律的挑战，不可能不失败。

是民主制度不好吗？不是，民主制度好得很，它是马克思主义的基本追求。问题在于，任何时候人们都只能得到他们能够得到的东西，只能建立符合他们国家的国情和一定历史条件的具有本国特色的社会制度。这是历史唯物主义揭示的历史规律所决定的，不以任何人的意志为转移。

我们可以肯定地说，弗罗洛夫的新人道主义是抽象人道主义，是他和他的抽象人道主义误导戈尔巴乔夫，导致了苏联解体。

对于弗罗洛夫新人道主义的抽象性，我们还可以通过与马克思人道主义思想做进一步的比较来认识。

马克思是人道主义者，这一点毫无疑问。他把全部人类历史都理解为人的解放史：“**整个所谓世界历史**不外是人通过人的劳动而诞生的过程，是自然界对人来说的生成过程。"[1]1844 年初他甚至这样说：

> 德国理论的彻底性的证明，亦即它的实践能力的证明，就在于德国理论是从坚决**积极**废除宗教出发的。对宗教的批判最后归结为**人是人的最高本质**这样一个学说，从而也归结为这样的**绝对命令：必须推翻**使人成为被侮辱、被奴役、被遗弃和被蔑视的东西的**一切关系**……。[2]

同样作为人道主义者，弗罗洛夫和马克思的最大区别在于：弗罗洛夫在 20 世纪 80 年代主张立即无条件地实现人道主义原则，例如在

---

[1] 《马克思恩格斯文集》第 1 卷，第 196 页。
[2] 同上书，第 11 页。

第六章 抽象人道主义？现实人道主义？

苏联实行社会民主，落实公开性原则，对科学技术活动加以道德控制，在国际关系中贯彻"新思维"，裁减军备；而马克思，如前所述，在人道主义问题上从来都强调客观条件对人道主义实现程度以及方式的制约。我们略举几例。对于资本主义社会存在的人的本质异化现象，马克思在《1844年经济学哲学手稿》中给予强烈谴责，在此基础上他提出了自己的社会理想，即共产主义。他说："**共产主义**是对**私有财产**即**人的自我异化**的**积极**的**扬弃**，因而是通过人并且为了人而对**人的本质的真正占有**。"[1] 这是对人道主义的高度弘扬。然而马克思又对异化现象的历史意义予以充分肯定。他说：自然科学的发展、生产力的发展"通过工业日益在实践上进入人的生活，改造人的生活，并为人的解放做准备，尽管它不得不直接地使非人化充分发展"[2]；共产主义"是以扬弃私有财产作为自己的中介的人道主义。只有通过对这种中介的扬弃——但这种中介是一个必要的前提——积极地从自身开始的即**积极的人道主义才能产生**"[3]；"资产阶级历史时期负有为新世界创造物质基础的使命：一方面要造成以全人类互相依赖为基础的普遍交往，以及进行这种交往的工具，另一方面要发展人的生产力，把物质生产变为对自然力的科学支配。资产阶级的工业和商业正为新世界创造这些物质条件，正像地质变革创造了地球表层一样。只有在伟大的社会革命支配了资产阶级时代的成果，支配了世界市场和现代生产力，并且使这一切都服从于最先进的民族的共同监督的时候，人类进步才会不再像可怕的异教神怪那样，只有用被杀害者的头颅做酒杯才能喝下甜美的酒浆"[4]。资本主义制度正是用被杀害者的头颅做酒杯喝酒的制度，但是马克思承认，在一定历史阶段，这是为了喝到甜美酒浆不得不采

---

[1] 《马克思恩格斯文集》第1卷，第185页。
[2] 同上书，第193页。
[3] 同上书，第216页。
[4] 《马克思恩格斯文集》第2卷，第691页。

用的方法。人道吗？抽象地讲，不人道；现实地讲，又是在当时条件下唯一可行的符合人道的方法。

弗罗洛夫认为自己的新人道主义是现实的、科学的，理由之一是它和马克思的人道主义思想一样具有实践性。例如它可以在戈尔巴乔夫改革中变为可以操作的实际政策、方针，在国际交往中变为国际条约、宣言。他这样说：

> 新人道主义从社会的人道主义理想以及人是历史的"目的本身"这种关于人的观念出发，它以在实现人类近期和远期目标的行动中社会与个人建立在科学方法基础上的积极性为前提。它把对改变的追求作为某种必要的经常性的因素包含在自身，这些改变被看作应该永远与目的相吻合的手段。
>
> 新人道主义的基本观点是，这些目标只有在民主和自由的条件下才能实现，民主和自由是重大价值，没有这种价值就不可能有人类的进步。新人道主义还和对普遍和平及国际合作的追求紧密联系在一起，有能力在紧迫问题和历史性问题上进行对话。
>
> 新人道主义建立在某种关于人和人类的未来的理解之上，因此它公开主张公平和利他主义、节俭和慷慨、同情与责任心、在尊重人以及人类现有的东西和以往的东西的基础上追求新的东西。
>
> 当然，即使在今天，这种人道主义很大程度上还是作为目标和理想存在的。但是它的某些因素日益成为世界发展的现实。这个与解决人类综合性的全球性问题紧密联系在一起的新（现实的）人道主义的形成与发展过程，是人类未来的人所共知的前提与条件。因此应该希望并坚信，新人道主义将在生活中得到体现，成为人类进步的主导性的精神力量。
>
> 但是只有希望与信心是不够的，需要有在新（现实的）人道主义原则基础上的目标明确的行动。还需要人类为解决全球性问

第六章 抽象人道主义？现实人道主义？

题而遵循联合国的方针制定的一系列符合国际法的协议。

人的思想、价值观念和行为规范，决定着那些在一切阶段上参与解决全球性问题——从意识到问题、提出问题再到实际解决这些问题——的人们的人道主义方向，它们的发展是不可缺少的。必须在全球范围和人类共同价值的基础上制定一系列的行为准则。（例如，在生物伦理学等领域正在做这样的事）

在世界范围内，自觉关注相当困难的平衡人们相互利益的艺术的人，关注全球责任思想的人，其数量在增长。那些全球性行为的准则，应该帮助人们走出单纯职业道德的界限，激励他们为了对解决全人类问题的共同努力做出贡献而积极投身舍己为公的行动。全球伦理的各项原则，在我看来，可以写入致力于解决全球性问题（首先是人和人的未来问题）的各种国际组织共同制定和接受的某个宣言之中。[1]

弗罗洛夫提出的目标非常高尚、诱人，靠什么去实现？靠人的积极性，靠人的行动，包括制定各种行为准则的行动。这和马克思的思想明显不同。马克思把人类历史发展视为由生产力的发展决定的具有不以人的意志为转移的铁的必然性的过程，就像自然界发生的事情一样。他说："一个社会即使探索到了本身运动的自然规律，……它还是既不能跳过也不能用法令取消自然的发展阶段。"[2] 资本主义是不人道的，但是资本主义不可能因此而被铲除。俄国，甚至德国，这样的落后国家，它们不仅苦于资本主义的发展，而且苦于资本主义的不发展。封建统治是比资本主义更甚的苦难。马克思说："人的依赖关系（起初完全是自然发生的），是最初的社会形态，在这种形态下，人的生产

---

[1] Фролов И.Т. Новый гуманизм // Академик Иван Тимофеевич Фролов. С. 566-567. （И.Т. 弗罗洛夫：《新人道主义》，《伊万·季莫费耶维奇·弗罗洛夫院士》，第 566—567 页。）

[2] 《马克思恩格斯文集》第 5 卷，北京：人民出版社，2009 年，第 9—10 页。

能力只是在狭小的范围内和孤立的地点上发展着。以**物的**依赖性为基础的人的独立性,是第二大形态,在这种形态下,才形成普遍的社会物质变换,全面的关系,多方面的需求以及全面的能力的体系。建立在个人全面发展和他们共同的、社会的生产能力成为他们的社会财富这一基础上的自由个性,是第三个阶段。第二个阶段为第三个阶段创造条件。"[1] 按照这一说法,人类历史就是人道主义不断实现的历史。但是人道主义的实现是有客观规律的,人道主义得到彻底实现的第三种社会形态要以前两种形态为条件。马克思的人道主义思想与其他人的人道主义思想的区别,可以用一句话来概括:马克思认为人道主义的实现取决于现实的社会条件,是一个历史过程,其他人道主义者则看不到现实社会条件对人道主义理想的制约,也看不到人道主义只有在历史过程中才能实现。

在《新人道主义》一文结束时,弗罗洛夫说:这种情况(新人道主义的实现)对于我们多么的遥不可及啊,尤其是在现在,在我们多灾多难的俄罗斯……但是对于理性的人道的人,再没有更值得期待的前景了。这说明,弗罗洛夫自己也很清楚,尽管他自己把新人道主义称作现实的、科学的人道主义,但它描绘的前景遥不可及,只是值得期待的远景而已。

最后,历史事实一再证明,客观条件不成熟时,美好的人道主义理想不可能通过实践行动变为现实。这方面的事例太多了。巴黎公社是巴黎工人自我解放的伟大实践,得到马克思的高度称赞,掌握政权不到三个月便告失败。1917年爆发的俄国十月革命,其领导者绝大多数人怀抱为俄国人民谋幸福、解放全人类的高尚动机,只过了十几年,共产党的总书记斯大林走上神坛,所建立的政权已经具有了明显的封建主义色彩。历史似乎在与俄国马克思主义者开玩笑。他们流血奋斗

---

[1] 《马克思恩格斯文集》第8卷,第52页。

建立了劳动人民的政权，为建设共产主义实现人类人道主义理想"行动了"74年，最终却在建设人道的、民主的社会主义的实践中被人民抛弃。在中国，"文化大革命"终结后随即开始改革开放，十三亿中国人物质生活水平极大提高，生存权、发展权得到保障。通过发展社会主义市场经济，生产力得到迅速发展，客观条件较前更为成熟，马克思人道主义理想距离中国人更近了。这说明，离开客观条件奢谈人道主义，只是美好的幻想而已。

在这里有必要重温恩格斯的一段话：

> 人们的意识取决于人们的存在而不是相反，这个原理看来很简单，但是仔细考察一下也会立即发现，这个原理的最初结论就给一切唯心主义，甚至最隐秘的唯心主义当头一棒。关于一切历史的东西的全部传统的和习惯的观点都被这个原理否定了。政治论证的全部传统方式崩溃了；爱国的义勇精神愤慨地起来反对这种无礼的观点。因此，新的世界观不仅必然遭到资产阶级代表人物的反对，而且也必然遭到一群想要靠自由、平等、博爱的符咒来翻转世界的法国社会主义者的反对。这种世界观激起了德国庸俗的民主主义空喊家极大的愤怒。[①]

三、现实的人道主义？

由上所述可以看到，弗罗洛夫的新人道主义的确是抽象人道主义。但是仅仅这样说就把问题简单化了。换个角度看，弗罗洛夫的新人道主义思想有没有现实性，它是不是现实的人道主义，是一个需要做进一步探讨的极为复杂的问题。

---

① 《马克思恩格斯文集》第2卷，第598页。

新轴心时代与 И.Т.弗罗洛夫

弗罗洛夫坚持认为自己的新人道主义不是抽象人道主义，相反，是现实的人道主义。哲学家科尔萨科夫说："可以十分肯定地说，弗罗洛夫的著作是原汁原味的、完整的、经过深刻思考的人道主义马克思主义的学说，是在我国的土壤上在与教条主义者和斯大林主义者的斗争中形成的。"① 弗罗洛夫的新人道主义是原汁原味的马克思主义学说，其人道主义思想来自马克思，当然不是抽象人道主义。弗罗洛夫本人一再强调他的新人道主义是现实的人道主义，主要理由是：他的新人道主义是对全球性问题的回应，而全球性问题不仅是实实在在地、现实地存在着的问题，而且具有全球性的规模，产生了全人类的共同利益。这是人类历史上前所未有的情况。解决全球规模的问题，必须突破全球性问题尚未出现时形成的宗教的、国家的、阶级的以及其他形式的对人道主义思想的限制。在全球性问题出现以前，离开这些限制，人道主义理论就丧失了具体性，是抽象的理论，因为那时的人在现实中总是生活在一定的宗教、国家、阶级关系之中，所谓超越这些关系的人类，只存在于知识分子的头脑之中，在现世生活中难觅踪迹。全球性问题出现以后情况完全不同：全人类有了现实的而不是想象中的共同利益，而且是生死攸关的根本利益，面对全球性问题对全人类生存构成的威胁，宗教、国家、阶级的诉求只能是第二位的，从属于人类共同利益的。因此，新人道主义不是抽象人道主义，是现实人道主义。②

这些说法能不能成立？我们无法给出简单肯定或简单否定的回答。因为在新轴心时代，判断一种理论是不是抽象人道主义的标准，发生了新的变化，比以往要复杂得多。

---

① *Корсаков С.Н.* Творческий путь И.Т.Фролова // Иван Тимофеевич Фролов // Философия России второй половины XX века. С. 33. （С. Н. 科尔萨科夫：《И. Т. 弗罗洛夫的创作之路》，见《20 世纪下半叶俄罗斯哲学：伊万·季莫费耶维奇·弗罗洛夫卷》，第 33 页。）

② *Корсаков С.Н.* Иван Тимофеевич Фролов. С. 512. （С. Н. 科尔萨科夫：《伊万·季莫费耶维奇·弗罗洛夫》，第 291 页。）

第六章　抽象人道主义？现实人道主义？

如前所述，马克思主义认为，判断一种理论是抽象的还是现实的，唯一标准是唯物主义历史观。历史唯物主义告诉我们，生产力决定生产关系，经济基础决定上层建筑。人道主义理论属于上层建筑，它是抽象的还是具体的、现实的，取决于它是否符合经济基础进而符合生产力的性质与需要，能不能促进生产力的发展。最终而言决定一种人道主义理论是现实的还是抽象的，是生产力的性质与需要。

物质生产力是全部社会生活的决定性因素，这是历史唯物主义最基本的观点。但是，如果我们进一步思考为什么生产力会在社会生活中发挥决定性的作用？就会发现，是因为物质利益。在共产主义实现以前，人还没有彻底结束自己的动物阶段，保留有与动物一样的趋利避害的本能。新的劳动工具会提高劳动效率，也就是说，会给人带来更多的物质财富。使用新的劳动工具要求重新安排社会分工，进而改变人与人的社会关系以及思想观念。按照新的分工组织生产，新的生产力能够充分发挥作用，新工具就会实实在在地给人带来更多的物质财富；不服从新生产工具的要求重新安排社会分工，获得新工具后人们已经看到的物质利益的增加就不会变为现实，与人的深层的动物本能相冲突。追求物质利益的本能决定了一旦获得新的劳动工具，人就一定要冲破一切束缚，改变劳动分工、社会关系和思想观念。

恩格斯曾经说：

> 在黑格尔那里，恶是历史发展的动力的表现形式。这里有双重意思，一方面，每一种新的进步都必然表现为对某一神圣事物的亵渎，表现为对陈旧的、日渐衰亡的、但为习惯所崇奉的秩序的叛逆；另一方面，自从阶级对立产生以来，正是人的恶劣的情欲——贪欲和权势欲成了历史发展的杠杆。关于这方面，例如封建制度和资产阶级的历史就是一个独一无二的持续不断的证明。[①]

---

① 《马克思恩格斯文集》第 4 卷，第 291 页。

马克思则说：

> 人们永远不会放弃他们已经获得的东西，然而这并不是说，他们永远不会放弃他们在其中获得一定生产力的那种社会形式。恰恰相反。为了不致丧失已经取得的成果，为了不致失掉文明的果实，人们在他们的交往方式不再适合于既得的生产力时，就不得不改变他们继承下来的一切社会形式。①

这两段话清楚地告诉我们，以往理解的历史唯物主义之所以把生产力作为社会生活的决定性因素，就是因为不这样做人就会"丧失已经取得的成果"，而这是违背人的本性的。因为共产主义社会到来之前是人的史前阶段，人还受自己趋利避害的动物性本能的支配。不论是什么样的生产关系、政治法律制度以及思想观念，不论它们如何美好、高尚、受人尊崇，只要与人追求物质利益最大化的本能相冲突，都要改变，以服从生产力的需要，获取人的最大化的物质利益。人的趋利避害的动物本能，是社会历史领域一切发展之所以表现出不以人的意志为转移的客观规律性的根本原因。

全球性问题出现以后，问题发生了重大变化。因为此时人的最大利益已经不再是物质财富增加、利益最大化，而是人的、整个人类的继续生存。按照现代心理学的研究，生存需要是人最基本、最根本、最具决定性意义的需要。事情一旦触及到人的生存，一切其他需要都是次要的。

因此，在全球化时代，迄今为止对人类历史作出令人叹服的科学解释的历史唯物主义理论，需要重新加以审视，它遇到了真正的挑战。全球性问题以及今天因科学技术革命性发展和全球化而出现的一

---

① 《马克思恩格斯文集》第 10 卷，第 43—44 页。

系列新问题，涉及的不是人的物质利益，而是物质利益最大化的努力造成的人的生存危机，全人类都陷入了物种灭绝的威胁之中。危机的根源不是物质生产力发展不足或者遇到阻碍，恰恰相反，是因为物质生产力的无节制的发展在日益扼杀地球这个人类大地母亲。就人的利益而言，整个人类能否继续生存毫无疑问比物质财富的增加更重要。几千年来，人类事实上一直有一个已经意识到或者没有意识到的信念：知识就是力量，物质生产力的发展就意味着社会进步与人类幸福。人类始终在自觉不自觉地由科学技术和物质生产力的进步引领下一步步前进，一直走到今天。这是马克思所揭示的人类历史的秘密。今天全球性问题和人类生存危机的出现，是自人类诞生以来一直引领人类前进的上述发展思路发展路线的必然结果，也是对它们的挑战、质疑与否定。人类需要进行深刻的历史反思，寻找新的发展思路发展路线。

在这种情况下，历史唯物主义的作用应该如何评价，是一个全新的重大的理论问题。因为历史唯物主义说到底是对上述发展思路发展路线的理论概括。

历史唯物主义还遇到来自另一个方向的"挑战"，这就是马克思主义的共产主义理论。

马克思和恩格斯都讲过，共产主义是人的真正诞生，是人的动物阶段的结束。马克思说：

> 大体说来，亚细亚的、古代的、封建的和现代资产阶级的生产方式可以看作是经济的社会形态演进的几个时代。资产阶级的生产关系是社会生产过程的最后一个对抗形式，这里所说的对抗，不是指个人的对抗，而是指从个人的社会生活条件中生长出来的对抗；但是，在资产阶级社会的胎胞里发展的生产力，同时又创造着解决这种对抗的物质条件。因此，人类社会的史前时期就以

这种社会形态而告终。①

恩格斯说：

>一旦社会占有了生产资料，商品生产就将被消除，而产品对生产者的统治也将随之消除。社会生产内部的无政府状态将为有计划的自觉的组织所代替。个体生存斗争停止了。于是，人在一定意义上才最终地脱离了动物界，从动物的生存条件进入真正人的生存条件。人们周围的、至今统治着人们的生活条件，现在受人们的支配和控制，人们第一次成为自然界的自觉的和真正的主人，因为他们已经成为自身的社会结合的主人了。人们自己的社会行动的规律，这些一直作为异己的、支配着人们的自然规律而同人们相对立的规律，那时就将被人们熟练地运用，因而将听从人们的支配。人们自身的社会结合一直是作为自然界和历史强加于他们的东西而同他们相对立的，现在则变成他们自己的自由行动了。至今一直统治着历史的客观的异己的力量，现在处于人们自己的控制之下了。只是从这时起，人们才完全自觉地自己创造自己的历史；只是从这时起，由人们使之起作用的社会原因才大部分并且越来越多地达到他们所预期的结果。这是人类从必然王国进入自由王国的飞跃。②

"人类社会的史前时期告终"，以及"最终脱离了动物界，从动物的生存条件进入真正人的生存条件"，在马克思主义语境中，意味着共产主义社会的到来。这种"真正人的生存条件"特点是什么？从马

---

① 《马克思恩格斯选集》第2版，第2卷，第32—33页。
② 《马克思恩格斯选集》第2版，第3卷，第633—634页。

克思恩格斯的论述看，主要是：第一，生产资料私有制被消灭；第二，个体的生存斗争停止了，社会生产的无政府状态被有计划的自觉的组织所代替；第三，人类进入自由王国。三点之中最具标志性的是后两点，第一点消灭生产资料私有制是后两点的前提条件。

马克思恩格斯还有许多相关论述。例如马克思说：

> 随着基础即随着私有制的消灭，随着对生产实行共产主义的调节以及这种调节所带来的人们对于自己产品的异己关系的消灭，供求规律的威力也将消失，人们将使交换、生产以及他们发生相互关系的方式重新受自己的支配。①

马克思又说：

> 自由王国只是在由必须和外在目的规定要做的劳动终止的地方才开始；因而按照事物的本性来说，它存在于真正物质生产领域的彼岸。……社会化的人，联合起来的生产者，将合理地调节他们和自然之间的物质变换，把它置于他们的共同控制之下，而不让它作为盲目的力量来统治自己；靠消耗最小的力量，在最无愧于和最适合于他们的人类本性的条件下来进行这种物质变换。但是，这个领域始终是一个必然王国。在这个必然王国的彼岸，作为目的本身的人类能力的发挥，真正的自由王国，就开始了。②

以上论述表明，马克思恩格斯理解的共产主义，主要特点是摆脱了自人类产生以来便已存在的物对人的支配与统治，具体说，就是人不再

---

① 《马克思恩格斯文集》第1卷，第539页。
② 《马克思恩格斯文集》第7卷，北京：人民出版社，2009年，第928—929页。

为了获取最大化的物质利益不得不奴隶般地服从生产力性质决定的社会分工，或者说是结束物对人的支配。共产主义将是人的自由王国，因为这时人不再一味追求物质利益，也就不再奴隶般地服从分工，使自己充当物质财富增加的工具。这时，人与人之间不再有利益冲突、阶级划分，他们联合起来按照自己的本性和需要，自觉地组织、控制人与人的关系、人与自然的关系，包括自觉地控制科学技术的发展与运用，控制生产什么、怎样生产、生产多少和如何分配。

但是，一旦人不再把追求物质利益作为自己的价值目标，不再为了促进和适应生产力的发展增加物质财富而不得不在生产体系中扮演某种角色，而是根据自己的合理需要与自然界的可能，自觉地控制生产力的使用和发展，生产力就不再是社会生活的决定性因素，我们以往理解的历史唯物主义就走到了历史的尽头。共产主义的实现过程，就是人取代物质生产力逐渐成为社会生活的决定性因素的过程，是人走向自由王国的过程。实际上历史唯物主义所描述的是物支配人的具体机制，生产力在社会生活中以及对人的现实本质及其发展所起的决定性作用，是物支配人的生动体现。[①] 历史唯物主义不能解释马克思恩格斯描述的共产主义社会，不可能充当共产主义社会的科学社会学理论。适应于共产主义社会的社会理论，还有待于我们探索研究。

全球性问题等危及人类文明存在的重大问题，所带来的正是这样的变化。第一，科学技术已经取得的成就和进一步发展，使人类手中的生产力完全可以满足整个人类物质生活的合理需要。第二，对人而言，生存远比物质财富的增加更为重要。当前人类生存面临的危机，是自文艺复兴以来人在资本主义工业化现代化运动中，自觉发展科学技术，依靠科学技术进步征服自然无节制地获取物质财富造成的。人

---

① 著名德国哲学家，法兰克福学派的重要代表人物哈贝马斯，早在20世纪60年代就看到科学技术和物质生产力的发展以及人的解放并非线性关系，在现实生活中往往造成人的异化和社会生活的物化，成为人的发展的制约因素，因此提出"重建历史唯物主义"。

类文明的出路在于摆脱对科学技术的迷信，抛弃追求物质财富这一价值目标，从而不再接受物对自己的支配，反过来应该由自己来自觉控制科学技术成果和物质财富的获得与使用。第三，这些变化说明当今人类必须以人的尺度取代物（物质生产力）的尺度，摆脱物对自己的支配，成为自己的主人，本着人道主义原则以最无愧于人的本性的方式安排自己的生活。这是人类能够继续生存的唯一途径，是陷入困境的人类文明的唯一出路。

这一变化具有重要的理论意义。首先，它意味着物质生产力不再是社会生活的唯一的决定性因素了，历史唯物主义的作用需要我们重新加以审视。其次，它表明，我们在上文分析的人类文明正在经历的历史性转折，是轴心时代历史影响的终结，是新轴心时代已经悄然来临的表现。最后，这一变化实际上是在告诉我们，马克思主义所说的共产主义，其科学性已经得到事实的证明，正在向我们走来。

弗罗洛夫的新人道主义，可以被看作是在全球性问题背景下对实现共产主义具体途径的尝试性探索。

从这样的角度看，新轴心时代的到来是物质生产力发展的结果，但是新轴心时代的到来又在削弱乃至逐渐排除物质生产力在社会生活以及个人物质、精神生活中的决定性作用。人道主义的实现正在摆脱物质生产力的制约。这时还有所谓抽象人道主义问题吗，没有了。

可见，戈尔巴乔夫改革的失败表明弗罗洛夫的新人道主义是抽象人道主义，但是我们又不能简单地把他的新人道主义一言以蔽之称为抽象人道主义。从新轴心时代和马克思恩格斯的共产主义理论所指示的历史趋势看，它具有不容否认的现实性。

以上分析说明了马克思恩格斯所描绘的共产主义社会正在成为真正的历史必然，正在我们面前变成现实。同时还说明，弗罗洛夫的新人道主义虽然被苏联解体的历史事实证明具有抽象性，但是因为人类历史正在进入新轴心时代，正在向共产主义转变，因此它同时也具有某种现实性，不能简单地把它概括为抽象人道主义。弗罗洛夫新人道主义的现实性是和共产主义的现实性，与共产主义正在变成现实，联系在一起的。在过去，人道主义理论的现实性的依据，是它和生产力的发展以及与生产力性质与水平的需要相一致。当前马克思恩格斯设想的共产主义的现实性，弗罗洛夫新人道主义的现实性，与全球性问题的出现、人类面临的生存危机、新轴心时代的到来，密切相关。简单地表述就是：人类文明发展到今天，只有最后一次选择——或者全人类灭亡，或者实现共产主义。为了不致灭亡，人类必须改变价值目标，完成文明转折，实现共产主义。以往是因为不愿意失去已经获得或者从新生产力中已经看到因而可以获得的更多的物质利益，人们必须使自己的经济制度、政治法律制度和思想观念与生产力的要求相一致，历史发展因此表现出客观规律性，历史唯物主义得以成为真理。现在人类面临的生死存亡的问题，人类生命的终结，显然严重性、重要性远超已经获得的物质利益的丧失，因此维持人类生存的需要完全可以取代生产力发展的需要，成为决定社会历史发展规律性、客观必然性的新因素。今天，共产主义的必然性、现实性就在这里。弗罗洛夫新人道主义在否定无限追求物质财富实现人对科学技术和物质生产的自觉控制方面，与共产主义有相同之处，因而也具有一定的现实性，这是无论如何不能不看到的。

　　对弗罗洛夫的新人道主义的现实性问题，还可以做进一步的分析。在全球性问题出现以前，人道主义的现实性建立在历史唯物主义的基础上，与社会历史领域的客观必然性联系在一起，它只是处在历史发展中的社会生活的一个方面。社会发展规律的现实性、必然性决定了人道主义的实现形式、实现程度及其具体特征也具有现实性和必然性。作为对全球性问题的回应而问世的弗罗洛夫的新人道主义，由于没有生产力发展的客观必然性和现实性为依托，它的现实性只是一种"可能性"，并不具有客观必然性。它能否最终变成现实，还取决于其他因素，其中最主要的，是社会斗争。这与新轴心时代的特点有关。

人类走进新轴心时代，比进入轴心时代要困难得多。人是动物，趋利避害是他的本能。轴心时代的出现以及人类拥抱这一时代，是因为人类告别蛮荒开启文明之后，人与自然、人与人的关系日趋复杂；人们相互间冲突不断，社会失范，动荡不安；人的精神世界充满焦虑、痛苦和对自然界的奥秘及自己未来命运的迷茫。轴心时代的文化成果提出了完整的世界观，建立了约束个人行为维护社会稳定的道德规范，解除了人们在人生目的上的困惑，为人们因人世间苦难而受到伤害的心灵提供了抚慰，有利于化解人的精神焦虑，有利于社会稳定，进而有利于物质生产的发展和社会财富的增加。这符合全社会的利益，尤其是符合处于社会上层的强势群体的利益。从根本上说，轴心时代的文化与人的动物本能相吻合。人们接受它，是一个自然而然的过程。

新轴心时代的情况有所不同。

新轴心时代是人与自己的动物阶段的告别，要求人类为了生存而放弃对物质利益和物质享受的无限制的追求，而这又首先需要人在自己内心放弃从个人需要出发趋利避害的动物本能。这是一场触及每个人灵魂的革命，首先触犯的是居于社会上层的强势群体的利益。新轴心时代面临的种种全球性问题是现实的、严峻的、紧迫的，从前面的分析可以看出。因为这些问题危及人类生存，所以它们必须被解决，这是摆在人类面前的"绝对命令"。弗罗洛夫新人道主义具有的现实性就在于此。但是，由于开启新轴心时代触犯到人们的利益，尤其是触犯到社会强势群体的利益，必然遭到这些人的抵制；不仅如此，新轴心时代的价值目标是对资本主义制度的否定，是共产主义制度某些原则的实现，是对资本主义工业文明和现代化的扬弃，不可能不遇到巨大的阻力。弗罗洛夫新人道主义仅有的现实性要大打折扣。它要变成社会现实，注定是一个阻力重重、十分艰难、充满斗争的过程。极端的情况是，开启新轴心时代后出现的矛盾、冲突，将失去控制，得不到合理解决，导致战争或者其他大规模的灾难，直至人类毁灭。

例如，主要针对解决国际问题的新思维是弗罗洛夫新人道主义的重要内容。前面已经提到，在戈尔巴乔夫领导下，苏联认真落实新思维，裁减军备、废除华沙条约并解散相应的军事机构，以求长久的世界和平。戈尔巴乔夫的新思维换来的不是北约的善意，而是美国对华约国家的颠覆和北约不断东扩。新思维尽显其抽象性，奉行新思维的苏联和戈尔巴乔夫受到资本主义世界的戏弄。

新人道主义实践的失败包含着深刻的历史教训。全球性问题以及它对人类文明构成的巨大威胁，使得人们明白了一个道理：为了全人类的继续生存，必须把人类共同利益置于宗教的、意识形态的、国家的、阶级的利益之上。毫无疑问，这赋予了弗罗洛夫的新人道主义一定的现实性。但是，直到今天为止，接受并实践新人道主义的，或者以其他形式把全人类利益置于本国利益和阶级利益之上的，只是少数国家、少数人。相对于不接受新人道主义坚持把本国或个人利益最大化的国家和个人，尤其是美国这样在经济、政治、军事、科学技术、文化等诸多方面都拥有强大实力而又自私自利的国家的力量与影响，新人道主义的呼声太微弱了，影响太有限了，根本不足以消除人类面临的涉及生死存亡的重大威胁。不仅如此，正如苏联解体所表明的，单方面实践新人道主义，把全人类利益置于国家和阶级利益之上的做法，不但无益于问题的解决，反而会使自己处在十分不利的地位，会削弱自己的力量，弱化自己的影响，使得那些置全人类利益于不顾的自私自利的国家获得好处。这也就意味着人类面临的生存危机将更加严重。仅凭善良的愿望不可能解决问题，这是弗罗洛夫新人道主义实践的基本教训。

这个教训具有普遍意义。第二次世界大战以后，全球化浪潮席卷全球，人类面临的生存危机日益凸显，越来越多的人认识到，人类只有一个地球，各国共处一个世界，必须谋求共同发展。与此同时，世界各国在经济、政治、文化诸方面的联系日益紧密，国际关系趋于缓和，旨在控制资源、生态、环境和气候等方面危机的国际合作不断深入。正是在这样的背景下，出于马克思主义者对人类命运的深切关怀，出于自己坚定的共产主义信念，中国共产党于2012年提出构建人类命运共同体的理念，寻求国际合作，建设各国相互尊重体现民主精神的全球治理体系，以共同应对人类面临的生存危机，实现协同发展。然而这一理念在实际生活中遇到巨大的挑战。美国置人类共同命运于不顾，为了维护并强化自己在全球的霸权，不断挑起贸易战、金融战，煽动"颜色革命"，发动新的军备竞赛，甚至发动赤裸裸的军事侵略，颠覆一个又一个的合法政府。2017年，美国总统特朗普公开提出"美国优先"和"让美国再次强大"的方针，蓄意破坏国际合作和挑战世界和平。2020年新冠肺炎疫情在全球爆发，中国在付出巨大代价控制住本国疫情以后，面对疫情在中国以外地区的爆发，大力呼吁国际合作，为世界众多国家提供了力所能及的援助。反观美国，不但不积极开展国际合作与病毒斗争，反而借机制造国与国之间的矛盾，把肆虐全球的疫情作为打压中国维护自己全球霸权的工具。弗罗洛夫新人道主义实践的失败警告我们，致力于构建人类命运共同体时，不能幼稚地、一厢情愿地一味寻求合作，必须与反对势力展开斗争，并且在斗争中取得胜利。否则对全人类命运的关切，为构建人类命运共同体所做的努力，就会成为空想，成为善良人一无用处的美好愿望，甚至成为中国自身的灾难。

从理论上讲，认识到人类面临的生存危机，提出相应的解决方案，例如弗罗洛夫的新人道主义，当然是有意义的，而且因为是对人类生存危机的回应，而具有某种现实性。但是与提出这些方案同样重要，甚至更为重要的，是从理论上解决使这些方案变成现实的具体方法与途径。找不到切实可行的方法、途径，一切方案，包括弗罗洛夫的新人道主义，都是空想，都不会具有现实性，必定沦为抽象人道主义。

新轴心时代与 И.Т.弗罗洛夫

寻找进入新轴心时代，也即实现共产主义及新人道主义理想的具体的方法与途径，是当今人类，主要是马克思主义理论家，面临的最重要的历史性任务。完成这个任务不可能一蹴而就，需要艰苦的努力，需要时间。但是在这里有一点可以肯定：新人道主义的实现，新轴心时代的到来，固然离不开对人类文明面临的历史性转折、共产主义的历史必然性以及新轴心时代的论证与宣传，但最重要的不是理论说教和思想辩论，而是斗争。斗则存，斗则进；不斗则退，不斗则亡。这是弗罗洛夫新人道主义在实践中的失败给我们提供的深刻教训。如何进行斗争，需要深入研究。这是一门艺术。斗争不是你死我活的战争，在今天发动大国之间的战争，必定带来全人类的灾难。而是既要斗争，又要合作。为了合作而斗争，在斗争中寻求合作。具体的斗争形式、斗争方法，需要从实际出发具体问题具体分析，需要理论创新。这是一个十分艰巨的任务。

现在回过头来看弗罗洛夫及其新人道主义，令人产生无限感慨。

弗罗洛夫是令人同情的悲剧人物。他怀着对俄罗斯人民和整个人类的深切关爱，为了他们的幸福以殉道者的精神自我奉献不懈奋斗。他曾经用自己的思想征服了苏联人民，得到他们的拥戴，大家深信自由高于面包。他本人被推入云端，进入国家领导人的行列，广大民众，乃至掌握国家命运的戈尔巴乔夫，都遵循他的思想前进。但是，一旦物质利益受损，立即如宗教大法官所说，民众"爬到我们的脚下，向我们哭诉：'是的，你们是对的，只有你们掌握了他（指耶稣基督。——引用者）的神秘，我们现在回到你们这里，把我们从自己的手中救出来吧！'"[①] 他们纷纷抛弃自由，以换取面包。随着苏联解体，弗罗洛夫从云端跌落地面，不论民主派还是保守派，都离他而去，对他的思想保持沉默。弗罗洛夫自己则在痛苦中煎熬，直到赍志以殁。

---

① 〔俄〕陀思妥耶夫斯基：《卡拉马佐夫兄弟》上卷，第386页。

第六章　抽象人道主义？现实人道主义？

面包战胜了自由。[①]

欧洲有一句著名格言：几何公理要是触犯了人们的利益，也会被推翻的。恩格斯曾经说："在黑格尔那里，恶是历史发展的动力的表现形式。这里有双重意思，一方面，每一种新的进步都必然表现为对某一种神圣事物的亵渎。……自从阶级对立产生以来，正是人的恶劣的情欲——贪欲和权势欲，成立历史发展的杠杆。"[②] 在人类进入共产主义社会、完成向新轴心时代的转折以前，物质利益将始终是社会历史的决定性因素。弗罗洛夫罔顾苏联和国际社会实际情况，从美好的愿望出发，虽然站在道德的制高点，但失败是注定的。

然而如果我们换一个角度看，站在人类文明历史转折新轴心时代正在到来的高度看，我们面前显示出来的又是另一番景象。相比生存而言，面包也不是最重要的。或者说，全人类的生存需要是比人们为获取营养每天要吃的面包更重要的"面包"。何况当今世界人类的物质生产力早已能够满足所有人对面包的合理需要。当面包已经可以满足所有人的需要以后，没有人会为得到更多的面包而拿自己的自由甚至生命做交换。

弗罗洛夫错了吗？很难回答。他是20世纪人类最伟大的哲学家之一。由于俄罗斯文化的熏陶，由于站在马克思恩格斯两位历史巨人的肩上，他比同时代人站得更高，看得更远，想得更深。他敏锐地把握住了全球性问题的出现引起的时代精神的变化，认识到了人类文明面临的新的历史性转折，预见到了新轴心时代的到来。然而他为实现自己的新人道主义而积极投身其中的戈尔巴乔夫改革失败了，他的新人道主义逐渐被人淡忘。实践证明他错了。错在哪里？不是错在他看到的问题不正确，而是错在他过于超前了，而且作为哲学家思想家他过

[①] 广大俄罗斯民众因物质利益受损而最终否定了戈尔巴乔夫改革，相关情况参见张盛发：《戈尔巴乔夫—库德林关于改革的报告及其争论与解读》，《俄罗斯学刊》2015年第5期。

[②] 《马克思恩格斯文集》第4卷，第291页。

多地考虑"应当",对实现"应当"的条件、方法、手段、道路关注不够,也没有能力和时间关注并解决这些问题。然而离开对方法、道路等具体问题的科学解决,"应当",包括他的新人道主义,就是空想。

弗罗洛夫离开我们21年了,他所关注的问题越来越突出。今天,不论是资源、环境、生态、气候问题,还是大规模杀伤性武器的威胁,比弗罗洛夫在世时都更为严重了。2016年的巴黎气候大会的召开,特别是2020年年初爆发今天正在全球肆虐的新冠肺炎疫情,是对弗罗洛夫思想重要性的充分肯定与证明。虽然当今世界绝大多数人没有意识到这一点,而弗罗洛夫本人已经看不到这些事实。

新轴心时代的到来所标志的文明转折,共产主义的实现,是一个漫长的充满斗争的过程。弗罗洛夫远远没有提供我们可能遇到的问题的正确答案,但是我们不应该忘记他。他是人类文明遇到危机时的"吹哨人"。我们应该重视对他和他的新人道主义的研究,这有助于我们获得对人类在今天遇到的问题的清醒认识,有助于我们汲取他的教训,团结一致,少走弯路,少付代价。

弗罗洛夫新人道主义实践的失败,不仅是弗罗洛夫个人的悲剧,更是全人类的悲剧。面对无可否认的人类当前面临的生存危机,不改变工业化、现代化浪潮兴起以来人类沿袭的价值目标和发展道路,人类必定毁灭;要改变已有的价值目标和发展道路,实际上是要清除人内心的贪欲和权势欲,但是谁有本事做到这一点?如弗罗洛夫自己所说,谁有本事让美国的资本家为了人类的生存克制自己的欲望呢?迄今为止,事实证明,谁都没有。但是如果美国的资本家,乃至整个人类,不克制自己的物质欲望,人类文明还有出路吗?没有!这种两难压倒了弗罗洛夫。它也是全人类,尤其是马克思主义者,在今天面临的最大、最重要的难题。解决人类生存危机意味着新轴心时代的开启,意味着共产主义社会的到来。这将是人的史前时期的结束,意味着人彻底与动物告别真正成为人。人真正告别动物变成人,太难了。

但愿人类不要如汤因比所说,只有在付出重大代价以后,才能对扼杀大地母亲反过来又扼杀自己的愚蠢做法警醒。但愿人类还有机会成为真正的人。

第七章 俄国哲学史上的弗罗洛夫

苏联已经解体，弗罗洛夫也早已离我们而去，但是他的哲学思想留了下来。我们看到，弗罗洛夫是时代的产物，可以说是新轴心时代的"先知"。他的哲学思想，主要是新人道主义，表现出宏大的历史视野，是人类思想界对新轴心时代做出的最初的回应。为了更深入地理解他的哲学思想，我们还可以从俄罗斯哲学史的角度对他和他的新人道主义加以考察。弗罗洛夫是俄罗斯哲学传统在苏联时期的主要继承人，他的哲学思想在苏联解体以后的命运从一个角度集中反映了当今俄罗斯哲学的艰难处境。

一、弗罗洛夫——苏联时期俄罗斯哲学传统的主要代表

"俄罗斯哲学"这一概念内涵是什么，俄罗斯学术界迄今没有定论。有的学者把俄国历史上所有的哲学思想都列入"俄罗斯哲学"，也有的对这一概念做狭义理解，认为俄罗斯历史上的多数哲学思想没有系统性，还不属于理论形态的哲学，真正的俄罗斯哲学理论诞生于1900年去世的 Вл. 索洛维约夫的著作中，它的高峰与主要成就是19世纪末20世纪初所谓俄国文化史上白银时代涌现出的哲学理论。[①] 这些

---

① 持后一种看法的，如：*Зиньковский В.В.* История Русской философии, Т.1. Ленинград, "ЭГО", 1991. С. 11-23（В. В. 津科夫斯基：《俄国哲学史》第 1 卷，列宁格勒"ЭГО"出版社，1991 年，第 11—23 页）以及 С. С. 霍鲁日：《俄国哲学的主要观念》，《俄罗斯文艺》2010 年（2）。2001 年出版的《新哲学百科全书》对这种情况作了全面分析，见 Новая философская энциклопедия, Т.3. С. 472-477（《新哲学百科全书》第 3 卷，第 472—477 页）。

理论都不同程度地带有宗教色彩,被统称为白银时代的宗教唯心主义哲学。索洛维约夫以前的俄罗斯哲学,如陀思妥耶夫斯基、斯拉夫主义和西欧主义思想家的哲学思想,也属于俄罗斯哲学,是它的萌芽阶段。本书使用的"俄罗斯哲学"概念,就属于对它的狭义理解,主要指白银时代的俄罗斯宗教唯心主义哲学。它是在俄罗斯本土诞生的唯一的真正意义上的哲学。

这样的俄罗斯哲学在今天早已不复存在。1922年秋,苏维埃政府在列宁的亲自指导下将一大批拒绝与自己合作的知识分子,包括哲学家,驱逐出境。加上此前陆续流亡海外的人,俄罗斯哲学精英人物几乎全部被迫告别自己的祖国。此后,在苏联国内马克思主义哲学成为唯一能够合法存在的哲学,俄罗斯宗教唯心主义哲学遭到批判,流亡海外的俄罗斯哲学家则在20世纪50年代之前先后辞世。一度风光无限的俄罗斯哲学,就此谢幕。

以上看法已是俄罗斯学术界的共识。但是,如果我们对苏联时期乃至今天俄罗斯哲学界的情况加以仔细梳理,就会发现,作为公开的完整的俄罗斯哲学理论在苏联时期消失了,然而俄罗斯哲学的传统,它所体现的俄罗斯文化的基本精神,不仅在苏联时期顽强存在,而且对苏联哲学和苏联社会产生了巨大影响。其生命力之顽强,令人惊叹。

俄罗斯哲学的传统是什么?俄罗斯哲学是宗教唯心主义哲学,但并不意味着它的传统就是宗教性。宗教性只是俄罗斯哲学的特点之一,还不是它的传统。传统更深刻、更稳定,具有延续性,体现在不同时期的哲学思想之中。这一传统固然可以从白银时代的哲学中寻找,但是更应当从俄罗斯哲学思想的发展历史和俄罗斯文化中去找。

关于俄罗斯哲学的特点,俄罗斯哲学史公认的权威作家B.B.津科夫斯基强调:首要特点是"人类中心论":"俄罗斯哲学不是以神为中心的(虽然它的相当多的代表人物具有深刻的重要的宗教性),不是宇宙中心论的(虽然自然哲学问题很早就引起俄罗斯哲学家的注意),

它最为关注的是关于人的题目，关于人的命运与道路、历史的意义与目的的题目。"①最能体现这一点的是，俄罗斯哲学在任何地方都把道德目标摆在首要位置，哪怕是在各种抽象问题上。他还提出，与上述特点相关，俄罗斯思想全都带有历史哲学性质，持续关注历史的意义以及历史的终结问题；"整体性"理想是最令俄罗斯哲学家鼓舞的问题之一，"除了很少的例外，俄罗斯哲学家们寻求的正是整体性，正是现实的一切方面和人的精神的一切活动的综合统一"②。

值得注意的是，津科夫斯基本人就是白银时代的宗教唯心主义哲学家，1942年成为神甫，但是他对俄罗斯哲学特点的概括所突出的不是它的宗教性，而是它的人类中心论特征。他还进一步强调，这种人类中心论哲学，第一，注重从历史的角度对人及其命运的思考；第二，具有唯道德主义倾向；第三，把现实的一切方面及人的精神的一切活动作为整体来看。对俄罗斯宗教唯心主义哲学有所了解的人都可以看到，津科夫斯基的概括是客观、公正的，是很准确的。

其实，津科夫斯基所说的正是俄罗斯哲学的传统。索洛维约夫为整个白银时代的宗教唯心主义哲学奠定了基础③，然而他本人哲学探索的出发点是对西方工业文明道路的批判，认为这种文明抹杀了人的精神生活的意义，把人以及对人的认识片面化了。④按别尔嘉耶夫的说法，"С. 布尔加科夫是俄罗斯思想走向东正教过程中的核心人物"⑤。布尔加

---

① *Зеньковский В.В.* История Русской философии, Т.1. Ленинград. С. 16.（В. В. 津科夫斯基：《俄国哲学史》第1卷，第16页。）

② *Зеньковский В.В.* История Русской философии, Т.1. С. 17.（В. В. 津科夫斯基：《俄国哲学史》第1卷，第17页。）这里所说的"整体性"，是针对西方哲学忽视人的精神生活，片面突出人的物质需要和科学理性而言的。

③ 见 О России и русской философской культуре. М.: Наука, 1990. С. 200-201（《论俄罗斯和俄罗斯哲学文化》，莫斯科：科学出版社，1990年，第200—201页）。

④ 正因为如此，他最重要的早期著作以《西方哲学的危机——反对实证主义者》为书名。

⑤ О России и русской философской культуре. С. 255.（《论俄罗斯和俄罗斯哲学文化》，第255页）。

科夫大学毕业时是马克思主义者,随后转向唯心主义并很快接受了东正教。他的思想之所以发生这样的变化,是因为他在对人的历史命运和解放道路的探索中,发现马克思主义以及其他西方"进步理论"所依据的科学理性,没有解决人的道德如何提升的问题,因而这样的理论仍然是乌托邦。[1] 他指出,他对西方进步理论的批判实际上源自陀思妥耶夫斯基以文学形式在《卡拉马佐夫兄弟》中对西方进步理论的质疑,而且赫尔岑就曾因这个问题而苦恼。[2] 大家知道,陀思妥耶夫斯基在 1862 年曾经对科学理性和西方流行的社会主义理论提出严厉挑战,发出呐喊:"二二得四已经不是生活,它已经是死亡的开始了!"[3] 而早在陀思妥耶夫斯基之前,在 19 世纪 40 年代,俄罗斯的斯拉夫派便在与西方派的论战中,从人的全面的精神需要出发,批判过西方工业文明及其理论支柱——科学理性。再往前,恰达耶夫在 19 世纪 30 年代发出的令俄罗斯警醒的"午夜枪声"——《哲学书简》中,在尖锐批评俄罗斯的落后的同时,已经开始批判西方工业文明在精神领域的腐朽,并提出俄罗斯救世主义。从上述 19 世纪以来俄罗斯思想发展的大致脉络可以看出,俄罗斯思想家们一直在从道德和人的精神需要出发对资本主义以及不断自我膨胀的科学理性加以批判,他们为了捍卫人的尊严,为了强调人的精神价值和突出道德的意义,为了让人们认识到人的整体性,才把目光转向宗教,并按自己的需要对它作了解读。白银时代的宗教唯心主义哲学只是对前人的哲学思想作了总结与系统化,并在此基础上进行理论创新。

由此可见,对工业文明的种种弊端展开批评,从历史、道德以及

---

[1] *Булгаков С.Н.* ОТ марксизма к идеализму. М.: Астрель, 2006. С. 273-277.(С. Н. 布尔加科夫:《从马克思主义到唯心主义》,莫斯科:Астрель 出版社,2006 年,第 273—277 页。)

[2] *Булгаков С.Н.* ОТ марксизма к идеализму. С. 376.(С. Н. 布尔加科夫:《从马克思主义到唯心主义》,第 376 页。)

[3] 〔俄〕陀思妥耶夫斯基:《地下室手记》,第 65 页。

新轴心时代与 И. Т. 弗罗洛夫

对人的全面理解出发研究人和人类命运，是 19 世纪以来俄罗斯文化的基本精神，是俄罗斯哲学思想的传统。这种传统本身，是在俄罗斯社会现代化进程中俄罗斯文化与西方文化的冲突中形成并凸显出来的，贯穿体现在不同时期俄罗斯哲学家的著作之中。

在苏联时期，准确地说是在 1922 年主要的俄罗斯哲学家被驱逐出境以后，俄罗斯哲学传统首先表现在 А. Ф. 洛谢夫的哲学理论中。洛谢夫（1893—1988）1915 年毕业于莫斯科大学哲学部和古典语文学部，此前还接受过专业的音乐教育。从 1911 年起积极参加"纪念索洛维约夫宗教哲学协会"的活动，与 Н. А. 别尔嘉耶夫、С. Н. 布尔加科夫、С. Л. 弗兰克、И. А. 伊利因、П. 弗洛连斯基、Е. Н. 特鲁别茨科依等白银时代宗教唯心主义哲学代表人物有过直接交往。洛谢夫的基本思想属于俄罗斯宗教唯心主义范畴，而且直至去世没有改变。1930 年因哲学著作获罪，遭逮捕并被判处 10 年劳改。1933 年提前获释，但被禁止从事哲学研究，只允许研究古代美学和古代语文学。1953 年斯大林去世后获准出版著作。俄罗斯当代著名哲学家 С. С. 霍鲁日称之为"被俘的东正教战士"，称他的研究是"俄罗斯宗教文化的后卫战"[①]。列克托尔斯基院士称他为"白银时代哲学的继承人"[②]。

洛谢夫的学术视野十分广阔，内容涉及古希腊哲学、宇宙学、音乐哲学、数学哲学、符号哲学、神话学、美学史、俄罗斯哲学。其中最重要的是对神话学和美学史的研究，《古希腊象征主义的神话概论》、《神话的辩证法》、《古代美学史》8 卷本是这方面的代表作。对洛谢夫影响最大的哲学家是索洛维约夫，早在中学时期洛谢夫就为索

[①] Алексей Федорович Лосев / Философия России второй половины XX века. М.: РОССПЭН, 2009. С. 5.（《20 世纪下半叶俄罗斯哲学：阿列克谢·费奥多洛维奇·洛谢夫卷》，莫斯科：РОССПЭН 出版社，2009 年，第 5 页。》

[②] Как это было. Воспоминания и размышления // Философия России второй половины XX века. М.: РОССПЭН, 2010. С. 6.（《20 世纪下半叶俄罗斯哲学：这是如何发生的。回忆与思考卷》，莫斯科：РОССПЭН 出版社，2010 年，第 6 页。）

第七章 俄国哲学史上的弗罗洛夫

洛维约夫的"整体知识"和"万物统一"（Всеединство）思想所折服。万物统一思想是他与俄罗斯宗教唯心主义哲学的主要联系之点，也是他自己哲学思想的基础。

按照他的理解，"虽然整体与它的组成部分不可能互相脱离而存在，但是它构成一种新的不同于其组成部分的特殊的整体。因为整体在这样那样的程度上存在于自己的一切部分之中（否则整体就不是由部分构成，部分也就不是整体的部分），索洛维约夫的万物统一学说就是由此产生的"①。"一切存在于一切之中。每个单个的东西都是作为整体的整个世界的局部表现。"②世界是有等级的，但又是在根本上统一在一起的整体，它表现在唯一的活生生的有形体的精神的永不停歇的自我运动之中。与此相关，他认为用以理解世界的各种形式，哲学的、神话学象征主义的、美学的形式，也是不可分割的。③基于这样的认识，洛谢夫接受了对哲学对象的现象学解释，在理解感性的或精神的现实时努力反映它们的全部意义和活生生的具体性。在方法论上，他比胡塞尔更进一步。他不满足于记录这个那个现象的各种成分，而是力图看到这些成分后面的活的、动态的联系与转化，用辩证法补充现象学。他认为唯一正确的能够从整体上把握活的现实的方法是辩证法。辩证法不是理论，在任何时候、任何地方它都是直接的知识，是最简单的、活的和贴近生活的直接的知觉，是唯一可能的哲学实在论。④他创造了一种独特的辩证现象学哲学，讨论的主要是名谓（имя）、符号、神话。

---

① *Лосев А.Ф.* Владимир Соловьев и его время. М.: "Прогресс", 1990. С. 705.（А. Ф. 洛谢夫：《弗拉基米尔·索洛维约夫与他的时代》，莫斯科："进步"出版社，1990 年，第 705 页。）

② 同上。

③ 见 Алексей Федорович Лосев // Новая философская энциклопедия. М.: Мысль, 2001. С. 453（《新哲学百科全书》第 2 卷，《洛谢夫》条，莫斯科：思想出版社，2001 年，第 453 页）。

④ *Яковенко Б.В.* История русской философии. М.: Республика, 2003. С. 407.（Б. В. 雅科文科：《俄国哲学史》，莫斯科：共和国出版社，2003 年，第 407 页。）

关于神话，洛谢夫认为，这是一种无意识水平上的思维，现实的东西与理想的东西在其中相互渗透，那里没有主体客体的区分，思想与存在被等同起来，任何一个东西都能变成任何一个其他东西。神话的功能主要不在认识，而在克服统治人的力量以及与此相联系的人的感觉和痛苦，把分裂的世界统一在一起。一旦人们对某种思想盲目崇拜，就会把它神话化。笛卡尔、牛顿、康德把空间神话化了，唯物主义把物质神话化了，马克思主义的话语中也有关于无产阶级历史使命、阶级斗争在社会主义事业中的作用的神话。马克思主义对无产阶级革命的描绘犹如一场神话战争。神话把各种文化现象同质化了。[1] 神话有绝对相对之别。绝对神话是思想中的与最高现实一致的东西，它与现实绝对相符；相对神话则是把绝对神话的一个或几个原则绝对化了。他断言，人们在绝对神话中看到的就是最严格意义上的拜占庭—莫斯科东正教世界观，"只有拜占庭—莫斯科东正教才是绝对神话"[2]。

洛谢夫在晚年以极大的热情研究古希腊罗马的美学，同样是为了实现对世界的整体认识。他认为"美就是客体的内在生命与它的展现的各种方法的综合"[3]。古代美学是完整的活生生的有形体的精神，是物质和思想、存在与意识在它们的历史发展中的统一。它用哲学的、语言的、历史的、文学的、数学—天文学的、几何—音乐的难以计数的因素构建了一幅古代文化的完整画图。

洛谢夫明确批评作为主观主义时代开端的文艺复兴，对他来讲整个西方是个死胡同，因为西方世界自文艺复兴以来主观主义和市侩行

---

[1] 见 *Андреева И.С.* Философы России второй половины XX века. М.: РАН. ИНИОН, 2009. С. 97-99（И. С. 安德列耶娃：《20世纪下半叶俄国哲学家》，莫斯科：俄罗斯科学院社会科学情报研究所，2009年，第97—99页）。

[2] Алексей Федорович Лосев // Философия России второй половины XX века. С. 187.（《20世纪下半叶俄罗斯哲学：阿列克谢·费奥多洛维奇·洛谢夫卷》，第187页。）

[3] Цит. По Кн.Андреева И.С. Философы России второй половины XX века. С. 104.（《20世纪下半叶俄国哲学家》，第104页。）

为盛行，科学理性使人对世界的认识片面化了。他研究名谓哲学、象征主义、神话、美学，都是为了恢复人对世界的整体性认识，而这一认识的最高境界是拜占庭—莫斯科东正教世界观。

由以上论述可以看出，洛谢夫的确如霍鲁日所说，是生活在苏联时期的俄罗斯哲学家。他的哲学思想在白银时代俄罗斯宗教哲学的滋养下形成，在苏联时期针对苏联哲学以及近代以来西方哲学中对人的片面理解，从各个角度强调人的整体性，顽强地捍卫和坚持了俄罗斯哲学传统。这些思想是俄罗斯哲学的延续，是俄罗斯哲学传统的生动体现，显而易见。

但是，苏联时期真正体现俄罗斯哲学传统的不是洛谢夫，而是 И. Т. 弗罗洛夫，是以他为代表的苏联马克思主义哲学。

我们知道，弗罗洛夫一生主要关注四个方面的问题：生物遗传学的哲学问题；科学研究中的伦理学问题；全球性问题；对人的综合研究。他的最有影响的学术成就，主要集中在后面三个问题上。

弗罗洛夫的哲学思想，焦点是对全人类历史命运的关心，基本内容是批判西方工业文明所体现的对人的片面理解以及把人和自然界对立起来的唯科学主义。他主张用道德规范和人道主义调控科学技术发展，把人类共同利益置于至高无上的地位。这使人想起陀思妥耶夫斯基对科学理性崇拜的批评；想起索洛维约夫的"完整知识"和"万物统一论"以及别尔嘉耶夫对工业文明的批判；想起托尔斯泰和19世纪以来除马克思主义者外几乎所有俄罗斯思想家都一致推崇的人类之爱。显而易见，虽然弗罗洛夫从不承认上帝的存在，是苏联马克思主义哲学的重要代表，但其哲学思想所体现的，正是贯穿19世纪俄罗斯哲学思想和白银时代宗教唯心主义哲学的俄罗斯哲学传统，即从历史、道德以及对人的全面理解出发研究人和人类命运。

前面已经提到，弗罗洛夫自己一再强调他的思想与俄罗斯哲学传统一脉相承。他说："在研究中我们把注意力转向俄罗斯哲学和世界哲学的传统。我们研究俄罗斯杰出哲学家——索洛维约夫、H. 费奥多罗夫、别尔嘉耶夫的著作，这些著作迄今一直被搁置一旁。当然了，我们还研究托尔斯泰、陀思妥耶夫斯基的著作。"① 他还说："你们看，索洛维约夫是唯心主义者，别尔嘉耶夫甚至是反共主义者。但是我研究他们不仅仅是为了了解他们，我喜欢他们这些思想家。"② 20世纪80年代末，他利用手中的权力大量出版长期遭到禁止的俄罗斯宗教唯心主义哲学著作，一手促成戈尔巴乔夫与俄罗斯东正教教会的和解。

弗罗洛夫是马克思主义者，但是他认为马克思主义哲学与俄罗斯哲学传统并不矛盾，相反，今天需要的是把它们结合起来。讲到自己的思想历程时，他说："在20世纪60—80年代，人、个性、人道主义，在我国成为最优先的课题。改革（1985—1991）开始之后，这一点尤其明显。研究'真正的'马克思，他关于人的学说和他的现实人道主义观念，研究俄罗斯文化的人道主义传统（托尔斯泰、陀思妥耶夫斯基的思想），最后，研究俄罗斯哲学家，索洛维约夫、别尔嘉耶夫等，都为我们提供了有益的成果并且促进了新人道主义思想的发展。"③ 所谓新人道主义，其特点正是把俄罗斯哲学推崇的人的个性、精神需要和马克思关于人的发展的客观规律（例如人是社会环境的产物、通过实践活动改造社会环境，等等）的思想，在全球性问题背景下结合在一起。

总之，弗罗洛夫的思想带有明显的俄罗斯哲学传统印记。不仅如此，如果与洛谢夫相比，俄罗斯哲学传统在弗罗洛夫身上体现得更为充分。

---

① Академик Иван Тимофеевич Фролов. С. 537.（《伊万·季莫费耶维奇·弗罗洛夫院士》，第537页。）

② Иван Тимофеевич Фролов // Философия России второй половины XX века. С. 523.（《20世纪下半叶俄罗斯哲学：伊万·季莫费耶维奇·弗罗洛夫卷》，第523页。）

③ Академик Иван Тимофеевич Фролов. С. 560.（《伊万·季莫费耶维奇·弗罗洛夫院士》，第560页。）

第七章　俄国哲学史上的弗罗洛夫

　　一方面，与洛谢夫相比，弗罗洛夫更直接、更生动地体现了19世纪以来整个俄罗斯哲学、俄罗斯文化的传统。人的存在、人的道德、社会历史，是俄罗斯哲学的永恒课题。俄罗斯哲学讨论的问题有时是抽象的，例如上帝是否存在、人性的善恶、人的自由与永生等等，但这些问题背后是俄罗斯社会发展中遇到的迫切需要回答的现实问题。17世纪末俄罗斯踏上现代化之路，作为现代化道路上的后来者，俄罗斯在一个多世纪的时间里如饥似渴地吸收西方的科学技术、生产方式，甚至认真学习西方国家的文化制度和文化观念、文化形式。到19世纪，西方资本主义国家严重的阶级冲突，劳动人民的苦难，资产阶级个人主义、享乐主义文化观念以及由此而来的物欲横流道德失范，与俄罗斯深受东正教精神浸润的前现代文化发生激烈冲突。"俄罗斯向何处去？"的问题使广大知识分子内心无法平静。为了寻求答案，他们苦苦思索，激烈争论，多数人把目光投向俄罗斯文化，投向东正教。他们想要找到一条与西方资本主义国家不同的发展道路，避免发生在西方国家的灾难。同时，由于抱有来自东正教的强烈的救世主义，俄罗斯知识分子主动承担起为人类，包括西方先进国家，寻找走出现实苦难的历史发展道路的任务。白银时代俄罗斯宗教哲学家及其思想先驱之所以批判科学理性、批判工业文明、呼唤完整知识和人的自由，之所以转向东正教，思考人、自由、上帝等与历史的意义、人类的命运、人生的价值等终极问题密切相关的抽象问题，就是因为他们认为这些问题中蕴含着可以引导人类走出工业文明带来的种种苦难的希望。从一个角度看，批判工业文明是19世纪以来俄罗斯哲学、俄罗斯文化的主题。

　　工业文明带来的问题，在20世纪下半叶有了新的发展，这就是形形色色的全球性问题。全球性问题是白银时代俄罗斯哲学家及其思想前辈们倾注全部精力以求解决的那些问题在新条件下的延续与发展。在19世纪下半叶和20世纪初，俄罗斯知识分子，首先是哲学家，遇到的主要是资本主义工业文明造成的社会苦难、阶级冲突以及道德沦丧、人的自由丧失等问题。到20世纪下半叶，工业文明的负面效应远远超过以往，达到极致——它产生了全球性问题，使得全人类的灭亡成为现实的每个人都可以深切感受到的威胁。要么找到解决全球性问题的方法，要么全人类灭亡，问题就是如此尖锐地摆在人们面前，也摆在苏联哲学家的面前。洛谢夫没有把这些问题纳入自己的理论视野，他着重研究的是神话、美学史、音乐哲学等纯粹的理论问题。弗罗洛夫则通过自己的新人道主义对它们作出了积极的回答。弗罗洛夫所做的，是白银时代俄罗斯宗教哲学家假如身处其中也会去做的工作。按照中国哲学家冯友兰的说法，面对俄罗斯传统哲学，洛谢夫是在"照着讲"，弗罗洛夫是在"接着讲"。"照着讲"讲前人讲过的话，是对前人思想的阐释、宣传，充其量是运用、拓展，这些思想不会得到发展；"接着讲"是针对现实生活提出的前人未曾遇到的新问题讲他们从来没有讲过的话，对他们的思想进行创新、发展，使这些思想焕发出新的生命力。此外，洛谢夫只是一个人在书斋里奋斗的哲学家，而弗罗洛夫不仅是哲学家，更是哲学研究的组织领导者和社会活动家，他在苏联掀起一场马克思主义哲学人道主义化运动，使科学技术伦理学、全球性问题、对人的全面研究成为苏联哲学的主流。他的思想积极推动了戈尔巴乔夫改革，并且一度得到社会各界的广泛支持。他不但是俄罗斯哲学传统的继承人，而且在理论上和实践上使这一传统在新条件下得到发扬光大与进一步发展。[1]

前面提到，在津科夫斯基看来，俄罗斯哲学最为关注的是关于人的题目，关于人的命运与道路、历史的意义与目的的题目。这些题目在洛谢夫那里是见不到的，虽然他的研究工作都以人为中心展开。相

---

[1] 对弗罗洛夫哲学思想的评价，参见安启念：《戈尔巴乔夫改革与苏联哲学》，《中国社会科学》2011年第6期。

第七章　俄国哲学史上的弗罗洛夫

比较而言，真正继承了俄罗斯哲学传统的，是弗罗洛夫。他的全部学术研究都是围绕俄罗斯哲学传统课题展开的。

对我们来说，洛谢夫坚持俄罗斯哲学传统不足为怪，因为他本人就是白银时代的产儿。然而弗罗洛夫生在苏联、长在苏联，是坚定的马克思主义者，曾经担任苏共中央政治局委员，他何以能够继承发扬托尔斯泰、陀思妥耶夫斯基以及白银时代宗教哲学的传统？耐人寻味。

这当然与他的个人经历有关。例如他说，在笃信宗教的母亲的培养下，他从小便熟知基督教传统，晚年又重读基督教的"圣书"，获益良多。他又说："当然了，过去对我影响最大并一直在影响我的，是那些伟大哲学家们的著作，是俄罗斯的文学和科学，例如托尔斯泰、陀思妥耶夫斯基、契诃夫等。"[1] 苏联时期宗教唯心主义哲学遭到封杀，但其基本精神大量体现在俄罗斯文学作品之中[2]，而这些作品是每一个苏联人从幼儿园起便着重学习的，弗罗洛夫不可能不受影响。但是真正的原因不在于他个人，他的思想曾经得到大多数俄罗斯人的共鸣充分说明了这一点。研究表明，马克思主义者弗罗洛夫接受并弘扬俄罗斯哲学传统，是因为俄罗斯宗教唯心主义哲学，更进一步说，整个俄罗斯文化，本来就与马克思主义无神论哲学有着重要的共同之处。它们在深处是相通的。弗罗洛夫本人没有意识到这一点，但这种共同之处确实存在。

首先，俄罗斯文化与马克思主义都激烈批判资本主义文明。资本主义社会精神贬值，物欲横流，每一个人都追求个人利益的最大化，由此造成社会道德沦丧、普遍贫困、人的异化以及你死我活的阶级斗争。批判并努力在实际上消灭资本主义是整个马克思主义的宗旨，这是人所共知的。就俄罗斯文化而言，俄罗斯民族的文化自觉始于由彼

---

[1] Иван. Тимофеевич Фролов // Философия России второй половины XX века. С. 536.（《20世纪下半叶俄罗斯哲学：伊万·季莫费耶维奇·弗罗洛夫》卷，第536页。）

[2] 俄罗斯学术界一致认为，文学作品是俄罗斯哲学的重要表现形式。

得大帝改革引发的资本主义文明对俄罗斯的剧烈冲击。一些知识分子曾经为资本主义的物质文明所吸引，但是资本主义的野蛮和社会现实的残酷使他们很快从西方化的迷梦中惊醒[1]，批判、拒斥资本主义成为绝大多数知识分子的共识。从俄罗斯的文学家、哲学家、艺术家，到探索俄罗斯社会发展道路的斯拉夫主义者（乃至部分的西欧主义者）、民粹派、马克思主义者，鲜有例外。正因为如此，布尔什维克与民粹派一样，拒绝通过资本主义"卡夫丁峡谷"，在推翻沙皇统治后立即建立了社会主义苏联。苏联的诞生既是马克思主义的胜利，也是批判拒斥资本主义这一俄罗斯文化精神的集中体现与成果。

其次，俄罗斯文化与马克思主义都充满了对人以及整个人类未来命运的深切关怀。俄罗斯没有经历过文艺复兴和启蒙运动的洗礼，东正教影响根深蒂固，深入人心。前现代性的俄罗斯文化具有浓厚的宗教色彩。它把道德追求、精神理想置于物质生活之上，处处表现出对一味追求物质利益的小市民的鄙视；它充满东正教救世主义，把关心和解放全人类视为自己的使命。马克思主义的宗旨是实现共产主义，共产主义是"物质生产的彼岸"，是人的异化的彻底消除，是人的个性得到充分发展的自由王国的实现，是全人类的而不是哪一个民族或阶级的解放，同样让人感受到其对个人和人类未来命运的深刻关切，感受到强烈的救世主义。

由于二者都批判否定资本主义，落后俄国的马克思主义者率先发动了社会主义革命。由于二者不但否定资本主义而且注重人的精神自由、具有强烈的救世主义，马克思主义者弗罗洛夫到60年代末，尤其是1972年罗马俱乐部《增长的极限》问世以后，一方面强烈地意识到全人类命运正面临着前所未有的危机，进而激发出充满救世主义精神

---

[1] 最典型的是赫尔岑。他原本主张俄罗斯走西方化的道路，流亡国外后资本主义的苦难现实使他转而把俄罗斯以及全人类的希望寄托在俄罗斯农民村社和传统文化上。陀思妥耶夫斯基也有类似情况。

的热情,另一方面深切地认识到俄罗斯哲学和俄罗斯文化的重要价值。在列宁斯大林时代革命和建设是苏联的主题,贬低科学理性否定阶级斗争的俄罗斯哲学传统与俄罗斯文化似乎没有任何积极意义,但随着人类生存危机的出现它们的当代价值凸显出来。在这样的背景下,体现人道主义精神的马克思主义与俄罗斯哲学传统的结合不仅具有了现实的可能,而且成为历史的必然。弗罗洛夫只是因为在苏联最早从事相关研究,加上他过人的敏锐目光、学术胆略和社会活动能力,于是在思考人类文明的出路问题时最早自觉不自觉地综合运用了马克思主义的和俄罗斯哲学传统的思想资源,在自己的理论中把它们结合起来,形成了自己的新人道主义。弗罗洛夫在新的历史条件下实现了马克思主义哲学的俄国化。

最后,马克思主义与俄罗斯哲学传统之所以有上述相同之处,深层原因在于二者都有深刻的宗教背景。俄罗斯哲学最重要的理论成果是白银时代的宗教唯心主义哲学,它的宗教色彩一目了然,这种宗教色彩决定了它与资本主义文化格格不入,决定了它的救世主义情结。马克思主义高举唯物主义旗帜,公开主张无神论,然而实际上它也是基督教价值目标的继承者。离开基督教背景,无法深刻理解马克思主义。

1835年,马克思在中学时期的一篇宗教作文中这样说:

> 在考察基督同信徒结合为一体的原因和实质及其作用之前,我们应当弄清,这种结合是否必要,它是否由人的本性所决定,人是否不能依靠自己来达到上帝从无中创造出人所要达到的那个目的。
>
> 我们如果把自己的目光投向历史这个伟大的导师,那么就会看到,在历史上用铁笔镌刻着:任何一个民族,即使它达到了最高度的文明,即使它孕育出了一些最伟大的人物,即使它的技艺达到了全面鼎盛的程度,即使各门科学解决了最困难的问题,它

也不能解脱迷信的枷锁；无论关于自己还是关于神，它都没有形成有价值的、真正的概念；就连伦理道德在它那里也永远脱离不了外来的补充，脱离不了不高尚的限制；甚至它的德行，与其说是出于对真正完美的追求，还不如说是出于粗野的力量、无约束的利己主义、对荣誉的渴求和勇敢的行为。

……

连最伟大的哲人、神圣的柏拉图，也不止一处表示了对一种更高的存在物的深切渴望，以为这种存在物的出现可以实现那尚未得到满足的对真理和光明的追求。

各民族的历史就这样教导我们，同基督结合为一体是必要的。

即使当我们考察各个人的历史，考察人的本性的时候，我们虽然常常看到人心中有神性的火花、好善的热情、对知识的追求、对真理的渴望，但是欲望的火焰却在吞没永恒的东西的火花；罪恶的诱惑声在淹没崇尚德行的热情，一旦生活使我们感到它的全部威力，这种崇高德行的热情就受到嘲弄。对尘世间富贵功名的庸俗追求排挤着对知识的追求，对真理的渴望被虚伪的甜言蜜语所熄灭，可见，人是自然界唯一达不到自己目的的存在物，是整个宇宙中唯一不配做上帝创造物的成员。[①]

这些论述是对基督教文化的热情宣扬，与前面所说俄罗斯东正教对资本主义的批判极为相似。此时的马克思，作为德国特里尔市的一名中学生，是真诚的基督教信徒。人们可以说，说上面这番话时马克思只有17岁，因此以上论述不是马克思的成熟思想，不能视为马克思主义的观点。这一说法当然有道理，不过让我们看看成年以后的马克思是怎么说的。

[①] 《马克思恩格斯全集》第2版，第1卷，第449—450页。

9 年以后，即《德法年鉴》时期（1844 年初），马克思已经成长为坚定的唯物主义者，公开举起了宗教批判的旗帜。但在这时，他并没有彻底否定基督教。他说："就德国来说，**对宗教的批判**基本上已经结束；而对宗教的批判是其他一切批判的前提。"[①] 紧接着他又说：

> 宗教是人的本质**在幻想中的实现**，因为**人的本质**不具有真正的现实性。因此，反宗教的斗争间接地就是反对以宗教为精神**抚慰**的**那个世界**的斗争。
>
> **宗教里的苦难**既是现实的苦难的**表现**，又是对这种现实的苦难的**抗议**。宗教是被压迫生灵的叹息，是无情世界的情感，正像它是无精神活力的制度的精神一样。宗教是人民的**鸦片**。
>
> 废除作为人民的**虚幻**幸福的宗教，就是要求人民的**现实**幸福。要求抛弃关于人民处境的幻觉，就是**要求抛弃那需要幻觉的处境**。因此，对宗教的批判就是对**苦难尘世**——宗教是它的**神圣光环**——的批判的胚芽。
>
> 这种批判撕碎锁链上那些虚幻的花朵，不是要人依旧戴上没有幻想没有慰藉的锁链，而是要人扔掉它，采摘新鲜的花朵。对宗教的批判使人不抱幻想，使人能够作为不抱幻想而具有理智的人来思考，来行动，来建立自己的现实；使他能够围绕着自身和自己现实的太阳转动。宗教只是虚幻的太阳，当人没有围绕自身转动的时候，它总是围绕着人转动。
>
> 因此，**真理的彼岸世界**消逝以后，**历史的任务**就是确立**此岸世界的真理**。人的自我异化的**神圣形象**被揭穿以后，揭穿具有**非神圣形象**的自我异化，就成了为历史服务的**哲学**的迫切**任务**。于是，对天国的批判变成对尘世的批判，**对宗教的批判变成对法的**

[①]《马克思恩格斯文集》第 1 卷，第 3 页。

批判，对神学的批判变成对政治的批判。[①]

马克思在《德法年鉴》上发表的著作是马克思主义已经基本形成的标志，上面这些论述常常被作为他关于宗教的成熟思想来引用。但是这些论述无可置疑地告诉我们，基督教的价值理想是得到马克思高度肯定和继承的。他对宗教的批判不是要否定基督教标榜的价值目标，只是批评它无力实现自己描绘的美好理想，正因为如此他才说"宗教是人的本质在幻想中的实现"是"人民的虚幻幸福"。"宗教是人民的鸦片"也不意味着对宗教的彻底否定。鸦片固然于身体有害，但它的确可以给人带来虚幻的满足感、幸福感，使人暂时忘记现实的苦难。马克思把宗教比作鸦片，表明他并不彻底否定宗教追求的目标。他说"这种批判撕碎锁链上那些虚幻的花朵，不是要人依旧戴上没有幻想没有慰藉的锁链，而是要人扔掉它，采摘新鲜的花朵"。宗教是花朵，不过是虚幻的花朵，马克思批判它是为了扔掉锁链并获得现实的新鲜的花朵，而绝不是要人们扔掉虚幻的花朵依旧戴上没有任何花朵的锁链。他不满于宗教的是它只能给人提供虚幻的幸福，不能指出从"现有"走向"应有"的现实可行的道路。因此马克思才提出应该做的是把"对天国的批判变成对尘世的批判，对宗教的批判变成对法的批判，对神学的批判变成对政治的批判"，因为只有通过批判现实生活中的政治和法，实际上是通过实践活动对旧世界加以革命改造，才能"通过批判旧世界发现新世界"，消除人民现实生活中的苦难，从而使宗教追求的虚幻的幸福成为现实。他还把"揭穿具有非神圣形象的自我异化"视为哲学的任务。非神圣形象的自我异化也即人在现实生活中的异化，它是人们在理论上得出人的本质被异化这一结论的原因，进而也是宗教得以产生的原因。消除了现实生活中的异化，人的本质回

[①]《马克思恩格斯文集》第1卷，第3—4页。

归人自身，作为人的本质在幻想中的实现的宗教所追求的目标才能实现，宗教才能被彻底消灭。共产主义就是马克思心目中基督教理想在现实生活中的实现。

马克思主义改造吸收了基督教的基本精神，俄罗斯哲学文化传统具有浓厚的东正教色彩。它们都是基督教文化的产物，这是马克思主义者弗罗洛夫接受俄罗斯哲学影响，成为苏联时期俄罗斯哲学传统主要代表人物的深层原因。

我们以往看不到弗罗洛夫代表的苏联哲学中的俄罗斯哲学传统，是因为长期以来我们对俄罗斯哲学传统和马克思主义哲学都有误解。对于俄罗斯哲学，我们过于拘泥于它的宗教哲学形式，没有看到宗教哲学形式背后对西方工业文明时代人类命运的深刻关切才是俄罗斯哲学的传统与实质；对于马克思主义哲学，我们只看到马克思恩格斯对科学理性的高度肯定，没有看到科学理性只是马克思恩格斯寻找人类从资本主义社会物对人的支配中获得解放之路的理论工具，没有看到人的问题是马克思全部理论的焦点，马克思主义是关于人和人类解放的理论。由于以上误解，我们曾把弘扬科学理性的辩证唯物主义历史唯物主义与马克思主义哲学画上等号，在哲学教科书中把它变成教条，束缚了自己的头脑，因而很难深刻理解弗罗洛夫的新人道主义思想。

二、苏联解体后的俄罗斯哲学与弗罗洛夫

苏联解体后，俄罗斯哲学家从苏联官方意识形态的束缚中解放出来，获得渴望已久的思想自由。他们的创作热情空前高涨，许多人期待俄罗斯哲学的复兴。然而迄今已有将近30年过去，俄罗斯哲学领域的情况，坦率地说，令人失望。在俄罗斯历史上，哲学从来没有像今天这样处境艰难。除了研究经费的紧张以外，社会对哲学的热情大不如前，以致曾任俄罗斯科学院哲学研究所所长的古谢伊诺夫院士著文

讨论"人们为什么不喜欢哲学和哲学家?"。

19世纪下半叶和19、20世纪之交的白银时代,哲学引领社会思潮的方向,哲学家赢得全社会的尊重,他们的著作被广泛阅读,他们的思想在文学、艺术、政治生活中充分体现,备受关注,哲学是俄罗斯人的骄傲。在苏联时期,辩证唯物主义历史唯物主义是一切社会科学和自然科学领域的理论指导,是"科学的科学",是苏联共产党和各行各业实际工作中的科学方法论。斯大林的《论辩证唯物主义和历史唯物主义》在苏联国内外发行数千万册,并不完全是意识形态专政的结果。20世纪60年代苏联社会出现人道主义思潮,引领这一思潮的是哲学。特别是从70年代初直到苏联解体的20年时间里,哲学家们对全球性问题、人的问题、科学技术哲学问题的关注,弗罗洛夫的新人道主义思想,引起全社会的共鸣和追捧。哲学学术会议的出席者动辄数百、近千人。苏共中央总书记戈尔巴乔夫实际上成为哲学家弗罗洛夫的"粉丝",弗罗洛夫本人则在5年多的时间里从普通共产党员一跃成为苏共中央政治局委员。

苏联解体以后哲学在俄罗斯风光不再了。俄罗斯科学院哲学研究所所在的建筑历史悠久,文化底蕴深厚,研究所从成立之日起便存在于此,那里发生了许多已经永远载入史册的历史事件。这座建筑已经成为俄罗斯哲学的象征。然而2015年10月,哲学研究所被迫他迁,虽经全所上下多方奔走、顽强斗争,无济于事。哲学研究所所长古谢伊诺夫院士就在这种情况下发出了"人们为什么不喜欢哲学和哲学家?"的感慨。

"人们为什么不喜欢哲学和哲学家?"简言之,因为哲学和哲学家不能提供人们所需要的东西。哲学家的劳动产品是思想,只有提出了能够合理回答人们普遍关心的现实问题的思想,帮助人们理解现实生活,为他们指出未来道路,哲学家才能显示出自己的存在价值,得到人们的支持与爱戴。白银时代的宗教唯心主义哲学之所以被人们热捧,是因为哲学家们讨论的是在西方工业文明的冲击下俄罗斯人如何安身立命和俄罗斯向何处去的现实问题，这一问题也是广大民众的深刻关切，哲学家们提供的回答令他们激动不已。辩证唯物主义历史唯物主义在斯大林去世以前的苏联广泛流行，并不完全是意识形态专政的结果，深层原因在于它满足了后发展国家苏联理性启蒙的需要，与启蒙运动中的法国需要18世纪法国唯物主义一样。辩证唯物主义历史唯物主义是帮助苏联人从东正教传统统治下获得思想解放进而揭示自然奥秘促进国家发展的锐利武器，因而尽管存在种种弊端，但被广大民众接受。它们也的确通过弘扬科学理性，对苏联自然科学的发展和国家现代化发挥了积极作用。至于弗罗洛夫的新人道主义一度受到热捧，一方面是因为它所讨论的全球性问题是人们切实感受到的对人类生存的威胁，另一方面是因为它关心人类的命运和历史的发展方向，体现了俄罗斯的文化传统。苏联解体以后的俄罗斯哲学界，没有为社会提供这样的产品，受到冷落势在必然。哲学研究是一项复杂的系统工程，哲学家是一支有着复杂分工的队伍。研究人们关切的现实问题，提供能满足他们需要的思想产品，是哲学的前沿，站在这里的是最富有开拓精神和创造性的哲学家。此外，为了给这些哲学家提供理论营养，培养他们的接班人，也是为了满足广大民众文化修养的需要，还必须有大量哲学家从事认识论、哲学史、伦理学、逻辑学、美学等方面的研究与宣传教育。但是无论如何，提供社会需要的思想产品，是哲学的价值的体现，是哲学家的职责所在，提供的产品质量如何，与他们的生存状况密切相关。

　　苏联解体以后，哲学家们辛勤耕耘，成果众多，但是注意力分散在哲学与社会、哲学与文化、哲学与科学、俄罗斯哲学、外国哲学等众多领域，讨论公民社会、马克思主义、后现代社会、全球化、哲学史、认识论、逻辑学、美学等方面各种各样的具体问题。人们各自为战，缺少理论聚焦，对现实生活迫切问题的关注不够，因而给人印象深刻能够引起社会共鸣的思想不多。哲学家们似乎在自说自话、自娱自乐，俄罗斯哲学开始被人遗忘了。

2005年5月，第四届俄罗斯哲学大会在莫斯科大学举行，与会者2242人，会后莫斯科大学哲学系教授 И.А. 戈博佐夫立即对大会提出尖锐批评。他说，大会的内容令他感到失望——

> 没有任何思想上的进步。话很多，思想则没有。不由得让人想起了普希金。他写道：有这样一种废话，它是由于缺少感情和思想造成的。只不过现在这些废话的特点是说得太多了。大多数我国的哲学家都自觉不自觉地传染上了后现代主义，因此他们像一切后现代主义者一样，没有思想，但话多。废话就这样出现了。我是历史哲学方面一个分会场的负责人，许多会议参加者的发言文化基础之差令我吃惊。人们完全不再进行自我提高了，他们甚至不能明确清楚地确定自己的立场。他们是在胡扯，如果是在大学生的考场上这样胡扯，我全给他们不及格。

> 我们现在有可能自由地表达自己的思想了，但是我们应该知道，我们对自己说的每一句话和写的每一个字都在学术上负有责任。

> 大会的题目是"哲学与文明的未来"，但是没有一个大会报告是讲文明的未来的。事实上在大会参加者提交的论文提纲中也见不到关于文明未来的论述。佢是这样一些题目却得到讨论："现代生活中游戏着的身体的拓扑学"、"领先者体型发展的实质与可能"。没有对正处在困难中的社会的分析。来自彼尔姆的 А.А. 奥尔洛夫教授想要谈谈这个问题，但被人们从讲台上赶下来了。在这里我不能不提到 П.Л. 拉甫罗夫。他在1860年发表了自己的著作《关于哲学的现代意义的三个谈话》。他指出，哲学在德国有着重大的理论意义，它渗透在小说、诗歌、甚至日常生活中。在

法国，哲学获得了巨大的实践意义，它成了实际斗争的一面旗帜。

用现在的话说，在德国和法国社会需要哲学。在德国，这种需要具有理论的性质，在法国，具有实践的性质。

至于说到俄罗斯，按照拉甫罗夫的意见，哲学在我们这里既没有实践的意义，也没有理论的意义。社会不需要它。因此，俄罗斯有各个西方哲学家的拥护者，但是没有哲学学派和思潮。……[1]

与戈博佐夫的批评吻合的是社会对大会的冷落：两千多人参加的全国性哲学盛会，就在首都莫斯科举行，除宣读了一封总统普京的贺信以外，没有一个政府官员参加，没有一家重要媒体到场。

为什么会出现这种情况？原因显而易见，因为俄罗斯哲学没有抓住生活实践中提出的俄罗斯人最关心的问题，因而不能为社会奉献让大家感兴趣的思想。为什么抓不住这些问题？原因很多，其中很重要的一点是，没有对苏联时期哲学研究的得失进行深入的反思与总结。

应该说，苏联解体后俄罗斯哲学家在这方面做了大量工作。奥伊泽尔曼院士全身心地投入对马克思主义理论的反思，20世纪90年代初至今，出版了将近10部专著，还有众多论文问世。特别值得指出的是列克托尔斯基院士。他是伊里因科夫的学生与坚定支持者，20世纪60年代苏联哲学人道主义化的积极推动者，长期担任苏联和俄罗斯权威哲学刊物《哲学问题》的主编，1998年编辑出版了上下两卷的《哲学没有终结》，对苏联在20世纪20到50年代和60到80年代的哲学做了总结。从2008年起，由他主编的预计总数达60多卷的《20世纪上半叶俄罗斯哲学》和《20世纪下半叶俄罗斯哲学》两部丛书陆续问

---

[1] Гобозов И. А. Субъективные заметки объективного наблюдателя // Вестник РФО, 2005 № 2, С. 62-63. (И. А. 戈巴佐夫：《客观观察者的主观感受》，《俄罗斯哲学学会通报》2005年第2期，第62—63页。)

世。尽管如此，俄罗斯哲学界对苏联时期哲学的反思还是远远不够。这些著作基本上是对那些今天得到正面评价的苏联时期哲学家思想的研究，缺少对苏联哲学的总体性思考评价。更重要的是，在对苏联时期哲学的认识上，今天俄罗斯学术界存在三种截然不同的观点：少数人固守苏联官方教条主义哲学立场，把其他观点，也包括苏联解体后的俄罗斯哲学，一概斥之为修正主义，或者资产阶级哲学复辟；还有不少人的观点与此截然对立，他们因全面否定斯大林和苏联社会主义制度而对苏联哲学全盘拒绝、彻底否定；也有许多哲学家，例如列克托尔斯基院士，认为苏联官方教条主义哲学固然一无是处，但在苏联时期，尤其是斯大林去世以后，还存在创造性的突破官方意识形态控制的真正的哲学思考，因而必须坚决地反对全盘否定苏联哲学。遗憾的是，苏联解体后20多年来这些观点基本上没有进行过正面的思想交锋，观点不同的哲学家各说各话，哲学界对问题的认识无从深入。

例如，在2014年由《哲学问题》杂志组织的关于20世纪上半叶俄罗斯哲学的学术讨论会上，哲学家С.С.霍鲁日提出："20世纪上半叶的苏联哲学，是极权主义教条的形成以及对它的严格维护，为此苏联哲学需要经常不断地揭露'敌人'及其'阴谋'。要想否认这种'哲学'不仅与白银时代哲学而且与任何形式的自由思想的根本断裂是完全不可能的。苏联后期的哲学是正在衰落的、已经不能有效行使控制与镇压功能的极权主义，它已经不能及时阻止摆脱教条的'阴谋'和非正统的离经叛道思想。虽然应该强调，直到苏联解体的那一天，异己思想的命运依然是或者被查禁，或者被送进古拉格。"[①] 他还当面指责与会者中以60年代后苏联哲学开始人道主义化为理由反对全面否定苏联哲学的人："正在衰老的恶龙获得大量赞誉，这一次是在在座

---

① Конференция – "круглый стол""Философия России первой половины XX века"// Вопросы философии. 2014. №7. С. 37. (《圆桌会议："20世纪上半叶俄罗斯哲学"》,《哲学问题》2014年第7期，第37页。)

的各位这里。机器运转不正常成了机器的优点,被说成是它的价值的证明!"①В. А. 列克托尔斯基院士就属于被批评的人之列。关于苏联哲学,列克托尔斯基说:

> 从70年代起新哲学运动发生重大变化。1968年苏联坦克进入捷克斯洛伐克从政治上推动了这一变化,它不仅终结了布拉格之春,而且在俄罗斯终结了人们更新社会主义的希望。哲学运动的许多参加者对50、60年代鼓舞人的幼稚的唯科学主义②感到失望,逐渐把作为独立研究课题而不是从认识论和方法论研究中产生的人类学问题推到第一位。不少人类学方向的哲学家离开马克思主义,学习掌握西方哲学和俄罗斯哲学的现象学的、存在主义的思想,在某些情况下用存在主义——人类学解释马克思的思想。③

A. A. 古谢伊诺夫院士的观点与此类似,他认为,20世纪俄罗斯哲学有三个学派:白银时代俄罗斯宗教哲学、俄罗斯宇宙主义和马克思主义。从深层看三者有共同之处:

> 这三个传统有着明显的重大的区别,它们相互批评、互不承认,但它们也有某种共同之处,这就是着重批判个人主义,追求

---

① 同上。意指人道主义思潮的出现是苏联这条专制恶龙因衰老而一时疏忽造成的,是苏联这架专制机器运转不正常的产物。

② 指伊里因科夫和季诺维也夫对认识论和辩证逻辑的推崇。他们夸大科学理性的作用,认为哲学的任务就在于通过研究科学认识的逻辑从而理性地理解现有的东西以及它们怎样才能发生改变。古谢伊诺夫称其为具有启蒙性质的哲学运动,把它的座右铭归结为:"人可以也应该靠自己的头脑生活。"见 Проблемы и дискуссии в философии России второй половины XX в.: современный взгляд. С. 13 (《20世纪下半叶俄罗斯哲学的问题与争论:从今天的角度看》,第13页)。

③ Как это было. Воспоминания и размышления // Философия России второй половины XX века. С. 6. (《20世纪下半叶俄罗斯哲学:这是如何发生的。回忆与思考》卷,第6页。)

一种集体主义的、聚和性的（соборный）理想。在这种理想中，个人利益直接与国家利益联系在一起并依赖于国家利益，而国家利益则依赖于人类利益。人类利益最终表现为全部哲学思考的目标和出发点：

——俄罗斯宗教哲学设想实现宗教统一，前景目标是恢复神人类的统一，如索洛维约夫所想的那样；

——俄罗斯宇宙主义宗旨是改造宇宙以及人在其中的地位，以回应人的全部希望，首先是满足他对永生的渴望（即实现作为人的自然状态的不死，像费奥多罗夫〈Н. Ф. Федоров〉的乌托邦所设想的，让一切已经死亡的人复活）；

——最后，马克思主义的理想是建立全人类的兄弟般的联合体，在那里每个人的发展是一切人的发展的条件。[①]

霍鲁日与列克托尔斯基、古谢伊诺夫的观点明显不同，但这些不同观点只是各自亮相而已，俄罗斯哲学界从未对它们做过认真讨论，时至今日分歧依旧。

没有对苏联哲学的经验教训进行及时的研究与总结，是今天俄罗斯哲学十分令人遗憾的一件事。

对于苏联哲学的经验教训，我们可以从很多方面总结思考，从宏观上看，可以概括为一句话：没有解决好自由与面包的关系问题。前面提到，弗罗洛夫在总结苏联解体的教训时曾经这样说过，其实他的这一说法对于苏联哲学也完全适用。

自由和面包的关系，是人们对陀思妥耶夫斯基在"关于宗教大法官的传说"中所说耶稣基督和大法官观点对立的概括。耶稣基督始终

[①] Проблемы и дискуссии в философии России второй половины XX в.: современный взгляд. С. 12-13.（《20世纪下半叶俄罗斯哲学的问题与争论：从今天的角度看》，第12—13页。）

第七章 俄国哲学史上的弗罗洛夫

极力捍卫人的自由,宗教大法官则主张为了使人们有面包吃而剥夺他们的自由。陀思妥耶夫斯基以宗教大法官的口吻说:

"你(指宗教大法官的说话对象耶稣基督。——本书作者)想进入人世,空着手走去,带着某种自由的誓约,但是他们(指民众。——本书作者)由于平庸无知和天生的粗野不驯,根本不能理解它,还对它满心畏惧,——因为从来对于人类和人类社会来说,再没有比自由更难忍受的东西了!你看见这不毛的、炙人的沙漠上的石头么?你只要把那些石头变成面包,人类就会像羊群一样跟着你跑,感激而且驯顺,尽管因为生怕你收回你的手,你的面包会马上消失而永远在胆战心惊。"但是你不愿意剥夺人类的自由,拒绝了这个提议,因为你这样想,假使驯顺是用面包换来的,那还有什么自由可言呢?你反驳说,人不能单靠面包活着。但是你可知道,大地的精灵恰恰会借这尘世的面包为名,起来反叛,同你交战,并且战胜你,而大家全会跟着他跑,喊着:"谁能和这野兽相比,它从天上给我们取来了火!"你可知道,再过许多世纪,人类将用智慧和科学的嘴宣告,根本没有什么犯罪,因此也无所谓罪孽,而只有饥饿的人群。在旗帜上将写着:"先给食物,再问他们道德!"人们将举起这旗帜来反对你,摧毁你的圣殿。在你的圣殿的废墟上将筑起一所新的大厦,重新造起可怕的巴比伦之塔,虽然这高塔也不会造成,和以前的那座一样,但你总还可以防止人去造这座新的塔,而使人们的痛苦缩短千年,——因为他们为这高塔吃了千年苦头以后,会走到我们这里来的!那时候他们会再寻找藏在地下陵寝里面的我们(因为我们会重又遭到驱逐和折磨),寻到以后,就对我们哭喊:"给我们食物吃吧,因为那些答应给我们天上的火的人们,并没有给我们呀。"到那时候就将由我们来修完他们的高塔,因为谁能给食物吃，谁才能修完它，而能给食物吃的只有我们，用你的名义，或者假称用你的名义。哎，他们没有我们是永远永远不能喂饱自己的！在他们还有自由的时候，任何科学也不会给与他们面包，结果是他们一定会把他们的自由送到我们的脚下，对我们说："你们尽管奴役我们吧，只要给我们食物吃。"他们终于自己会明白，自由和充分饱餐地上的面包是二者不可兼得的，因为他们永远永远也不善于在自己之间好好地进行分配！他们也将深信，他们永远不能得到自由，因为他们软弱，渺小，没有道德，他们是叛逆成性的。①

陀思妥耶夫斯基通过这段话告诉我们：人永远把面包摆在第一位；基督给人自由，教给人们道德，佢自由和面包不可兼得；享受自由就不会有面包，为了获得面包，人们将抛弃自由，即使科学技术也无能为力，因为人永远不善于在相互间好好地进行分配。这使人想起资本主义社会。资本主义标榜自由、平等、博爱，依靠科学技术和自由竞争发展经济，但由于分配不公造成广大劳动者的贫困和人与人的战争——阶级斗争。针对这种情况，宗教大法官给出的出路实际上是以高度集中为特征的社会主义：

我们将给予他们平静而温顺的幸福，软弱无力的生物的幸福，——因为它们天生就是那样的生物。我们将最终说服他们不要再骄傲，因为你把他们抬高了，因而使他们学会了骄傲；我们将向他们证明，他们是软弱无力的，他们只是可怜的小孩子，但是小孩子的幸福却比一切的幸福更甜蜜。他们会胆小起来，望着我们，害怕地紧偎在我们的身边，就像鸡雏紧偎着母鸡。他们会对我

---

① 〔俄〕陀思妥耶夫斯基：《卡拉马佐夫兄弟》上卷，第377—379页。

第七章　俄国哲学史上的弗罗洛夫

们惊讶，惧怕，而且还为了我们这样强大、聪明，竟能驯服住有亿万头羊的骚乱羊群而自豪。他们对于我们的震怒将软弱地怕得发抖，他们的思想会变得胆小畏缩，他们的眼睛会像妇人小孩那样容易落泪，但是只要我们一挥手，他们也会同样容易地转为快乐而欢笑，变得兴高采烈，像小孩子似的嬉笑歌唱。是的，我们要强迫他们工作，但是在劳动之余的空闲时间，我们要把他们的生活安排得就像小孩子游戏一样，既有小孩的歌曲、合唱，又有天真烂漫的舞蹈。……他们不会有一点秘密瞒着我们。我们可以允许或禁止他们同妻子和情妇同房，生孩子或不生孩子，——全看他们听话不听话，——而他们会高高兴兴地服从我们。[1]

这里描写的正是斯大林在苏联建立的社会主义。面包高于一切，获取面包的方式决定一切。大法官和他的同道主宰一切。人们失去自由，但是提高了劳动效率，而且阶级斗争不见了，人人有面包，人和人似乎充满了平等友爱。至于辩证唯物主义历史唯物主义哲学，是从世界观、方法论上为这种制度的合理性做了论证。"传说"中民众对大法官说：是的，你们是对的，只有你们掌握了他的神秘。[2] 就是说，大法官掌握了神的秘密，掌握了世界得自于神的客观规律，拥有了基督的权威。斯大林就是掌握了基督秘密即客观世界的规律的宗教大法官。

换个角度看，耶稣基督与宗教大法官的对立，就是精神价值与物质利益的对立。这一对立贯穿人的全部历史。苏联把物质利益摆在至高无上的地位，固然国家迅速强大，人民的物质生活水平很快提高，但付出的代价是人的异化，人成为社会这架机器上的"螺丝钉"，斯大林则像神一样凌驾于整个社会之上；戈尔巴乔夫改革要给予民众自

---

[1] 〔俄〕陀思妥耶夫斯基：《卡拉马佐夫兄弟》上卷，第387—388页。
[2] 同上书，第386页。

新轴心时代与 И.Т.弗罗洛夫

由、民主，弗罗洛夫的新人道主义取代了强调人必须服从客观规律的辩证唯物主义历史唯物主义，然而改革使物质生产陷入困境。人们得到自由以后，手中的面包减少了。如"大法官"所说，民众为了面包抛弃自由，改革失败。

苏联解体后，俄罗斯哲学界陷入两难之中。一方面，广大民众对高举人道主义旗帜要给人以自由和民主的哲学理论，如弗罗洛夫的新人道主义，失去信任，钟摆又摆向面包。因为正是在这一理论指导下的改革导致国家解体，民众物质生活水平下降；与此相关，民主的状况也不尽如人意。改革以及随后的苏联解体，在面包和自由两个方面都深深地伤害了俄罗斯人。戈尔巴乔夫改革的积极支持者，曾经的激进民主派，最早全面批判马克思主义的苏联哲学家，如 А.С.齐普科，对 21 世纪俄罗斯出现的左倾意识形态复兴深感忧虑。他说：

> 上世纪 90 年代初，大多数人文知识分子都同意，"共产主义的统治不仅是近代以来的欧洲人，而且是整个人类，最可怕的经历"。现在，改革过后 20 年，相信一切事情，哪怕是要牺牲数百万人的性命，如果它有助于俄罗斯大国实力的增强，都是道德的，这样的信念成了时髦。……我仍然坚持，"红色方案"就是红色恐怖，任何一个爱国主义者都有义务揭露不论是旧的还是新的俄罗斯救世主义的反人类、反基督的本质。[1]

戈尔巴乔夫坚持人道的民主的社会主义，苏联解体后几次努力重返政坛均以失败告终。广大民众抛弃了他。弗罗洛夫直到去世都在坚决捍卫自己的新人道主义思想。苏联解体后他在俄罗斯哲学界的处境

---

[1] Ципко А.С. Снова красный проект? // Литературная газета. 2008. №26 (25, июни-01, июли). (А.С.齐普科：《又是红色方案？》，《文学报》2008 年第 26 期（6 月 25 日—7 月 1 日））

十分尴尬与微妙。他为苏联哲学发展做出了巨大贡献,哲学界的精英多数曾经得到他的提携,苏联解体后他当选为新成立的俄罗斯哲学学会第一任会长,但是在1997年第一次俄罗斯哲学大会(圣彼得堡)和1999年的第二次俄罗斯哲学大会(叶卡捷琳堡)上,他在大会发言时有人喝倒彩,对他很不礼貌。2001年出版的怀念弗罗洛夫的文集《伊万·季莫费耶维奇·弗罗洛夫院士》一书,俄罗斯哲学界的所有重要人物,甚至包括戈尔巴乔夫,都给予他高度评价和热情赞誉,但是在此之后哲学家们似乎又在刻意与他"切割",小心地与他保持距离。在今天的俄罗斯,在讲到苏联哲学时,处于学术地位和政治权力顶峰时期的弗罗洛夫,他领导的彻底改变了苏联哲学和苏联社会面貌的全球性问题研究,很少被人提及,以致苏联哲学的历史因此而显得残缺不全,让人难以理解。给人的感觉是,戈尔巴乔夫在政治上被人抛弃了,弗罗洛夫在哲学上也遭到冰封。

另一方面,如我们前面多次指出的,拒斥物质利益至上的实用主义哲学和资本主义的价值目标,是俄罗斯文化传统的精髓,是俄罗斯人的民族性格。苏联解体后,斯焦宾院士说:

> 在俄罗斯人的意识中,当下的东西的价值,"在这里和在现在的存在"的价值,传统上就在价值体系中不占有什么重要的位置。作为补偿,总是存有关于"光明未来"的幻想,这种幻想往往被认为是最高的价值和目标。①

著名哲学家梅茹耶夫说:苏联失败的原因,主要是一些对俄罗斯一窍不通的小市民掌了权。梅茹耶夫反对俄罗斯走"面包至上"的小

---

① *Степин В.С.* Реформаторские идеи в социальном развитии России. М.: ИФРАН, 1998. С. 18.(В. С. 斯焦宾:《俄罗斯社会发展中的改革思想》,莫斯科:俄罗斯科学院哲学研究所出版,1998年,第18页。)

新轴心时代与 И.Т.弗罗洛夫

市民道路：

> 今天，重要的一点是要明白，俄罗斯这个伟大的国家不是为了某种经济合理性而建立起来的。俄罗斯是作为一种重大的文化、文明的思想而存在着。19世纪的人对此有极好的理解。……仅仅依靠纯粹的经济合目的性生活的俄罗斯，世界上谁都不需要，包括俄罗斯自己。①

连俄罗斯经济研究所在1996年的一份报告中都说：

> 俄罗斯生活方式的特点是，物质因素在某种程度上永远被看作是第二位的，从属于政治、国家以及人们的精神生活的东西。历史上形成了经济以外的因素在事业的成功中起重要作用的传统，形成了道德、精神激励对于作为人的技艺和自我确证的表现形式的劳动的重要作用。……几百年的时间形成了俄罗斯人对财富和所有权的民族传统，这一传统浸透了集体主义、村社精神以及平等和社会公正的思想。②

类似的观点在俄罗斯非常普遍。它们是俄罗斯文化和哲学传统的体现，俄罗斯人拒绝做小市民，拒斥没有灵魂的实用主义。俄罗斯哲学家尤其如此。

显而易见，处在这两种对立倾向中的俄罗斯哲学家，左右为难，失去方向。弗罗洛夫的新人道主义方向走不下去了，西方世界的实用

---

① Кто развалил Совстский союз?—история?запад?Ельцин?Горбачев? // Независимая газета. 1997-06-01.（《谁瓦解了苏联？——历史？西方？叶利钦？戈尔巴乔夫？》，1997年6月1日《独立报》）

② Институт экономики РАН Трансформация мировой экономики // Свободная мысль. 1996. №4.（俄罗斯科学院经济研究所：《世界经济的转型》，《自由思想》1996年第4期。）

主义方向不愿意走，如何是好？

这是苏联解体后俄罗斯哲学遇到的最重大、最基本的问题。是俄罗斯哲学今天陷入困境以致发出"人们为什么不喜欢哲学和哲学家？"之问的深层原因。

对今天的俄罗斯哲学，我们还可以从更大的背景出发加以考察。

弗罗洛夫和他的新人道主义在苏联解体后受到冷落，影响十分重大。其实受冷落的不是弗罗洛夫个人以及他的新人道主义思想，而是俄罗斯哲学传统。弗罗洛夫是俄罗斯文化和俄罗斯哲学传统在苏联时期的主要代表，社会冷落弗罗洛夫是因为苏联解体后，从总体上看，俄罗斯社会的钟摆摆向了"面包"，背离了俄罗斯哲学的传统，这一传统中断了。

这一传统的中断令人惋惜。要知道，当今世界比以往任何时候都更需要俄罗斯哲学。弗罗洛夫的新人道主义是他在全球性问题凸显后对俄罗斯哲学传统的继续与发扬，然而全球性问题在今天不仅没有解决，反而比苏联解体以前更加严重。首先生态、资源、环境问题在全球范围不仅依然存在引人关注，而且成为矛盾、冲突的根源。南中国海自古以来属于中国，从未有过争议，20世纪70年代在那里发现了前景可观的石油天然气贮藏，周边国家纷纷染指，40年来很快成为冲突热点。发展中国家环境恶化触目惊心。在中国，尤其在华北地区，以往鲜为人知的雾霾严重到许多人认真考虑移居他地甚至移民国外。罐装的清洁空气也成为商品上市。得力于物质生活水平提高和医疗条件的改善，中国的人均寿命显著提高，但是以往罕见的健康问题日益严重，例如近15%的育龄夫妇遇到了生育方面的问题，北方地区成年男子体内精子数显著下降。最令人忧虑的是气候变暖。气候正在变暖而且将给人类带来巨大威胁已成共识，2015年底巴黎气候大会的成功召开充分说明了问题的严重。2017年1月，北半球一年中最冷的时候，北极地区的气温高达0℃。最近几年，每年夏天北极地区的气温都在 30℃以上。其次，使用大规模杀伤性武器的危险更加令人不安。拥核国家的数量持续增加，防止核扩散是今天国际冲突的焦点之一。生物武器的巨大杀伤力和易于获得让人们想起来便感到几分恐惧。与大规模杀伤性武器性能提升的同时，随着全球化进程的深入，国际冲突比以往更加严重。苏联解体以来国际性武装冲突从未停止，大国间的竞争以及由此而来的矛盾空前尖锐。人们对爆发新世界大战的担心挥之不去。最后，科学技术伦理学化比以往任何时候都更为迫切。由于基因工程技术的长足发展，延续生命乃至实现长生不老不再遥远。在实验室里制造新的生命已经成为现实。人的克隆、基因改造不仅理论上没有障碍，而且已经部分运用于医疗实践。随着人工智能的长足进步，制造和使用机器人日益普及，其速度之快让人惊叹。这将给人类带来什么？令人忧虑。著名英国科学家霍金提出，如果人类在100年内不能移居其他星球，走向灭亡不可避免。其中原因之一就是人工智能的快速发展。以上问题都是弗罗洛夫研究领域的老问题，或者是他的新人道主义思想题中应有之义，只是范围比他在世时更广、对人类的威胁比他在世时更大。今天，全世界、全人类迫切需要弗罗洛夫。正是在这样的时候，弗罗洛夫的工作在他的故乡俄罗斯受到冷落，让人扼腕叹息。

全球性问题比以往更为严重，凸显了弗罗洛夫及其新人道主义的现实价值。对于这种价值我们可以从两个方面来看。第一，人类历史进入新轴心时代，迫切需要确立新的价值目标，人类文明在呼唤俄罗斯哲学。从历史上看，人类文明当前遇到的问题深层根源是追求物质欲望满足这一人类动物本能造成的，就其直接原因而言，是文艺复兴时期形成的通过发展科学技术加速改造自然促进物质生产乃至改造全部人类社会生活这一新的发展思路的产物。也可以说，是西方资本主义工业文明、国家现代化的产物。只有改变这种文艺复兴以来逐渐确立的发展方向、发展模式，人类文明才可能延续。但是我们应该从哪

第七章　俄国哲学史上的弗罗洛夫

里寻找新的发展方向、发展模式？在西方资本主义文化内部，显然是找不到这种新方向的。汤因比对中国文化寄予厚望：

> 将来统一世界的大概不是西欧国家，也不是西欧化的国家，而是中国。并且正因为中国有担任这样的未来政治任务的征兆，所以今天中国在世界上才有令人惊叹的威望。中国的统一政府在以前的两千二百年间，除了极短的空白时期外，一直是在政治上把几亿民众统一为一个整体的。而且统一的中国，在政治上的宗主权是被保护国所承认。文化的影响甚至渗透到遥远的地区，真是所谓"中华王国"。……恐怕可以说正是中国肩负着不止给半个世界而且给整个世界带来政治统一与和平的命运。①

他又说，世界统一是避免人类集体自杀之路——

> 就中国人来说，几千年来，比世界任何民族都成功地把几亿民众，从政治文化上团结起来。他们显示出这种在政治、文化上统一的本领，具有无与伦比的成功经验。这样的统一正是今天世界的绝对要求。中国人和东亚各民族合作，在被人们认为是不可缺少和不可避免的人类统一的过程中，可能要发挥主导作用，其理由就在这里。②

汤因比的说法是有道理的，事实上今天许多中国学者也是这样看的。他们努力研究中国文化中的"天下主义"，把它视为实现人类团结、协调国际关系、组织世界政府的重要思想资源。近年来中国政府

---

① 《展望二十一世纪——汤因比与池田大作对话录》，第289页。
② 同上书，第294页。

新轴心时代与 И.Т.弗罗洛夫

提出并积极实现"一带一路"倡议、"构建人类命运共同体"的构想，促进世界的全球化进程，向世界宣示自己的"文化自信"。这些都说明中国的确有可能在人类实现对世界秩序的自觉管理中发挥重要作用。但是汤因比的说法也有明显的不足：他对俄罗斯哲学俄罗斯文化的价值估计不足。中国的"天下主义"基于儒学思想，儒家思想主要关注协调与规范人际关系，化解矛盾，维持秩序。毫无疑问，这一作用十分重要，但它无力解决全部问题。人类今天面临的生存危机主要来自全球性问题，而全球性问题的出现是资本主义工业文明在全球发展的结果，工业文明又是建立在文艺复兴运动以来人类借助科学的力量改造自然获取更多物质财富这一价值目标上。只要这一价值目标不变，无论怎样协调关系也不可能解决人与自然、人与人的对立以及人对物的迷恋与追求导致的物对人的支配，不可能解决全球性问题。从根本上改变资本主义工业文明的价值目标，消除人对物质财富的迷恋与毫无节制的追求，也就是消除物对人的支配，是解决问题的关键所在。正是在这里，俄罗斯文化和俄罗斯哲学传统，弗罗洛夫的新人道主义，可以发挥巨大的作用。在当今世界，只有俄罗斯哲学注重剖析人的精神世界，着意研究人与物的关系，即自由与面包的关系，把人的自由、人的价值放在首要位置，并且在将近两个世纪的时间里对个人主义、享乐主义、乃至科学理性，展开持续的批判。也只有俄罗斯涌现出了弗罗洛夫这样在全球性问题凸显的时代举起新人道主义大旗把全人类命运置于至高位置的哲学家。

由此可以看出，苏联解体后弗罗洛夫及其新人道主义思想的命运，意味着俄罗斯哲学传统的中断[1]，意味着俄罗斯哲学放弃了自己在人类

---

[1] 文化传统不可能因社会巨变彻底消失。苏联解体后斯焦宾院士着力宣传的"技术型文明"（техногенная цивилизация）理论、列克托尔斯基院士对"后人"（постчеловек）的思考、丘马科夫教授对全球性问题以及全球化锲而不舍的研究、每年举行一次的弗罗洛夫报告会（Фроловские чтения），表明俄罗斯哲学传统仍然存在。"中断"二字只是说，它不再是旗帜鲜明的思想潮流，弗罗洛夫这样的旗手已经见不到了。

第七章　俄国哲学史上的弗罗洛夫

文明转折中发挥历史性作用的难得机遇，也失去了自己走向复兴赢得社会尊重的机会。让俄罗斯人感到骄傲的白银时代宗教唯心主义哲学，只是博物馆精致橱柜里的陈列品。

事情还不仅如此。在新轴心时代完成人类文明的价值目标转向是客观的历史规律的要求，是时代提出的绝对命令。一个国家抓住了人类历史的这一新方向，它就会成为客观规律的体现者，成为时代精神的代言人，就有可能引领历史潮流，获得无比巨大的国家软实力。延续俄罗斯文化和俄罗斯哲学传统，继续弗罗洛夫的工作，是俄罗斯哲学走向繁荣以及俄罗斯国家为人类做出重大贡献的关键。中国的传统文化正在通过中国处理国内外重大问题的实践而焕发出新的生命力，俄罗斯应该从中获得有益的启示。

应该认识到，弗罗洛夫的新人道主义是新轴心时代的哲学，是属于人类未来文明的哲学。但是戈尔巴乔夫改革失败的教训也告诉我们，在当今世界，人类还没有彻底走出自己的动物阶段，面包仍然是广大民众最重要的追求。新人道主义要发挥作用就必须成为广大民众手中的工具，而它要被广大民众所接受，就必须适应他们当前的思想状况，考虑到他们对面包的需要，否则就会真正沦为抽象的人道主义，丧失改变现实生活的能力。认真研究弗罗洛夫新人道主义与民众的思想状况以及当前社会现实条件的关系，研究如何在动态过程中保持二者的结合，直到人的自由王国的到来，是今日俄罗斯哲学面临的重要课题。

俄罗斯哲学的繁荣，并不能由弗罗洛夫新人道主义的命运来决定。俄罗斯哲学的生命力取决于它能否对俄罗斯民众关心的现实问题做出科学回答，满足他们的理论需要。不过必须看到的是，俄罗斯的未来与整个人类的未来密切相关，而人类正在进入新的轴心时代，人类文明面临重大历史性转折。人类文明出路何在，前景如何，必将重新成为俄罗斯民众的重大理论关切。就此而言，继续弗罗洛夫的工作，继承与发扬俄罗斯文化、俄罗斯哲学的传统，是俄罗斯哲学再创辉煌的重要一环。

　　研究弗罗洛夫新人道主义不仅是俄罗斯哲学家应该从事的工作，因为处在重大历史转折关头的不仅仅是俄罗斯，而是整个人类文明。

附　录

回首改革——И.Т.弗罗洛夫与日本《朝日新闻》记者的谈话 [1]

记者：本报组织这次谈话，目的是为了把您介绍给广大的日本读者，让他们像对戈尔巴乔夫一样对您也有很好的了解，让他们明白谁是戈尔巴乔夫最重要的助手。此外想要说明在1991年"8·19"政变前苏联的情况，以及现在正在发生什么事，不过我们不想用现在报纸上流行的语言讲述这些事，而是提供另外一种关于它们的观点。

弗罗洛夫：我觉得谈话一开始最好不要谈"俄罗斯的局势"，而是要谈"俄罗斯的命运"。俄罗斯的命运，与此相关的俄罗斯的、人民的命运，愿意的话还有知识分子的命运。历史上的和现在的情况。我个人的命运。接下来是改革和它在俄罗斯以及世界的革新中的作用，可以把我个人的某些回忆放在这个一般性的思想基础上，这个背景中。因为我不想按照你的提问讲述自己的生活。在普遍性问题的背景下并

---

[1] 1993年2月，日本《朝日新闻》特派记者在莫斯科就个人生平事业和苏联时期一系列重大事件对弗罗洛夫做了访谈，时间长达一周。谈话主要内容与苏联改革有关。弗罗洛夫作为改革的直接参与者、领导者，在谈话中披露了大量重要细节，特别是以切身经历说明了戈尔巴乔夫人道、民主的社会主义思想的由来和改革期间苏联思想理论领域的激烈斗争。谈话对于理解作为哲学家的弗罗洛夫，理解他的新人道主义及其在戈尔巴乔夫改革中的作用，理解苏联剧变，具有重要参考价值。他对苏联剧变教训的总结也因其哲学家、思想家的特殊身份而别具一格。访谈的部分内容曾在日本和俄罗斯报刊发表，在俄罗斯发表时与戈尔巴乔夫有关的内容多数被删。2005年10月，弗罗洛夫的夫人别尔金娜女士把访谈的完整录音整理稿交给本书作者。本书作者在翻译时对关于弗罗洛夫个人生平的内容以及少量其他内容作了删节，涉及苏联剧变的内容基本上全部保留。翻译量约占原稿的80%。标题是译者加的。译文曾在《俄罗斯研究》2016年第5期发表。

联系这些问题来讲述——这样会更有趣一些。只在这样的联系中讲，为了不把我个人的历史放在第一位。

我们就从这里开始。俄罗斯的命运……，我总是，对我来说是最主要的，把俄罗斯的命运与陀思妥耶夫斯基所说的"人类对全世界的、普遍的团结一致的要求"联系在一起。这是我的基本思想。我认为，俄罗斯的命运，不论过去、现在还是未来，只有像陀思妥耶夫斯基所表达的这样，即和"人类对全世界的、普遍的团结一致的要求"相联系，才能得到解决与确认。这一点非常重要，因为这样就与今天不断增长着的把俄罗斯与某些其他国家对立起来的民族—爱国主义倾向划清了界限。

两种倾向。一种倾向（可以称作"西欧主义的倾向"）是完全融入发达国家正在发生的各种事情之中。事实上终止俄罗斯作为超级大国的存在。一些人说得非常好。俄罗斯成为殖民地。落入对美国和西方的紧密依赖之中。不少人认为这很好。我们可以请求借贷，包括向世界银行等借贷。它们会给我们贷款，俄罗斯则会融入西方的发展之中。这是一种倾向或者方向。

第二个方向是对第一个方向的反作用。现在社会上爱国主义情绪在不断增长。这可以和过去的"西欧主义者"、"乡土主义者"做比较。有这种情绪的人认为，俄罗斯应该确认自己的独立性，既和西方对比，也和东方对比，确定自己的伟大和不可重复性，从周围世界独立出来。

我，与此相反，像陀思妥耶夫斯基那样，认为只有通过实现走向全世界的普遍的团结这种总体趋势，俄罗斯在今天才能实现自己的伟大。我就是想让这样的思想在我们那里被人们接受。

因此，我想把注意力转向陀思妥耶夫斯基《卡拉马佐夫兄弟》中的"关于宗教大法官的传说"。大家知道，在小说中是伊万·卡拉马佐夫讲述这个传说的。传说提出一个重要的两难论题：人的自由和他的物质丰裕。故事发生在宗教裁判时期的西班牙。基督再次现身。人们把他投入监牢，他和宗教大法官进行了一次谈话。宗教大法官对基督说："你在我们面前现身，给人们带来自由，说人不是单靠面包活着，他应该是自由的。"接下来说："在15个世纪中，人们为这个自由而吃苦头。现在我们夺走了他们的自由，但是他们活得很好。他们有面包。"于是就出现了一个两难选择：或者是自由，或者是面包。因为，如宗教大法官所认为的，人自己就其本性而言，是暴乱者。应该把他驯服。当你驯服他，也就是剥夺他的自由的时候，他就开始工作，开始过好日子。于是宗教大法官说："我们纠正你的事业，为了给人们自由而献身的基督的事业。你离开了高傲的人们，回到驯顺的人这里。你离开了高傲的人们，来到吃饱了的人们这里，因为我们纠正了你，消灭了自由。现在我们不需要你。甚至即便你是真正的基督，我们也不需要你。我相信你真的是基督，但我们明天将把你作为异教徒烧死，因为你使人们成为不幸的。"

离开上面的说法，不能理解俄罗斯。这是一个自由和物质丰裕的两难论题，它贯穿俄罗斯的全部历史。我认为，离开这个两难论题，也不能理解我们今天发生的事。没有它，不能理解改革在我国历史中的地位和作用。在某种意义上，戈尔巴乔夫处在基督的地位上，与改革一道，他带来了自由。但是您看，这是怎么收场的。叶利钦，像是恶魔或者敌基督。但是他和戈尔巴乔夫联系在一起。他继续了戈尔巴乔夫开始的过程。他们是统一的，虽然一个消灭了另一个，叶利钦消灭了戈尔巴乔夫。

您看，现在俄罗斯有许多人，就像宗教大法官那样说话：当改革和戈尔巴乔夫从我们这里夺走了面包，也就是物质丰裕的时候，为什么我们还需要它们带来的自由？不错，在改革和戈尔巴乔夫之前，在停滞的年代和斯大林时期，没有自由，有残酷的镇压，等等。但是，不管怎样，我们过得比现在好。很遗憾，这也是现代思想的一个非常重要的轴心。我认为，离开它不可能懂得俄罗斯当前的情况。这不是抽象的哲学思考，这是政治斗争的中心问题。这不是抽象议论，因为如果这个两难论题的解决得出我们需要面包不需要自由的结论，那就可能会有内战。

十月革命后就是这种情况，同样的情况也可能在现在存在。政治家们想，不论现在的政治家还是过去的政治家，是他们在决定俄罗斯的命运。但俄罗斯的命运是由其历史发展的普遍的命定结果决定的。俄罗斯的命运来自历史发展的一般趋势，来自那些俄罗斯社会、俄罗斯文化所饱含的思想。正是这种情况，不论西方，还是日本，应该搞清楚。完全不是金钱，不是借贷，不是物质的东西，在决定着俄罗斯现在的状况及其未来命运。不如说是相反：这些物质的东西是由某些植根于文化中——俄罗斯文化中的东西决定的。

这是一种在其他文明中不会被理解的东西。在西方国家和东方国家，包括日本，不会被理解。我去过那里，并且看到了这种情况不会被理解。对这个最主要问题的不理解，导致日本人经常说："不错，我们不理解为什么这种情况发生在俄罗斯。应该这样做，而不是那样做，是很清楚的。但是为什么在俄罗斯人们不这样做？是不是他们是一些笨人。可能还有其他原因。例如他们不喜欢工作，等等。"

要明白这是最主要的东西，然后就会以另一种方式判定和评价俄罗斯人的行为，包括俄罗斯政治家的行为。这里没有任何神秘的东西，这是现实。这就是丘特切夫为什么说："理智不能理解俄罗斯。"……理智说的是理性，西方文明的严格的理性。这里可能有不少丘特切夫作为诗人的夸大，但不管怎么说，情况确实如此。

我带来一位俄罗斯思想家的几本书给你们看。他是尼古拉·别尔嘉耶夫。这些书都是关于我们现在说的这种情况的。别尔嘉耶夫对第一次世界大战时发生的事做了思考。革命后，从1922年起，他生活在国外。他也是在国外去世的。在这些书里他对俄罗斯共产主义、社会主义等的命运做了思考。一切都是由很复杂的情况在俄罗斯造成的，并不像政论作家们现在说的那样。这是别尔嘉耶夫的《俄罗斯的命运》，这是他的《俄罗斯思想》。

还有一种看法。俄罗斯思想的定义，俄罗斯的命运，是同一个东西，与它相关联的还有一种情况，不考虑这种情况就不可能理解俄罗斯社会思想的发展，尤其是社会主义共产主义思想在俄罗斯的发展。没有它，在俄罗斯什么都不能理解。叶利钦现在禁止俄罗斯共产党，实际上被禁止的是共产主义意识形态。任何替代它的东西都没有提出来。但是在我们的出版物上，尤其是在电视上，到处在传，共产党被禁止了，共产主义意识形态被禁止了。大家立刻松了一口气。为什么？因为它们好像是被布尔什维克、共产党人、列宁强加在俄罗斯身上的。它们和俄罗斯没有连在一起，它们会很快烟消云散。它们不是俄罗斯文化和俄罗斯历史的有机组成部分。在描述当前的形势时，现在俄罗斯的出版物就是这样说的。

但问题是，这一思想本身，这种态度本身，在政治上就是不正确的。既然它不正确，就可能导致不正确的政治结论。要知道，还是这位别尔嘉耶夫，在他的另外一本书《俄罗斯共产主义的由来与意义》里指出（他对共产主义持否定态度），共产主义思想在俄罗斯有着深刻的民族基础。它是俄罗斯文化的一部分，它和俄罗斯文化发展中的革命路线，包括"西欧主义"路线，有着深刻的继承性联系，从拉吉舍夫、赫尔岑、车尔尼雪夫斯基、别林斯基等人开始，到列宁。民粹派，然后是列宁。深刻的历史联系，导致列宁说（这是一个非常深刻的思想）："俄罗斯历经痛苦获得了马克思主义。"俄罗斯不是简单地从西方接受了马克思主义，是从深处接受了它，好像是它生出了马克思主义。马克思的思想落在已经准备好了的土壤上。因此马克思主义就像是俄罗斯文化历史的一个部分，有深刻的历史根源。普列汉诺夫、列宁在后来的出现，是非常自然的事。他们都是俄罗斯知识分子。普列汉诺夫起初是作为民粹派,也就是革命民主主义者登上舞台的,后来接受了马克思主义。这是俄罗斯知识分子历史的脉络之一。

另外一条脉络是与君主专制制度、国家相联系的宗教—哲学。陀思妥耶夫斯基就在这条线索上。陀思妥耶夫斯基有个老朋友叫巴别达诺斯采夫(他在长达 20 年的时间里领导了圣教公会),这个人就有宗教大法官的某些特点。他是一个非常反动的人,是宗教大法官的原型。自由主义的俄罗斯知识分子捍卫的正是宗教大法官传说的另一面——自由。他们合乎逻辑地走向了革命,接受了马克思主义。别尔嘉耶夫在年轻时也曾是马克思主义者。俄国曾有所谓的"合法的马克思主义",别尔嘉耶夫就曾经是这种合法的马克思主义者。他和许多俄罗斯知识分子、思想家一样,后来,在十月革命后,移民到西方。就像在宗教大法官的传说中一样,他们渴望自由。他们渴望自由和革命。而这种自由,这种革命,压制他们,抛弃了他们。陀思妥耶夫斯基采取了另外一种立场。他在小说《群魔》中,对革命者们,还有后来出现的现象,做了描绘。他对他们做了漫画式的描绘,嘲笑他们,在很多方面预见到后来发生在这些参加了革命的俄罗斯知识分子身上的事情。

我再重复一遍,今天俄罗斯在思想和政治领域发生的事,如果不考察它们的历史根源,就不可能理解。主要的是,这种考察告诉我们,叶利钦和所谓的"民主派",这些现在掌权的人,对这一历史趋势的破坏是多么的错误、不明智、愚蠢。这一趋势不可能被摧毁。无论如何,再过一年、两年、再过五十年,它还会让人们知道自己。思想是不能被消灭的。叶利钦这些人想,可以把和共产党有关的东西消灭掉,把那些似乎是从外部强加给俄罗斯的东西消灭掉。但是,这些东西实际上是从多少个世纪的深处走来的。它们在很长的时间里抓住了俄罗斯知识分子的头脑。因此它们是不可能被根除的。

这是一颗叶利钦和"民主派"放在自己脚下的具有爆炸性危险的地雷。因为不能这么做。这也是当前形势的特征。这是必须予以考虑的客观因素，不论我们对待社会主义、共产主义思想还是马克思主义，都必须如此。我们可以对社会主义、共产主义思想和马克思主义与俄罗斯历史的内在联系持否定性态度。我没有断定这是积极因素，但它是历史事实，因此当今天的"民主派"不想考虑这个事实时，他们制造了一种非常危险的局势，一种精神性的局势。

骤然取消苏维埃政权和马克思主义，是一颗政治地雷。因此1991年8月的事件，这些突如其来的改变，导致了巨大的社会—政治变化，导致了经济恶化、生产下降。这呼唤出苏联解体和种族之间的战争。其中也包括引发了非常严重的精神变形。这造成了俄罗斯的局势不稳。广大民众，政治家（包括日本的），我觉得应该不是从一个个侧面去看俄罗斯：这是经济问题，谁在那里相互斗——叶利钦和哈斯布拉托夫。当然分析这些问题也很重要，但是政治家和民众应当有一个总体性的理解，有一个系统性的看法，有一个关于俄罗斯过去发生的和现在正在发生的事情的完整的看法。通过历史解释现实，这就是我所说的。应该从这样的观点出发。

改革开始时我们最先考虑的就是关于总体性发展的看法。我们把注意力转向历史，包括苏联时期的历史。我总是对戈尔巴乔夫说：现在，在改革的最初阶段，应该进行大量分析性的历史工作。我提出了这样的方法。如果我们从这样的认识出发，即历史（像列宁所说的）是按照螺旋形曲线发展的，那么改革的任务，我们的任务，将是使螺旋的第一圈尽可能地接近地面。我们应该向后，也就是回顾我们的历史。在历史中一切都在和解、结合。"红军"和"白匪军"和解。要让我们手中有已经不止是最近70年的历史，而是无条件地把这70年包含在内的俄罗斯一千年的历史。按我的理解，任务就在于此，包括改革的任务。

戈尔巴乔夫同意了。因为当时我国社会被矛盾撕裂了。"民主派"是一种声音，保守派完全是另一种。这是根本不可调和的矛盾。别尔嘉耶夫是反共主义者，我是共产主义者。但是我研究别尔嘉耶夫不止是为了了解他。我爱别尔嘉耶夫。我把他当作思想家看，对他的许多东西都很重视。

大家看，这就是和解：把全部文化统一在一起。因此早在1986年，当时我是《共产党人》杂志主编，给苏共中央写了一封便函，建议出版19世纪末20世纪初俄罗斯宗教哲学家的著作，包括别尔嘉耶夫的著作。政治局采纳了我的建议，著作出版了。

成为戈尔巴乔夫的助手以后，我做的第一件事，是组织了戈尔巴乔夫与东正教全俄罗斯大牧首及圣公会成员的历史性会见。在此之前只有斯大林会见过大牧首。斯大林之后戈尔巴乔夫是第一个会见大牧首、圣公会成员的人。这是在1988年。这次会见后，开放了800多座教堂。

我不认为哲学会引起您的很大兴趣。当然，有些事情应该说一说，因为现在我们俄罗斯的主要问题之一，如您所知，就是意识形态—精神的真空，思想—哲学的真空。这可以做如下解释：我们现在宣传的基督教—东正教未能提供一些内涵广泛的哲学原理，比如说，像天主教在基督教领域所做的那样。从另一个方面看，是因为那种粗鲁的斯大林主义的教条主义式的马克思主义被否定了。现在，这种马克思主义总是在被否定，人们总是在说我们多么不喜欢它，我们怎样拒绝它。但问题是，这种形式的马克思主义早就被我们的许多哲学—意识形态家否定了。我们所有的人，其中包括我，可以说在信奉对马克思主义的人道主义解释，一般说来就是人道主义哲学。在西方，在西欧，这被称作向马克思本来思想的回归。

这些60年代人哲学家一直在做这项工作，这成为他们生命中最主要的事业。但是，看起来广大民众对此几乎一无所知，而官方的意识形态又几乎不接受它。我觉得，戈尔巴乔夫发动的改革开始以后，作为人道主义的马克思主义才逐渐被接受。由于这个原因，戈尔巴乔夫才邀请我去工作。但是后来发现,这种人道主义马克思主义的根基很不深厚,它被与改革一道取消了。也被戈尔巴乔夫本人取消了。

记者:这就是改革的结果?

弗罗洛夫:不,这是与改革的终结一道发生的。戈尔巴乔夫也参与了这个过程。这些观点,对马克思主义的这种解释,不是他自己想出来的。我们对他做了某些工作,他接受了,而当形势发生变化时,这种解释立即失去意义。

我经常被人问:"为什么他的这篇、那篇文章,或者著作,几乎逐字逐句地重复你的著作中的话?"我的著作用英文、德文发表,这是大家都知道的。现在我开始思考与分析过去的情况,发现,包含人道主义哲学和对马克思主义人道主义解释的著作在我们这里很少。我想,原因是我们的时间太少了,我们能做的事情太少。在我们那里有国家意识形态,宣传,还有相应的哲学教学。只是在1989年,我们才成功地编写并出版了新的哲学教科书——《哲学导论》,而到1991年,已经发生了政变。

但是我相信,等一切都平静下来,人们还会回到这个问题上,因为做这些事非常难。这个方向上的研究工作需要几十年的时间。如果这本教科书哪怕使用上5—10年……。我们已经想要出更新后的第二版了。正是在这里,在人道主义方面,我们想继续努力。但是现在这已经不可能了。为出新版而重新修订的这本教科书第一卷的手稿,已经在我手上,但是谁都不接受,不愿意出版。总之,这就是那种空虚,意识形态真空。

那些现在和叶利钦一道掌握政权的人,其中有布尔布利斯等思想家,但是他们从来不是"第一梯队"的高水平的哲学家。他们这些人我都认识。他们是从外省来的,而在我们那里,莫斯科和各省有很大的区别。

如果你们对我国的哲学生活有兴趣,想一想60—80年代哲学在我国是一幅什么样的景象啊，而现在又成什么样子了。我在《哲学问题》（1992年——译者）第10期发表了一篇文章，《哲学导论》这本教材的所有作者都参加了文章的写作。这是一篇概览性的文章——《科学的人道的哲学原理在60—80年代的发展》（题目是《科学的人道的哲学原理在60—80年代的发展：总结与前瞻》——译者）。但是在我们那里人们也不怎么宣传它。

你们看，这方面的情况如何？当改革结束以后，也就是在1991年8月，马克思主义哲学的科学的人道主义的原理的发展，在我们俄罗斯，被终止了（现在，在这个时候，我这样认为）。

但是，不久前我在中国讲了两周课，但是在那里我说的完全是另外一套。中国翻译出版了我的两本书，关于人的问题的和关于辩证法的。但他们认为我不是马克思主义者，或者顶多是修正主义者。

记者：您在那里是作为修正主义者发言的吗？

弗罗洛夫：我从来不说假话，这是我的一个大缺点。从来不说迎合某个人的话。家里人叫我"诚实的日本人"。我的妻子，嘉利娜·列奥尼多芙娜，对我说："人们不问你的时候，你别说话。"不过我应该对你说，在中国事情没有这么简单，从这个观点看，尽管我被当作修正主义者，那里有我的学生，他们写了关于我，关于我的著作的学位论文。我对他们产生了一定影响，我自己感觉到了。例如在北京大学现在建立了人学中心。《人的前景》这本书在中国也出了两版。

记者：有人批评你吗？

弗罗洛夫：没有，但是在不同的地方讲课，情况不一样。比如说，在北京大学，在人学中心，我们的观点完全一致，进行了坦诚的交谈，而在高级党校，在党的机构，情况就不是那么好了。比如说这本书——《哲学导论》。它已经被译为中文，甚至还让我看了译稿，但是没有出版，因为党的上级领导不允许。

记者：在中国？

弗罗洛夫：是的。在我们俄罗斯，则是没有再版。没有做新版，也是在意识形态上不合适。而在中国，人们认为这本书不是马克思主义的，是修正主义的。因此他们不出版。

大家看，我的处境如何？我国的所谓"民主派"认为，因为我为马克思、马克思主义辩护，并且曾经从事党的工作，所以对他们而言我是不可接受的，是保守派。而那些现在正在恢复中的共产党，他们不接受我是因为，在他们看来，我是反马克思主义者，修正主义者，与戈尔巴乔夫在一起。

记者：这说明共产党人的队伍正在分裂？

弗罗洛夫：就是和戈尔巴乔夫，我也分手了。完全是因为他后退得太远、抛弃了原来坚守的观点。他放弃了这些观点。但我不为所动。我现在持自我中心主义的观点：有我，也有所有其他人。这只是因为我毕生都在工作，并且研究出了一点东西，某些观点、某些立场。现在他们想把他们自己的东西全都强加给我，可我不愿意。

我只是一个俄罗斯人，我是一个有几分狡猾的俄罗斯庄稼汉。我有时会这样说话，让你不会立即明白，或者用开玩笑的方式，或者严肃地说，哲学本来就是这样。这被称作"哲学的狡猾"。现在有许多人想让我站在某个人的立场上说话，也许是新共产党人，也许是叶利钦身边的人。让我放弃自己原先的立场。很多人都在等着我。其中也有戈尔巴乔夫，他也想让我像他一样谴责苏共，谴责马克思主义，但我不做这种事。不做这样的事，所以我是孤家寡人。但是现在已经没有任何人公开地请我做任何事，因为他们都非常了解我。我不进行自我装饰。可能这是我的缺点——固执，等等。但他们知道我不会放弃。我只会说，这在我不是固执。不，不是固执。我用许多许多年的研究形成了这些观点，相信这些观点，虽然做了不少修正。不过还因为我有我自己所说的"尊严感"什么的。

我非常喜欢陀思妥耶夫斯基表达自己思想的方法。我依据文学材料，陀思妥耶夫斯基、托尔斯泰等人，做了很多工作。在陀思妥耶夫斯基的《卡拉马佐夫兄弟》里有这样一个说法，我非常喜欢。记得吧，伊万·卡拉马佐夫说，如果我拒绝这张通往美好未来的门票，那是因为，假如在那条路上哪怕有孩子的一滴眼泪，我也不能跨过它。简单地说，手段具有决定性的意义。就这样，陀思妥耶夫斯基把思想推进到极端，有时甚至到荒谬的地步。把思想推到极端是为了更有力地表达这一思想。然后，突然地出人意料地结束了："虽然可能我并不正确。"这样的一种方法：一直都在极端地强调这个思想，然后在结束时说："虽然可能我并不正确。"

或者再看看托尔斯泰论艺术的文章。他应该证明，对人来讲，主要的和起决定作用的是道德哲学问题。他想说生命的意义，等等。他需要不断地解决这些问题。不然他活不下去。可是，记得吧，他这样说："人不是死于肝病，不是死于心脏病，甚至不是死于炸弹，他死亡是因为他没有活下去的理由，他不知道为什么活着。"这不是科学方法，但是是强有力的文学方法。这是非常典型的俄罗斯思维的风格。

为什么我反对简单地抛弃马克思主义、马克思主义观点？在给大学生讲课时，我对他们说："陀思妥耶夫斯基说：'如果在路上哪怕有孩子的一滴眼泪，我也不能跨过去。'或者是生活在物质满足中。而他一样要杀死自己，如果他不能回答'生活的意义何在？'这样的问题。"但是能提出这样的问题：在现实中，有多少人，居民，能这样想？多少人不会提出这个问题，又有多少人，对他们来说主要的东西是富裕，是好生活？当有人指责马克思主义不把这些问题，生命的意义等等，当作主要的东西，那么可以这样说，马克思主义关心的是广大人民群众，是为了他们能享有现实的幸福，享有现实的繁荣，而不是关心精英。因为马克思主义在寻求怎样使所有的人都幸福等等问题的答案。可能马克思主义找到的答案不正确，这是另外一回事，但是不能以此就认为马克思主义是反人道主义。为什么？我想的是人民的大多数，而您是精英，只关心和您类似的人。

托尔斯泰在自己最后的笔记、论文、书信中说："我太痛苦了，很快准备自杀，如果我找不到对这些问题的答案。"他是伯爵，生活在自己的庄园里，而他的周围是农民。几千、几百万个农民。对这些农民来说，这个问题不存在不仅是因为他们没有受过教育，还因为他们的生活完全是另外一个样子。列夫·托尔斯泰的痛苦，可以给出肯定的评价，这很重要。但是为什么要指责那些主张为了一切人过上好日子而应该改变现有制度的人？为什么要指责？不，不能指责。

记者：我想起格瓦拉的话："人民不理解我。"

弗罗洛夫：您知道，托尔斯泰有一本秘密日记，谁都不知道有这本日记，他总是把它藏起来，因为他怕他的妻子，索菲亚，找到它、阅读它。可是她整个日记都读过了，什么都知道了。像托尔斯泰那样的人，不能隐瞒什么或者藏匿什么。他整个人都让人一目了然。他把那些秘密思想写在这本日记本里。这样索菲亚就知道了，托尔斯泰直到岁数很大了还一直念念不忘，他曾经有一个女性的农民，阿克西尼亚。索菲亚因托尔斯泰与阿克西尼亚交往而疯狂吃醋。而托尔斯泰在她身上，在阿克西尼亚身上，看到了女性特征的体现，看到了那种彻底的无私。他把这写进了小说《女地主的早晨》。这是一段插曲。

托尔斯泰到农民那里，给他们讲解，做宣传，包括讲生命的意义。可他在日记里写道："到了农民的木屋里，关于上帝、关于灵魂的非常令人感动的心灵的交谈……从房子里出来以后，我哭了。因为在这次高尚的心灵的交谈结束时，他们哽咽着向我要钱。"以羞辱收场。可托尔斯泰想，他已经那样理解农民了。而布道以要钱结束。由此我想，对托尔斯泰那样的人，对我们大家这样的人，这些问题可能有决定性的意义，可大多数人在以另外一种方式生活。人道主义就在于，一切都服务于大多数人，而不是针对精英，对吗？基督教和基督的学说获胜的秘密，就在这里。

但托尔斯泰本人（要知道，这是他的主要矛盾）因此从自己的庄园出走了。因为总有人给他写信，说他说一套，做一套。有财产，不与别人分享。他痛苦。

1987年，我在当时那一届政治局会议上做记录。我刚刚开始做戈尔巴乔夫的助手。会上所有政治局成员的发言都主张，不能从旧体制急剧地转向市场经济，应该小心翼翼地进行，不声不响地进行。和我坐在一起的还有戈尔巴乔夫国际事务方面的助手，切尔尼亚耶夫。他对我说："你看，都这样说。现在，改革，主要改革的方案，将被取消。"后来戈尔巴乔夫发言了。那时还有严格的纪律，党的纪律。戈尔巴乔夫长时间地、激烈地发言，捍卫经济改革。大家都同意了。至少是不说话了。谁都没有捍卫自己的观点，大家都同意了戈尔巴乔夫。

记者：戈尔巴乔夫发言提出的观点是什么？

弗罗洛夫：进行改革。改变行政指挥的方法。取消集中化，引入市场关系。我和切尔尼亚耶夫非常高兴。戈尔巴乔夫真是好样的！现在我想，当时我是多么幼稚的傻瓜啊。当然，这里不需要任何革命性的改造。应该先在原有的框架内把经济搞好，然后再接着往前走。要是1987年开始这样做，那就不会是现在这样的情况了。这种观点不是利加乔夫的。这是邓小平的观点。

不久前我读了中国共产党最近一届全会上总书记的报告。那里非常清楚地阐述了这种看法。后来我也开始持这种看法了。甚至语词上的吻合令我吃惊。那些年我对戈尔巴乔夫说："米哈伊尔·谢尔盖耶维奇，不要拒绝使用这些词——'社会主义'、'国家'、'计划'，等等。不要拒绝这些词。同时在做的时候，可以像列宁在新经济政策时期那样。一切形式的所有制，包括私有制。让它们都存在。但把这叫作'社会主义的市场关系'。至于那里将没有社会主义，这不重要。市场关系，就是市场关系。不是社会主义的，也不是资本主义的。反正把它们叫作社会主义市场关系。因为人民不需要在思想意识中犯这样的

'错误'"。

有这样一个东方谚语:"不要威胁一个你不能消灭的人。"当我们制定新党纲草案的时候,我是这个起草小组的领导人,我们在草案上写了(这在我的书里也可以找到反映),实际上我国没有社会主义。你们看,这也是哲学的狡猾。先说"社会主义的新人道主义面貌",然后开始说"人道、民主的社会主义"。"人道、民主的社会主义"这个词组是我想出来的。我提出来,戈尔巴乔夫同意了。后来戈尔巴乔夫的反对者,教条主义者,反对这一提法,他们说,怎么,我们需要建立人道主义的、民主的社会主义?要知道,社会主义究其本质而言就是人道主义社会。是不是说,你们断言我们还没有社会主义?对此我做了非常简单的回答:"想一想吧,做个三段论推理。"对我来说很清楚,还没有社会主义。但是我没有断言,没有社会主义。我不认为学者应该这样做:他们就像埃及的祭司。他们知道某个东西并把它作为秘密。一些口号被抛给人民,人民相信它们。但从另一个方面,我也不认为需要把实际情况与人们在我们之前的看法一刀两断。我们现在想得不一样了。好吧。可是制造一些傻瓜,愚弄我们以前的人,也不应该。过去的条件不一样,意识水平不一样,知识水平也不一样。他们是另外的一类人,其中有许多卑鄙下流的人,残酷的人。

不能让一切都沿着直线走。不能让历史走直线。民主派说,社会主义建设的75年遭到失败。当我们起草党纲的时候,我总是提出这样的问题:发生了革命,然后是国内战争,军事共产主义政策。这一时期建设的是什么?社会主义?不。发生了国内战争,新经济政策,这很清楚。相反,引进了资本主义关系。这就是说,我们从1917年一步步走到列宁去世,走到1924年。在任何地方都没有开始建设社会主义。后来开始了工业化和集体化。它们是什么?工业化是在解决所有文明都要遇到的问题。国家应当从落后状况,从沙皇俄国的结构上升到以经济为基础的关系。没有这些变化,就没有任何社会主义,如果没有各种工厂，不会有社会主义。俄罗斯曾经是一个在经济上落后的国家。应该把她建成先进国家。这里还要加上一个极为重要的任务：俄罗斯曾经处在敌对势力的包围之中——资本主义的、敌对力量的包围。她为战争做了准备。工业化是对战争的准备。建设了拖拉机工厂。在拖拉机工厂既可以生产拖拉机，也可以生产坦克。制造坦克，就是准备战争。科学技术曾经有一个充满发现的时期。例如在铝的生产方面。工业需要铝。飞机机身是铝，也包括战斗机的机身。在开始修建工厂等等的时候，人们涌进城市，工人阶级形成了。可在农村没有作为商品的粮食，也就是国家可以拿在手里卖给工人的粮食。斯大林"解决了"这个问题。用粗暴的、暴力的方法。他镇压、驱赶了所谓"富农"，就是优秀的自耕农，这些人生产了粮食，但想把它们卖掉。斯大林建了集体农庄，在农庄里他可以直接把这些粮食拿走。用暴力强迫工作。但这已经是斯大林的集体化。从历史的角度也产生了问题：还有别的道路走吗？

再后来就是那场开始得过早的战争。那些开始做的事——工业化、战争准备等等，没有来得及做完。因此在战争初期遭受了严重的失败。

斯大林习惯于使用暴力方法和残酷的手段做事，在战争时期他做了此前工业化时期所做的事，只是形式更加残酷。他收到了效果，战争中获胜了。但是，战争不是社会主义建设。然后是经济恢复。1947年，在莫斯科，我经历了可怕的饥饿。正是因为这个原因，我不接受现在我们那里正在发生的事。不是因为我比别人富有。我不接受它们是因为那个莫斯科，战争时期的莫斯科，历历在目。1947年，那时的饥饿是名副其实的。我对它记得很清楚。人们穿什么衣服。他们看起来怎么样。大家都穿短棉袄。直到斯大林去世，国家的恢复还在继续。嗯，这里有什么社会主义？

后来就是赫鲁晓夫时期。那时，首次开始了人民物质生活的改善，像战前一样。但这仍然不是社会主义。如果人有可能吃饱饭了，这也不是社会主义。这是赫鲁晓夫做的事。但是这些人的水平，斯大林和赫鲁晓夫，在理论方面的水平，太低了，比如说和列宁无法相比，以至于他们开始说：这就是社会主义。赫鲁晓夫甚至声称，到80年代将会建成共产主义。大家都笑话他。在勃列日涅夫时期，人们开始说，建成了发达社会主义。同样大家都笑了。如果什么都没有，这是什么发达社会主义？再后来改革就开始了。我想说什么呢？我想说，在我描绘的历史中，按照我的计算，结论是：就没有什么时间用来建设社会主义。所有的时期，大家都在做别的事。事实上，我认为，社会主义建设就没有进行。

……

弗罗洛夫：和戈尔巴乔夫一起工作，尤其是在《真理报》工作，对我是一个艰难的选择。我选择这份工作不是出于贪图虚荣，我有充分的证据说明，当时我已经享有比后来多得多的赞扬。所有的评论、意见都在赞扬我。但不管怎么说，我决定在那里工作几年。这些民主派，我们在电视上经常看到他们，他们和我年纪相仿，不过是在改革那几年出名的。甚至还要迟一些，在1989年人民代表大会期间。我去戈尔巴乔夫那里工作是在自己声誉达到顶峰的时候，那时还没有人知道他们。而戈尔巴乔夫在我名气最大的时候把我弄去了。他们只是得到了出名的可能，而我拒绝出名，想要在戈尔巴乔夫那里作为助手安安静静地工作。哪里都不去，不发表言论。

但是因为我一贯地，我自己认为，和诚实地捍卫戈尔巴乔夫的路线与政策，而他和党联系在一起，所以后来在戈尔巴乔夫时期，我得到了许多党内的十分重要的位置。这些人，他们现在极为风光。他们是"自由主义者"、"民主派"，等等。因为他们推翻了戈尔巴乔夫，而我任何时候都捍卫戈尔巴乔夫（包括保护戈尔巴乔夫不受他们的攻击），所以现在我的作用发生了变化。当我出名的时候，我是自由主义者、民主派，而他们当时还不为人知。他们那时无声无息。我当时因为自己的立场遭到很多不愉快。现在全都倒过来了。因为我捍卫戈尔巴乔夫，而他们推翻了他，我成了保守派，他们成了民主派。这很可笑，但是这就是生活。

最后，甚至戈尔巴乔夫身上也出现了这种情况。因为他把当初他吸引我，吸引我参加党的工作的东西，全都放弃了，而我没有放弃。因此，甚至是他，我想，也认为我是个过于正统的人。从政治上看，和我来往对他不利，因为这些民主派说："弗罗洛夫固守保守主义立场，戈尔巴乔夫像过去一样和他搞在一起。"而戈尔巴乔夫性格有这样的特点——他是一个非常善变的人。不过我对他也不怎么好，因为他纵容了瓦解国家、联盟解体、禁止党的活动。

您知道戈尔巴乔夫最大的缺点是什么吗？不管可能听起来多么离奇，是懦弱。当他掌权的时候，他表现出是一个强有力的人。正是权力对他是一个考验，考验的结果是，暴露出，他是个懦弱的人。这种懦弱的表现，是他把权力丢掉了。由于自己的懦弱，他容忍了丧失权力。当然了，所有这些是很复杂的，然而懦弱是重要原因。

1986年年初，А. Н. 雅科夫列夫给我打电话（我和他很熟），以戈尔巴乔夫的名义邀请我担任《共产党人》杂志主编，就是说从科学院系统转做党的工作，当中央委员。我当即问他（因为看到了戈尔巴乔夫，还有他，开始了一项相当激进的大事业，正在遇到或者可能遇到来自保守派方面的抵制）："请你告诉我，戈尔巴乔夫的人里面，谁在控制克格勃？"因为大家都知道赫鲁晓夫身上发生的事：是克格勃推翻了他。我这样想："说：我是激进派，将改变一切，要进行改革，等等，这是很容易的。然而他怎样保证自己不被推翻？"我毕生认为，问题不在发布某种激进的东西，而在于能够把它贯彻到生活中去。为此就应该保持拥有权力。这是规律。雅科夫列夫甚至有几分慌乱。想了想，说："卢基扬诺夫控制克格勃。"我不认识卢基扬诺夫，但是知道他是和戈尔巴乔夫很亲近的人（您知道，卢基扬诺夫实际上是个什么样的人）。戈尔巴乔夫和卢基扬诺夫一起在莫斯科大学学习。他们早就认识。

1991年8月政变之前一年或者一年半，我几次，两次或者三次，单独和戈尔巴乔夫谈，让他换掉克留奇科夫——克格勃主席。我直接说，这是一个不值得信任的人。"他将背叛你。"克留奇科夫说了很多话，各种极为不同的反对戈尔巴乔夫的话。戈尔巴乔夫说："我也这样想，但不是现在。"这是戈尔巴乔夫的极大的懦弱。他行动过于迟缓，做了过多的让步。他想，他用自己的个人魅力把人吸引到自己这里。应该贯彻更坚决的路线。这里表现出了他作为一个国务活动家的懦弱。行动应该更坚决。他不应该当总统。他一次又一次地要求赋予他全权。全权不是请求来的，是夺取来的。当他开始请求巩固他的地位时，事情就变得清楚了，只有懦弱的人才这样做事。我立即就感觉到了这一点。

我出生在利佩茨克州多布罗耶村。它在俄罗斯的中心，是个大村，在扎顿斯基修道院旁边，所有的教堂、所有的庙宇，都被毁坏了。在和圣公会会见后，我回自己的故乡（我经常去）。和我一起去的有地方官员——州的、区的党的和苏维埃的官员。在村里很多人把我围起来，他们请求开放教堂。他们说：瓦纽什卡，你就是在这里受洗的。过了不多的时间，教堂开了，开始修复。我请求都主教比基利姆（他自己原籍米丘林斯克，与利佩茨克相邻），派个好神甫来，原来的神甫不好，是个酒鬼。我请他派个新的来。现在这个神甫服务得很好。作为感谢，我向他赠送了三卷本的圣经，还有十二卷本的福音书讲解。神甫从来没有见过这些书，而我对它们做了研究，就像专业人士。它们是牧首所在的教堂送给我的。我为牧首教堂做了很多事。"哲学谈话"节目是我和都主教比基利姆一起在电视上做的。我是第一个邀请神职人员上电视的人。此前他们从来没有上过电视。我大概应该当神甫。

我结束了自己在生物学和遗传学哲学问题方面的工作，我把它们彻底中断了。这是很早以前的事了，我写了一本总结性的书——《生命与认识》。这是对全部自然科学哲学方面工作的总结，在遗传学方面，这本书是总结。为了对这方面的工作做最后的整理，1989年出版了《论人和人道主义》，它以《人的前景》一书为基础。《论人和人道主义》是一本做了完善加工的著作。它的第二章是"人与人的世界。通往现实人道主义的社会，通往新人——理性的人道的人"。改革和社会主义问题，我对未来的社会主义、未来社会等等的看法，都在这一章。这非常重要。美国出的版本中没有这一章。我交给戈尔巴乔夫的东西，我写在党的文件中的思想，都在这一章，我把它们作为自己的知识产权，收集在这里。这本书还补充了有关哲学史的一章。

戈尔巴乔夫掌权后，直到关于加快科学技术进步的会议以前，我没有注意他。会议后我立即写了文章《决定性转变的时刻》，发表在《哲学问题》上（1985年第8期）。我就是这样评价改革的开始和戈尔巴乔夫上台的。我没有把它们当作重要的政治改变。对我来说，这不是主要的。重要的是经济问题。应该从经济问题开始。为了改变经济形势，为了这，需要在加快科学技术进步方面完成根本性转变。我当时这样认为，现在还这样认为。科学技术进步是根本问题。过去的领导和现在的领导，全部错误都在这个问题上。在这篇文章里，我率先引用了日本的例子，日本因为掌握了最新的高技术，电子技术等等，完成了巨大的跃进。

1984年（1983年安德罗波夫上台，他注意到了我），我去巴黎参加了学术会议。在这些年遭受冷遇之后，安德罗波夫后来编了一本文集，其中有他自己关于马克思的文章，也有我的几篇文章。文章是他自己选的。于是我活了，决定不再谈论死亡。这体现在我的文章中，开始活了，因为我的思想有人需要了。

还在安德罗波夫和契尔年科掌权的时候，我的思想就有人需要了。不多，但有人要。我是在和您谈论科学、科学技术进步，谈论我是怎样走向改革的。我们说了，在此之前我从事科学技术及科学技术进步的哲学和社会学问题研究。后来我就转向了政治。转向政治，而不是转向理论、哲学。

1984年，我和H. H. 莫伊谢耶夫院士合写了一篇文章——《高度协作》，发表在《哲学问题》上。我们在文章里讨论了科学技术革命的新阶段：微电子、信息、生物工程。这对我国是很新的，因为正是对这些方面，人们没有关注。我们还说，社会主义应该完成这样的革命，这样它就不会落后。社会主义应该这样做，美国和日本这样做了。而"高度协作"这一概念本身，意味着高技术应该有社会的高度发展，社会关系的高度发展，与之相适应，有社会与自然、社会与人的高度协调。这就是我指出的那种联系，我把这叫作"高度协作"。这被人们广泛地理解了。这篇文章是我在按照苏联俄罗斯联邦"知识"协会的路线第一次访问日本之后写的。甚至"高度协作"(high touch)这个概念也是我在日本，在横滨市一个生产电子产品的工厂听来的。

我深受对新技术工艺的这种理解的鼓舞，就它们对社会主义，对我们国家，对一般的社会主义所具有的意义，做了论证。但是文章丝毫没有引起我国政治家们的注意。不过在一些国家，在保加利亚，不论多么匪夷所思，我的文章广为流传。在保加利亚，国家领导人会见我。文章被从俄文翻译过来，推荐人们阅读。不久前保加利亚成为经互会各国在这一政策方面的协调人，在新技术领域。他们开始在自己国家建设新的工厂、企业。他们对此做了思考。我不说是因为我他们才这样做的，但是他们利用了我文章中的思想。我成为他们的顾问。可是在我们国家……。我国危机的根源，社会主义彻底失败的根源，就在这里。因为当时的领导人没有对发展新思想、新技术的必要性做出反应。这是在1984年，是我对政治的最初的态度。

1985年关于科学技术进步的大会开完后，我"抛出"这篇对大会作总结的文章，甚至认为这是一个决定性转变的时刻。为什么当初人们否定遗传学而接受了愚昧的魔鬼李森科？为什么反对李森科的斗争如此重要？

　　遗传学领域的主要情况在新技术方面得到重复。我学习了日本的经验，并把它们从日本带回来。我去了日本，去了劳动生产力中心。他们给了我大量关于如何提高劳动生产率的著作。他们教授这方面的知识。我从日本回来，这些资料无处可放。谁都不从我这里取这些资料，谁都不需要。这就是当时的情况。李森科，对遗传学的迫害。什么是对遗传学的迫害？遗传学是育种学的基础，而育种学是提高产量的基础。这是对粮食问题的解决。而我们，因为毁掉了遗传学，在粮食生产方面把自己的国家抛在了后面。又一次的机会。高技术。我认为由于这个原因，社会主义思想在我国遭到失败。我国出现的危机，也由此而来。因为，如果时间不是在1984年，而是，当然了，假如像日本一样更早些开始学习新技术，那么我们就会改造全部生产，提高劳动生产率和质量。现在耗费了太多的资源用来走出危机，比那时掌握新技术需要的投入多得多。早动手5—10年就更好了。你投入10戈比，经过10—20年，可以收获几百万。不学无术的低智能的人，他就这样工作："怎么？我，还有什么电子学？"起初戈尔巴乔夫也持我这种观点，后来他们不给他钱，开始批评他。当讨论所有这些问题的时候，我在政治局。他害怕了。要知道开始时曾提出机器制造方面的纲领，机器制造离不开微电子学的发展。纲领通过了。一个与我同姓的人，К. В. 弗罗洛夫院士，被任命为纲领的负责人。后来一切都只能踩着刹车往前走。纲领成为报复手段。

　　记者：怎么，所有政治局委员都那么短视？

　　弗罗洛夫：有人支持戈尔巴乔夫，但是满腔热情地热衷于这件事的人几乎没有。这样的人只有在学者、工程师等人中间才有。要知道，我也是来自科学界。那里有维利霍夫、莫伊谢耶夫。想要多少名字，我都可以叫出来。生物技术方面是巴叶夫、彼得罗夫。但谁都不管用。

结果是，我们在处于拖拉机、康拜因水平的知识的指导下进入新世纪，进入高科技的世纪。

在西方，你们知道，为什么能采用高科技？因为那里已经有了发达的市场。而市场是推动者。竞争，就要提高生产率。我们没有这种情况。那时应该补上这一环，首先引入市场。应该用领导人的，和广大民众的，高智商和自觉性，补上市场这一环。可能这是乌托邦，但是社会主义就是建立在这上面的。可是没有出现这样的情况。

列宁说，我们将建设社会主义，将会形成新的人，受过更高教育的、人道的人，等等。这些人将带来新的东西。不是因为竞争，不是因为想挣更多的钱，而是因为他们觉悟更高，有更高的理解力，更高的道德激励。看来，这不是为了人的利益。更正确地说，我们目前还不是人。说到底，积极的东西在于，我们过去的政治结构持有高的标准。我们在这里忙忙碌碌，搏斗。但是任何时候都能看到这个标准。有人看不到，但许多人看到了。当前情况的特点是，标准垮掉了。

这种不平衡的情况不会维持多久，因为人们不会安于这种情况。有人会胜出。或者是某个纳粹—法西斯，或者是独裁，或者是东正教国家。那时教会将给我们这些高标准。但是这不会维持很长时间。一年、两年、三年。力量耗尽了。人们，整个社会，会感到不能这样生活。人不值得这样生活。

一切都开始于勃列日涅夫时期，所有这些肮脏的东西。

您知道科学技术革命应该在什么时候开始吗？应该在勃列日涅夫刚刚开始掌权的时候。甚至还在那个时候，我就给勃列日涅夫递过关于科学技术进步的必要性的条子。

1985年戈尔巴乔夫上台了，举行了这个关于科学技术进步的会议。我评价它是决定性的改变。在那时发表的文章里，从本质上说，我已经提出了那种应该被称作"改革"的政策。我对它做了设想。文章谈了全新的发展，谈到我们正在进入决定性改变的时期，这些改变决定着21世纪到来时社会主义的面貌。

对于我们,对于大家和对于我们的社会,必须革新,必须通过科学技术进步和引入新的高级的技术工艺,微电子、生物技术等等,革新经济,革新社会结构,发展公开性、民主,等等。革新人与自然、生态的联系,也就是引入生态标准。革新人本身,人的道德,人的道德操守。而为此就应该研究人。我建议建立人研究所,后来我自己把它建立起来了。最后,我建议所有这一切都应该由本身也应该革新的党来进行。人本身应该得到研究。我认为,应该由党来领导这些变革。党本身也应该变革。为了党是睿智的、灵活的、像我一样。这里包含着个人的东西。这里以如下的形式潜在地包含着个人的东西:党和我息息相关的时候,我会接受她。

有迹象告诉我,戈尔巴乔夫的意思是:好,我们接受这些想法!当我获得这样的信号以后,我就到他们那里工作了。因为我原先是站在对立面的立场上的,我作为哲学家,基本上从批判的角度评价一切。你看,这里出现了与我的高度契合。但是只是我自己在想,党是这样的,形势是这样的,戈尔巴乔夫是这样的,过了5年,我深深地失望了。在那个时候我着了迷。我把他当作什么人接受了。但是我毕竟不是机器,也不是像他们那样的人。我知道这些是谁说的。这在我的笔记中有所反映:全部生活就是这样进行的——从着迷走向失望,然后是新的着迷……。这就像与妇女打交道。如果你的血管里甚至不是血,而是火,你可以这样爱上一位妇女或者男子,你将认为:这是最最好的,世上没有更好的了。要知道这是一种迷误。人们将对你说,我也可以给你列举那些更聪明、更有趣、更漂亮的人的名字。不过这对着了迷的人没有任何意义。你记得列斯科夫的《着了迷的云游者》吗?那里有一些人从兴高采烈到无比失望,然后又来一次,这就是他们的生活,我就是他们中的一员。嗯,什么,这不好?可能不好,不过对我来说,好。

今天我在《文学报》上读了对戈尔巴乔夫的专访。对于这样的戈尔巴乔夫（从专访来看）我不屑一顾。这是一个愁眉苦脸的、乏味的、缺少文化知识的人。一个浅薄、狡猾的政治家。专访中没有想象力。过去他是有的。可能这些话不是出自他的本意，是别人授意的，包括受了我的影响。我喜欢他的那种想象力。

我成为戈尔巴乔夫的助手之前整整一年，关于我和他的关系，已经有许多人说："伊万，你怎么，秘密地给他当助手了？""怎么这么说？""因为你的书里，你的文章里，有的内容常常一字不差地出现在他的发言里——'全球性问题'、'人类共同价值'。"的确，这些都是我的术语。人们开始给我打电话，他们猜测我真的是在为他工作。实际上，这些都是没有的事。他的助手们把所有属于我的东西列了个清单。我的东西是他们那时著作的基本源泉。这是我的书，《人的前景》。它出版于1983年，第二版。戈尔巴乔夫关于全球性问题、全人类价值所写的全部东西，基本上都出自这本书。

戈尔巴乔夫自己不隐瞒（他对我说）他早就通过《哲学问题》杂志，通过我的书，追踪我的著作。他了解这些著作，在我到他那里工作之前利用这些著作。但我不大相信他。他喜欢夸大其词。我不太相信他研究过或者了解我的著作。关于我的著作他可能听说过些什么。为了恭维我说些好听的话。我现在相信，他只是读了那些为了发言需要人们给他提供的材料。或者是谈话中听到了什么，或者赖莎·马克西莫夫娜给他说了些什么。难以设想他阅读了、研究了我的著作，不，我不信。他不是这样的文化人。他是党的工作者。我了解这些党的工作者。他没有时间做这些事。他们只读来自下面的报告。还有那些需要他们宣读的发言稿。再有就是大量的密码电报。

……我打心里不相信他。他那时应该是另外一个人，更有文化的、更有学识的人。在交往中立即可以看出，他不是这样的人。他可以连连称是，但是当他开始自己发挥这些题目时，那么他就想钻到桌子底下，或者装聋作哑。他是一个有能力的州一级的党的工作者，水平不会再高了。

因此我赋予这本书以这样的意义。这些年，在写作《人的前景》的时候，我的状态很好。有一段很消沉，但我是在很好的状态中走近改革的。一个人在那时写了这样一本书，处于我们在这里描绘的状况下，如果对他说，你去写本传记吧，我会鄙视对我说这话的人。这是对我的贬低。因为我的座右铭始终是普希金的话："心生活在未来"，而勃洛克（Блок）说得更有力：生命只能是未来式的。而他们对我说——"传记"，怎么？回到过去？只能向前，只能向前。这完全是另外一个人。生活只能是未来式的。

在这个时候意识形态控制很严厉，当知识分子们想要批评某个人时，他们只能用伊索式的语言。您要记着普希金的话"心生活在未来"。我这样想：嗯，当然了，每个知识分子、每个读者，在读我这行字的时候，可这是我的原则立场——面向未来。面向未来是对当下的批判，乌托邦批判当下。

现在许多人在写回忆录，甚至戈尔巴乔夫。回忆录通常有两种。在垂暮之年写回忆录，类似忏悔。另外一种回忆录是为了继续政治工作、政治活动。为了吸引人们注意。我大致属于第一种情况。我急于想要说话，因为现在谎言太多。每个人都在为自己工作，想要展示自己。

比如利加乔夫。我知道利加乔夫出版了回忆录，包括在日本。说的是假话。利加乔夫从来没有和戈尔巴乔夫站在一起。我曾和戈尔巴乔夫站在一起，雅科夫列夫也是。而利加乔夫不了解戈尔巴乔夫。他写"戈尔巴乔夫之谜"。他不了解戈尔巴乔夫，因为他没有参与过我上面所说党的最重要文件的起草。区别就在这里。除此而外，还有其他区别。我曾是戈尔巴乔夫的私人助手。有很多时间是我和他两个人一起度过的。只有我们两个人。讨论和加工某个文件。因此我可以说，有些成果是我个人和戈尔巴乔夫共同工作取得的。戈尔巴乔夫非常不喜欢和很多人一起工作。就算他知道我召集了一些人，他也只和我共事。这样工作的成果是文件。除了我，谁都没有起草过这样的文件。只有我。如果苏共没有被禁止活动并解散，如果戈尔巴乔夫没有抗议性地辞去党的总书记，所有这些文件都是党的最高机密。它们会保存在档案里，或者被销毁了。在现在这种情况下，这些文件是我的知识产权，因为"民主派"把它们全都解密了。

为什么我现在同意回忆某些事情？我为什么这样做？我这样做是因为现在建立了这样的条件，我可以公开反驳那些在出版物上，在电视上，诽谤党，诽谤改革的人。他们歪曲党，污蔑党。我是所有这些的直接参加者，可是我没有说话。我可以继续保持沉默。因为这些是私房话，是秘密。但是现在，这些档案和材料在"民主派"手中，他们写有关这些文件的文章，对改革横加污蔑。其中有很多错，不过我告诉了您，改革是如何开始的。怎么，这是肮脏的事？这是高尚的事业。

与民主派不同，这些年我一直掌握这些材料，因为和戈尔巴乔夫在一起，我没有说话的权利，现在我将捍卫改革。我甚至都没有被人请到宪法法庭作过证。我猜到了这是为什么。因为他们需要的是叛徒，或者是没有头脑的人。而我会告诉他们，在改革的最后几年党是如何行为的。这和他们说的完全不一样。我们最早开始了对斯大林和斯大林主义的批判。官方，党，我们，包括我，还有戈尔巴乔夫。而不是这些现在把这一切记在自己名下的人。有过一个法庭，他们在法庭上亮出了材料，等等。但是他们中谁都没有说，是党自己开始了这个过程。正是在改革时期开始的。这是改革的主要思想。由于这个原因，他们不让我上法庭。我从未做过违法的事。我有思想，其他的一概没有。思想不归法庭管。

在这个时候他们很熟悉我的观点。如果我在法庭上发言，讲了我对您讲的这番话，对他们不利。对他们不利，因为那样会使党处于另外一种色彩之中。这也就是我为什么现在对您讲这些话并将继续讲下去的原因。同时我批评了戈尔巴乔夫本人，因为他是倒退者，等等。我也犯过错误，将会做自我批评。不过这是思想方面的事情。这是精神领域的事情，不是刑事问题，他们正是想把它弄成刑事问题。可以以不同的态度对待党，对待共产主义者和马克思主义者。但只是必须看到，有各种各样的人。至于我们所说的从1985年开始的改革，已经是另外一个阶段了。还在此之前我就认为，应该有新的党。我没有开始做这件事。这只是因为我死死抱定一些思想。现在也一样。我不需要其他东西了。我有思想。

到底是谁开的头？党自己开始了这种批判。不过我们不是第一个，因为我们是在继续赫鲁晓夫开始的事业。勃列日涅夫使批判夭折了。为什么我感到我的时候到了？是为了镇压什么吗？完全相反。

这些人是我们把他们呼唤出来的。他们1989年登上舞台。这些民主派。我们自己呼唤出了索布恰克、波波夫。这不是叶利钦开始的。我们下面再说叶利钦。他们现在把我们也列入斯大林、勃列日涅夫的队伍。我想为改革辩护。我甚至想把自己的一个报告叫作《为改革辩护》。现在所有这些都被放到引号里，说到改革时，人们说"所谓的改革"。

我想证明改革是需要的。它是由党的以戈尔巴乔夫为首的主张改革的那个部分从高尚的目标出发推动的。改革的首倡者既不是叶利钦，也不是民主派。他们想把什么功劳都记在自己头上。因此他们把我们大家，其中包括我，都赶到保守派、斯大林主义者等等人的队伍中。我将让你们看，难道我当过保守派或斯大林主义者吗？但是他们对此一言不发，而污蔑我的文章很多。

改革不是由戈尔巴乔夫想出来的，它在思想上酝酿了很久了。这里也有我的贡献。民主派认为是他们开始了根本性的变革，在1991年。我将向你们介绍，社会内部和马克思主义世界观内部的人道主义倾向是怎样成熟起来的。这发生在戈尔巴乔夫上台以前，我参与了这个过程。只是在结束时我们才明白了本来应该在开始时就明白的东西。

1985 年的文章《决定性转变的时刻》。我在文章中说：必须用新的方法思考与工作。我们应该有新思维。还应该有根本性的转变。这篇文章是对关于加速科学技术进步的会议的反应。后来戈尔巴乔夫把这称作"改革"。如果领导这些过程的不是戈尔巴乔夫，而是我，我不会把这叫作改革，而是叫作决定性转变的时刻。

我们在历史中寻找机会。有一个非常合适的机会。十月革命 70 周年帮了我们大忙。我们利用了戈尔巴乔夫作报告的机会。我将拿出一些文件，说明报告的准备工作是如何进行的。这应该是领导人的发言，这位领导人应该对政策做出明确阐述。 这是一个非常折磨人的工作过程，用了好几个月。戈尔巴乔夫自己也工作了好几个月。我可以说说关于改革的观点是如何制定的。在纪念十月革命 70 周年的报告中，戈尔巴乔夫表述了与重新认识历史相关的重要思想，批评了斯大林主义。下一个阶段是制定对改革本身的看法。不仅仅是经济上的彻底改造，而且也是社会的、政治的、精神的彻底改造。这是在确定国家的前进道路。我们的出发点是，它应该是国家发展和从种种扭曲中解放出来的道路。但它是社会主义道路。改革是对社会主义的改革，而不是像今天这样，是从社会主义向资本主义转变。接下来，我们开始谈社会主义的新的、人道的面貌。到 28 大以前，我们制定了人道民主的社会主义（这个术语是我提出的）的行动纲领。其内容都包含在 1991 年 8 月公布的新党纲里了。

回到十月革命 70 周年的报告上来。起初戈尔巴乔夫要求写出报告的观点。我们讨论了这个观点。这是戈尔巴乔夫的意见。我只是指出工作如何紧张。叶利钦说，这个报告将成为我们的教科书。谢瓦尔德纳泽肯定了叶利钦的意见。雅科夫列夫在自己的发言中说："我们要重建什么？重建灵魂和人。"谢尔比茨基表示肯定。有意思的是关于操作性问题的讨论。亚佐夫发了言，杰米切夫也发了言。戈尔巴乔夫作了总结。在讨论过程中有许多有趣的评价。用了几个月的时间。然后准备了供中央全会用的简写本。戈尔巴乔夫在中央全会上读了这个本子，做了报告：《十月革命与改革：革命在继续》。这是大量工作的结果。

经过讨论，做出决定：通过报告，由戈尔巴乔夫定稿并提交中央全会。在全会上，这个叶利钦，召集中央全会是为了讨论报告。叶利钦在政治局会议上发表了意见。后来叶利钦退党（在中央全会上），开始不再谈报告，而是谈自己的问题。但是他的发言没有公布。各种各样的投机冒险开始了。应该公布。后来公布以后，人们看到了：为什么吵吵嚷嚷？看吧，他说了些什么，说的是他自己。没有立即公布他的发言，帮了他的大忙。神话开始了。

起初戈尔巴乔夫积极参与了新党纲的制定，但后来我发现，他的计划逐渐发生了变化。我坚持早一些公布新党纲和召开代表大会，以便党能够得到更新。我有一种不安的感觉，并觉得可能会出什么问题。应该快一点把这些事做完，剔除党内的反动力量，让进步的改革的力量留下来。这些力量围绕戈尔巴乔夫团结在一起。我本人在中央全会上和政治局会议上发言捍卫戈尔巴乔夫，并且争取党能得到更新与发展。当总统这件事，对戈尔巴乔夫影响非常大。他把党推到一边去了。我对他说，这是很危险的。宪法第六条做了改变。这很好，但是应该在党的建设上用力，更新党。否则局势会爆炸。在这个时期，雅科夫列夫对戈尔巴乔夫施加了非常重大的影响。在1990年的28大（原文为27大，有误。——译者）上，雅科夫列夫没有被选进党的任何机构，对党充满怨恨。除了促使党被取消，他找不到更好的发泄途径了，而这导致了"8·19"政变和局势爆炸，等等。而戈尔巴乔夫这时成了旁观者。他把精力集中在总统机构、总统会议的事务上，把党扔给了伊万什科和其他人。党的发展失去控制，逐渐站到戈尔巴乔夫的对立面。重要的是戈尔巴乔夫自己不再过问党的事了。甚至连党的纲领他都不管了。他休假去了，可是在8月5号，我们在他缺席的情况下举行了党纲委员会的会议。他去休假了,去了福罗斯,因此遭到报应。我说过,党就像一个原子反应堆。它在工作,而你们这些人,雅科夫列夫、谢瓦尔德纳泽(我没有对戈尔巴乔夫明说,他也一样),你们这些为这个反应堆服务的人,已经跑掉了。没有人调节、控制,它会爆炸的。

你们可以唾骂党,可以随便对它怎么样。你们可以想:我现在和它无关,过去属于它,因为我在它那里"捞"够了。但是一个现实主义的政治家应当本着理性做事,不能被情绪支配。雅科夫列夫情绪不小,但是他,戈尔巴乔夫,作为总书记,不应该跑掉。他应该工作,哪怕这是违背他的本意的。可是他们都跑掉了。戈尔巴乔夫8月4号就到了福罗斯,8月5号我和扎索霍夫举行了党纲委员会的会议,敲定了党纲的最后文稿,把它公布出来。过了两个星期,局势爆炸了。他们指责党,说党在很大程度上参与了政变,同情这场政变。那还用说,正是这样!戈尔巴乔夫和雅科夫列夫就是这样一起唾骂党。接下来如何呢?政变发生后,戈尔巴乔夫开始指责党,他说:"这个党背叛了我。"啊!1500万人背叛了一个人。这个人甚至都不想一想,是他先背叛了这些人,不和他们一道工作。

有两个问题在党的新党纲中得到展开。这就是世界的发展前景问题和在党的纲领草案中我努力最大限度地表达的问题。在对问题的回答中,表述了我们得出的结论,我们认识到必须改革。其中包括对全球性问题的分析。试图把社会主义纳入世界的发展中,把它作为世界发展的一个部分。揭示出某种人类共同的文明过程,并把社会主义有机地纳入其中。也就是说,代替资本主义和社会主义之间的冲突,提出了统一的社会,在那里资本主义和社会主义应该共同存在。于是,我写过的、构成我的著作的内容的那些思想,在改革过程中,在"新政治思维"的名称下,获得政治上的发展。这些思想具有了最后的政治的和实践的形式,而在这个基础上,戈尔巴乔夫开始制定与推行自己的政策。他积极参与了新政治思维的制定，但是，正如他自己强调的，是在一定的思想与理论的基础上制定的，这些思想和理论此前已经存在。他本人，我和他一道，在改革中发展了这些思想和理论。这已经深入到了与美国、德国以及过去的社会主义国家的关系的具体政策层面。新政治思维是改革的成就之一。它获得新的具体的形式，成为政治实践。叶利钦和其他一些人试图奉行同样的政策，但是他们现在从来不提这个新政治思维，从来不提戈尔巴乔夫和其他人的名字。他们把一切都据为己有，同时甚至嘲笑新政治思维。新政治思维是一个巨大的成就，它使我们以新的面貌出现在世界面前。从此以后，人们开始以新的方式看待我们，即不再把我们看作危险的敌人，而是看作需要与之对话的可能的伙伴。这就是新政治思维的全部意义。

这是现在人们想要从改革中夺走据为己有的东西。做出个样子，好像一切都是从新开始的。实际上这里有什么新东西？为了好歹做个论证，说明这是新东西，他们说："俄罗斯第一次有了总统……。"嗯，很清楚，过去是苏联，现在是俄罗斯。这里有什么新东西？！俄罗斯，什么是俄罗斯？在什么意义上是俄罗斯？俄罗斯，可能是说和过去一样，指"恢复俄罗斯"。恢复俄罗斯，什么意思？恢复帝国？要知道我们过去没有俄罗斯，有俄罗斯帝国。俄罗斯帝国有省，没有共和国。哈萨克斯坦、吉尔吉斯等等共和国，各个边疆区，过去它们全都被沙皇政府吞并了。啊哈，不是这样？那是什么样？俄罗斯苏维埃联邦社会主义共和国，也就是俄罗斯共和国。这完全是另外一回事。意味着把过去争取到的东西又从俄罗斯夺走了。

我认为世界正在走向统一的、人道的、民主的社会。这一过程存在于社会主义国家，但是同样的过程在发达资本主义国家也在进行。我们就是这样认为的。正因为如此，建立人道的、民主的社会才是可能的。主要的东西已经存在了。这就是消灭资本主义体系和社会主义体系的对抗；全人类的、全球的价值与问题的优先地位，它们相对于阶级的价值与问题具有优先地位。这也就是和平与裁军问题、生态问题、人口问题，最后，人及其未来的优先地位。这种情况在改革以前已经存在，但是遇到了阻力。因为在改革以前，我们的意识形态提出了阶级的价值，而不是全人类的价值，具有优先地位。由于提出并在生活中贯彻了这种新的政治思维，戈尔巴乔夫获得了诺贝尔奖。改革的功劳在于：把全球性问题、全人类共同的问题提升到政治层面，因此提出了新政治思维。

戈尔巴乔夫的功劳，改革的功劳，是把这些全球性问题、全人类问题提升到政治的层面。新政治思维是确立人在社会和自然整个系统中的优势地位。对我来讲这特别重要。最重要的是共同文明的过程对社会形态过程占有优势地位。其意义在于，那些对于整个文明具有全球性意义的过程、事物，是存在的，资本主义、社会主义不重要。例如科学技术进步、新的技术工艺、生态、人口，等等。文化的发展，有的是和社会形态相联系的，社会形态就是资本主义、社会主义。有些东西过去是现在仍然是社会主义的，也有一些东西则是资本主义的。现在各种过程开始这样发展，主要的东西不是社会形态的冲突，不是社会形态的关系与联系，而是站在它们之上的东西，以及资本主义和社会主义共有的东西。这是从我的全球性问题思想中合乎逻辑地推导出来的。全球性问题占优势地位，导致涉及整个文明的过程，也即规律，具有了优先地位。这意味着不同体系之间的阶级对抗，也即社会形态，正在退到第二位。上升到第一位的，是把人们在文明的框架内联结为一体的东西。从这里可以得出非常重要的结论。主要的结论是：不是社会主义和资本主义的对抗或趋同，而是那些涉及整个文明的过程对于各种社会形态过程具有优先地位。

这就是我们已经接近了的主要的东西，它被记录在党纲草案中。不是对抗或者趋同。在西方，人们说：需要趋同；萨哈罗夫说：需要趋同。出现了处于社会主义和资本主义发展规律之上的规律，它们高于这两种制度，把全人类联系在一起。因此我们在新党纲中得出结论：社会的发展将以新的方式实现。世界在走向统一的新的文明——人道的、民主的文明，它将不是资本主义，不是社会主义，是新事物。它的基础是新的技术工艺、生态标准和人的、人道主义的、民主的优先地位。

我说的内容，在党的新的纲领中得到反映。强调这一点是很重要的。他们，戈尔巴乔夫和沙赫纳扎罗夫，他们邀请了我，做出样子好像这是他们的问题，是他们想出了这些问题。他们两个人和这个新文明的问题没有任何关系。工作是党的纲领委员会做的，学者们参加了工作。思想都是由他们表述的，戈尔巴乔夫把它们作为自己的东西接受下来，沙赫纳扎罗夫就更过分了。他们不论哪个人在这方面都没有任何著作。曾经有过一次相关的学术会议，很不凑巧，我当时不在国内，不过我从来没有离开过这些问题。

《论人和人道主义》这本书里的新的文明、全人类价值优先等等思想，在很早以前就得到充分发展了，在这本《人的前景》里。

戈尔巴乔夫开始摆出领导人的姿态。他总是把助手们做的一切都归为己有。不过他现在忘记了，我的工作已经和他没有关系了。不管怎么说，在一定意义上这些思想是属于我的。现在它们已经成了公共财产，但同时总是有某个人最先把它们表述出来。我甚至因为这些思想而获得了联合国环境规划奖。

戈尔巴乔夫开始使用这种表述——"全人类价值优先"。起点是列宁的思想。我给您看文件。这是戈尔巴乔夫在我们去舒申斯科耶，列宁的流放地，旅行时的发言。戈尔巴乔夫（是我写的）对所有相关情况做了解释。似乎这一思想产生于列宁在舒申斯科耶流放的时候。他说，我们利用了它，把它发展为新的政治思维。后来，在这次访问中，电视摄影师记录了我们的谈话——戈尔巴乔夫和弗罗洛夫院士，自己的助手，交谈。谈话中我们关于这个问题什么都谈到了：它是如何产生的，工作是如何进行的。

在戈尔巴乔夫那里，全人类价值高于阶级价值的思想是在1986年年底首次确切表述的。这是新思维的基础。1986年10月，伊塞克湖（吉尔吉斯斯坦城市）举行了论坛，是钦吉斯·阿依特玛托夫组织的。那里汇集了全世界的文化活动家，真正的精英人物。1986年10月20号，戈尔巴乔夫会见了他们，进行了谈话。这时我在《共产党人》杂志当主编。我们准备了谈话的记录，打算在《共产党人》上发表。在编辑中我和戈尔巴乔夫发生了很多争论，在电话上交谈。这是我初次和戈尔巴乔夫打交道。在这些交谈的过程中产生了关于全人类价值高于阶级价值的思想。这一思想还引用了列宁的话，他谈到了无产阶级的斗争的全民族利益。我们把这一表述做了改动，后来就不再引用列宁了。如戈尔巴乔夫所说，把这个句子"转动"一下，这样、这样。后来让它见诸《真理报》，再后来已经是在《共产党人》杂志上了。我和他共同做了这件事，总之是这个思想问世了。它没有引用列宁，因为列宁的那些话听起来和它对不上。它的表述没有引文，主要是用于当前的条件。

接下来戈尔巴乔夫在舒申斯科耶讲述了"新政治思维观念的诞生秘密"。我强调，他说的正是新政治思维观念的诞生。您看，理论思考是怎样和实践交织在一起的。对我来说，这一过渡不是任何问题。我在从事全人类问题、全球性问题的研究，总是说我们的全部问题，社会主义问题，应当放在全人类问题、全球性问题的背景中来看。对我而言这没有任何特别之处。不过应该对戈尔巴乔夫的敏锐与机智，同时还有他的与我不同的思维风格，给予正面评价。我是从全球性的、全人类的问题出发，而他是从列宁出发。他需要借助列宁的力量。

列宁的这段引文是多勃雷宁写进去的。我对他说："请把这段话删掉"，因为戈尔巴乔夫借助这段引文，正在形成一个完整的观念。多勃雷宁删掉了。可是戈尔巴乔夫已经在报告中使用了这段引文。国际问题专家们还找到了这段引文,甚至向他提问。戈尔巴乔夫脑子转得很快,他把列宁的这些话改头换面,做了新的解释,把它运用于现在的条件,作为新政治思维思想的基础。我的依据是什么呢?我多少有些越权。我们一起编辑了伊塞克湖论坛的材料。对我来讲这很自然。我有关于全球性问题的书。而对他来讲,这是一个很复杂的转变。在这个过程中他表现出很大的洞察力和敏锐,并得出炸毁了世界的结论。

起初我们添加了一些东西,这样表述:"在核武器时代,全人类价值高于阶级价值。"这很重要,因为面临的是核威胁。我是从爱因斯坦和罗素出发的。他们正是这样说的:"在核武器时代应当学会以新的方式思维。"每一个人都应该明白,我们是整个人类的代表。应当把内部的纷争忘掉,因为我们遇到的是普遍的毁灭一切人的威胁。我的一切思想都来源于此。而戈尔巴乔夫从引用列宁出发。这就是他在《共产党人》上的文章。1986年,他在文章中第一次说:"时代要求新思维。"这就是"秘密",新政治思维的来源。

谈谈戈尔巴乔夫的这篇文章(1989年11月)。《真理报》上的文章。戈尔巴乔夫在《社会主义思想和革命性改革》这篇文章中,表达了那些"似乎"属于他的观点、见解。他在文章中讨论了一些带有根本性的问题:1)我们走向何方?改革的任务与前提;2)马克思列宁主义和社会主义理论;3)社会主义思想和社会主义实践;4)改革与新的社会主义观。戈尔巴乔夫在最近一段时间里一系列发言中阐述的思想,在这篇文章中得到综合与发展。就是说,这是对他在这些重大的基本的问题上的思考所做的总结。

我和我的助手们准备了一篇进行这种总结的理论文章,把它交给戈尔巴乔夫。这就是带有戈尔巴乔夫的修改的那篇文章。对于分析戈尔巴乔夫观点的演化,这很有趣。

人们问我现在的观点。改革是由共产党人准备并推进的。它得到不同程度的支持。开始时它唤起了人们的热情,后来人们离它而去。

对俄罗斯和俄罗斯思维来说，它表现为某种多余的、超前的东西。俄罗斯需要的是简单一些的、更有分量的东西，比如香肠、面包，等等。而这是发生在头脑中的转折，这是知识分子的发明。它没有被民众接受，因为它没有经济上的成就与自己相伴。

知识分子不支持改革，后来他们投向叶利钦的怀抱。大众传播媒体中，尤其是电视上，反戈尔巴乔夫的、反改革的、反共产主义的歇斯底里，现在是由知识分子组织的，他们中的大部分人此前为戈尔巴乔夫服务。他们现在批评叶利钦。因为叶利钦也不能使他们满意，给他们的报酬不多，他们觉得应该再去找另外一个人。因为他们只想自己，只想自己的好处。他们几乎不考虑国家，不考虑人民。他们也没有能力做这些事，因为它们的智力水平很低。他们没有广博的文化修养。他们只想着自己，但是自以为他们这时是在考虑人类、人民。谈话开始时我给您引用了别尔嘉耶夫的话。还记得"苏联政权的突然垮台将是一场悲剧，会造成许多不幸"这句引文吗？但是我们的知识分子搞不明白这个道理。他们不支持戈尔巴乔夫。

带着这些社会主义的概念本来可以走得很远。它们不碍事，这些概念。这只是一些语词。重要的是赋予它们什么含义。本来可以继续往前走，不搞政变，不支持叶利钦，不对他鼓掌。而他现在也不是好人。要是知识分子哪怕稍微再聪明一点点，他们可以带着社会主义概念往前走。这些没有头脑的知识分子，其中包括雅科夫列夫，给戈尔巴乔夫施加压力。他们压制他，为了使他改变自己关于社会主义的意义、改革的意义、党的意义的观点。他们给他施加压力，导致了崩溃，一切都崩溃了。

我是一个有坚定信念的人，政治家可能没有这样的坚定信念，比如说对社会主义思想等等没有坚定信念，这不重要。但是作为一个政治家，他应该懂得，突然间发生改变只能给国家带来不幸。而作为政治家，戈尔巴乔夫所以就身败名裂了。需要多动脑筋，不要造成突发性的转折。中国就是例子。您以为邓小平不假思索地一味相信社会主义？胡说八道！我绝不相信。但是他们没有改变意识形态。邓小平没有改变意识形态。他推行了经济改革，转向了市场经济，等等。我们向戈尔巴乔夫建议的就是这。戈尔巴乔夫自己说：采取某种与新经济政策类似的做法，允许各种形式的所有制。党的纲领草案就是从过渡时期允许一切形式的所有制出发的。在这里，社会主义是什么样子的？只有社会主义吗？随便你怎么叫："混合型社会"、"混合经济"、"过渡性社会"，等等。为什么不用这些词呢？邓小平没有拒绝使用这些词，没有拒绝党，而他们掌握着国家。向市场的过渡在掌控中进行，没有无政府状态，没有人民的贫困。相反，他们生活得越来越好。意识形态对他们有什么妨碍？而如果他们现在就开始改变意识形态会产生什么情况？结果只有一个，这就是——国家的毁灭。就像在我们那里发生的一样。中国人很聪明。戈尔巴乔夫不聪明。他胆子大，他开始了改革，领导了改革。可是当了总统以后，他开始限制共产党，不懂得可以痛恨共产党，同时利用共产党，以便事情进行得更好一些。如果你是个政治家，好吧，痛恨吧，这是你自己的事。你痛恨共产党，可是你看到了共产党在社会生活中起着什么作用，你应该利用它。应该谨慎从事，遵循进化的方针。生活本身将改变一切，像在中国人那里引起的改变一样。生活本身会改变一切，不需要人去推。你们看，戈尔巴乔夫推了一下，一切都垮台了。叶利钦上台了。我们现在生活在一个野蛮的、不自由的社会里，那里什么都没有——没有真正的自由、没有面包，什么都没有。我们回到了宗教大法官的两难处境。我们获得一大堆自由，似乎是这样，可是面包没有。

1991年8月发生的政变和后来发生的一切，是后改革（постперестройка）。如果说1917年10月发生了革命，那么1991年8月发生的是反革命。有意思的是，如果改革是共产党员中的改革派进行的，那么政变，后改革，则是以叶利钦这位前共产党员、政治局候补委员、州委书记为首的前共产党员们进行的。他们的一切都和戈尔巴乔夫很像，只是扮演了次要的角色。我本人和他们没有任何关系。雅科夫列夫在党中央机关工作了 30 多年。叶利钦在党的系统工作了几十年，戈尔巴乔夫也工作了几十年。他们是职业的机关工作人员。这一点决定了我如何观察叶利钦这个前共产党员，如何观察戈尔巴乔夫，他现在也是前共产党员了。我对他们一视同仁。对我来说，这是一些从内部背叛了自己毕生为之奉献的事业的人。局势提供的一切都被利用了。他们纯粹是一些不中用的政治家，对我这个他们的评价者，哲学家，他们都是些应该被鄙视的人。我认为，观点可以改变，但是要适应他们那里的新条件而发生改变。他们当中要是有谁改变了观点并因此像布鲁诺那样走向篝火被烧死就好了，不，他们"因厚颜无耻"而改变了自己的观点，雅科夫列夫现在已经获得部长级别的位置，叶利钦已经是国家总统。戈尔巴乔夫也正在往上爬，以便捞到点什么。在今天与《文学报》的访谈中，他说可能很快他就要投身巨大的政治事业之中。谁会信他？一些让人蔑视的人。这就是当前俄罗斯发生的最可怕的事。他们当中谁都不能相信。什么时候能出现可靠的、诚实的人，可靠的、诚实的政治家？这只能希望和等待，但是不能相信这些人。其中包括被他们提拔为接班人的人。这样的人一辈子都在惦记一个东西，即某个位置。这和提拔他们的那些人一样。

……这是现阶段俄罗斯最大的悲剧。所有这一切都是前共产党员们造成的。没有其他人。共产党员中的那些坏透了的人，成为前共产党员。正是他们是现今制度的首脑。

……

经济改革导致经济垮塌。禁止苏联共产党活动是对民主的破坏。苏联解体，导致国际冲突和战争，最终走向内战。所有这一切，都是没有经过深思熟虑的爆炸性政策带来的后果，而本来是可以一切都以进化的方式合乎逻辑地改变的，这样的后果在改革进程中就被预见到了。反对社会主义的斗争。为了什么？本来就没有社会主义。是什么在这里起了妨碍作用？本来应该从事经济改造，等等，可这里在各种报纸上进行反对社会主义、共产主义意识形态的斗争。这种斗争是如何起妨碍作用的？以这样的形式起作用，像我描述的那样。建设人道的、民主的社会，等等，可是这里在进行如此狂暴的斗争，激起了人民中的敌对情绪、冲突，而这只能导致内战，不会带来任何好的结果。重要的是，人们现在已经觉悟了，已经断绝了与叶利钦，与所有那些人的联系。因为过去进行一种斗争，现在又进行另一种斗争，什么时候生活？什么时候工作？现在的局势就是这样。

当然，现在不是在回到过去，也不需要回到过去。但是这种反对社会主义的斗争，禁止苏联共产党活动，苏联解体，能够导致破坏民主，导致独裁，导致内战。

现在，社会中正在出现非常严重的社会性紧张。产生了对社会主义成就的拒绝。在其他国家，可能这些成就不是在社会主义道路上取得的，可在我们俄罗斯不是。在我们那里它们是和社会主义联系在一起的。现在社会主义被抛弃，但遗憾的是也出现如下情况：文化遭到彻底毁灭，科学遭到彻底毁灭。

或者，这个统一的国家，苏联，遭到彻底毁灭。我们曾设想，可以通过不断进化建立新的联盟。原先的共和国可以成为独立国家并得到发展。某种邦联，……只要觉得合适就行。现在发展着的独联体显然不能促进联合。谁的罪过？应该承担责任的既有戈尔巴乔夫，也有叶利钦，还有所有那些使得妄自尊大和民族主义情绪占据上风的人。对最近70年的历史的仇恨在不断培育。但是，要知道这70年也是俄罗斯历史的一部分。正在产生不仅仅是民族主义的危险，而且是沙文主义的危险。这是非常危险的，因为这可以导致非常大的政治复杂性，导致内战。俄罗斯人套车慢，但走得快。当他"套好车的时候"会发生什么？全部历史已经说得很清楚了。

……在《真理报》。以什么收场的？杜塞尔多夫？惊心动魄的手术？人不能一天接一天、一周接一周、一月接一月地工作，没有休息日，没有假期。在5年半的时间里我在戈尔巴乔夫那里就是这样工作的。怎么，人是机器？我不是机器。您也不是机器。这样高强度的工作您受不了，您受不了的。在我们的接触中我看出来了。我63岁了。也许您能和我一道以一个星期又一个星期的速度工作，您受不了的。我是一个病人，已经63岁了，现在您也受不了的。拼命工作的结果是一身病。我不是非去《真理报》工作不可，可是戈尔巴乔夫求我去。为什么？因为他信任我。戈尔巴乔夫信任我，想让我控制《真理报》，想让《真理报》做他认为正确的事，我认为正确的事。这引起了知识分子，卖身求荣者，很大的负面反应。现在他们后悔了，当《真理报》号召克制，号召分析、冷静的时候，他们开始理解了。主张理性地分析和冷静，是我思维和行动的特点。可那个时候，右派共产党员们觉得，这是怎么回事？弗罗洛夫不抨击叶利钦，不揭露波波夫，他做得不对。民主派呢？如果我没有在《真理报》抨击伯罗茨科夫、卢基扬诺夫，也认为我也做得不对。可是我认为，应该理性地分析，渐进式地前进。这是一条正确的道路。现在，您看，叶利钦号召什么？和谐友好！他禁止共产党活动，是为了共产党员们同意和他站在一起？愚蠢透顶！现在，他大权在握的时候，也号召人们和谐友好，不要参加群众集会，游行示威。可这正是我在《真理报》宣传的东西。他们当时为什么上街？为了推翻戈尔巴乔夫。可我反对这样做。现在他们说：不应该上街，因为人们上街要推翻谁？推翻叶利钦。他们说，不要参加街头活动，推翻叶利钦。他们在那个时候抨击我，说我执行了错误路线，可现在他们自己也在执行这条路线。人民开始觉悟了，因此在离开叶利钦。说呀、说呀，承诺呀、承诺呀，结果如何？情况比戈尔巴乔夫时期更糟。

这有什么奇怪的？没什么好说的了。所以我不在意人们这样看我。

可能现在还有人这样看，和我有什么关系？我知道老百姓中有很多糊涂人，这个世界上糊涂人多得是，今后很长时间都将如此。不止是今后十年，今后一百年也将有很多糊涂人。

现在可以再次回到宗教大法官。自由和面包，谁将取胜？俄罗斯的命运取决于此。有条件地说：既有自由，也有面包。这种和谐是可能的吗？原则上讲，可能。但现在存在断裂。类似于有自由，但没有面包。或者相反。这种和谐在原则上讲是可能的吗？在我们这里，不可能。这种不和谐使社会四分五裂。再次套用陀思妥耶夫斯基的话，可以说，俄罗斯的命运在"全世界的普遍团结"中，在精神因素和物质因素的结合中。现在，这是主要的。

为此，现在需要做文明教化方面的、经济的、科学技术的、文化方面的工作。包括与人有关的工作。这应该是一项渐进性的工作，在许多年都要考虑物质领域、精神领域的变化。不然就会给人民带来痛苦，由于叶利钦、盖达尔在经济改革领域推行激进的政策，这样的痛苦我们已经看到了。否则就可能发生社会爆炸。这是反作用力，不好。

当然，我看到了当初预想的和后来在改革中实现的东西之间的巨大不平衡。对我来讲这里存在很大的矛盾。当然了，一切强有力的人，我认为自己也是强有力的人，任何时候都保持某种希望。但是我想这样说：在我身上占主导的是对什么都不抱强烈希望的悲观主义。对我来说，在个人方面，改革的不成功与终结不是悲剧。作为现实主义者，我看到而且明白，任何理想都不可能百分之百在生活中实现。历史这样告诉我。我自己关于人道的、民主的社会，关于社会主义、现实人道主义的新文明的思想，我早就在各种著作中把它们与马克思主义，与俄罗斯人道主义哲学传统，联系起来做了发展。在许多年中，做这件事时得到了外界帮助，更多的情况下是违背占统治地位的政治方针与政策做这件事的。

今天，现在，我不想通过政治而是通过科学表达自己的思想。现在我致力于建构新的人道主义哲学。我可以把自己的观点确定为"新的（现实的）人道主义哲学"。这一哲学的基础与出发点是马克思的观点，特别是青年马克思的观点，当然了，还有哲学史上（可以说，我正在清理）和现代哲学中的一切人道主义传统。尤其是弗罗姆和赫胥黎的思想，俄罗斯古典哲学的传统我也很喜欢。特别是陀思妥耶夫斯基、托尔斯泰、索洛维约夫等人。

至于说到实践，我认为新人道主义指向全人类的和全球性的问题占优先地位的新的、人道的民主的社会，我把这种社会叫作"现实人道主义社会"，新文明的社会，也即人道的、民主的文明的社会。我感觉到，这将是人类的命运。我正是以它为价值取向，期待着它。这意味着必然会有社会主义方向。社会主义方向，我不说"社会主义"。方向是人道的、民主的社会。要知道，这对我是主要的。

在我的领导下为苏联共产党准备的那个党纲，实际上是站在人道民主的社会主义的立场上为共产党起草的纲领。我就是这样想的。现在俄罗斯有许多个党，名称各异。其中也有共产党，为数不少。现有的这些共产党中，没有一个采用我们制定的党纲的。因此我不参加它们中的任何一个党。没有站在我们制定的党纲的立场上的政党。没有苏联共产党。我没有退党，到现在为止我不想加入任何一个其他的党。我不满意它们的纲领。对我来讲，通过科学，通过哲学，实现人道民主的社会主义思想，包括马克思主义在内的新的现实的人道主义思想，但不是通过政治，比较好。我对政治深感失望，深恶痛绝。可能，这种失望和厌恶感会成为过去。不知道。到现在还没有。政治——那样一些肮脏的人……

当初，五年以前，我大力支持"人道主义党国际"运动。他们了解了我关于人、人道主义的著作，到我这里来了。"国际"团结了世界上40多个国家的政党。该国际的纲领有的地方直接借用自我的著作，引用了我的著作。他们到我这里来是为了谈话，当时我还在《共产党人》杂志工作。他们问我对在苏联建立人道主义党的态度。这基本上是些年轻人。我说，没有这个必要，因为我们正是想这样，即在人道的民主的社会主义的基础上，建设自己的党，共产党。事实上这就是人道主义的党，因此我们没有必要再建立这样的党。我理解共产党就是人道主义党。

1990年7月苏共28大结束，我被选为政治局委员，这时戈尔巴乔夫建议我担任负责意识形态、科学、教育问题的中央书记。我拒绝了，因为这是在中央机关的工作，于我不合适。要是接受了这份工作，我就没有时间在关于人的科学中心、人学研究所等等机构工作了。

在党的28大召开前，我被选为政治局委员前，政治局在奥卡廖沃开了个会，讨论政治局成员中的哪一个人将在代表大会上被提名就任戈尔巴乔夫的副手，即副总书记。除了雅科夫列夫以外，全体政治局成员一致表示支持我被提名。但是在28大上戈尔巴乔夫会见了来自各共和国和各州党的领导人及工作人员，在这次会见中他们决定，需要提名乌克兰的伊万什科。后来在代表大会上人们提名我做候选人，但是由于事情已经做了决定，副总书记将由伊万什科来当，我就高兴地请求撤销我的候选人资格。对我来讲，如果当选将是很不幸的事情。但问题是，在此之前，当时的政治局已经提名了我。不过很清楚，从代表大会参加人员的构成来看，这一提名是完全不现实的。

不仅我进入中央委员会很艰难，戈尔巴乔夫本人和许多改革派成员，以戈尔巴乔夫为首的改革派共产党人，进入中央委员会也颇为不易。我们一共得了一千多张反对票，我们称自己是"有上千资产的富翁"，以戈尔巴乔夫为首。这是一次非常保守的代表大会。当时党内的局势已经很清楚了。

当时我已经不大正面看待叶利钦、波波夫一类民主派的活动。我认为，他们是局势稳定的破坏者，急于掌权。这很清楚。实质上他们造成了这样的局势：以进步开局的改革可能被一笔勾销。

附 录

　　对他们的批评是通过《真理报》进行的，但是我顶住了《真理报》内部一些人的压力，这些人想要把民主派撕成碎片。在中央全会上对我提出很多批评，罪名是《真理报》对民主派采取了克制的态度。我本人认为，应该支持改革路线，支持戈尔巴乔夫。需要有能够进行经济的和政治的改良的稳定局势。由于这个原因，他们把我叫作"保守派"。我认为，"左派"和"右派"一样危险，他们也反对改革。我努力巩固戈尔巴乔夫作为改革过程领导人的地位。我认为这样做是对的。我在中央全会上的全部发言都是在捍卫戈尔巴乔夫，并且批判俄罗斯联邦共产党的右派力量，这些发言都发表了。

　　我和右派力量之间有着明显地具有对抗性的矛盾，包括党内的右派力量，这正是俄罗斯联邦共产党成立的时候。我认为它是一种右倾力量，反动、保守的力量。他们成功地搞掉了戈尔巴乔夫，但是我在中央全会上发言捍卫戈尔巴乔夫，同时批评右派力量。这个党的领袖是伊万·波洛兹科夫。现在，在宪法法院的发言中，他说："弗罗洛夫反对成立俄罗斯联邦共产党。"真的是这样。因为我认为俄罗斯联邦共产党把一切保守派都团结起来了。事实确实如此。他们开始更起劲地反对戈尔巴乔夫，而舍宁甚至参加了政变。

　　不论是右派，还是左派即所谓的"民主派"，因为都仇恨戈尔巴乔夫而聚集在一起。而对我的仇恨，则是因为我捍卫戈尔巴乔夫的路线。所谓的"民主派"，努力通过在出版物上忽视、歪曲、隐瞒我所做的事破坏我和《真理报》的声誉。他们中的每个人都是在改革开始后成为民主派、进步人士的。而我在很早以前就是民主派和进步人士。党内的右派，其中有波洛兹科夫，在中央全会上和政治局会议上组织发言反对我，反对《真理报》。波洛兹科夫给中央写报告，说《真理报》的立场不正确，等等。在中央委员会，一些书记秘密支持《真理报》中与我作对的破坏性力量。我碍了这些人的事。作为贯彻戈尔巴乔夫路线的人，我妨碍了这些人或那些人的事。他们的污蔑不择手段，

423

奇怪的是，他们，这些人和那些人，联起手来了。28大后到"8·19"政变之前，形成的形势就是这样。在党的内部，出现了早已准备好的爆炸要最终爆发的危险局面。民主派应为此负责，从根本上说，党内的右派力量，利加乔夫、久加诺夫等人，也有责任。俄罗斯联邦共产党的那些领导人。戈尔巴乔夫经常问我："你认为我们这里的主要危险是什么？"我总是回答："右派，也就是俄罗斯联邦共产党。"他不说话，但同意我的看法。事实正是我说的这样。俄罗斯联邦共产党重建（利加乔夫、波洛兹科夫、久加诺夫等等，这些人在重建俄罗斯联邦共产党）的时候我不参与，原因就在这里。我不能参与。

当时党内的紧张局势就是这样。现在日本翻译出版了利加乔夫的书，人们会根据它来判断共产党人。但这是不可靠的。书的全部内容都指向反对改革。自由、公开性，全都被称作"戈尔巴乔夫主义"（горбачевщина）。他们从来都反对改革。

只是由于戈尔巴乔夫，我才把自己和党的组织联系在一起。直到1989—1990年，戈尔巴乔夫和我想象的一样，后来他就变了。所有这些"右派"，那个时候就背叛了共产主义思想，现在也一样。不过现在只是个别谈话，我有整整一桌子的相关材料。

我在《真理报》开辟了争论性的栏目，在那里展开党内争论。例如"党与改革"，等等。这种栏目在《真理报》首次出现是在布哈林当总编的时候，存在了很长时间，后来斯大林把它取消了。我开辟了争论性栏目，它存在到叶利钦上台，到"8·19"政变。党内争论，这是非常重要的。我努力使所有的观点都在《真理报》得到反映。我对所有的人一视同仁。结果是，一切问题都集中在我这里。当然，基本上是集中到戈尔巴乔夫身上，也集中在我这里。1990年10月，在某些中央书记的支持下，他们在报纸上组织了反对我的表演。但我那时还在《真理报》，把他们打退了。此后一切正常。虽然我曾给戈尔巴乔夫写条子，说我想离开《真理报》，但是他说需要我留下。1991年

8月,当时我在杜塞尔多夫,他们利用了这一机会,选举了另外的主编。他们改变了报纸的面貌。这发生在我不在场的时候。他们急不可待,虽然我很快就会回来。他们说波尔托拉宁等"民主派施加了压力",要我离开《真理报》。因为已经没有了戈尔巴乔夫,没有了中央委员会,党被禁止,当然了,他们得手了。

形势不断发展,现在我已经以学者的身份出现了。我认为迄今为止,在我看来,谁都没有揭示政变是怎样在党内酝酿成熟的这一秘密。这一切都发生在党内,而我曾经是政治局委员。那些人,比如利加乔夫,在这件事上什么都不可能知道,因为他甚至都没有进入政治局。我的其他同事,大多数人对此没有了解,我不管怎么说是非常接近戈尔巴乔夫的人,这与很多人不一样。当起草党纲的时候,我继续做戈尔巴乔夫的助手。有几个人,两三个人,到现在为止一言不发。严肃的人们到现在保持沉默。可能戈尔巴乔夫在自己的书里就这件事说些什么,但我怀疑他会把什么都说出来。都说出来对他也没有好处。我可以把我知道的说出来。但是有许多事我可能不知道。

现在《消息报》发表了波波夫的文章。他感觉到1991年6月有一场政变正在准备之中。亚佐夫、克留奇科夫、巴甫洛夫在最高苏维埃会议上的发言。他自己用咖啡渣占卜,但是他把这种情况报告了布什,通知了他。他和美国大使馆,和梅特洛克,保持密切联系(他认为这样做是正确的)。他去了美国大使馆,悄悄地交给了梅特洛克一些东西。这是一篇有意思的文章。但是这个时间我在戈尔巴乔夫身边,我知道他作何反应。我可以对此加以评论,但是我不准备做这件事。为什么?因为我没有和戈尔巴乔夫讨论,只有他一个人可以说这究竟是怎么回事。不错,戈尔巴乔夫和巴甫洛夫谈话时我在场。对于事情的真相,我有自己的印象。而波波夫对此一无所知。不过我也不是知道事情的全部。我可以说:我听到了什么什么。我参与了什么什么。但这并不意味着这是事件的客观图景。可能有什么情况我不知道。

在准备纪念十月革命 70 周年的报告时，我在为布哈林平反方面做了一定贡献。赫鲁晓夫就想做这件事，但是没有下决心。这件事不那么简单。赫鲁晓夫被免职之后，很惋惜没有做这件事。戈尔巴乔夫做了，我很高兴为他提供了帮助。纪念十月革命 70 周年的报告为赫鲁晓夫平了反。所有关于苏共 20 大后开始的这个时期以及关于赫鲁晓夫的论述，都是出自我的手，它们一字未改，公布了。

但这只是个别情况。它们全都是在当时所做工作的一定背景中发生的。应该考虑到，并非布哈林的一切都是可以在今天恢复名誉的。布哈林的许多观点、立场（在思想方面的），我很不赞成。但是这丝毫都没有使我对在布哈林问题上所做事情的公正性产生怀疑。虽然他的很多立场是我完全不能接受的。例如在使用暴力等等问题上。但是我考虑到，所有这些都是在特定的时间说的和做的。我希望将来人们在评价我的时候也考虑到我生活和工作的时间。应该对局势做出评价。可能人们会具体分析，也可能不会。这对我不重要。

最主要的是与我们现在的题目有关的事。布哈林说，当我们谈论共产主义的时候，必须要"用模具冲压出"知识分子干部。他就是这样说的。他说：我出身于知识分子，对他们非常了解，我自己拥有的优势或者不足都在于此。可是我认为，他并不是很了解知识分子。要记住，他说的话对我们非常非常有害。在布哈林那里更多的是什么？自信还是无知？那些聪明人甚至在当年已经讨论过这些问题。

不久前我重读了扎米亚金的小说《我们》（出版于 1922 年），正是在那里讨论了"用模具冲压"。说到了如何"用模具冲压"人，就像布哈林所说的那样。但是扎米亚金把"用模具冲压"人搞到荒谬的地步，而布哈林在 1925 年又说出了这种蠢话。或者是奥威尔，他的《1984》。他们已经对此做了嘲笑，说"用模具冲压"人是不可能的。很遗憾，这条路线在很多方面决定了有关新人的形成的政策。虽然事先就有警告。虽然形式上不那么令人厌恶，但用模具冲压发生了。这是在斯大林时代。兵营式的共产主义，等等。斯大林和其他人对布哈林的想法予以支持，虽然他们消灭了布哈林。布哈林话语中的愚蠢，斯大林他们进一步放大了。布哈林不过是个坦诚的人。

现在做一点总结。我谈了我自己，自己的生活，我在什么样条件下工作，如何工作，现在做一些概括。国内曾经有过那样的情况，那时我还没有出生。我来到了这个"工厂"。他们开始"用模具冲压"我。我在做结论。您怎么想，我纯粹是在说布哈林？我扯上他只是为了让他用他的那段引文帮助我。问题在于，"用模具冲压"成功了吗？也成功了，也没有成功。说成功是因为我们被变得畸形了。我被变得畸形了，而您，可能没有。瞧，我的生活就是这样形成的。但是又没有成功。为什么？因为我最终开始反对这种做法，从事人的问题研究，我到底还是激烈地批判了这种"用模具冲压"的做法。这是我对我所说的话的总结，包括关于政治、科学等等所说的话。这很有趣，我觉得。这样的转变，让我觉得很有趣。这是个基本问题，结论中最基本的问题。

我可以谈谈萨哈罗夫，不过不是把他作为我遇到的、有交往的什么人来谈。我脑子里没有萨哈罗夫。萨哈罗夫不是和我关系密切的人，虽然我早就知道他了。戈尔巴乔夫把他从高尔基市释放回莫斯科后（高尔基市是他的流放地，虽然那也是他工作的地方。高尔基市有一个保密单位，他在那里从事热核炸弹的制造。这是一种非常有效率的流放），我问戈尔巴乔夫："在今后的工作中怎样利用萨哈罗夫？"当时萨哈罗夫还没有独立地发表意见，还没有人民代表大会。我们想要有一个社会委员会，讨论各种问题。那里有一些杰出的科学活动家、知识分子、学者，其中包括萨哈罗夫。我写了相关建议，但是这件事没有搞成。而后来，萨哈罗夫开始在人民代表跨地区小组独立发表意见。当然了，我不支持他。我在党中央工作，不能支持他。在科学院我看见他，听了他的发言。发言的许多内容让我喜欢，但是他作为跨地区小组领导人的活动,我当然不喜欢。我更多地是关心应该在党内采取什么措施,党的更新与民主化,等等。流放萨哈罗夫发生在我不在苏联的那些年,我在捷克斯洛伐克。这段历史是我不在场时发生的。我本人,如果说没有被流放到高尔基,那也是被贬到捷克斯洛伐克了。萨哈罗夫努力利用自己的威望,就像利用工具。民主派指引他反对戈尔巴乔夫,虽然他本人认为戈尔巴乔夫的能量还没有完全释放出来。我是戈尔巴乔夫的助手,严格遵守游戏规则,没有和萨哈罗夫见面、会谈。如果戈尔巴乔夫不会见萨哈罗夫,那我就不会参与到这件事情中来。然后是选举,萨哈罗夫开始作为人民代表与戈尔巴乔夫见面,我没有参加。

我有时想,要是萨哈罗夫还活着,我不相信他会赞同后来掌了权的民主派现在的所作所为。很可能相反。他未必会赞同他们的作为。萨哈罗夫谈论资本主义和社会主义的趋同。他没有说我们应该从社会主义走向资本主义。这意味着他的出发点是,社会主义将发生改变,但它毕竟将会存在。这是和现在那些自称"民主派"的人的立场完全不同的另一种立场。

记者: 在你做《真理报》主编的时候,日本流传一种说法,说你试图改革这份报纸,但是完全没有成功,因为你周围有一些克格勃的间谍。是这样吗?日本学者坚持认为,事情就是这样。

弗罗洛夫: 你们就说弗罗洛夫对这个问题保持沉默,他想了想,什么也没有说。

最好还是接着说萨哈罗夫。萨哈罗夫去世以后,就是在第二天(这时正在举行最高人民代表大会),在人民代表大会上,叶夫图申科来找我,我不在,他通过坐在我旁边席位上的人(我也是人民代表)交给我一首纪念萨哈罗夫的诗。诗是这样的……,叶夫图申科……。

休息的时候,我把它给戈尔巴乔夫看,他又给主席团的其他人看。许多人说:不应该发表。叶夫图申科转来这首诗是为了在《真理报》

发表的。戈尔巴乔夫问我:"你会做何处理?"我说:立即发表。"嗯,好吧,发表吧。"第二天就把它发表了。正是在《真理报》上,发表了纪念萨哈罗夫的诗。

我应该说,这完全出乎叶夫图申科的预料。他当然会想:"我是这样的革命者,把这样的诗给了他们的《真理报》,《真理报》当然不会发表它。"可我们在第二天就发表了。事实是这样的,戈尔巴乔夫也看过了。有人说不应该。另外一些人这样看我:"唔,随他去吧,一个怪人。"而我事先就说了:"当然了,是的。"我什么都没对叶夫图申科说,只是晚上回到编辑部,把诗交付发表。

这段历史能从一个小小的角度反映我和戈尔巴乔夫的关系。我当《真理报》主编的时候,戈尔巴乔夫从来不对我说:"你要发表这个,而这一个,不要发表。"我们的关系从来不是这样的。在这种情况下,他既不说要这样,也不说不能这样。他要是不同意,他会说的。你决定了要发表,那就发表。戈尔巴乔夫不会"施加压力",而是给你很大的独立性,这是他的风格。对我尤其如此。从来没有对我做过指示。"自己做决定,啊,好样的。"

在改革的那些年,我们努力让什么都能发表,也包括别尔嘉耶夫。《真理报》是党报,其他报纸反映其他观点。人道主义原理的发展,在我国,不论在实践中,还是在政治活动中、在哲学中,今天已经闭口不谈了。今天在俄罗斯发生的,是一种意识形态方针取代另一种意识形态方针,但不是民主,不是多元化。可在改革的那些年,我们尝试着做工作,使各种意见都能发表。我们做过努力了。

我不希望再发生什么革命。因为革命往往只是使人民的情况更糟。叶利钦或者哈斯布拉托夫,有什么区别?!对我们大家反正都不是好事。他们像是在银行吸金的管道,斗来斗去,结果又会怎样?人民从中能得到什么?不停的全民公决、斗争,代替了做事、工作,代替了需要耐心的具体工作。这会给人民带来什么?情况越来越糟。

429

这一切为什么会发生？在我看来，主要是因为这些人没有工作能力。我们拿叶利钦来看。他只知道与人斗，什么时候停过？他曾经当过建筑委员会主席，做了什么？我们的建筑事业发展了吗？谁都见不到他的人影，也听不到他的声音。可这里需要人工作。思想、建议是正面的，他们缺少工作能力。

再看看这些年轻人，盖达尔、涅恰耶夫，他们没有工作能力，因为没有工作经验。谁都没有考察过他们的工作，他们得到推举不是因为通过了工作考察，而只是因为他们是年轻人，与盖达尔的一帮人一起来自研究所。但是研究所是一回事，政府总理是另一回事。为了学会领导国家的经济，需要首先学会领导一个企业的经济，可能要经过几个台阶：联合企业—州或者区的经济—国家的经济。可是他们没有这样的经历，为了领导国家，必须走过所有这些台阶。

我说这些是因为我曾两次为盖达尔安排工作。一次是把他安排到《共产党人》杂志，另一次是安排到《真理报》。盖达尔是在我的安排下成为领导人的。我推举了他，但是我没有推举他领导政府。当他成为政府领导人时，我大吃一惊。我很了解他。作为一位经济学学者，作为记者，他很棒。在《共产党人》杂志，在《真理报》，在我看来，他写得很好。虽然人们不喜欢他。但是为什么把他推举为政府领导人？！我曾经在政治局工作，见过真正的部长、政府成员。人们骂他们，但对我来说，雷日科夫、巴甫洛夫，和这些小孩子比，他们是巨人。为什么？因为他们所有的台阶都经历了。雷日科夫当过多年的乌拉尔重型机械制造厂的厂长。您知道这是个什么单位吗？这是个微型的国家。人们首先学习管理微型国家，然后其中的一些人接着往前冲。

当然机遇在这里起着作用，什么人看上他了。戈尔巴乔夫或者还是什么人。发现了他。盖达尔就是这样。要知道，我把他搞到《共产党人》、《真理报》，这也是机遇。我把他介绍给戈尔巴乔夫。他被人们发现了。我们有大量聪明能干的在智力和身份上不逊于盖达尔的经济学博士。盖达尔不过是运气好,他被人发现了。仅此而已,岂有他哉。我们的悲剧就在这里。是他们这些人把我们带到了现在的地步。

人们指责雷日科夫,说他缺少决断。什么是缺少决断?他是个谨慎的人。他害怕不顾一切的激烈行动会导致不良后果。而人们不怕这个。他盖达尔知道什么是害怕吗?因为他不知道可能的后果,不懂生活。他是海军将军的儿子,祖父是作家。他怎么会懂得生活?

我们顺便看看西方人是怎么做的。福特是何许人?美国的大亨巨贾们是从做书记员开始的。从做最简单的工作开始。不过要是他是聪明人,教育……。他们中的有些人甚至就没有受过教育。因为经验给予人的更多。经验比学院式的教育给予人的更多。他们中的一些人没有受过专门教育。这不好。现在我们的活动家受过教育,但这什么都说明不了。教育还不足以使人出类拔萃。人们在获得一般性的教育以后,凭借智力,主要是经验,脱颖而出。我为盖达尔感到惋惜。他可以成为一个好学者,可不论什么时候都成不了好的国务活动家。这一下子就看出来了。国务活动家需要有特殊的智力结构。学者的智力结构和实践家的智力结构。实践家想出各种办法,在行动以前要反复斟酌:这样做在人们身上会产生什么样的反应?在这里起作用的不是知识,不是教育,是经验。然后他考虑来考虑去,说:"可以这样做,但这样做会以人们的贫穷、失业等等结束。"于是不做了。

我认为这里体现的智慧比你获得某个思想所体现的更多。因为智慧不仅仅是你找到某个东西,找到某个思想。人的大智慧还在于拒绝某些思想,如果这些思想会带来不好的后果。福音书说:"智慧多,忧患多。增加知识的人,也增加不幸。"福音书中甚至专门有这样的词组——"善的理智"。这也就是智慧。也有恶的理智。我(还有许多其他人)把这种理智称作"疯狂的理智"。人能对理智加以控制,能够给它一定的限制,赋予科学以人的、人道主义的尺度,把它置于控制之中,以保证把人置于首位,第二位才是知识,这就是智慧。这意味着必须拒绝什么，不能什么都接受。要是有什么会带来有害的结果，那就拒绝它。陀思妥耶夫斯基就是这样做的。我们再看我给您说过的话。还记得吗？孩子的眼泪，是对人们往前走——哪怕进天堂——的阻碍。不！要是必须以孩子的眼泪为代价才能进天堂，——不要这样的天堂！伊万·卡拉马佐夫就是这样说的。但是很遗憾，历史在前进，而人们不善于学习。

我想把意思表达得再准确一些。说到与戈尔巴乔夫一起工作时，我曾经说"我们"，列举了戈尔巴乔夫身边与他亲近的人。就是戈尔巴乔夫、雅科夫列夫、博尔金、麦德维杰夫、切尔尼亚耶夫，还有我。后来又有沙赫纳扎罗夫，在一个不长的时期有彼得拉科夫，有时，相当罕见，还有比克宁，比克宁更多地是和雅科夫列夫一起工作。他是通过雅科夫列夫到我们这里来的。比克宁不能算到这里所说的"我们"之中，但我不能不提到他。要知道，每个人都有自己的团队，在做什么事情之前。要知道我不是自己一个人写东西的。我把这帮人召集在一起。有人准备各种材料。这个比克宁，他往往是通过雅科夫列夫参加到这件事的。他为雅科夫列夫准备材料，只是由雅科夫列夫把材料提供给我们这个团队。不过有时比克宁也自己到我们这里来。这是因为雅科夫列夫在理论思维方面不太行。

记者：你和戈尔巴乔夫——"分手了"。可是在5年中你们一起工作，齐心协力。

弗罗洛夫：到最后，戈尔巴乔夫的观点发生了显著的改变。但是，我认为这不仅是在发生了政变、暴乱以后。在此之前他的观点就很明显地改变了。和我有了分歧。他的观点离我而去。他离开了我，采取了另外的观点。我觉得他已经对使用"共产主义"、"社会主义"这些词感到难为情，虽然"关于列宁的话"他说得还和过去一样。

我们的区别在于：我，如有些人所说，是"教条主义者"，比较教条、保守，等等。要是有人喜欢这样认为，那就请便吧。可戈尔巴乔夫，是那样的灵活、善变。雅科夫列夫比戈尔巴乔夫还要灵活、善变。总的说来，雅科夫列夫咒骂一切：自己的过去、党、历史。他不仅抛弃了斯大林主义，而且抛弃了马克思主义。事实上在雅科夫列夫和其他人的影响下，戈尔巴乔夫身上也发生了这样的变化。但实际上区别并不在这里。

我和戈尔巴乔夫之间的区别在下面所说的情况。我是作为学者，哲学家，对待所有这一切的。对我来说，这些观点是我的全部生命得来的。我学习，探索，写了大量著作，在这些著作中我从事研究。这是我的主要工作。可能在一些年里是我唯一的工作。我研究遗传学、伦理学问题、优生学……。基本上是作为学者、哲学家在工作。在某个时候我与戈尔巴乔夫有了共同点，从了政。他想要用哲学文本等东西填充政治。然而在我国，与日本不同，政治总是和意识形态联系在一起。现在他们说，应该有政治的意识形态化。我们就是在思想的基础上建设社会主义的。

可是戈尔巴乔夫和我不一样，他主要是政治家。因此这些观点不是他的毕生事业。虽然他真诚地相信这些观点。但是在政治家那里和在思想家那里，所有这一切是以不同方式呈现出来并被接受的。看起来，它们在戈尔巴乔夫那里没有扎根。我经过一番痛苦才获得它们，而他在斯塔夫罗波尔边疆区工作，是边疆区党委书记，从事农业和工业。这个时候我是在读书。他既没有读过黑格尔，也没有读过弗洛姆，所有这些人他都没有读过。他需要我是为了用唯理智主义填充他的路线。他感觉到了我的价值，他是个非常聪明的人。

政治家选用了一个研究思想、科学的人，他自己不会为思想而赴汤蹈火。他只不过或者改变这些观点，或者更换它们。那么多的人就是这样做的。他们曾经是共产党人，马克思主义者，可现在——时过境迁了。戈尔巴乔夫是个极端的例子，看得很清楚。他占据了国家的最高位置，其他人是小人物，在研究所工作，在科学院等地方工作。

您知道他昨天是怎样大喊大叫鼓动所有人的。可是今天他放弃了。戈尔巴乔夫身上发生的就是类似情况。我们的区别就在这里。我现在没有和戈尔巴乔夫在一起，秘密就在这里。因为他作为政治家，改变了自己的观点。他没有去赴汤蹈火。

他应该怎么做？叶利钦禁止共产党活动，戈尔巴乔夫应该说："我不同意，我抗议。"这意味着赴汤蹈火。要是这样做了，他现在就是一个伟大的政治人物。因为党会获得重生，在戈尔巴乔夫的旗帜下获得重生。这个党会很快成为人数最多的党，而戈尔巴乔夫会是一面旗帜。还不仅仅是旗帜，这会成为他的政治支柱。这是他的错误，要受惩罚的。

我已经说过自己对共产党的态度，不过到现在为止我还可以认为自己是苏联共产党党员。我至今没有声明退党。现在的情况是，党已经被消灭了，相应地也就没有了对党的责任和党内的职务，等等。但是我自己在这里始终是消极被动的，而戈尔巴乔夫表现出了主动性，这就是我们的不同。他拒绝了党，而我没有。我被排挤出来了，被抛弃了，但是我自己没有表现出主动性，戈尔巴乔夫是积极主动的。他是作为政治家行事的，而我是作为一个忠于和他一道工作时曾经效忠的那些思想的人行事的。这些思想在我身上深深地扎了根，是我的根本。由于这一点，我被从政治中排挤出来了。

我现在不搞政治。从总体上说，我认为政治是肮脏的事情。我对戈尔巴乔夫，作为一个人，所感到的失望，就包含在这里面。我以为他是另外的一个人，会为这些思想赴汤蹈火。他的表现告诉我，他是一个政治家。今天是一种观点，明天是另一种观点。今天相信上帝，明天相信敌基督。只要能留在政治的上层。

雅科夫列夫也一样。于是就得到一个部长级的小职务。而我现在没有任何职务，我也没有为改变自己的境况做任何事。嗯，拉倒吧！升上去，掉下来，我一辈子见得多了。

在人和人的关系上我和戈尔巴乔夫曾经非常亲近。可是，看着我的眼睛他将感到羞愧。因为他把我作为有思想的人领到自己身边，而他本人却这样做事。

我可以和戈尔巴乔夫谈一谈，内容谁都不告诉。如果我想写关于和戈尔巴乔夫关系的书，我就会这样做。因为在《真理报》工作过，我会说到一些，但不会专门谈。我和他的关系应该谈，可能需要不止一个星期的时间。只有这样才能明白我和戈尔巴乔夫的关系。我们之间的区别，我已经说过，是思想家和政治家的区别。对于日本人，这是可以明白的。我是武士，不过不会切腹自杀。但是我是武士，有自己关于操守的观念。我不认为戈尔巴乔夫是武士，他是政治家。我说过政治对我来说是什么东西。肮脏的事情，就像我看到的。我想，可能政治是讲道德的。起初戈尔巴乔夫的言行让我不能不这样想。现在我对这些人失望了，雅科夫列夫之流，其中包括戈尔巴乔夫。我对这些人失望了。问题不在于你对还是我对，我不知道这些我曾经那样相信的人会如此地没有道德，在我看来是如此。

戈尔巴乔夫现在说他想回归大政治，但我觉得，甚至只是说这些话，从他那方面来看都是大错误。因为他不仅在我这里，而且是在我国人民的大多数身上，引起了上面所说的那种感觉。问题不在于他犯了什么样的错误，所有这些人们都可以原谅他。尤其是我国人民，他们善良而宽容。我国人民曾经原谅了许多活动家的其他错误。可是现在谁都不相信戈尔巴乔夫。我说的是人民。至于说他身边的人，哪个正经人和他一起工作？除了那些追名逐利、拍马屁的人，谁愿意和他共事？我不相信正经人现在会同意和他一起工作。因为他们会知道，戈尔巴乔夫任何时候都会这样做。这不只是我个人的看法和印象，在我身上事情就是这样发生的，只是发生在广阔的社会舞台上。他败坏了自己作为人的声誉，谁都不相信他。

他的错误在于，他太自信了。这是外省人的自信，不学无术之人在许多情况下的自信。这种情况在排球、足球运动中常有……。有人独自包揽比赛，其他人都应该做他的陪练。把整个比赛揽在一个人身上，这是拙劣的比赛策略。他非常自信。他想他是那么杰出的选手，比赛需要由他一个人承担。没有的事。一个不很懂得比赛规律的人的自信，导致戈尔巴乔夫失去权力。足球的传球是一种艺术。传球，把其他选手纳入比赛，有时起着重要作用。破坏了这些规律，任何时候都不会有好结果。因为他太自信，对发生暴乱的危险估计不足。

现在人们（包括波波夫）开始猜测：戈尔巴乔夫知道这种危险吗？卢基扬诺夫声明，戈尔巴乔夫知道暴乱以及宣布进入非常状态正在准备之中。但是怎么能这样模棱两可地推测一个领导人？

现在叶利钦犯了很多错误，他的个人成就率正在急剧下降。他承诺了什么，可是不做。但他的知名度很高。知道为什么吗？因为叶利钦不是戈尔巴乔夫。在叶利钦那里，可以找到一千个对他不利的特点。在机智、教养、智力等等方面，戈尔巴乔夫比叶利钦强。但是叶利钦有个性。他有行事的规矩、原则。和戈尔巴乔夫比，叶利钦强在哪里，您知道吗？在性格。人们看重领导人（其他人也一样）观点明确，始终如一。他们更愿意相信这样的人，不愿意相信那种一会儿这样、一会儿那样的人。还有那种态度模棱两可的人。他今天对你彬彬有礼，让你着迷，戈尔巴乔夫就是这样，可是明天他就目中无人，目空一切。一些人，比如我，为他做了奉献，可对他来说，一切都是另外一回事。他邀请了一些反对他的人到他的基金会。这些人直到现在对改革持否定态度，可他以为他可以摆平他们。谈上半个小时，这个人就是他的人了。哪里有这样的事！他们过去怎样以否定的态度对待他，现在也一样。可他以为他什么都能办到。这正是外省人的自信。

为什么一开始我没有对戈尔巴乔夫做出反应？因为我是在电视上见到他的，心想："一个来自外省的值班员。"他们拖出了一个值班的州委会工作人员。只是在后来，开始了某种精神生活方面的步骤，召开了关于科学技术进步的会议,我写了文章,等等。现在,在这段历史过去以后,在戈尔巴乔夫变来变去的表演结束以后,我对他的看法与在关于科学技术进步的会议以前一样。人们说:第一眼的印象是最正确的。他担负起了那么宏伟的事业,应该还行。可实际表现是:一个外省人。

当戈尔巴乔夫上台掌权的时候,我问一个熟人(我不提他的姓,他给戈尔巴乔夫写过发言稿,常到法国):"我说,这个戈尔巴乔夫是什么样的人?""嗯,怎么和你说呢?不是天才。哈、哈、哈!"我们就这样笑了。现在我们有时还回想起这个场景。

我相信,如果不是天才,那就是个强有力的人物。内敛的人。他的一切都藏而不露。心里有数。原来是个政治家,一切都很肤浅。他输给了那些粗鲁的、残忍的、不学无术的人。叶利钦也有这些特点。

在我们为党的28大做准备的时候,当我们准备十月革命70周年的报告的时候,一切都在戈尔巴乔夫的积极参与下进行。在一个很小的范围里进行。您知道工作是怎么进行的吗?我们有了某个文本,一部分是我准备的,一部分是其他人准备的。分量或多或少。取决于事先的安排。作为规则,委托我和大家一起把它们加以整合。在奥加列夫或者沃伦斯基,大家坐在桌子旁,一个星期,有时两个星期,从早上到晚上9—10点钟。我们坐着。戈尔巴乔夫说:"这一句,嗯,你们怎么看?"从工作方法的角度看,这很有趣。雅科夫列夫说:"我认为,这里需要怎么怎么,怎么怎么。"我说:"怎么怎么。"取决于戈尔巴乔夫更喜欢什么,他时而对这个人说,时而对那个人说:"你口述,让他们记下来。"作为规矩,我不是播音员。我问:"需要我写什么?"我任何时候都需要写,写作是我的职业。就这样,一个星期,有时两三个星期,准备代表大会的报告。这时有一个人和另一个人的"高频率接触"。我和戈尔巴乔夫,雅科夫列夫和戈尔巴乔夫,以及所有的身边的人,包括博尔金。

在戈尔巴乔夫当了总统，同时最重要的文件，新党纲草案，着手制定的时候，戈尔巴乔夫不仅离开了党，专注于总统事务，而且在这个时候，看得出来，他的观点发生变化。对他来说，可以看出来，占第一位的已经是总统的职责。联盟，联盟条约。这些我都理解。但是在这个时候，我感到戈尔巴乔夫对意识形态、党、理论等等问题，已经不像以前那样感兴趣了。他刻意对我表现出很大的信任，但是请您注意，在准备新党纲草案的集体中，直到新党纲公布以前，他一次也没有露面，以前不会这样。

我们已经不再像以前那样工作了。所有的事都推给了我。对我来说，这是巨大的荣誉，如果可以这样说的话，可是从另一方面看，我看出来了，什么都没有了，戈尔巴乔夫犯了大错误。他8月4号外出休假，8月5号纲领委员会开会，所有相关问题都在会上讨论了。纲领草案有些细小的改动。他们想背着我否定最后的草案。后来恢复了原先的文本。但是这些过程中那个戈尔巴乔夫已经见不到了。

现在我认为，在思想见解方面，戈尔巴乔夫没有起什么作用。8月8号纲领草案在《真理报》发表。可以说，戈尔巴乔夫本人的参与，与以往准备最重要的文件时不同，几乎为零。我们打算接下来展开讨论，然后就是代表大会。为戈尔巴乔夫辩解的理由，要多少有多少。但是在以前，在1987、1988、1989年，这样对待如此重要的文件，不经加工就允许发表，不积极参与这些文件的制定，从未有过。与他做了些什么以及如何自处相比，我和他的个人关系并不重要。这和过去的情况有根本的区别，这表明，戈尔巴乔夫变了。我提出了事实，它们所说明的不是我和戈尔巴乔夫之间的个人关系，而是对他的演变的客观描述。

我当过各种杂志的主编。从记者协会成立时起，我就是它的成员。但是我对记者和办报人的看法非常不好。特别是，当开始在《真理报》工作时，我明白了，这些卑劣的人是大多数。我不知道，在记者中有那么多的卑劣之人,他们准备说任何谎话,能够歪曲一切。我的确不知道。因此,对于您的问题,我作了回答,而在那里,在《真理报》,周围是克格勃的工作人员,我沉默不语。我可以讲很多东西,但他们会往我身上泼脏水。他们是些报复心很重的人。我不怕他们,但是牵涉到某种污浊的事情,总是件不愉快的事。

记者:现在这样一个时期到来了,可以说,社会主义大厦在你们的国家如果不说已经垮塌,那也是正在垮塌之中。但是,大概事情并不在于谁是好人,谁是坏人。很显然,大厦本身就存在某些缺陷?

弗罗洛夫:是的,当然了。戈尔巴乔夫搞的党的文件,也是我和他一起搞的文件,从纪念十月革命70周年的报告开始,其中就有相关内容。在党纲草案中也写了。问题不在社会主义原则本身,而在这些年这些原则在实践中是怎样被变为现实的。

记者:换句话说,一切不幸都在于体现在生活中的社会主义原则并不完全正确?

弗罗洛夫:当然了,在对这些原则的理解中也有不正确的地方。因此它们应该不断改变、发展。社会主义原则,甚至是列宁的理解,斯大林就更不用说了,与我们在戈尔巴乔夫时期的理解也有非常重大的不同。不同于对后来被我们称作人道的民主的社会主义的社会主义的理解。这是不同的东西。因此对社会主义各项原则的理解也发生了改变,朝着社会主义是人道的民主的社会的方向改变。在斯大林时代是兵营式的共产主义。这就是我想要让您知道的全部内容,我说了自己的活动,戈尔巴乔夫之前、戈尔巴乔夫时期和现在的活动,我的活动可以归结为致力于摧垮教条主义、公式主义,使社会主义思想具有创造性。使马克思主义成为创造性的、不断发展着的学说。不能像过去那样教条主义地、按照某种公式设想社会主义。我们的(也包括我的)全部工作都在于此。关于新社会主义的也即人道的民主的社会主义的这些思想,它们的最后的、集中的体现,在新党纲草案中得到表述。对社会主义的观点，对马克思主义的观点。

当然，我一开始所说的，斯大林时期的情况，他的镇压行为，我把它们称作社会主义的专制官僚主义变形。所有这些都应该被抛弃，我们应该继续往前走，走向人道的和民主的社会主义。但最主要的是社会主义的变形。改革的任务，就是改革社会主义。也就是说，全部改革都是在社会主义社会的框架内进行的。戈尔巴乔夫是这样想的，我也是这样想的。我现在还这样理解改革。

这很重要。我已经说过，社会主义，现实的社会主义，我们没有。对社会主义原则和戈尔巴乔夫本人，开始往改革中纳入那种8月以后的东西。8月以后发生的事不是社会主义的改革，已经是从社会主义向资本主义的转变。这是不同的东西。在我看来这不是改革。在这个意义上我是比罗马教皇更大的天主教徒。现在的共产党人说，戈尔巴乔夫从一开始就想摧毁社会主义，用资本主义取代它。这是不正确的。他那时没有这样想，我就更不用说了。我到现在也不这样想。

不久前我在沙赫纳扎罗夫那里读到，当他在戈尔巴乔夫那里工作的时候，他认为应该走得再远一些，摧毁一切，等等。他们影响了戈尔巴乔夫。结果就发生了他所说的事。

记者：戈尔巴乔夫基本上成了另外一个人。在各种情况下，他的观点变了。在你看来，什么是基本原因，是别人对他的强有力的影响，还是他的性格的弱点？为什么一个人在如此成熟的年龄改变观点？

弗罗洛夫：因为他是政治家。在学者那里，学术研究的目的是什么？找到真理。在政治家那里完全不是这样。政治家的主要目的是找到最佳方案，也就是在既有条件下最可接受的，最合目的的方案。这不是真理。他抛弃那些现在于他有碍的观点。这使得政治与道德分离开来。政治是肮脏的事情，是不很干净的人的职业。为了从事政治，必须忘记良心。可能我是个道学先生。但非常多的人，几乎是所有的人，都认为政治和道德是互不相容的。政治与追求真理不能并存。

而我们在这种情况下寻找社会主义的真理。真正的社会主义应该是什么样的？我们想要把自己理解的真正的社会主义贯穿到政治当中。刚一遇到挫折，戈尔巴乔夫，作为政治家，便说这对他不适合。首先是雅科夫列夫说，这对我不适合。在这种情况下，与此不同的观点是最好的。我们的所有观念都靠边站了。

但是，我们的观念未能成为现实以及发生了8月暴乱，还不意味着我和戈尔巴乔夫坚持的立场是不正确的。我，我们，目标是进化、改善、纯洁社会主义。社会主义可以被以这样的形式改变，即甚至允许有比现在更多的市场关系。但只是不能发生爆炸。就像中国所做的那样。在中国，实际上市场关系得到广泛发展，可在理论上，中国人一直在谈论社会主义。这就是我想做的。请不要忘记，我说过话语是一回事，实践是另一回事。用改良的办法，一步一步，人民能好好过日子，甚至可能越来越好。可是一切都在1991年8月中断了。这已经是向新的关系的转变了。

可能在日本人们会对此做出正面评价。但是俄罗斯不是日本。在俄罗斯，一切都被打碎了，一切都被颠倒过来了。得到的不是建筑物的更新改建，而是它的垮塌。我反对的就是这，也正因为这一点，我不赞成戈尔巴乔夫和民主派。因为在那些时候我是这样对待民主派的："好吧，让他们工作，让他们批评并提出自己的新观点。奉行多元主义。"可是民主派掌了权，本来应该实行多元化，可他们却想完全不要它。戈尔巴乔夫不反对。雅科夫列夫赞同这样做。所有的问题都在这里。

对我来讲，改革是社会主义的改革。戈尔巴乔夫也是这样理解的。他说，在任何情况下改革都不能被理解为拒绝社会主义的思想和原则。可是后来他自己把一切都推翻了。在政治语言中，这被称作"背叛"。

改革的敌人是保守派，马克思主义的教条主义者。他们认为正确的是改革之前的社会主义，斯大林时代、勃列日涅夫时代的社会主义，戈尔巴乔夫开始的改革，不是社会主义道路。他们反对改革，对抗改革。现在党垮台了,叶利钦禁止共产党活动,作为回到过去的步骤,一些共产党员重建了党。今天共产党的领导人,基本上是一些被改革推到次要地位的人。他们说:"对,现在看出来了,戈尔巴乔夫从一开始就不是在说社会主义改革,而是用资本主义取代社会主义。"他们把这叫作"戈尔巴乔夫主义"。他们批判他,说改革没有社会主义性质,等等。

……

我应该在一开始就声明,我不想谈论戈尔巴乔夫。我后悔没有守住底线,就戈尔巴乔夫说了那么长时间。我不想谈这个问题。我不想再谈这个问题。没办法,说的话都录下来了。我不知不觉地说到关于戈尔巴乔夫的话题上了。

我恳求不要再谈这个话题了。这是我的请求。我很后悔,不知怎么搞的,不知不觉就说到这个话题了。

就算我不对,但是我不想说。我已经说得太多了。

记者:您到《真理报》以后,使报纸的情况变好了吗?

弗罗洛夫:是的。我曾经有个想法:像《真理报》这样的报纸,不需要和电视竞赛。报纸应该改变。它应该刊登读者将要思考的东西。应该不只是作为记者工作,而是作为专家工作。

此外我增加了争论性栏目。起初报纸向好的方向发生明显改变。后来政治局势变了。我开始不感兴趣。他们开始想:"嗯?我们这里有个哲学家……。"我的原则是这样的,我想建立自由的《真理报》股份有限公司,除了《真理报》还有其他报纸,图书出版社,甚至这个股份有限公司里还有电视,电视独立于党,但表达党的关切,等等。为什么我产生了与《朝日新闻》的这种"高度协作"?因为《朝日新闻》是我的理想。我想把《真理报》建成《朝日新闻》那样。

第一,业务广泛的股份有限公司。第二,公司和党没有直接联系。但是,很自然,它有自己的立场,表达自己的观点。起初戈尔巴乔夫对此做出很好的反应,帮助我。后来局势发生变化。后来如何,这是一个很长的故事。

我举行了《真理报》联欢会,我第一次组织这样的活动。领导,政治局决定支持《真理报》,支持我。

但是《真理报》的威信下降了,因为党的威信下降了。为了支持我,戈尔巴乔夫示威性地来到《真理报》,介绍我。我们想提高报纸的威信。有这样的设想:让它发生变化,吸引社会的注意力。和党的情况一样,像我已经说过的,我们想要更新党,同样也试图更新《真理报》。

《真理报》有很多好记者,但是记者的基本队伍有比党中央还要多的正统派。一向如此。我和他们发生了冲突。我需要扭转他们对改革和对戈尔巴乔夫本人的负面态度(我从来不知道这一点,只是和他们发生了冲突)。我甚至没有料想到这一点。因此戈尔巴乔夫支持我,强调我们的联系(戈尔巴乔夫后来让我当了苏共中央书记,政治局委员,以巩固我的威信),是在为我帮倒忙,因为在报社大部分人眼里,我站在戈尔巴乔夫一边,支持改革,不是我的优点,而是我的缺点。

这种情况整个披上了伪装,浇上了各种调味汁。但是下面的情况证明我的看法是对的:戈尔巴乔夫刚刚来过报社,他还在总统位置上的时候,《真理报》就向他扑过去。"改革"一词只是在括号中使用。对戈尔巴乔夫的发了疯似的批判。现在多多少少平和些了,当时是立即……。这说明我的看法是对的。这种情况一直持续到现在。

记者:具有人的面孔的或者新型的社会主义,人道的民主的社会主义,这对你意味着什么?

弗罗洛夫:这是一个确立了人的优先地位的社会。人是万物的尺度,如普罗泰戈拉所说。这意味着在经济领域、社会领域、文化和科学领域,以及其他领域,人都处于优先地位。一切都要用人的需要和能力来衡量。这是最重要的。

不能使用任何破坏个人的权利、人的自由等等的手段。如果经济的或社会的生活导致在社会中造成对人的损害，那么这就是不正确的。任何时候都需要考虑：这是不是会给人造成损害，一切形式的损害，包括经济等方面的损害。人特有的价值，人的价值，它们应该是主要的起决定作用的标准。

这符合陀思妥耶夫斯基确立的人道主义原则。在我们那里（包括在我那里）有这样一种叙述新的、人道主义的和民主的社会主义的方法：首先通过与斯大林时期的情况对比，给出它的定义。我们从对斯大林时期的否定性评价出发。这是与斯大林时期的社会相对立的一切东西，在斯大林时期的社会中，扑灭个性、镇压民主，那里存在专制主义—官僚主义的关系。可是好像相反，一切与此对立的东西这里都曾存在，还有一定的继承性。

我甚至不把这叫作社会主义，而是叫作"现实人道主义的社会"。这意味着什么？民主的社会主义？这很清楚：法制、选举、分权。一切用来标志民主的东西。这是一个有混合经济，多结构经济的社会，在那里既允许公有制，也允许私有制。但是公有制具有优先地位。

除此而外，这是有机地融入世界大家庭的社会，对它而言，全球性问题、全人类问题优先。

对于我们的国家，在最近几年和几十年，不可能有这样的前景。要是以这样的标准认识一个社会，不管是不是把它叫作社会主义，我认为，很早以前社会主义就在发达资本主义国家产生了（例如瑞典等国），但不是在俄罗斯。我把这看作一个全球性的过程，看作将要被建立的东西。存在建立统一的世界社会、人道的和民主的社会的趋向。俄罗斯的社会主义在这里可以发挥自己的作用，可是现在社会主义一下子就被扔到一边去了，当然，在这个过程中发达资本主义国家所起的作用会大得多。

实际上，依靠平均分配的原则，资本主义和社会主义都能走向这个统一的人道的民主的社会。可是现在,这个目标一下子就被抛弃了,而俄罗斯失去这个目标后将会作为落后国家跟在其他发达国家后面往前走。

这个术语,"人道的民主的社会主义"、"人道民主的社会",在我国现在已经不使用了。为什么?因为俄罗斯的民主派不使用它,而这又是因为共产党用过它,在共产党的第28次代表大会上,在党的纲领性目标中用过。因此民主派不用。

那些今天重新建党的共产党人,在自己的纲领性声明中不用这个术语,因为对他们来说,它与改革联系在一起。他们认为这个术语是从社会主义和马克思主义立场的退却,是社会民主党倾向。他们把它和他们所谴责的改革联系在一起。他们把这叫作"戈尔巴乔夫主义",虽然戈尔巴乔夫本人也不再使用它,因为他拒绝这些原则。

这个术语为党做过贡献,进入了政治。现在它只是作为理论、思想原则留了下来。它能不能在某个时候再次被使用,我不知道。但是问题不在术语。事情的实质仍将存在,会在以后起作用。只是再次接受它的将不是共产党。

这不好。责任在戈尔巴乔夫。那些曾经和戈尔巴乔夫联系在一起的人(例如我,不仅是我),由于戈尔巴乔夫的那种行为,已经不再把自己和拒绝这个术语及这些观念的共产党联系在一起。在这个意义上,党在思想方面在走回头路。

对我和许多其他人,这个术语在思想中保留下来了。但是您也看到了,我不是在政治家的办公室接待您。我只是研究这个术语,不拒绝它。因此在今天,我只是理论家,只是哲学家。这和过去一样,虽然过去我和政治的联系比今天多。

这些思想,关于人道的民主的社会主义的必然性的思想,对我国社会来说,显得有些超前了。也因为如此,它们没有被广大民众的意识所接受。甚至在党内也没有被完全接受,因为社会和党内的社会意识没有成熟到接受这些思想的程度。社会更多地是粗俗地、粗劣地接受思想，社会意识比这些经过精心考虑的半哲学思想要粗俗、粗劣，这些思想必将在某个时候变成现实。但是是在什么时候？

可能经过几十年，甚至可能是经过几百年。发达国家，包括日本，在沿着这个方向发展，它们走得比俄罗斯快。因为这和经济的、物质的丰裕相关，发达国家的民主制度在发展，文化开始急剧发展。

俄罗斯的情况相反，在衰落。我们可能再次回到宗教大法官。但是，从另一个方面说，谁知道呢？我不认为我可以活到那些鼓舞我的思想再次为人们所需要，在政治家那里出现对这些思想的需要的时候。安德罗波夫、契尔年科，然后是戈尔巴乔夫……突然间，出乎预料地出现了对它们的需要。现在我更加相信，我不会活到我所说过的那些思想再次被人们需要的时候。

我已经完全是个老人了，突然间我将看到出现了某个新戈尔巴乔夫，他也需要这些思想，我的思想以某种形式有了用处？要知道，思想是不能被消灭的。它们能通过某种变形了的样式再次出现。没有必要引证什么人的话，包括我自己的话。但是思想可以自我重生。甚至不以理论的形式，而是以半抒情作品的形式重生。

记者：你说过，党纲中保留了这样的话：信教的人和不信教的人都可以入党。你大体上持反对意见，随后提出了自己的理由。可是你在别墅，在郊外准备党纲。你和戈尔巴乔夫就这个问题发生过什么争论吗？

弗罗洛夫：不，不。我没有和他谈过这个问题。后来有其他一些人非常强有力地干预这件事，戈尔巴乔夫同意了。戈尔巴乔夫究竟怎么了，这件事是又一个证明。他经受了对自己的非常强有力的影响，结果是放弃了许多自己的观念，其中包括在这个问题上的观念。我想他没有充分考虑。以前他任何时候都不会允许这种主张。

我没有和他就这件事进行讨论的可能性。这个时候我在住医院。

有时我在医院里给戈尔巴乔夫打电话。我们决定了：反正都一样，在中央全会上，或者在代表大会上，经过讨论，如果不是后来发生政变的话，那些话会被删除，因为这将使共产党完全变成另外的党。某些人希望的就是共产党不再是共产党。但是共产党员们会以戈尔巴乔夫为首留下来，他们不会把这些话写入党纲的。我相信这一点。因此我没有进行争论。

我想，戈尔巴乔夫对这些事不屑一顾。他想的已经完全是另外的事情了。他已经把这个以政党为名的组织放进档案里了，他已经是另外一种心情了，因为他知道，要是共产党不发生变化，他无论如何都不会被选为党的总书记了。这一切他知道得很清楚。他只想当总统。在共产党内可能是另外一个什么人当党总书记。谁当就谁当吧，戈尔巴乔夫不屑一顾。这是一个原子反应堆。发生了爆炸，他也成了碎片，不知所去了。当然了，我没有预见到戈尔巴乔夫会这样做事。